EICHSTÄTTER STUDIEN

NEUE FOLGE

BAND XI

Alfred Gläßer

Kirche kontra Gesellschaft?

EICHSTÄTTER STUDIEN

Herausgegeben von der
Gesamthochschule Eichstätt
Fachbereich Katholische Theologie

NEUE FOLGE
BAND XI

Alfred Gläßer

Kirche kontra Gesellschaft?

VERLAG BUTZON & BERCKER

ALFRED GLÄSSER

Kirche kontra Gesellschaft?

Beiträge zur Theologie und Soziologie der Kirche

VERLAG BUTZON & BERCKER

ISBN 3 7666 8915 0

Mit kirchlicher Druckerlaubnis

 Herstellung: Bercker Graphischer Betrieb GmbH Kevelaer.

Seiner Exzellenz dem Bischof von Eichstätt
Dr. Alois Brems
zur Vollendung des 70. Lebensjahres
gewidmet

VORWORT

Die zentrale Thematik des Zweiten Vatikanischen Konzils stellt der Theologie die Aufgabe, das erneuerte Selbstverständnis der Kirche und das veränderte Verhältnis der Glaubensgemeinschaft zur Welt zu reflektieren. Als Ausgangspunkt dieses Unternehmens kann nicht mehr das Modell der Gesellschaft in der Kirche, auch nicht mehr die Konzeption des äußeren Gegenüber von Kirche und Welt dienen, sondern das Prinzip der Kommunikation von Kirche und Welt, aus dem ein Ordnungsbild der dynamisch nach vorne offenen sozio-kulturellen Wirklichkeit zu entwickeln ist.

Die Sachkommission I der Gemeinsamen Synode der Bistümer in der Bundesrepublik Deutschland (Würzburg 1971–1975) hat lange an einer Vorlage gearbeitet, die den anthropologischen Bezug und die soziologische Aktualität der christlichen Botschaft zur Sprache bringen sollte. Das schließlich entstandene und im November 1975 verabschiedete Grundsatzpapier „Unsere Hoffnung" beschränkte sich darauf, die Grundwahrheiten des Credo auf solche Weise zu bekennen, daß die spezifischen Glaubensschwierigkeiten des Menschen in der Welt von heute berücksichtigt und überwunden erscheinen.

Geblieben ist das beunruhigende Bewußtsein, daß es ein theologisches und existentielles Erfordernis ist, die Einheit und die Differenz von Kirche und Welt darzustellen und ihre Verwirklichung zu betreiben. Was den Autor dieses Buches zu dem Versuch bewogen hat, die weit auseinanderliegenden und sich dem Nichtspezialisten immer mehr entziehenden Gebiete des Forschens und Lebens zu verbinden, ist die Zuversicht, die nicht mit diesem Versuch steht und fällt: Christus gibt auch unserer Zeit ein Herz und ein Antlitz.

Eichstätt, im Februar 1976 — Alfred Gläßer

INHALT

EINFÜHRUNG

Ganz gleich wie man das Geheimnis der Kirche zu umschreiben versucht, als Volk Gottes, als Leib Christi, als Heilssakrament der Einheit, als Gemeinschaft der Heiligen und der Sünder, als gesellschaftliche Heilsveranstaltung – es liegt immer im Brennpunkt der Theologie. In der Lehre von der Kirche geht es um die Konkretion der Lehre von Gott dem Schöpfer, Erlöser und Vollender, um die Realität der Selbstmitteilung Gottes an den Menschen, um die Wirkgeschichte der Offenbarung Gottes in Jesus Christus. Emil Brunners Feststellung, daß die Kirche das ungelöste Problem des Protestantismus sei[1], gilt ganz natürlich und selbstverständlich von der Theologie der Kirche schlechthin und kann darum letztlich nicht als Verurteilung, sondern nur als Ansporn zu intensiver Arbeit auf dem Gebiet der Ekklesiologie verstanden werden.

Peter L. Bergers Auffassung, daß der Protestantismus der Prototyp für die Konfrontation von Religion und Moderne sei und für die anderen Religionen als Paradebeispiel der Krisenwirkungen dienen könne, scheint sich besonders im Wechsel der theologischen Mode von der Existentialtheologie zu der Politischen Theologie zu bestätigen. „Die Kollegen von der anderen Fakultät", Berger meint Katholiken und Juden, werden in der Tat gut daran tun, wenn sie den Rat des Religionssoziologen befolgen und die „Schrift an der Wand" lesen[2]; denn nicht im Umgehen der Fährnisse, sondern im Durchgang durch den unvermeidlichen Kairos können Theologie und Glaube reifen und sich bewähren.

Als Bultmann und seine Schüler in Heideggers Analytik der Existenz zeitlose Wahrheiten und absolute Werturteile ausgesprochen fanden, das existential-hermeneutische Programm aufstellten und Offenbarung und Glaube in dieses Wirklichkeitsverständnis übersetzten, da konnte Landesbischof Hanns Lilje in Übereinstimmung mit zahlreichen Kirchenmännern und Theologen aller Konfessionen den Existentialismus als eine „unabweisbare christliche Denkform" rühmen.[3] Als aber die Vertreter

[1] *E. Brunner*, Das Mißverständnis der Kirche, Zürich 1951, 7.

[2] *P. L. Berger*, Auf den Spuren der Engel, Frankfurt 1970, 32, 33.

[3] *H. Lilje*, Atheismus-Humanismus-Christentum, Hamburg 1962 (= Furche Stundenbuch 1), 71. Bezeichnenderweise führt Lilje eine Auseinandersetzung zentral mit dem marxistischen und nur peripher mit dem existentialistischen Atheismus.

der Politischen Theologie ein sozial-hermeneutisches Programm verkündeten und das Evangelium in den Dienst der Revolution und der Sozialreform stellten, da erhoben Präses Joachim Beckmann und mit ihm Bekenntnisbewegung und Existentialtheologie den Zeigefinger: „Widersteht den Anfängen!" Man warnt vor einer „Machtergreifung in der Kirche durch linke Gruppen"[4]. Allergie und Entrüstung solcher Art sind zumindest insofern unberechtigt, als die Existentialtheologie und die Politische Theologie denselben geschichtlichen Ort teilen. Sie folgen einander, wenn auch als feindliche Schwestern, unter dem Horizont des Transzendenzverlustes, von dem Werner Sombart sagt, Anthropologie sei die seltsame Erkenntnisweise, die die Menschen sich ausgedacht haben, als sie an nichts mehr glaubten. Um dennoch einen letzten Einigungspunkt für die Verständigung zu haben, wählten sie das Interesse an sich selbst.[5] Wenn die Existentialtheologie und die Politische Theologie der Zeit begegnen, jene im Interesse an der individuellen, diese im Interesse an der sozialen Existenz des Menschen, so unterziehen sie sich einer unvermeidlichen Aufgabe. Doch wenn sie dabei dem Trend zur Immanentisierung erliegen, so versagen sie vor dem Ruf der Stunde, weil sie dem Menschen nicht Gottes Offenbarung vermitteln, sondern ihn auf sich selbst zurückwerfen. Ist dieses Versagen tragisches Schicksal und verhängte Notwendigkeit? Muß die Theologie auf Anthropologie und Soziologie zurückgeführt werden?

Jedes Verständnis des Menschen und der Gesellschaft wird zuerst zur Metanoia gerufen, zum Wechsel des Horizonts, um sich an der Wahrheit, der Freiheit und der Liebe Gottes messen zu lassen, die in Jesus Christus, dem neuen und letzten Adam[6], und seinen Brüdern, dem neuen und letzten Gottesvolk, offenbar wird. Der Glaube richtet zunächst eine Differenz zwischen Christentum und Menschentum, zwischen Christlichkeit und Bürgerlichkeit, zwischen Kirche und Welt auf. Mit Jesu Kritik an Gesetz und Kult, mit der Gesinnungsethik der Bergpredigt und mit der Ablösung der menschlichen Bestimmung von jeder bloß innerweltlichen Verwirklichung bricht radikale Transzendenz in die Welt des Menschen ein.[7] Die Aufrichtung der Differenz ist indes der eine und nicht der einzige

[4] *H.-G. Geyer / H.-N. Janowski / A. Schmidt*, Theologie und Soziologie, Stuttgart 1970 (= Kohlhammer T-Reihe), 29.

[5] *W. Sombart*, Vom Menschen, 1938. Vgl. *Wenzel Lohff*, Rechtfertigung und Anthropologie: Kerygma und Dogma 17 (1971), 225–243, 230, Anm. 14.

[6] Vgl. Röm 5; 1 Kor 15.

[7] Vgl. *W. Lohff*, aaO, 234 f. Lohff bezieht sich auf *G. v. Rad*, Theologie des Alten

Schritt in der Sammlung des eschatologischen Gottesvolkes und in der Gestaltung seiner Lebensbezüge zu der Welt. Bloßes Auseinanderhalten von Kirche und Welt führt allemal auf der einen Seite zu einem klerikalen oder privatisierten Christentum und auf der anderen Seite zu einer säkularisierten Welt.[8] Ausschließliche Trennung von Christentum und Gesellschaft macht das Heil weltlos und die Welt heillos. Damit Kirche konstituiert und ihr Heilsauftrag erfüllt werden kann, ist es auch erforderlich, die Begegnungspunkte zwischen dem eschatologischen Heilsgeschehen und den sozio-kulturellen Entwicklungen zu finden und die wechselseitigen Bedingtheiten zwischen Kirche und Gesellschaft zu beachten.

Ein Hauptstrang der religionssoziologischen Tradition hat ebenso an der Differenz wie an dem Wechselbezug zwischen Religion und Gesellschaft festgehalten, wie er die Reduktion der einen Größe auf die andere und damit die Methode der Kausalerklärung abgelehnt hat.[9] Es nützt daher wenig, Karl Barths Vorwurf an den religiösen Sozialismus nach dem ersten Weltkrieg, er nehme die abstrakte Differenz zwischen Jesus Christus und unserer Gesellschaft weder theoretisch noch praktisch ernst, auch an die Adresse der Existentialtheologie und ihres geistesgeschichtlichen Hintergrunds zu richten.[10] Und es wäre nur die Verirrung in das gegenteilige Extrem, wollten Theologie und Kirche, sei es im Zeichen des Passivismus oder des Aktivismus, Anpassung um jeden Preis betreiben.

Für die theologische Theorie wie für die kirchliche Praxis ist darum der folgende Dreischritt von Bedeutung: der Glaube an das eschatologische Heilsgeschehen in Jesus Christus und der Kirche, dessen Verwirklichung und Darstellung durch die Ortskirchen und die Gesamtkirche, die enge Verflechtung und wechselseitige Bedingtheit von Kirche und Gesellschaft in jeder historischen Situation.

Testaments II, 1960, 352 ff., 365 ff., und auf *W. Pannenberg*, Zur Theologie des Rechts: Zeitschrift für evangelische Ethik 7 (1963), 1–23, 1 ff., 17 ff., 20; ferner auf *W. Pannenberg*, Grundzüge der Christologie, 1964, 47 ff., 232 ff.

[8] Vgl. *Geyer/Janowski/Schmidt*, aaO, 43–49.

[9] So *Max Weber, Joachim Wach* und *Gustav Mensching*. Vgl. *G. Kehrer*, Religionssoziologie (= Sammlung Göschen 1228), Berlin 1968, 5 f. Damit harmoniert, daß der Wissenssoziologe Talcott Parsons eine Minimaldefinition von Religion einführt, um sie zunächst von Wissenschaft und Philosophie abzuheben. Religion ist nach ihm ein Glaubenssystem nichtempirischen, wertenden Charakters. Vgl. *T. Parsons,* The Social System, Glencoe 1958, 331, 367. Auch Demosthenes Savramis steht in dieser Reihe, wenn er die Religionssoziologie als synthetische Wissenschaft vereinigter Disziplinen versteht, zu denen die Theologie gehört, und in deren Mitte Soziologie und Religionswissenschaften die Hauptrolle spielen. Vgl. *D. Savramis*, Religionssoziologie, München 1968, 108–110.

[10] Vgl. *Geyer/Janowski/Schmidt*, aaO, 43 f.

Die elf Themen dieses Buches ordnen sich diesem Vorgehen ein und bewegen sich auf der Linie eines ekklesiologischen Programms, das um die Überwindung der Kluft zwischen Theorie und Praxis bemüht ist und der engeren Verbindung zwischen der Glaubenslehre und dem Glaubensleben dient.

I. Das Heilsgeschehen in Jesus Christus und der Kirche

Die vier Evangelien erschließen in der Verschiedenheit ihrer traditionsgeschichtlichen, redaktionellen und theologischen Eigenart die unerschöpfliche Bedeutungsfülle des Ereignisses Jesus Christus und seiner Fortsetzung in der Kirche.

Für Markus sind Leben, Tod und Auferweckung Jesu die letztgültige Offenbarung des Heils. Israel und die Kirche, die prophetische Wegbereitung der messianischen Epiphanien und die Wirkgeschichte des Evangeliums bis zur Parusie, kommen nicht mit dem ihnen eigenen Sinn, sondern nur als Reflex des Christusereignisses in den Blick.[1] Jesus, den die Armen und Kranken als Messias anrufen (Mk 10, 48 f.), die Dämonen fürchten und Petrus bekennt (Mk 8, 29), der gekommen ist, um zu dienen und sein Leben hinzugeben als Lösepreis für die vielen (Mk 10, 45), und schließlich, um bis zur Todeshingabe den Willen des Vaters zu vollziehen (Mk 14, 36), ist das Reich Gottes in Person. Das Kreuz Jesu ist die Stunde des Menschensohnes (Mk 14, 41). In Jesu Tod war Gott und handelte als der Lebendige.[2] Der Auferstandene zeigt sich in der Herrlichkeit des Vaters und sendet die Jünger, die Frohbotschaft jedem Geschöpf zu verkünden (Mk 16, 51). Gottes Herrschaft eröffnet das Heil des Menschen durch die Entgrenzung der Liebe im Sohn und erweist die Herrlichkeit des Vaters durch die sünde- und todüberwindende Macht dieser Liebe.

Zu den Eigentümlichkeiten des Mattäusevangeliums gehört es, daß die Apokalyptik und Naherwartung der palästinensischen Armenfrömmigkeit, die ihre Hoffnung auf den zum Gericht kommenden Menschensohn richtet und in der hypothetischen Logiensammlung Q dominiert, durch ihre Stellung in der messianischen Heilszeit relativiert und dem Kerygma von Kreuz und Auferstehung eingeordnet wird.[3] Die glaubende Gemeinde lernt in Jesu Weg die Vorwegnahme der Endbestimmung der Menschheit und des Kosmos erkennen. Das apokalyptische Schicksal der Schöpfung nimmt in Jesu Tod und Auferstehung menschliche, sinnvolle und heile Züge an. Das bekunden die Ereignisse in seiner Sterbestunde.

[1] *H. Conzelmann*, Grundriß der Theologie des Neuen Testaments, München [2]1967, 163.

[2] *A. Strobel*, Jüngerschaft im Lichte des Ostergeschehens: Die Anfänge der Kirche im Neuen Testament (= Evangelisches Forum 8), Göttingen 1967, 37–77, 59.

[3] Vgl. *Feine/Behm/Kümmel*, Einleitung in das Neue Testament, Heidelberg [14]1965, 39 f., 69.

Die Erde bebte, Felsen zersprangen, Leiber der Heiligen gingen auferweckt aus den Gräbern hervor, Finsternis bedeckte das Land (Mt 27, 51–54). Die apokalyptischen Leiden der Kreatur und das Sterben der Menschen werden zum Heilsgeschehen des Übergangs aus dem innergeschichtlichen in das transgeschichtliche Leben, aus dem alten in den neuen Äon. Jesu Gehorsamstat am Kreuz erschließt das Heil der Welt und markiert die Äonenwende. Wie Lukas (Lk 3, 23 ff.) erwartet der Evangelist (Mt 1, 1 ff.) zwar noch eine letzte Weltwoche[4] und ähnlich wie Paulus (1 Thess 4, 16; 1 Kor 15, 23.51 f.) das Ende der alten Welt als kosmisches Drama am Tage Christi, doch nur als ,,Abschluß und Bestätigung des jetzt schon begonnenen eschatologischen Geschehens"[5].

Gehören schon nach Mattäus zur Rettung durch den Sohn Gottes die Zugehörigkeit zur Kirche des Christus (Mt 16, 18 f.; 18, 17 f.), die Gliedschaft in dem Volk, das seine Früchte bringt (Mt 21, 43), und das Halten der Weisungen des Auferstandenen bis zur Vollendung der Zeit (Mt 28, 20)[6], so thematisiert Lukas in seinem Doppelwerk Evangelium und Apostelgeschichte, wenn nicht die drei Epochen der Heilsgeschichte[7], nämlich die Zeit des Gesetzes und der Propheten, die Zeit des Wirkens Jesu in Palästina und die Zeit der Kirche zwischen Auferstehung und Parusie, so doch zumindest den Übergang des mit Jesus angebrochenen und zur Erfüllung gekommenen Heils auf die Kirche.[8] Gottes Geist, von dem Israel erwartete, daß er die Gotteserkenntnis im Neuen Bund verleiht (Jer 31, 31.33 f.), das dezimierte und gefangene Volk von den Toten heraufführt (Ez 37, 1–14) und alles Fleisch zum Prophetentum erweckt (Joel 3, 1), ruht in Fülle auf Jesus Christus (Lk 4, 1). Am Pfingsttag gießt der Herr den Geist über die Urgemeinde aus. Die Geburtsstunde der Kirche ist die Ereignung und Fortsetzung des eschatologischen Heilsgeschehens in der Gemeinschaft der Glaubenden. Durch den Geist macht der Auferstandene die Jünger auf ihrem Weg zu den Völkern durch Wunder, Gnadengaben und Brüderlichkeit zu Zeugen und Trägern des messianischen Heils.

Das Johannesevangelium schließlich ,,verdrängt die futurische Eschatologie bis auf ein Minimum"[9], um einer präsentischen und vor allem ra-

[4] *A. Strobel,* aaO, 58 ff.

[5] *R. Bultmann,* Theologie des Neuen Testaments, Tübingen [6]1968, 307.

[6] *Feine/Behm/Kümmel,* aaO, 69.

[7] *H. Conzelmann,* aaO, 171.

[8] *Feine/Behm/Kümmel,* aaO, 90. *O. Cullmann,* Christus und die Zeit, Zollikon [3]1962, 12 ff.

[9] *A. Strobel,* aaO, 58.

dikal vergeschichtlichten Eschatologie Platz zu machen. Von diesem Pfeiler aus schlägt das jüngste Evangelium den Bogen zu dem ansonsten durch Welten getrennten Markusevangelium zurück. Im Leben und Sterben des Jesus von Nazaret, im Kommen und Gehen (Joh 1, 18) des Menschensohnes und Gottessohnes geschieht das Heil schlechthin (Joh 19, 13). Das Heilsgeschehen in Jesus umfaßt jenes Israel, das Gott zum Glauben an Christus bestimmt hat (Joh 1, 31). Im Glauben ereignet sich still und verborgen die Begegnung mit Gott dem Retter, so wie im Unglauben das Gericht sich vollzieht. Die Glaubenden folgen dem Hirten und König Israels, der selbst die Türe und das Zentrum der himmlischen Welt ist (Joh 1, 49; 12, 13). Seine in der Einheit mit Gott gründende und im Tod vollendete Heiligkeit ist Heiligkeit für die Jünger: Für euch heilige ich mich (Joh 17, 19). Wie die Rebzweige dem Weinstock sind sie Christus eingepflanzt (Joh 15, 14 f.) und dadurch des Lebens teilhaftig. Was den Synoptikern der Neue Bund ist, wird für Johannes das neue Gebot der Liebe, das heißt des Bleibens in Jesus, im Vater und ineinander (Joh 13, 24). In dem Frieden und in der Freude Jesu, in der Treue zu seinem Wort, in der Fülle des Lebens und in der Vertrautheit mit dem Vater und dem Sohn, wie sie der Paraklet vermittelt, ziehen sie dem eschatologischen Tag des Gerichtes und der Auferstehung entgegen (Joh 5, 22–27; 11, 25 f.).[10]

Daß das Christusereignis durch die Tätigkeit und die Ausbreitung der Kirche auf die Menschheit und den Kosmos übergreift, bis es den erwählten Teil der Schöpfung in Jesu Tod und Auferstehung hineingenommen und mit der letzten Generation dieser Weltzeit in die vollendete Teilnahme am Leben Gottes geführt hat, darüber lassen die Briefe an die Epheser und an die Kolosser kaum einen Zweifel bestehen.

In heilsgeschichtlich ausholenden, theologisch befrachteten und hymnisch gehobenen Passagen feiert der Verfasser des Epheserbriefes die Glaubenden als die Gemeinschaft derer, die vor Grundlegung der Welt durch Jesus Christus zur Sohnschaft Gottes erwählt sind (Eph 1, 4 f.). Er stattet die Kirche mit triumphalistischen und universalistischen Zügen

[10] Die eschatologische Stunde ist nach Johannes in der am Kreuz beginnenden Erhöhung Jesu angebrochen, und das messianische Heil ist in der Jüngergemeinde erfüllt. Doch besteht nicht die historische und exegetische Notwendigkeit, alle Aussagen über die noch ausstehende Vollendung aus dem „Urjohannes“ auszuscheiden und einer späteren Redaktion zuzuschreiben. Auch unter sachlich-theologischen Gesichtspunkten müssen sich die präsentische und die futurische Eschatologie nicht ausschließen. Ist auch in der Christusgemeinschaft der Glaubenden das volle Heil schon anwesend, so bedarf dieses doch noch des künftigen Offenbarwerdens in der Parusie. Vgl. *N. A. Dahl*, Das Volk Gottes, Darmstadt ²1963, 172 f.

aus, indem er sie als den einen neuen Menschen betrachtet, der aus Juden und Heiden gebildet und im Christusleib mit Gott versöhnt ist (Eph 2, 25). Die Heiligen sollen wie ein magischer Kubus, Symbol der Vollkommenheit, die Breite und Länge, die Höhe und Tiefe fassen, die alle Gnosis übersteigende Liebe Christi verstehen und mit der ganzen Fülle Gottes erfüllt werden (3, 18 f.).

Im Kolosserbrief kommt die kosmische Dimension des Christusgeschehens stärker zum Tragen, da der Verfasser für eine judenchristliche Gemeinde schreibt, die dem Zauber eines synkretistischen Engelskultes erlegen war. Dieser versprach seinen Teilnehmern, daß ihnen die göttlichen Lebenskräfte des Universums erschlossen werden. Die Weltelemente der griechischen Naturphilosophie, ihre Vergöttlichung durch die Stoa, ihre Spiritualisierung durch die Gnosis, schließlich ihre Personifizierung und Hypostasierung unter dem Einfluß der iranischen Astralmythologie und der spätjüdischen Angelologie waren zu einer Mysterienreligion zusammengeflossen, die auch Christen anzog und zu dem vergeblichen Bemühen verleitete, das Haupt Jesus Christus, die Fülle und das Heil Gottes in ihm, vom Leib der Welt her zu erreichen. Dagegen schreibt der Verfasser des Briefes: Vom Haupt aus ,,wird der ganze Leib durch die Sehnen und Bänder versorgt und zusammengehalten und wächst so in göttlichem Wachstum" (Kol 2, 19b).[11] Christus triumphiert über die Throne und Herrschaften, die Mächte und Gewalten (Kol 1, 16b). Er hat sie entmachtet und an den Pranger gestellt (Kol 2, 15). Denn es gefiel Gott, in Christus, dem Erstgeborenen von den Toten (Kol 1, 18), alle Fülle wohnen zu lassen und alles im Himmel und auf Erden mit sich zu versöhnen durch sein am Kreuz vergossenes Blut (Kol 1, 19.20). So wird in Christus das All, das durch ihn und auf ihn hin geschaffen ist, aber der Sünde und dem Tod verfallen war, zu Gott heimgeholt. ,,Die beiden entscheidenden Taten Gottes, urzeitliche Schöpfung und endzeitliche Erlösung, haben ihr Ziel in Christus."[12]

Ist auch im Epheserbrief das vorrangige Thema Christus und die Kirche, im Kolosserbrief aber Christus und der Kosmos, so stellen doch beide Briefe Christus, die Kirche und den Kosmos in ein und denselben Horizont des Heilsplans Gottes. Christus das Haupt, dem die kosmischen Engelmächte unterworfen sind, ist von Gott für die Kirche als

[11] *H. Conzelmann*, Der Brief an die Kolosser (= NTD 8), Göttingen 1970, 131–156, 147.

[12] *M. Dibelius / H. Greeven*, An die Kolosser, Epheser, an Philemon, Tübingen ^{3}1953, zu Kol 1,20.

Haupt über das All bestimmt (Eph 1, 21 f.), damit er die Kirche nähre und pflege und sich mit ihr wie mit der geliebten Braut verbinde (Eph 5, 23.25.29). Und Christus das Haupt, das die Kirche mit seiner ganzen Segensfülle erfüllt (Kol 1, 18.22; 2, 10), nimmt die Fülle der Welt leibhaftig in sich auf (Kol 1, 19 f.; 2, 9). Der über den Kosmos gebietende Christus erwählt sich die Kirche „als seinen unmittelbaren Wirkungsbereich". „Mit der Kirche ergreift Christus immer mehr die Herrschaft über das All und zieht es immer stärker und vollkommener unter sich als das Haupt."[13] Das Heilswerk Gottes umfaßt das Geschehen in Christus und in der Kirche, dieses aber erfaßt die Welt, die in der Kirche „zur eigenen Erfüllung zu gelangen" vermag.[14]

So gesehen wird in der Kontroverse um die Deutung von Eph 4, 16b sachlich nichts mehr entschieden. Es bleibt sich gleich, ob man mit H. Schlier, V. Warnach und A. Auer interpretiert: Und so vollzieht sich das Wachstum des Weltenleibes, um sich aufzubauen in einer durch Christus gekommenen Liebes- und Friedensordnung, in die auch der Kosmos eingehen soll[15], oder ob man mit R. Schnackenburg u. a. „die kosmische Spitze" abbricht und Eph 4, 11–16 einheitlich auf die Auferbauung der Kirche in Liebe bezieht.[16] Soll Christi Herrschaft über das All einen positiven Sinn haben, wie es der Kontext Eph 4, 10 verlangt – der herabstieg, ist derselbe, der auch hinaufstieg über alle Himmel, damit er das All erfülle –, und soll zwischen Christi Herrschaft über das All und Christi Herrschaft über die Kirche ein Zusammenhang bestehen, so legt sich kein anderer Gesamtsinn mehr nahe, als daß Christus sich der Kirche bedient, um alles unter sich als dem Haupt zusammenzufassen (Eph 1, 10).

Eine sinnschmälernde Exegese der beiden Briefe hat die untere Grenze dort überschritten, wo sie das Christusgeschehen von dem ontischen Materie-Geist-Dualismus der Gnosis nur noch durch einen moralistischen Dualismus unterscheiden kann, der besagt, daß der Mensch nicht durch die Erkenntnis seiner Lichtsubstanz, seines geistigen Wesens, sondern

[13] *R. Schnackenburg*, Gottes Herrschaft und Reich, Freiburg ^{4}1965, 220.

[14] *H. Conzelmann*, aaO, 64.

[15] *H. Schlier*, Der Brief an die Epheser, Düsseldorf 1957, 135. *V. Warnach*, Kirche und Kosmos: Enkainia. Ges. Arbeiten zum 800jährigen Weihejubiläum der Abteikirche von Maria-Laach, hrsg. von H. Emonds, Düsseldorf 1956, 170–205, 181. *A. Auer*, Kirche und Welt: Mysterium Kirche, hrsg. von F. Holböck und Th. Sartory, Salzburg 1962, II, 479–570, 492, Anm. 33.

[16] *R. Schnackenburg*, aaO, 216.

durch Christi Sühnetod erlöst und in die Sphäre des Pneumas aufgenommen wird, ohne daß seine leiblich-soziale Existenz und die in die menschliche Kultur eingebrachte Natur mit in Gottes Leben hineingenommen werden. Wo man sich dieser Grenze nähert oder sie überschreitet, sind für gewöhnlich außerexegetische Gründe und Motive federführend.

So stellt F. Mußner, der in einer Art von kosmologischem Minimalismus das Zusammenfallen von Kirche und Kosmos sogar in Christus selbst bestreitet, die kirchliche und die kosmische Herrschaft des Gekreuzigten und Auferstandenen beziehungslos nebeneinander, um die Identität von Kirche und Kosmos und ein naturalistisches Verständnis des Heilsgeschehens zu vermeiden.[17] Ihm scheint ein Unbehagen im Nacken zu sitzen, das durch die Unmöglichkeit, im descartesschen Seinsverständnis eine innere Beziehung zwischen Materie und Geist zu denken, gespeist wird, und sich durch die monistischen Systeme des Rationalismus, Idealismus und Naturalismus bestätigt glaubt. Ihn scheint die Vision eines makro-evolutiven Weltprozesses zu beunruhigen, der wie ein aus sich selbst rollendes Rad seinem Ziel zustrebt und sich selbst genügt. Es ist die Angst vor dem Alptraum des ,,l'homme machine" und vor der Apotheose der autoevolutiven Natur.

Unabhängig von den hier anstehenden exegetischen Problemen läßt auch O. Semmelroth die Kirche und die Welt bei aller gegenseitigen Zuordnung außerhalb voneinander existieren. Die Kirche sei nicht Gottes Brückenkopf, von dem aus er die Welt erobert und in Kirche verwandelt. Weder der Eintritt aller Menschen in die Kirche noch die Segnung und Weihe aller Kreatur würde den Unterschied zwischen dem Heiligen und dem Profanen aufheben. An der Kirche würde nur der übernatürliche Geschenkcharakter jenes Lebens dargestellt, das des Menschen Leben in der Welt nicht ersetzen oder verdrängen, sondern sich in ihm wirksam machen will.[18] Kann diese Art von Unterscheidung einer sakralen Kirche und einer profanen Welt aufrecht erhalten werden, ohne die Kirche doch wieder auf die Hierarchie und den Vollzug des Wortes und des Sakramentes schrumpfen zu lassen und die Welt in die Nähe des Unerlösten, des Bösen und der Dämonie zu rücken? Darf die Schwierigkeit, sich ein corpus christianum nach Auflösung der mittelalterlichen Ordnung und unter den Bedingungen der säkularisierten Welt vorstellen zu können, in dieser

[17] *F. Mußner*, Christus, das All und die Kirche. Studien zur Theologie des Epheserbriefes, Trier 1955, 67 f., 166 ff.

[18] *O. Semmelroth*, Ich glaube an die Kirche, Düsseldorf 1959, 115–117. Vgl. *A. Auer*, aaO, 498.

Weise normativ werden für das grundsätzliche und das zu realisierende Verhältnis von Kirche und Welt? Wenn Gottes Leben in den weltlichen Strukturen am Werk ist, dann kann auch die Repräsentation seines Gnadencharakters nicht mehr exklusiv von der Kirche übernommen werden, obgleich sie Trägerin und Mittlerin dieses Lebens für die Welt ist. Das Zweite Vatikanische Konzil neigt denn auch zu einem gestuften Begriff von der Kirche, deren sakramentaler Zeichencharakter sich zwar in der katholischen Kirche, in deren Priestertum und Hierarchie verdichtet, der aber analog und anfanghaft in jeder Kultur und Religion angezielt ist.[19]

In Auseinandersetzung mit der gesamten Exegese entwickelt und behauptet E. Käsemann seine ebenso originelle wie prekäre Auffassung von der christologischen und der ekklesiologischen Dimension des Heilsgeschehens. Als entschiedener Paulusjünger glaubt er, jede Möglichkeit einer zusammenhängenden Entwicklung des Dogmas auf dem Boden eines neutestamentlichen Kanons ablehnen zu müssen. Er sucht auch nicht sosehr bei Jesus nach Urgestein, um darauf sein Gedankengebäude zu errichten, sondern gräbt vielmehr nach dem Schatz des Urpaulus, um ihn zur Mitte des Kanons und zum Maß christlichen Glaubens und Handelns zu machen. Die Kirche im bloß metaphorischen Sinn als Leib Christi zu verstehen, ist ihm schon für Röm 12, 4 f. und 1 Kor 12, 12 ff. des Guten zu wenig.[20] Die Deutung des Motivs vom Christusleib als „Lebensraum

[19] Die Religionen und die religiöse Innerlichkeit des Menschen werden als Verwirklichungen des göttlichen Heilsplans gesehen, als „Hinführung zum wahren Gott oder als Bereitung für das Evangelium", die freilich der „Erleuchtung und Heilung" bedürfen, und von denen nicht ausdrücklich gesagt wird, daß durch sie Heil vermittelt wird (Conc. Vat. II, Decretum de Activitate Missionali Ecclesiae, Nr. 3). Das Heilssakrament im vollen Sinn ist die Kirche (Conc. Vat. II, Constitutio Dogmatica de Ecclesia, Nr. 1); diese hat ihre „konkrete Existenzform in der katholischen Kirche" (aaO, Nr. 8), gewisse von ihr getrennte Konfessionen erhalten nur den Rang von kirchlichen Gemeinschaften zugesprochen (Conc. Vat. II, Decretum de Oecumenismo, Nr. 13, 19). Wenn in der Constitutio Dogmatica de Ecclesia, Nr. 45, entgegen dem Bemühen der Konzilsväter, nur die Gesamtheit des Gottesvolkes und seine Repräsentationen in den Ortsgemeinden als Kirche zu bezeichnen, plötzlich die Hierarchie als Kirche figuriert, so wirken dort gewiß nicht allein ein verengter Kirchenbegriff und eine bellarminsche Sprechweise nach; vielmehr kommt auch das unausrottbare und nicht unbegründete Empfinden des Kirchenvolkes (auch protestantischer Konfession) zum Ausdruck. Priestertum und Hierarchie stellen nun einmal Verdichtungen der Kirche dar. Sie sind Elemente der Kirchenstruktur, die in Staat und Gesellschaft kein echtes Analogon haben, für die Kirche selbst aber eminent tragende und führende Funktion ausüben, so daß sie exklusiv und intensiv als Kirche erfahren werden.

[20] *E. Käsemann*, Das theologische Problem des Motivs vom Leibe Christi: *ders.*, Paulinische Perspektiven, Tübingen 1969, 178–210, 179. Käsemann wendet sich hier gegen

des Glaubens" lehnt er ab, da sie präzise Aussagen der Schrift formalisiert.[21] Aber vor der katholischen Auffassung von der Kirche als dem sakramentalen, charismatisch-hierarchischen Christusleib bleibt er entrüstet stehen. Nach ihm hat das Theologumenon von der Kirche als Christusleib sich einer einzigen Leitidee unterzuordnen, nämlich der realen Weltherrschaft des erhöhten Herrn, der mittels des Geistes durch den Glaubensgehorsam der Gemeindemitglieder in ihrer leibhaftigen Existenz von der Welt Besitz ergreift.[22] Sie enthalte als untrennbare Korrelate die Christologie und die Anthropologie des Apostels. „Nur so, daß unsere Leiber Glieder seiner Herrschaft werden, kann er, der Erhöhte, irdisch zu allen kommen." „Unser Leib ist das von ihm beanspruchte und einzige Stück Welt, das wir ihm zu geben vermögen und mit dem wir nach 1 Kor 6, 20 Gott zu preisen haben."[23]

Wo immer ekklesiologische Texte des Neuen Testaments oder der Dogmengeschichte betastet, geschüttelt und gewendet werden, da ist auch der ekklesiologische Seismograph, nämlich das Eucharistieverständnis, betroffen. Bei Paulus könne die Eucharistie, so meint Käsemann, nur als die Herrschaft des erhöhten Herrn mittels der Elemente dieses Sakraments verstanden werden. Genau das und nur das sei der Sinn von 1 Kor 10, 16 f. Die Mitteilung der Christusgemeinschaft im Zeichen des Brotes und des Weines wird mit dem Taufgeschehen (Röm 6, 3) und mit dem Ereignis des Wortes und der Sendung (2 Kor 4, 10) gleichgeordnet. Erst nachdem dieses Verständnis von der Eucharistie in 1 Kor 10, 16 f. sichergestellt sei, könne Paulus die Überlieferungen der zwei Typen von eucharistischen Mysterienfeiern, die den Teilnehmer einmal durch das Brot in den Leib des für uns Dahingegebenen, das andere Mal durch den Wein in das Kreuzesblut des Bundesstifters eingliedern, nebeneinander stellen und schließlich sagen, daß jene, die das Herrenmahl feiern, den Tod des Herrn

P. S. Minear (Bilder der Gemeinde, 1964, 179 ff.), aber auch gegen *E. Schweizers* Verneinung jedwedes bildhaften Moments (ThWb VII, 1069).

[21] *E. Käsemann*, aaO, 185, 191. Die Lösung der Existentialtheologie ist Käsemann zu elegant, um mit der sperrigen Materie fertig zu werden (*H. Conzelmann,* Grundriß der Theologie des Neuen Testaments, ²1967, 290). Vgl. dazu *H. Conzelmann*, Der Brief an die Epheser (= NTD 8), 1970, 61: „Das Wissen von den Zusammenhängen des Alls ist nichts anderes als das Begreifen des Horizontes unseres Daseins." Offenbarung und Glaube wären demnach (nur?) eine neue Verstehensmöglichkeit menschlichen Daseins in der Welt.

[22] *E. Käsemann*, aaO, 182 f., 185, 189, 198 f., 206.

[23] *E. Käsemann*, aaO, 199.

zu verkünden haben, indem sie die Herrlichkeit Gottes in ihrem eigenen Tod sub contrario offenbaren.[24]

Diese Welt des Urpaulus, wie Käsemann sie versteht, leidet keinen Mangel an Geschlossenheit und Konsequenz, an Exklusivität und Explosivität. Aber sie ruht auf Pfeilern, deren Tragkraft und deren Fähigkeit zur Basisfunktion im einzelnen zu prüfen sind. Schon die Methode und die Denkform Käsemanns setzen eine subjektive Entscheidung und Prägung des Exegeten voraus. Er erklärt die biblischen Wesensumschreibungen und Ansätze zur Definition der Kirche als philosophische oder mythologische Aussagen, die in der jeweiligen geistigen und geschichtlichen Situation zwar als Realitätsaussagen verstanden wurden, aber miteinander unvereinbar sind und nicht als kanonische Ausgangspunkte einer fortlaufenden Entwicklung des ekklesiologischen Dogmas benützt werden können.[25] Es sind dies der organismische Begriff der Stoa von der Gesellschaft (Röm 12, 4 f., 1 Kor 12, 12 ff.), der gnostische Mythos vom himmlischen Anthropos, dessen Substanz die Lichtfunken der sich selbst und ihre Bestimmung erkennenden Seelen bilden (Eph 4, 8 ff.13.16), und die hebräische Anschauung von der korporativen Persönlichkeit aller Menschen als Nachkommen Adams (Röm 5, 12–21).[26] Nicht einmal die Vorstellung von der Kirche als dem eschatologischen Gottesvolk sei für die paulinische Ekklesiologie ursprünglich und vorrangig[27], da sie zwar den heilsgeschichtlichen Zusammenhang der christlichen Gemeinden mit dem Alten Testament behauptet und die geschichtliche Tiefe der Kirche wahrt, aber das Besondere der neutestamentlichen Gottesherrschaft, des Christusleibes und seiner Qualität als weltweiter Schöpfung nicht auszudrücken vermag.[28] Wie jede Ekklesiologie müsse auch die Volk-Gottes-Lehre aus der konkreten Situation, z. B. Eph 2, 11 ff. aus der fortschreitenden Entwicklung der Kirche zur Kirche der Heidenchristen und aus der not-

[24] *E. Käsemann*, aaO, 192–197. Vgl. *ders.*, Anliegen und Eigenart der paulinischen Abendmahlslehre: Exegetische Versuche und Besinnungen I, Göttingen 1960, 11–34.

[25] *E. Käsemann*, Das theologische Problem des Motivs vom Leibe Christi: *ders.*, Paulinische Perspektiven, Tübingen 1969, 178–210, 182 f., 191.

[26] *E. Käsemann,* aaO, 182 f. Im folgenden zit.: AaO.

[27] AaO, 185 f. (gegen *A. Oepke*, Das neue Gottesvolk . . ., 1950; *ders.*, Leib Christi oder Volk Gottes bei Paulus, ThL 79 [1954] 363–368; *F. Neugebauer*, In Christus, 1961, 94 ff., 98; und *H. Küng*, Die Kirche, 1967, 269).

[28] AaO, 185 ff., 190 (gegen *E. Schweizer*, ThWb VII, 1072; *P. S. Minear*, Bilder der Gemeinde, 1964, 236; *A. Oepke*, ThL 79 [1954] 363 f.; *R. Schnackenburg*, Die Kirche im Neuen Testament, 1961, 138 f., 146 f.; und *N. A. Dahl*, Das Volk Gottes, ^{2}1963, 228).

wendig gewordenen Einschärfung des Zusammenhangs zwischen der neutestamentlichen Erfüllung und der alttestamentlichen Verheißung, verstanden werden.[29] Die Übertragung der entsprechenden Aussagen auf die Kirche geschehe jeweils über den Vergleich der Christusherrschaft mit der Idee und der Wirklichkeit menschlicher Gemeinschaft in der Philosophie, in der Religion oder in der alttestamentlichen Heilsgeschichte. Darum spreche Paulus auch nur in paränetischem Zusammenhang von der Gemeinde als Christusleib und fordere die Anstrengung und Solidarität, das Zeugnis der Liebe, das dem Leib-Christi-Sein entspricht.[30] Die direkte Bezeichnung der Kirche als Leib Christi, die verstärkt mythologische Sprache, die Einbettung der Paränese in einen doxologischen Zusammenhang, die Verselbständigung der Ekklesiologie und ihr Einrücken in die Mitte der Ausführungen seien nicht nur Zeichen dafür, daß Paulus nicht der Verfasser von Eph (und Kol) sein könne, sondern auch Indizien dafür, daß der Paulusschüler bei aller Treue zum Meister doch den Weg des Abfalls schon betreten habe.[31] „Wo die Ekklesiologie in den Vordergrund rückt, aus welchen noch so berechtigten Gründen das geschehen mag, wird die Christologie ihre ausschlaggebende Bedeutung verlieren, sei es auch dergestalt, daß sie in irgendeiner Weise der Lehre von der Kirche integriert wird, statt ihr unaufgebbares Maß zu bleiben."[32] Ein relationales Denken, das nur die moralische Verhältnisbestimmung zwischen Christus und den einzelnen Gläubigen erfaßt, ein antimetaphysischer Affekt[33] und als dessen Folge ein Nominalismus, der das Ganze der lebendigen Wirklichkeit, das geistige Band des Seins in disparate Stücke zerschlägt, können zu dem Ergebnis Käsemanns kommen und sich damit zufriedengeben.

Auch im Blick auf die objektiven Ziele und subjektiven Motive kann das Gedankengebäude Käsemanns nicht als das Ergebnis einer voraussetzungslosen und wissenschaftlich zwingenden Exegese bezeichnet werden. Ihn treiben die Herztöne lutherischer Kreuzestheologie, das Ärgernis an dem Frevel einer die Kirche als den fortlebenden Christus verabsolutierenden und vergötzenden Inkarnationstheologie[34] sowie der Wille, die

[29] AaO, 190 f.
[30] AaO, 182–184.
[31] AaO, 208 f.
[32] AaO, 209.
[33] AaO, 191 f.
[34] AaO, 195, 202 f.

Ekklesiologie auf Christologie zu reduzieren[35] und die Ekklesiologie, „welche vom Motiv des Christusleibes geprägt wird", radikal für die Idee der Christusherrschaft und des allgemeinen Priestertums der Gläubigen in Anspruch zu nehmen.[36]

Durch den Ausfall der ontologischen Kategorien werden die Dinge inkohärent und inkongruent. Die Christologie wird gegen die Ekklesiologie ausgespielt. Die zeitbedingten Aussagemöglichkeiten werden zum Argument gegen eine von ihnen ablösbare, in neue Verstehenshorizonte übertragbare genuin christliche Aussage über das Sein und Wirken der Kirche als Leib Christi umgemünzt.[37] Können Relationismus und Nominalismus die ganze Tragweite der hier in Betracht kommenden biblischen Texte ausschöpfen? Hier steht Käsemann mit Güttgemanns[38] nicht zufällig gegen die überwältigende Mehrheit der Exegeten. Er bleibt den Beweis schuldig, daß Leib bei Paulus ein „rein anthropologischer Strukturbegriff" ist und „nicht auf die Christologie übertragen werden darf"[39].

Nicht anders steht es um die Meinung, daß der Apostel die Kirche nicht als ein geordnetes Gebilde verstand, das durch Taufe und Eucharistie in einer über das Wort hinausgehenden Weise als Christusleib erbaut wird. Was aber die paulinische Überbetonung der Freiheit und des Geistes gegenüber dem Institutionellen betrifft, wird man fragen müssen, ob sie nicht dort, wo sie zum Prinzip gemacht wird, nur noch eine Teilverwirklichung der Stiftung des Herrn darstellt, und zwar eine solche, die zum Scheitern verurteilt ist, wie das spätere Schicksal der paulinischen Gemeinden zeigt. Wenn 1 Kor 12, 12 ff. in einem sakramentalen Kontext stehen, der in Vers 27 in der Aussage gipfelt: „Ihr aber seid der Leib Christi und im einzelnen Glieder", wenn wir nach Röm 6, 5 nicht nur auf den Tod und die Auferstehung des Herrn getauft sind, sondern durch die

[35] AaO, 205.

[36] AaO, 206.

[37] AaO, 192 f. (gegen *A. Wikenhauser*, Die Kirche als der mystische Leib Christi nach dem Apostel Paulus, 1937, 112 f.; *J. A. T. Robinson*, The Body, 1952, 47 f., 56 f.; *H. Conzelmann*, Grundriß der Theologie des Neuen Testaments, 1967, 287; *R. Schnakkenburg*, Die Kirche im Neuen Testament, 1961, 155; *A. E. J. Rawlinson*, Corpus Christi: *Bell/Deissmann*, Mysterium Christi, 1931, 275–296; und *J. Reuss*, Die Kirche als „Leib Christi" und die Herkunft dieser Vorstellung bei dem Apostel Paulus, BZ Neue Folge 1958, 103–127, bes. 108, 118).

[38] *E. Güttgemanns*, Der leidende Apostel und sein Herr, 1966, 252 ff.

[39] AaO, 198, Anm. 39. Käsemann schließt sich auch hierin Güttgemanns an. *E. Güttgemanns*, aaO, 261, 276.

Taufe auf seinen Tod auch „mit dem Bild seines Todes zusammengewachsen sind“, um es noch mehr mit dem Bild „seiner Auferstehung“ zu sein, und wenn es Röm 8, 29 heißt: „Denn die er vorauserkannte, die hat er auch vorausbestimmt, an der Bildgestalt seines Sohnes teilzuhaben“[40],

[40] Zur Übersetzung dieser Stelle vgl. *J. Kürzinger*, ΣΥΜΜΟΡΦΟΥΣ ΤΗΣ ΕΙΚΟΝΟΣ ΤΟΥ ΥΙΟΥ ΑΥΤΟΥ (Röm 8,29): Der Mensch als Bild Gottes, hrsg. von Leo Scheffczyk, Darmstadt 1969, 69–76, 76. Daß Paulus Röm 6, 5 das Zusammenwachsen mit dem Bild des Auferstandenen in das Futur setzt (ἐσόμεθα), ist kein eindeutiges Argument für die These, daß in der Taufe nur die Eingliederung in das Kreuz und nicht in den Gekreuzigten und Auferstandenen geschieht. Nach Käsemanns eigener Übersetzung („ . . . werden wir es nicht weniger seiner Auferstehung sein . . .“) liegt doch ein logisches Futur vor. Es kann demnach auch, aber nicht exklusiv zeitliche Bedeutung haben. Die Realität der Auferstehung ist für den Getauften gegenwärtig, wird es jedoch erst in der Parusie in entsprechend erfahrbarer Weise sein, wie das Kreuz für ihn jetzt schon empirische Wirklichkeit ist. Vgl. *E. Käsemann*, An die Römer (= Handbuch zum Neuen Testament 8 a), Tübingen 1973, 150. Zusätzlich zu der Frage nach der Herkunft und der Bedeutung der Redewendungen „zusammengewachsen mit dem Bild seines Todes“ und „zusammengewachsen mit dem Bild seiner Auferstehung“, die in der Exegese nicht einhellig beantwortet wird, stellt sich das methodische Problem, ob und wie die außerpaulinische Tauftheologie durch die Übernahme in die Theologie des Apostels einen Bedeutungswandel erfährt. Ferner erhebt sich die hermeneutische Frage, ob der Exeget auf der Suche nach einer gesicherten, in der Übersetzung zum Ausdruck kommenden Minimalinterpretation nicht von eigenen theologischen Vorstellungen geleitet ist. Zuletzt fordert auch die Anstrengung des Begriffs ihr Recht in der systematischen Überlegung, welche Weiterentwicklung der Tauflehre unter dem Zwang neuer Fragestellungen an Paulus angeknüpft werden muß. Käsemanns Argumentation hat folgendes Gefälle: „In unserem Zusammenhang geht es primär um das Faktum, daß wir in der Taufe mit Christus gestorben sind und deshalb der Sündenmacht entzogen sind.“ „Der Auferweckung werden wir erst teilhaftig, obgleich ihre Macht uns bereits regiert und in den neuen Wandel stellt.“ Der Apostel versteht das Sakrament als „Eingliederung in Christus und seinen Leib“. „Indem die Exegeten den Modus seines Gegenwärtigwerdens exakt zu beschreiben versuchen, tuen sie etwas, was anderswo durchaus sinnvoll mit den Stichworten Geist, Wort, Herrschaft Christi getan werden kann, hier aber den Text überfordert.“ Vgl. *Käsemann*, An die Römer, 159 f. Die Verwandlung der Formel „Leib Christi“ in die Formel „Leiber der Christusglaubenden“ markiert die Einbruchstelle, von der aus Käsemann die paulinische Sakramentenlehre aufrollt. Der Taufritus zeigt nach ihm lediglich den Äonenwechsel an, in dem zwei Akte gesetzt werden, nämlich der Impuls des Geistes und die Entscheidung des Täuflings, in den Dienst des neuen Herrn zu treten und „den Platz einzunehmen, den der irdische Jesus innehatte“. Vgl. *Käsemann,* An die Römer, 160.

Konsequenter geht O. Kuss vor. Er sucht nicht nach Schriftstellen, durch deren radikale Umdeutung er eine eigene Theologie einführen könnte. Paulus spreche von dem Tode Jesu, der historisches und eschatologisches Ereignis ist und daher vom historischen Augenblick aus alle Welt betrifft. Stellt man sich aber im Anschluß an Kuss vor, daß der Tod Jesu getrennt von der Gegenwart oder dem Wirken des erhöhten Herrn den Täufling sichtbar und existenzwandelnd ergreift und daß der Täufling im Kultakt „grundsätzlich den ganzen Weg des Heilbringers mitgeht“, ohne dem Bild und der Person des Herrn selbst angeglichen und

dann muß man nicht Intelligenz und Fleiß damit verschwenden, einen Grund dafür zu finden, die einmalige Besiegelung der Christusgemeinschaft in der Taufe, die stets wiederholte eucharistische Aufnahme der Christen in das Sterben und Auferstehen ihres Herrn und die dadurch ge-

verbunden zu werden, so nähert man sich einem magischen Verständnis der Taufe. Vgl. *O. Kuss*, Der Römerbrief. Zwei Lieferungen, Regensburg ^{2}1963, 295, 302, 306, 375, 377. Bezieht man wie R. Schnackenburg den Begriff „Bild des Todes Jesu Christi" direkt auf das historische Golgotaereignis und folgert man daraus, daß die Taufe „der sakramentale Mitvollzug des historischen Sterbens und Auferstehens Christi" ist, so stößt man sich an der Unmöglichkeit unserer Gleichzeitigkeit mit dem historischen Jesus. Vgl. *R. Schnackenburg*, Das Heilsgeschehen bei der Taufe nach dem Apostel Paulus (= Münchener Theologische Studien I, 1) München 1950, 31. Später sieht Schnackenburg die Verbindung mit Golgota in der Taufe durch die Gemeinschaft mit dem Herrn und die Teilhabe an seinem Schicksal vermittelt und läßt das unwiederholbare „ein für allemal" der geschichtlichen Heilstaten Jesu unangetastet. Vgl. *R. Schnackenburg*, Todes- und Lebensgemeinschaft mit Christus. Neue Studien zu Röm 6, 1–11: Münchener Theologische Zeitschrift 6 (1955) 32–53, 50 f.

Nicht besser verhält es sich, wenn G. Bornkamm das „Zusammengewachsensein mit dem Bild des Todes" unmittelbar auf die Person Jesu am Kreuz und in der Auferstehung bezieht und folgert, daß „wir eigentlich getauft wurden, als Christus starb und auferstand". Vgl. *G. Bornkamm*, Taufe und neues Leben bei Paulus: Das Ende des Gesetzes, München ^{3}1961, 34–50, 42 f. Die heute verbreitete christologische Engführung und ein zum modernen Mythos avancierter heilsgeschichtlicher Historismus verfehlen vollständig die sakramentale Dimension der Taufe und der Kirche (gegen *G. Wagner*, Das religionsgeschichtliche Problem von Röm 6, 1–11, Zürich 1962, 306).

Den geringsten Anklang haben die Mysterientheologen gefunden, die das „Bild des Todes und der Auferstehung" im Taufritus erblickten und die Teilhabe an dem Urbild des Kreuzes und der Auferstehung oder des Gekreuzigten und Auferstandenen durch das sakramentale Zeichengeschehen bewirkt sein ließen (*S. Stricker*, Der Mysteriengedanke des hl. Paulus nach Röm 6, 1–11: Liturgisches Leben 1 [1934] 285–296, 289 f. *V. Warnach*, Taufe und Christusgeschehen nach Röm 6: Archiv für Liturgiewissenschaft 3 [1954] 284–366, 306 f. *E. Stommel*, „Begraben mit Christus" [Röm 6, 4] und der Taufritus: Römische Quartalschrift 49 [1954] 1–20, 9 f. *Ders.*, Das „Abbild seines Todes" [Röm 6, 5] und der Taufritus: Römische Quartalschrift 50 [1955] 1–21, 9, 20). Dabei ist jedoch zu beachten, daß die Ablehnung zunächst nur auf den Anspruch zielt, den paulinischen Text exakt interpretiert zu haben.

Ein Konsens der Exegeten kann am ehesten darüber erreicht werden, daß der Begriff „Bild des Todes" in Röm 6, 5 „ebenso von dem Geschehen auf Golgotha" unterscheidet, wie er „damit verbindet" (*Käsemann*, An die Römer, 159), daß der Tod Jesu Christi im Taufgeschehen ›da‹ ist, aber „naturgemäß in einer von den Ereignissen auf Golgotha verschiedenen Gestalt" (*Kuss*, Der Römerbrief, 302), daß also der Apostel die „Ähnlichkeit (das Vergleichbare)" und die „Unähnlichkeit (das Unvergleichbare)" des „doppelstufigen Geschehens der Taufe" mit dem „doppelstufigen Geschehen bei der Passio Jesu" zugleich ausdrükken will (*F. Mußner*, Zur paulinischen Tauflehre in Röm 6, 1–6: Praesentia Salutis, Düsseldorf 1967, 189–196, 196).

Die Rede vom „Bild des Todes und der Auferstehung" und von unserem „Zusammen-

schehende ständige sakramentale Erbauung der Kirche als Leib des Gekreuzigten und Auferstandenen auf paränetische Bilder für die Christusherrschaft durch Wort und Sendung reduzieren zu können. Es kann auch nicht überzeugen, wenn man der Formel „in Christus" futurische Bedeutung geben und nur die Formel „im Geiste" als eine präsentische Aussage auf die konkrete Gemeinde in ihrer irdischen Existenz beziehen will, da auf diese Weise die christologische Dimension der Kirche in das Moralische verflüchtigt wird und nur ihre pneumatologische Dimension ontische Realität behält.[41]

Eine abwegige, auch in das Eucharistieverständnis hineingetragene Inkarnationstheologie, derzufolge die Kirche am „grundlegenden Erlösungsgeschehen beteiligt" und zur „Prolongation" und „Repräsentan-

gewachsensein mit diesem in der Taufe" ist daher die Ouvertüre zu der umfassenden Thematik des individuellen Christusgeschehens, seiner sakramentalen Repräsentation und seiner ekklesiologischen Vermittlung und Ausweitung. Der sakramentale Realismus des Apostels bei Verzicht auf eine Tauflehre zugunsten der Paränese drängt über Paulus hinaus in die Dogmengeschichte und hinter Paulus zurück in die urchristliche Tradition, wo beide Male ein Verständnis des Taufvorgangs als eines wirksamen Symbols nicht von der Hand gewiesen werden kann. Vgl. *Käsemann*, An die Römer, 154. *Kuss*, Der Römerbrief, 311, 373, 375. *Ders.*, Zur vorpaulinischen und paulinischen Tauflehre: Auslegung und Verkündigung I, Regensburg 1963, 133.

Die im Namen des Apostels aufgestellte These, daß nicht die Kirche, sondern Christus das Ursakrament sei, dient daher bestenfalls der Sprachregelung, fördert aber nicht das exegetische und theologische Problem, das in der Vielschichtigkeit der Taufe besteht, die von Christus durch die Kirche gespendet wird und in den Leib Christi, der die Kirche ist, eingliedert (gegen *H. Frankemölle*, Das Taufverständnis des Paulus. Taufe, Tod und Auferstehung nach Röm 6 [= Stuttgarter Bibel-Studien 47], Stuttgart 1970, 123 f.).

Der Exeget reagiert allergisch auf Überinterpretationen der biblischen Texte. Der Systematiker aber wehrt sich dagegen, daß theologische Konzeptionen, die von der Schrift ausgehen und sich auf die überlieferte kirchliche Praxis wie auf umsichtigen Gebrauch eines reichen Repertoirs von Kategorien und Denkformen stützen, leichtfertig abgetan werden. Er tut es mit aller Entschiedenheit, wenn ein Exeget einerseits mit dem argumentiert, was „so nicht bei Paulus steht", andererseits aber nach seinem Temperament und seiner Philosophie die originellsten Ableitungen und Unterlegungen vornimmt. Jede kirchliche Praxis und jeder gelebte Glaube sind von den Uranfängen des Christentums her umfassender als einzelne Verbalisierungen. Das gilt auch im Blick auf kanonische Texte und auf das im Umgang mit ihnen gebräuchliche argumentum e silentio.

[41] AaO, 185, 196. Zur Entkräftung und Entleerung der Formel „in Christus" vgl. *E. Percy*, Der Leib Christi in den paulinischen Homologumena und Antilegomena, Lund 1942, 16, 34, 44. Dagegen: *A. Gläßer*, Konvergenz. Die Struktur der Weltsumme Pierre Teilhards de Chardin, Kevelaer 1970, 419.

tin" ihres Herrn wird[42], sowie einzelne hyperbolische Formulierungen[43] verlangen nicht, daß man das andere Extrem zum Ideal erhebt. Man kann nicht gegen die Deuteropaulinen Amok laufen, die seinsüberlegene Stellung des Hauptes und seine nach Käsemanns Exegese räumliche Trennung von der Kirche in den Deuteropaulinen als ungenügende Abwehr kirchlicher Verselbständigung werten und die ekklesiologischen Titel Braut Christi und Mutter der Gläubigen ablehnen, ohne damit die Liebe Christi und die Dienstfähigkeit der Kirche, ihre Fähigkeit, Christus durch das Wort, das Sakrament und die Diakonie in die Menschheit zu tragen, ad absurdum zu führen.[44] Ist es erlaubt, Käsemann beim Wort zu nehmen, so erhalten seine eigenen wie des Apostels Aussagen einen geradezu grotesken Sinn. Der Leib, in den der auferstandene Herr uns durch „Geist und Sakramente ... eingliedert", wäre nichts anderes als die Menschen, die von ihm abhängig sind und ihm gehorchen. Wo es Paulus genau darum geht, „daß der Geist den Leib begründet und zusammenhält", und wo Käsemann formuliert: „Die Kirche ist der Ort seiner Gegenwart nur insofern, als der Geist das Mittel seines Gegenwärtigwerdens bleibt", sind gerade jene Folgerungen zu vermeiden, die unter Voraussetzung, daß Leib nur ein anthropologischer Strukturbegriff ist, zu ziehen wären.[45] Der Geist ist nämlich keineswegs der Deus ex machina für den räumlich von der Kirche getrennten, in den Himmel verbannten Herrn. Er konstituiert nicht anstelle und für den abwesenden Christus den Leib der Kirche als Menschheitsleib, sondern macht die Seins- und Wirksphäre des Gekreu-

[42] AaO, 195 f. (mit *Bonnard* und *Conzelmann* gegen *J. A. T. Robinson*, The Body, 1952, 49 ff., und *T. W. Manson*, On Paul and John, 1963, 67).

[43] Die Kirche ist der Leib Christi selbst, „not ... a suprapersonal collective, but ... a specific personal organism" (*J. A. T. Robinson*, The Body, 1952, 51). Christus ist „le centre, et l'origine de l'unité du monde chrétien" (*L. Cerfaux*, La Théologie de l'Église suivant Saint Paul, ²1948, 214). „Die Kirche ist Christus, wie er nach seiner Auferstehung unter uns gegenwärtig ist" (*A. Nygren*, Corpus Christi. Ein Buch von der Kirche, 1950, 22). „Christi Leib ist der Leib seiner Gläubigen. Der Leib seiner Gläubigen ist Christi Leib ..." (*H. Schlier*, Zu den Namen der Kirche in den Paulinischen Briefen: Besinnung auf das Neue Testament, 1964, 294–306, 303). Vgl. AaO, 201 f.

[44] AaO, 195 f., 207 f. Die Linie von Paulus zum ekklesiologischen Dogma ist leichter auszuziehen als zu Käsemanns leibhaftigem Christusdienst der gläubigen Individuen. Conc. Vat. II, Const. Dogm. de Eccl., Nr. 8: Die Kirche ist „in einer nicht unbedeutenden Analogie dem Mysterium des fleischgewordenen Wortes ähnlich. Wie nämlich die angenommene Natur dem göttlichen Wort als lebendiges, ihm unlöslich geeintes Heilsorgan dient, so dient auf eine ganz ähnliche Weise das soziale Gefüge der Kirche dem Geist Christi, der es belebt, zum Wachstum seines Leibes (vgl. Eph 4, 16)".

[45] AaO, 196.

zigten und Auferstandenen selbst gegenwärtig und konstituiert die Kirche durch Eingliederung der Menschen in Christus. Die Wahrheit, daß es keine Unabhängigkeit der Kirche von ihrem Herrn geben kann, bedeutet nicht, daß der Kirche die horizontale Dimension der Existenz fehlt oder daß sie als Geistgeschöpf des erhöhten Herrn kein freies, verantwortliches Eigensein und Eigenwirken besitze. Sollte das ekklesiologische Prädikat Stellvertreterin Christi zu hoch gegriffen sein, so ist die Degradierung der Kirche zur Platzhalterin sicher eine Schmälerung des Heilswerkes und der Gegenwart des Herrn bei den Seinen.[46]

Es geht hier letztlich um die Frage, ob nicht eine hybride individualistische und spiritualistische Inanspruchnahme des Geistes gegen die Kirche auch und gerade das gefährdet, was jeder christlichen Konfession heilig sein müßte. Die Theologie des Kreuzes kommt erst dort zum Tragen, wo christliche Hoffnungskraft die menschliche Leidensgeschichte und das menschliche Todesschicksal als Heilsweg eröffnet und getröstet und zuversichtlich beschreitet. Das ist nicht Triumphalismus und Enthusiasmus. Gott benützt nicht das brute Faktum des Zusammenbruchs und der Auflösung des Menschen im Tod, um auf dieser dunklen Folie seine Herrlichkeit aufscheinen zu lassen. Christliche Theologie kann nicht das Elend der Kreatur als Gottes Spielzeug oder Werkzeug zum Erweis seiner Erhabenheit betrachten.[47]

Entsprechend wäre auch von der Weltherrschaft des inthronisierten Herrn geschützter und differenzierter und weniger überspitzt zu sprechen, als Käsemann es tut. Christus will keine am Faden gezogenen Marionetten. Ist nicht der in den Leib des Herrn eingegliederte Mensch dergestalt neue Schöpfung (2 Kor 5, 17), daß er zum freien, verantwortlichen Handeln befähigt ist und, wiesehr auch geschenkweise, auf der Ebene des Selbstseins und der Selbstverwirklichung individuell und sozial heiles Menschsein lebt?

In bezug auf das Verständnis vom Herrenmahl gilt in ähnlicher Weise, daß in die Tiefe stürzt, wer auf dem Gipfel noch höher steigen will. Gibt es in diesem Sakrament keine besondere Erbauung und Besitzergreifung der Kirche durch den Herrn, wirkt es dasselbe wie das Wort und die Taufe, so

[46] AaO, 207.

[47] AaO, 197: „Sein Tod hat sie (die Kirche) nicht in die Erhöhung und Selbsttranszendierung geführt. Seine Erhöhung macht sie vielmehr zum Instrument dafür, daß sein irdisches Geschick nicht vergessen werden kann.“ Sie sei damit wie Christus am Kreuz Gottes Werk, durch das er Leben sub contrario, also durch Tod bekundet. Eine Kreuzestheologie, die jede Theodizee erübrigt und alle Brücken zu jedwedem Humanismus abbricht.

ist in ihm nur der Ritus, das Element, das menschliche Handeln ein anderes und insofern ein Ausdruck dessen, daß nicht einmal im sakramentalen Geschehen das Tun des Herrn im Sein und Wirken der Kirche Früchte zeitigt, Umsetzungen und Auswirkungen erfährt. Die scharfe Trennung zwischen dem historischen und dem erhöhten Leib Jesu täuscht darüber hinweg, daß der Leib des erhöhten Herrn nicht weniger individuell zu verstehen ist und daß es zwischen beiden keine Grade, sondern Vollständigkeit der Identität gibt.[48] Die sakramentale Eingliederung des Glaubenden in den Leib des Gekreuzigten und Auferstandenen begründet die im Leben und Sterben zu vollziehende Hingabe, in welcher der Jünger dem Meister nachfolgt. Und die Rede, daß der Kreuzesleib den Lebensraum der Kirche eröffnet und die Kirche idealiter oder virtualiter enthält[49], tut der alleinigen Erlösungstat Jesu keinen Abbruch, sondern bringt zum Ausdruck, daß in der Person und im Werk Jesu, des Christus, die Schöpfung mit Gott versöhnt ist und ihr Ziel erreicht hat, und daß die Kirche und in ihr die erlöste Welt dem Gekreuzigten und Auferstandenen auf seinem Weg folgen darf. Die Gefahr aber, daß Jesu Kreuzesleib „nicht mehr irdisch und vergänglich, sondern doketisch und insofern als Präfiguration des Christusleibes der Kirche verstanden wird“[50], scheint heute belanglos angesichts der Gefahr, daß Jesus zum bloßen Menschen und zum Initiator eines atheistischen Humanismus gemacht wird. Trennungsdenken und konfessionelles Engagement mögen die Dinge wie Käsemann sehen, die

[48] AaO, 194.

[49] AaO, 195 f. Für Käsemann heißt das, daß der Kreuzesleib die Kirche „realiter“ enthält und daß die Kirche – worauf logisches und ontologisches Denken nicht kommen würde – füglich Christus als „ihren Anfänger und als ihr Haupt . . . sich integriert“. Wer wird das Ursache-Wirkungs-Verhältnis zwischen Christus und der Kirche umkehren wollen? Wo freilich die Gott-Menschheit Jesu, die Union der menschlichen Natur Jesu mit Gott in der Hypostase des Logos keine Realität mehr ist, da droht Christus in der Gemeinschaft aufzugehen, die in der Nachfolge auf seinem Weg entstanden ist. Andernfalls müßte es selbstverständlicher sein, daß Christus nicht in seiner konkreten Wirklichkeit, sondern allenfalls in seiner abstrakt betrachteten Menschheit in einer Linie und auf demselben Niveau wie die übrigen Glieder „Zentrum und Anfang der Einheit der christlichen Welt“ genannt werden kann, was ohne Zweifel die Auffassung des von Käsemann kritisierten Exegeten L. Cerfaux ist (*L. Cerfaux*, La Théologie de l'Église suivant Saint Paul, ^{2}1948, 214). Der Versuch, die Eucharistie nur mit dem Erhöhten Herrn in Beziehung zu setzen und Jesu wie des Jüngers Kreuz daneben anzusiedeln, als wäre der Erhöhte nicht der Gekreuzigte und als würden die Sakramente den Empfänger nicht zugleich in Christus eingliedern und auf seinen Weg des Kreuzes und der Auferstehung stellen, kann eine ontologische Christologie nicht ersetzen. Vgl. aaO, 201 f., Anm. 44, 45.

[50] AaO, 195.

Identität des Herrenleibes am Kreuz und in der Auferstehung teilen, die Einheit des Christusgeschehens auflösen und dessen sakramentale Vergegenwärtigung und Fortsetzung in der Kirche ablehnen.[51] Es handelt sich dabei um Ausgangspositionen, die nicht endgültig unaufgebbar sein sollten.

Schließlich darf noch hinzugefügt werden, daß der Preis, den Käsemann für das allgemeine Priestertum der Gläubigen zu zahlen bereit ist, zu hoch und überdies von der Sache her nicht einmal gefordert ist. Wo der Herrschaft des Erhöhten prinzipiell keine Frucht menschlich-irdischer Verwirklichung entspricht, wo die Kirche in ihrem empirisch-geschichtlichen Sein und Tätigsein, auf der Ebene sozio-kultureller Entwicklung grundsätzlich nicht als Leib und Gemeinschaft heiler Menschheit erfahren wird, da ist die Frage angebracht, ob man nicht durch anthropologische und soziologische Frustration ein Ärgernis gibt, das so weder Christus noch Paulus, sondern eine gewisse Theologie zu verantworten hat. Mag Paulus es wirklich „seinen Nachfolgern und heutigen Interpreten überlassen haben, eine Ekklesiologie zu schreiben"[52]. Daraus folgt nicht, daß man ihn gegen die Ekklesiologie der späteren Bücher des neutestamentlichen Kanons verstehen und Christologie und Ekklesiologie als unversöhnliche Alternative der Theologie und der kirchlichen Praxis betrachten

[51] AaO, 194: „Die Differenz liegt darin, daß der Christusleib der Kirche der irdische Leib des Auferstandenen und Erhöhten ist, also eben nicht der Kreuzesleib, der Jesus individuell zukam und in den niemand eingegliedert werden kann." Was sollen die Tautologie vom Auferstandenen und Erhöhten und die Trivialität, daß in den Leib des historischen Jesus am Kreuz niemand chirurgisch transplantiert werden kann? Muß nicht auch der Leib des Erhöhten der Gekreuzigte sein? Hat nicht auch der Leib des Erhöhten in einer Hinsicht streng individuellen Charakter? Geschieht nicht die Eingliederung der Gläubigen in den Leib des Gekreuzigten und Auferstandenen mittels Glaube, Taufe und Eucharistie durch Verbindung und Gleichförmigkeit ihrer Existenz mit dem Herrn? Das hat mit einer Fortsetzung der hypostatischen Union und Einebnung Christi in die Kirche nichts zu tun. Es scheint, daß Käsemann partout nach einer Theorie sucht, die zu seiner Kreuzestheologie paßt, die Kirche wie den einzelnen Gläubigen in der Eucharistie nicht mit Christus zur lebendigen Gabe für den Vater und die Brüder werden läßt und im Sakrament nur das Wort vom Kreuz sich bekunden sieht, das allein den Tod Jesu gegenwärtig setzt. Ob die Heilstat Jesu am Kreuz und der Heilssinn seines Todes mit den Stichworten „Gnade, Verheißung, Verpflichtung" erklärt sind oder erst im Horizont von Schöpfer und Kreatur, Sünde und Erlösung, Struktur und Sinn des Opfers verstehbar sind und ob daher Käsemanns Motto „Crux sola nostra theologia" nicht besser „Crux sola nostra mythologia" heißen müßte, sei dahingestellt. Vgl. *E. Käsemann*, Die Heilsbedeutung des Todes Jesu bei Paulus: aaO, 106 f.

[52] AaO, 205.

muß.[53] Der Schrei des Menschen nach Freiheit ist immer auch der Schrei nach Leben, nach der Partizipation am Göttlichen. War für den Verfasser des Kolosserbriefes die Teilhabe der Jünger am Haupt des Kosmos und der Kirche, nur weil sie anderen Ursprungs, anderer Zielsetzung und anderer Art ist, weniger real gemeint als die versuchte Teilhabe der verirrten Judenchristen an den Weltelementen und Kultgottheiten? Soll für die Kirche im Gehorsam gegen den Missionsbefehl und für die Menschheit auf der Suche nach Einheit und Erfüllung nicht uneingeschränkt im Namen

[53] AaO, 205. Sollte folgendes Bild von der Konzeption Käsemanns eine aus Mißverständnissen entworfene Karikatur sein, so bliebe für *Käsemann* dennoch die Anregung, diese Mißverständnisse auszuräumen: In der Taufe werden wir mit Jesu Todesgestalt verbunden, nicht mit dem Bild des Auferstandenen (aaO, 104). In der Eucharistie werden wir in die Gemeinschaft jener eingegliedert (bei Erinnerung an Jesu Tod, aaO, 104), die des Erhöhten Herrschaft anerkennen. In Jesu Tod, der Gnade, Verheißung, Verpflichtung ist, und in unserem Tod, der diese Qualitäten nicht besitzt, wird Gottes Herrlichkeit sub contrario offenbar. Paulus entwickle diese Theologie gegen den Enthusiasmus der Korinther, die im Glauben, „Jesus habe das Kreuz getragen, damit die Seinigen an seiner Erhöhung teil hätten", sich von der Bewährung in Askese, Leid und Liebe dispensierten (aaO, 106). Ihr Kern heiße, daß Sakrament und Christenleben bekunden, was durch das Wort gegenwärtig gesetzt wird. Kirche und Christenleben werden gewürdigt „den Gekreuzigten als Gottes Kraft und Weisheit zu preisen . . . und ihr Dasein zu einem Gottesdienst im Zeichen von Golgotha werden zu lassen" (aaO, 106 f.). Die Theologie des Paulus sei in sich selbst spannungsgeladen und stehe zu anderen Theologien des Neuen Testaments in Widerspruch. Der über die Grundlagen seines Glaubens reflektierende Theologe muß sich entscheiden. Den verschiedenen Theologien entsprechen verschiedene Kirchenbegriffe.

Käsemann gibt ein Beispiel dafür, daß es nicht genügt, den Sitz im Leben für biblischtheologische Aussagen zu eruieren, wenn nicht auch ein gemeinsamer Verstehenshorizont für die Denkformen und Kategorien der Bibel und des Exegeten gefunden wird. Hermeneutik lebt nicht von der Methode „wenn ich ein Pferd wäre".

Mit einer Gegenkonzeption muß man nicht hinter dem Berg halten, wenn sie nicht weniger biblisch und paulinisch ist, weil sie 2 Kor 5, 17 wie Röm 8, 29 nicht übergeht und die Formel „Leib Christi" nicht in „Leib der Christusgehorsamen" umdeutet und weil sie umfassender ist, indem sie Christologie und Ekklesiologie, Wort und Sakrament, unbestreitbar Elemente der Theologie und der Kirche, zu ihrer besonderen Geltung bringt und zu einer differenzierten Ganzheit verbindet.

Die Symbolik der Taufe, das Abwaschen wie das Eintauchen und Auftauchen, zeigt nicht nur den Tod des alten, sondern auch die Schöpfung des neuen Menschen an. Die Zeichenhandlung der Eucharistie bringt zum Ausdruck, daß der Mitfeiernde in den Tod des Herrn, in seine Hingabe an Gott und für die Brüder hineingenommen wird, daß er an jener Liebe partizipiert, die den Tod und die Sünde überwindet, und daß er die gegenseitige Identifikation mit jenem vollzieht, der auferstanden ist. Durch die Eucharistie wird die Kirche als Leib Christi erbaut, in welchem christliches Leben und Sterben zum Versöhnungs- und Einigungsgeschehen mit Gott und den Menschen gewandelt wird.

Christi die Botschaft gelten: „So wird durch sie (die missionarische Tätigkeit der Kirche) der Plan Gottes erfüllt, dem Christus gehorsam und liebend gedient hat zur Herrlichkeit des Vaters, der ihn dazu gesandt hat, daß das ganze Menschengeschlecht ein Volk Gottes bilde, in den einen Leib Christi zusammenwachse und zu dem einen Tempel des Heiligen Geistes aufgebaut werde."[54]

Jesu Sterben in Gehorsam gegen den Vater durchbricht die Struktur des Kultopfers, gemäß welcher der Mensch durch eine Gabe substituiert wird, und erfüllt den im Kultopfer verfehlten Sinn der Opferidee, die Einigung des Schöpfers und der Kreatur im innersten Herzen. Rechtfertigung und Heiligung des Menschen geschieht durch Zuwendung der sühnenden und versöhnenden Kraft des Herrentodes von seiten Gottes und durch Ergreifen der angebotenen Heilsmöglichkeit sowie durch Begehen des Heilsweges in und mit Jesus Christus von seiten des Glaubenden. Die Sakramente vermitteln proleptisch die in der christlichen Existenz durch Leid und Tod führende Teilnahme an Jesu Tod und Auferstehung. Sie wirken als Grundlegung und Besiegelung (Taufe) und als höchste Aufgipfelung und ständige Erneuerung (Eucharistie) eine je besondere Hineinnahme des Glaubenden in das Christusgeschehen und eine je besondere Stufe der Erbauung von Kirche als Leib des Gekreuzigten und Auferstandenen.

[54] Conc. Vat. II, Decretum de Activitate Missionali Ecclesiae, Nr. 7.

II. Auf der Suche nach dem ganzen Jesus

Wo von dem Heilsgeschehen in Jesus Christus und der Kirche die Rede ist, kann die Frage nach der Beziehung zwischen Jesus von Nazaret und dem neuen Gottesvolk nicht einfach übergangen, allerdings auch nicht erschöpfend behandelt werden. Das Problem ist uferlos und, wie es scheint, unabschließbar. Darum wächst das Bedürfnis nach einem Überblick über den Stand der Dinge. Es erhebt sich außerdem die Notwendigkeit, die Handhabung der historisch-kritischen Methode zu überprüfen und die Forschung wie die Reflexion über ihre Ergebnisse neu zu orientieren.

Zunehmend setzt sich die Erkenntnis durch, daß eine „heilsgeschichtliche Betrachtung, die Annahme von Stufen im Sendungsbewußtsein Jesu"[1], den Weg zu dem auferstandenen Christus und den Zugang zu dem Problem der Kirchengründung öffnet. Zuerst nur zu den verlorenen Schafen des Hauses Israel gesandt (Mt 25, 14), dann von Israel abgelehnt, faßt Jesus den Heilssinn seines Sühnetodes für die vielen ins Auge (Mk 10, 45) und stiftet den Bund des neuen, nicht mehr nur des wahren Israel.[2] Im Mahl der endzeitlichen Gottesgemeinschaft erschließt er den Jüngern die Sühnkraft seines Todes und gibt ihnen Anteil an seiner Person und an seinem Werk. Die Kirche wird nicht nach dem Scheitern des Propheten Jesus von den sich neu orientierenden Jüngern, von „betrogenen Betrügern"[3], als Ersatz für das zwar versprochene, aber verlorene Reich gegründet, sondern von dem in die Geschichte eingetretenen Offenbarer Gottes als Zeichen der kommenden Gottesherrschaft grundgelegt und als Frucht des Sieges Christi über die Sünde und den Tod erbaut, wie wahr es auch bleibt, daß sie nicht wie ihr Herr am Ziel angelangt ist, sondern ihm auf dem Weg des Kreuzes in die Herrlichkeit des vollendeten Reiches folgt. Der Prozeß der Offenbarung Gottes und der Gründung der Kirche schließt die Geschichtlichkeit des Selbstbewußtseins Jesu, den Erstanspruch Israels, die

[1] *U. Horst*, Umstrittene Fragen der Ekklesiologie, Regensburg 1971, 22. Vgl. *F. Mußner*, Gab es eine „Galiläische Krise"?: Orientierung an Jesus. Für J. Schmid, hrsg. v. N. Brox / W. Pesch, Freiburg/Basel/Wien 1973, 238–252.

[2] Die Vorstellung Dahls, Jesus habe den Bund des wahren Israel gestiftet, also nur den alten Bund mit einem Rest des Volkes erneuert, paßt nicht zu der Situation, in der die Sendung Jesu an Israel gescheitert, ein neuer Offenbarer Gottes aber nach dem ganzen Wirken Jesu nicht zu erwarten war. Vgl. *N. A. Dahl*, Das Volk Gottes, Darmstadt [2]1963, 156.

[3] *H. S. Reimarus*, Vom Zwecke Jesu und seiner Jünger (Wolfenbüttelsches Fragment 1778). Vgl. *A. Schweitzer*, Geschichte der Leben-Jesu-Forschung I, 56–58 (Siebenstern Taschenbuch), München 1966. *U. Horst*, aaO, 26.

Freiheit und das Versagen des Menschen gegenüber dem angebotenen Heil ein. Ein vertieftes Verständnis der Geschichte rückt nicht die bloßen Fakten und Daten in den Vordergrund, sondern deren Sinn und Bedeutung. Historie wird Geschichte. Nicht schon die Kenntnis des historischen Ablaufs und des biographischen Details aufgrund einer exakten Reportage macht selig, sondern erst die Anerkennung und Übernahme des in Jesus Christus geschehenen Heiles. In der Schrift begegnen uns der Anspruch und die Autorität Jesu vermittels jener Zeugen, die das Evangelium in ihre Welt und Person, in ihr Denken und Sprechen, in ihr Leben und Verstehen übernommen, es durch den Glauben aus der Vergangenheit in die Gegenwart übertragen und so den kanonischen Anfang der christlichen Überlieferung gesetzt haben.

Nachdem die Leben-Jesu-Forschung, getrieben von dem neuzeitlichen historischen Bewußtsein und von dem aufklärerischen Pathos der Autonomie der Vernunft und der Emanzipation des Menschen, mit ihrem Versuch, den von kirchlicher Übermalung befreiten Jesus hinter den Evangelien zu entdecken, seit Albert Schweitzers „Geschichte der Leben-Jesu-Forschung" (1913) als gescheitert galt, wendete sich die Kerygma-Theologie, durch Martin Kählers Vortrag „Der sogenannte historische Jesus und der geschichtliche biblische Christus" (1892) eingeleitet und von Rudolf Bultmann auf die Spitze getrieben, dem gepredigten Heilbringer als dem wahren und wirklichen Christus zu. Heute besinnt sich die Forschung darauf, daß die Alternative historischer Jesus oder Christus des Glaubens, Botschaft Jesu oder Kerygma der Urgemeinde einer falschen Problemstellung entspringt, und richtet ihre Aufmerksamkeit auf die Zusammengehörigkeit und die besondere Beziehung beider Momente des Christusgeschehens.[4] Die Einrede, daß dem historischen Jesus der Primat

[4] Vgl. *F. Hahn*, Die Frage nach dem historischen Jesus und die Eigenart der uns zur Verfügung stehenden Quellen: Die Frage nach dem historischen Jesus, Göttingen ^{2}1966 (= Evangelisches Forum 2), 39 f. In dem Sammelband „Die Aktion Jesu und die Reaktion der Kirche" (Würzburg 1972) stellt denn auch *Karlheinz Müller* die These auf, daß in Jesu Auferweckung die Naherwartung der Gottesherrschaft erfüllt und die Ursprungssituation der Kirche gegeben ist (25–27), zeigt *Helmut Merklein*, daß der Jüngerkreis Jesu und die österliche Gemeinde ihre gemeinsame Mitte in der Teilhabe an Jesu Wort und Tat, an der in ihm anbrechenden Gottesherrschaft haben, eine Teilhabe, die in der nachösterlichen Situation zur Teilnahme an Jesu Tod und Auferweckung wird (96–99), tastet sich schließlich *Karl Kertelge* an die Frage nach der Heilsqualität des Kreuzestodes Jesu heran, der gehorsame Unterwerfung unter das Gericht sei (107–112), ein Gedanke, der eine Kettenreaktion auslöst: Gericht, an wem und für wen? Gericht, warum nicht für die „offene Gemeinde" derer, die für das Gottesreich anscheinend am wenigsten geeignet sind, Arme, Kranke, Sünder und so-

gebühre, da die Kirche ihm und nicht sich selbst verantwortlich sei, da sie durch seine Reden und Taten und nicht durch ihr eigenes Zeugnis legitimiert werde, verfehlt den Tatbestand. Sie übersieht die personale Identität zwischen dem vorösterlichen Jesus und dem auferstandenen Herrn, reißt eine unwahrscheinliche sozio-kulturelle und religiöse Kluft zwischen dem vorösterlichen Jüngerkreis und der österlichen Gemeinde auf und sperrt sich gegen den biblischen Befund: das umfassende Offenbarungsgeschehen, in dem Jesus, Christus, Kirche unterscheidbar, aber untrennbar sind. Ein Moment wird zum Korrektiv des anderen; mit der vertieften Erkenntnis des einen verändern sich die anderen. Nach mehr als einem Jahrhundert intensiven Ringens, Hoffens und Zweifelns um den Ursprung, den Gegenstand und das Richtmaß des Christentums kommen das ganze Phänomen und die dem Gegenstand angemessene Methode in den Blick, ein geistesgeschichtlicher Vorgang, der nach der Psychologie[5], der Biologie[6], der Anthropologie[7], und der Soziologie[8] endlich auch die nachhinkende Theologie erreicht hat. Langsam nur gibt die Bibelwissenschaft dem exakten, positivistischen Denken, das von einem isolierten Element als der Ursache auf eine determinierte Wirkung schließt, den Abschied, weil dieses Denken nicht ausreicht, wo der Gegenstand den Charakter des Lebendigen, der Ganzheit, des Geistigen und der Gestalt besitzt.

gar die Heiden? Gericht, auf welche Weise als Heilsgeschehen gegenwärtig und als Heilsweg erschlossen für die Jünger, wenn nicht in besonderer Weise durch das Herrenmahl? Elementarer ist die Deutung des Todes Jesu bei *H. Schürmann*. Vor aller Deutung des Kreuzes als Gericht oder Opfer liegt Jesu Tat der gehorsamen Annahme dessen, was notwendig war, das Heil „für uns" zu vermitteln und „uns" durch die Zeichenhandlung des Abendmahls in die Gemeinschaft mit seinem Heilstod hineinzunehmen. Vgl. *H. Schürmann*, Wie hat Jesus seinen Tod verstanden?: Orientierung an Jesus, 325–363.

5 Unter den „Gestaltisten" seien genannt: *K. Bühler*, Die Gestaltwahrnehmungen, 1913; *ders.*, Das Gestaltprinzip im Leben des Menschen und der Tiere, 1960, und *K. Koffka*, Principles of Gestalt-Psychology, 1935, ³1950.

6 Den Sinn der menschlichen Ontogenese versteht *A. Portmann* als Beziehungseinheit von Gestalt, Entwicklung und Lebensform: Biologische Fragmente zu einer Lehre vom Menschen, Basel-Stuttgart ³1969, 97–105.

7 *C. Lévi-Strauss*, Strukturale Anthropologie, Frankfurt 1967, 299–346.

8 Vgl. *G. Kehrer*, Religionssoziologie, Berlin 1968, 5 f. Den Einfluß des strukturalen Denkens über die genannten Disziplinen hinaus auch auf die Mathematik, Logik, Physik und Linguistik stellt in knapper Form dar *J. Piaget*, Le Structuralisme, Paris 1970. Den interdisziplinären Einfluß des ganzheitlichen Denkens, welches die Einzelphänomene aus der Isolierung löst und in übergreifende Ordnungen und Sinngestalten einbezieht, um ihrem Sein und Sinn näher zu kommen, illustriert auch *W. Strombach*, Natur und Ordnung, München 1968.

Das strukturale Denken erweitert den Verstehenshorizont nicht nur für den von F. Hahn angesprochenen Längsschnitt der Offenbarung Gottes in Jesus Christus, sondern auch für den Querschnitt der Ansprüche und Aussprüche, der Bewußtseinsinhalte und des Selbstverständnisses Jesu. Die verschiedenen, zueinander in Spannung stehenden Hypothesen über Jesus und die Kirche stützen sich alle auf historische Anhaltspunkte und haben darum alle eine gewisse Berechtigung. Der historischen Forschung bleibt ihre ureigenste Aufgabe und Methode, um ans Licht zu bringen, welcher Art Jesu Prophetentum, Apokalyptik, Offenbarungsrolle und Heilbringertum war. Aber ihre Ergebnisse sind jeweils Antworten auf Fragen, Urteile in der Folge von Vorurteilen. Werden einzelne Hypothesen nach dem Gesetz des monokausalen Denkens verabsolutiert, so entstehen auf schmaler sachlicher Basis subjektive Konstruktionen, die durch ihre imponierende Großartigkeit und Geschlossenheit nicht wahrer und nicht christlicher werden. Hat z. B. Bultmann einmal den in der Nahererwartung befangenen Menschen Jesus als den historischen Kern der synoptischen Überlieferung herauspräpariert, so muß er die messianische und mysterienkultische Kirche ohne innergeschichtlichen Zusammenhang darauf folgen lassen, die ihrerseits wieder durch das Welt- und Selbstverständnis des Forschers überholt wird. Der Geist Gottes, der Jesus getrieben hat und in der Urgemeinde wie in der modernen Christenheit wirkt, ist die äußere Klammer und wird zum Deus ex machina. Er handelte an Jesus und machte das Kreuz zum Fanal der Gnade Gottes, die dem Glaubenden aus dem Judentum, aus dem Hellenentum und aus der Jetztzeit in einem je neuen Selbstverständnis die Erfahrung von Heil gewährt. Es ist ein atomisierendes Denken, das der Theologie des Neuen Testaments bei Bultmann ein Gefälle von dem allzu menschlichen, im Irrtum befangenen Propheten[9] über eine allzu mythologisch-sakramentale Kirche[10] zu einem Bleiben in Jesus aufzwingt, das sich zu einem bloßen Bewußtseinsgeschehen verflüchtigt.[11] Atomisierendes Denken wird auch zum Denken in Alternativen: Wenn Jesus ein Prophet war, so kann er nichts anderes gewesen sein; wenn die Eucharistie irgendwo zur Mysterienfeier wurde, so kann sie nicht mehr in Jesu Vorwegnahme des Mahles im Gottesreich und in der Erwartung der kommenden Gottesherrschaft verwurzelt sein; wenn sie als Speise zum ewigen Leben genommen wird, so kann sie weder

[9] *R. Bultmann*, Theologie des Neuen Testaments, Tübingen ^{6}1968, 35–39.

[10] *R. Bultmann*, aaO, 306–315.

[11] *R. Bultmann*, aaO, 436–438.

im Todesschicksal Jesu begründet noch als jenes Sakrament verstanden werden, durch das der Mensch schöpferisch erneuert und seine tägliche Existenz zum eschatologischen Heilsgeschehen gemacht wird.[12] Auch aus fragwürdigen, nur sehr bedingt gültigen Voraussetzungen werden bedenkenlos die folgenschwersten Konsequenzen gezogen: wenn die materielle Welt ein kausaldeterminiertes Gebilde ist und unser Selbstverständnis ein existentiales geworden ist, so müssen Mythologie und Sakrament dem Wortgeschehen, muß alles Materielle und Leibhaftige dem Pneumatischen weichen.[13] Jesus Christus selbst ist für dieses Denken nicht mehr das Leben, sondern der Auslöser des erlösenden Bewußtseinsaktes.

Die historische Lücke, die Bultmann aufreißt, indem er den wirklichen Jesus zu einem Propheten macht, der den Rahmen des Alten Testaments nicht überschreitet, füllt er selbst mit Hilfe seiner denkerischen Mittel. Die altlutherische Wurzel des solus Deus bringt das Theologumenon hervor, daß nicht Jesus Christus und Gott in ihm das Heil der Welt wirkt, sondern der an ihm handelnde Gott und der den Glaubenden auf das Kreuz verweisende Geist. Die stolze Freiheit des Christenmenschen erhebt den Untertan im Obrigkeitsstaat und in der Diktatur bis 1945 nur im Bereich der reinen Innerlichkeit ohne Mittler bis zum Throne Gottes. Der Glaubende als Mensch lebt und handelt unter harten Zwängen. Das mechanistische Weltbild vertieft die Spaltung in einen geistigen inneren und einen materiellen äußeren Menschen. Die Säkularisierung als Entsakralisierung, Versachlichung und Autonomisierung der Kulturbereiche und Gesellschaftsprozesse vollendet schließlich die Schrumpfung der christlichen Freiheit, indem sie den religiösen Menschen aus der Öffentlichkeit in die Sphäre des Privaten, des Subjektiven oder gar des Illusionären verbannt. Der mit diesem geistesgeschichtlichen Erbe ausgestattete und diesen sozio-kulturellen Belastungen ausgesetzte Theologe läuft Gefahr, seinen eigenen, hier in Schicksalsergebenheit gesuchten Ausweg, als das Offenbarungsgeschehen in Jesus Christus und der Kirche auszugeben.

Es soll bei diesen Überlegungen jedoch nicht vor allem die mögliche Befreiung des Christentums von Obrigkeitsstaat, kosmologischem Mechanismus, anthropologischem Dualismus und säkularisierter Welt untersucht werden, sondern das Problem einer legitimen Systematik des ge-

[12] *R. Bultmann*, aaO, 154 f., 314.

[13] *R. Bultmann*, aaO, 314. Daß Bultmann von „Einordnung", nicht von „Weichen" spricht, ändert nicht, sondern verschleiert nur den von ihm vertretenen Standpunkt, auf dem es außer eines bloßen Symbolismus keine Dimension des Sakramentes gibt.

schichtlichen Phänomens Jesus-Christus-Kirche. Solisten ergeben jedenfalls keinen Chor, Individualisten keine Mannschaft und gegenläufige Hypothesen keine Theorie.

G. Quispels Bekenntnisfreudigkeit, mit der er schreibt: „Müßte ich dem schrecklichen Dilemma ins Gesicht sehen, ob Jesus ein gesetzeshütender Pharisäer oder ein rebellischer Zelot war, würde ich vielleicht sagen: keines von beiden; denn er war ein Gnostiker"[14], stößt sich an der Tatsache, daß die römischen und jüdischen Behörden nicht einen harmlosen Weisheitslehrer, sondern den Messiasprätendenten hingerichtet haben. Auch Kattenbuschs und Mansons Versuche, den Kirchengedanken aus Jesu Menschensohnbewußtsein und der Jünger Menschensohnverständnis abzuleiten, scheitern an engen Grenzen.[15] Die Reich-Gottes-Botschaft Jesu ist nicht anthropozentrisch, sondern theozentrisch bestimmt. Die Gottesherrschaft wird nicht durch die Aktivität des Jüngerkreises herbeigeführt, der sich etwa wie die Essener als den heiligen Rest Israels betrachten würde (Jes 10, 20 ff.), sondern durch Gottes souveräne Macht und Gnade.[16] Ein kollektives Verständnis vom Menschensohn (Dan 7, 9–28), der als Repräsentativperson ein einzelner ist und zugleich das zu ihm gehörige Volk in sich schließt, ist im Neuen Testament und in seinem unmittelbaren jüdischen Hintergrund nicht nachgewiesen.[17] Jesus selbst hat sich nicht einfach mit dem Jüngerkreis gleichgestellt oder identifiziert.[18] Käsemann schreibt: „Die einzige Kategorie, die seinem Anspruch gerecht wird, ist, völlig unabhängig davon, ob er sie selber benützt und gefordert hat oder nicht, diejenige, welche seine Jünger ihm dann auch beigemessen haben, nämlich die des Messias."[19] Doch diese Formulierung ist zu glatt und zu schön, um zu beruhigen. Der Kern des Kerygmas und die Wurzel des Kirchenbewußtseins, Jesu Heilstod und Aufer-

[14] *G. Quispel*, Gnosis and the New Sayings of Jesus: Eranos Jahrbuch 1969, Zürich 1972, 294.

[15] *F. Kattenbusch*, Der Quellort der Kirchenidee: Festgabe für A. von Harnack, Tübingen 1921, 143–172. *T. W. Manson*, The Teaching of Jesus, Cambridge 1955, 211–284.

[16] *A. Vögtle*, Der Einzelne und die Gemeinschaft in der Stufenfolge der Christusoffenbarung: Sentire Ecclesiam. Festschrift für H. Rahner, Freiburg 1961, 50–91, bes. 60 ff. *G. Bornkamm*, Jesus von Nazareth, Stuttgart 1956, 71. *H. E. Tödt*, Der Menschensohn in der synoptischen Überlieferung, Gütersloh 1959, 280 ff.

[17] *F. Hahn*, Christologische Hoheitstitel, Göttingen 1963, 17 ff.

[18] *N. A. Dahl*, aaO, 155, 159 f. *U. Horst*, aaO, 19.

[19] *E. Käsemann*, Das Problem des historischen Jesus: Exegetische Versuche und Besinnungen I, Göttingen 1960, 187–214, 206.

weckung, stellt eine wesentliche Überschreitung der vorchristlichen Messiologien dar; auch die Auferweckung eines Menschen hat von sich aus keinerlei messianische Qualität, so daß eher Jesus selbst seinen Tod unter messianischen Anspruch stellen konnte, als die im Licht des Osterglaubens interpretierenden Jünger.[20] Diese Überlegung läßt wiederum die Frage nicht zur Ruhe kommen: muß nicht trotz aller historischer Schwierigkeiten, die Bultmann gegen Cullmann und Jeremias anführt, der Sitz im Leben Jesu selbst gesucht werden für jene Schichten der neutestamentlichen Überlieferung, die, um Jesu Leiden und Sterben einen Sinn zu geben, die spätjüdische Märtyrertheologie und das Gottesknechtlied Jesaja 53 aufgreifen?[21] Außerdem erheben sich Zweifel, ob der Messiastitel den

[20] Auferstehung, die nicht Rückkehr in die Welt ist, Auferweckung des Messias ohne Anbruch der allgemeinen Auferstehung der Toten und das Leidensschicksal Jesu sind Fakten, die weder mit dem Blick auf das Judentum noch mit Blick auf das Heidentum verstanden werden konnten. Vgl. *G. Friedrich*, Die Auferweckung Jesu, eine Tat Gottes oder ein Interpretament der Jünger?: Kerygma und Dogma 17 (1971) 153–187, bes. 169.

[21] Vgl. *R. Bultmann*, aaO, 31–33. Auch Bultmanns Argumentationsgebäude steht auf tönernen Füßen. Er überzieht das argumentum e silentio. Der Umstand, daß Jesu Leidensweissagungen in der hypothetischen (!) Logiensammlung Q fehlen, trägt nicht die These, daß es nachösterliche Gemeinden gegeben habe ohne das Kerygma, d. h. den Glauben an Jesu Heilstod, daß dies die ältesten Gemeinden gewesen seien und daß sie allein und erschöpfend die Botschaft, das Wirken und das Selbstverständnis des vorösterlichen Rabbi und Propheten Jesus überliefert haben. Vgl. *Feine/Behm/Kümmel*, Einleitung in das Neue Testament, Heidelberg [14]1965, 39 f. *R. Bultmann*, aaO, 31 f. Auf diesem schwankenden Grund besteht die Möglichkeit, nicht die Notwendigkeit, die Menschensohnworte vom gegenwärtig wirkenden Menschensohn auf ein Mißverständnis der Übersetzung in das Griechische zurückzuführen und als aramäische Worte vom Menschen überhaupt bzw. als Ichaussagen Jesu zu verstehen. Vgl. *N. A. Dahl*, aaO, 154. Die Menschensohnworte vom leidenden und auferstehenden Menschensohn kurzerhand als vaticinia ex eventu zu erklären, weil nicht in Q enthalten, und sie darum aus der Jesusfrage auszuscheiden, scheitert an schwerwiegenden Gegengründen. Die tiefe sachliche Übereinstimmung zwischen Jesu Verkündigung und Lebensausgang besteht unabhängig davon, ob wir Jesu Gedanken über seinen Tod und der Jünger Eindruck von ihm scheiden können. Mit einiger Sicherheit hat Jesus sich als den Gerechten betrachtet, dessen Leiden Heil schafft für die vielen und dessen Leben nicht der Macht der Unterwelt preisgegeben wird. Die mit dem Tempelwort, den Leidens- und den Auferstehungsweissagungen verbundene Frist von drei Tagen hat hier ihren theologischen und historischen Ort und kann nicht als vaticinium ex eventu erklärt werden. Vgl. *N. A. Dahl*, aaO, 156 f., 164. Mit Recht widersetzt sich J. Jeremias darum auch der Meinung Bultmanns, daß nur in jenen Menschensohnworten die ipsissima vox Jesu aufklinge, in denen vom kommenden Menschensohn die Rede ist, und daß dieser nicht mit Jesus identisch sei. Vgl. *J. Jeremias*, Neutestamentliche Theologie, 1. Teil, Die Verkündigung Jesu, Gütersloh 1971, 245–263, 263–284. Wenig Anhaltspunkte gibt es freilich für Cullmanns Bejahung der Frage, ob im Leben Jesu selbst mit den messianischen Zügen, der Menschensohntradi-

ganzen Umfang des Anspruchs, der Autorität, der Worte und Taten Jesu deckt. Der Hinweis auf die Vielzahl der Messiologien, die von den verschiedenen Strömen vorchristlicher Heilserwartung hervorgebracht wurden, kann diese Bedenken nicht ausräumen.[22] In welchem Verhältnis stehen schließlich der Kyriostitel, das Sohnesbewußtsein Jesu, die Präexistenzchristologie des Philipperbriefes, die Adam-Christus-Parallele Röm 5, die Heilsfunktion Christi als des letzten Adam (1 Kor 15, 45.57), die kosmologischen und ekklesiologischen Christusprädikate Erstgeborener aller Schöpfung und Haupt der Kirche und des Alls (Eph 1, 22) zu den entsprechenden vor- und außerchristlichen religiösen Vorstellungen? Es bedarf noch großer Anstrengungen, um die Forschung über das Stadium des Halbdunkels und des Zwielichts dieser Frage hinauszuführen.

Was ist zusammenfassend von dem religionsgeschichtlichen Original „Jesus und seine Jünger" in dieser eigenartigen Kontinuität und Diskontinuität zu den jüdischen Überlieferungen zu halten? Eine messianische Bewegung ohne Zelotismus, eine Prophetengefolgschaft ohne Erwartung eines anderen, noch kommenden Heilbringers, eine Jüngergemeinschaft ohne Synagoge und Halacha, eine Täuferbewegung ohne Drohbotschaft und Asketismus, eine Gruppe unter dem Druck der Naherwartung ohne Apokalyptik![23] Der eschatologische Offenbarer und Heilbringer Jesus zieht im Verlauf seines Wirkens bis zum Kreuz, zur Auferstehung, zur Sendung des Geistes und zum Fortleben in der Kirche immer mehr die alttestamentliche, die antike und schließlich die gesamtmenschheitliche religiöse Überlieferung an sich, um sie in vollkommener Souveränität und Eigenmächtigkeit neu zu bestimmen und zu überbieten. War Jesus – und das gilt für seine vorösterliche Existenz – nicht ein blind umhergetriebenes Werkzeug des Geistes, sondern ein Mann, der über seine Sendung reflektierte und Rechenschaft zu geben versuchte; war er nicht ein Phantom, sondern ein Glied seines Volkes, der Menschheit und ihrer Geschichte;

tion und der spätjüdischen Märtyrertheologie auch schon der Gedanke von dem stellvertretenden Leiden des Gottesknechts kombiniert wird. Vgl. *O. Cullmann*, Die Christologie des Neuen Testaments, Tübingen [2]1958, 79–81. Wenn Jesaja 53 möglicherweise schon vor Paulus (vgl. Röm 4, 25) eine interpretatio christiana erfahren hat, so muß allerdings die Möglichkeit zugegeben werden, daß der Grund dafür in der Persönlichkeit und im Wirken Jesu liegt, zumal das als jesuanisch gelten darf, was weder aus dem Judentum noch aus der Umwelt der frühchristlichen Gemeinden erklärt werden kann.

[22] Vgl. *G. Quispel*, aaO, 296, Anm. 30.

[23] Vgl. *N. A. Dahl*, aaO, 161.

war er nicht ein verantwortungsloser, im Augenblick befangener Psychopath, sondern ein Mensch, der die Zeit nach seinem Tod in Augenschein nahm, das Schicksal seiner Jünger bedachte und bis zuletzt klar und sinnvoll handelte[24], so nimmt seine persönliche Gestalt und Erscheinung doch wieder gerade jenen Reichtum an, nach dem die religiösen Neuaufbrüche und das Heilsverlangen auch unserer Tage suchen und der schließlich durch das christologische Dogma und durch die lebendige Wirklichkeit der Kirche vorläufig eingeholt ist. Die Entscheidung darüber, ob Jesus tatsächlich eine solche Persönlichkeit war, daß sie die Heilsgeschichte des neuen Bundes zu tragen vermag, kann uns nicht eine historische Forschung neben und hinter dem Zeugnis der Schrift abnehmen; das Urchristentum, die ersten Träger der Jesusüberlieferung, die ersten Verkündiger des Kerygmas und die inspirierten Verfasser der kanonischen Schriften haben darüber verbindlich gesprochen. Und die Schlagworte wie „Christusdogma ohne Basis“, „Reich Gottes anstatt Kirche“ und „Jesus ja, Kirche nein“ sind heute eher Ausdruck publizistischer Technik und subjektiver oder ideologischer Tendenz als Symptome einer unvermeidlichen Auflösung des sachlichen und lebendigen Zusammenhangs zwischen Jesus, dem Christus, und der Kirche in der endzeitlichen Offenbarung Gottes. Die biblischen Hoheitstitel und das christologische Dogma sind nicht von außen an den menschlichen Kern des Phänomens Jesus angelegte Ringe, sondern das Gottsein Jesu in seinem Menschsein, das Absolute in der Geschichte selbst ist es, das im Glauben der Kirche sich auslegt.[25] Weil Gott in ihm war, darum ist sein Leben Vorwegnahme des Heils[26], seine Kreuzigung und Auferweckung realisierte Eschatologie.[27]

[24] Vgl. *J. Schmid*, Die Kirche, Biblisch, 2. Die Gründung der Kirche durch Jesus Christus: HThG, Band 2, 439 f. (dtv WR, München 1970). *N. A. Dahl*, aaO, 157 f.

[25] Vgl. *H. Schlier*, Zur Frage: Wer ist Jesus?: Neues Testament und Kirche. R. Schnakkenburg zum 60. Geburtstag, hrsg. v. J. Gnilka, Freiburg/Basel/Wien 1974, 359–370, 369 f.

[26] Vgl. *J. Gnilka*, Jesus Christus nach frühen Zeugnissen des Glaubens, München 1970, 166, 174 f.

[27] Es wird hier die These von Ch. H. Dodd in einem anderen Sinn und mit anderer Begründung aufgenommen. Nicht mit Jesu Reichgottesbotschaft und Wundertätigkeit, sondern durch seinen Weg, auf dem in geschichtlicher, innerweltlicher Existenz, zuletzt durch die Auferweckung Heil geschieht, wird das endzeitliche Heil auch für die Menschheit und die Welt prinzipiell erschlossen. Vgl. *Ch. H. Dodd*, The Parables of the Kingdom, London 1935, ^{7}1951, 44 f. *W. G. Kümmel*, Das Neue Testament. Geschichte der Erforschung seiner Probleme, München ^{2}1970, 493.

III. Die Repräsentation des Christusgeschehens in der Ortskirche

Da der Historiker in der Gegenwart existiert und der Forscher nur sichert, was er als Mensch ursprünglich erfährt, bestreitet eine gewisse Sprachwissenschaft[1] die Möglichkeit, Geschichte von ihrem Ursprung her zu verstehen, und macht die Hermeneutik[2] jede Sicherung der Wahrheit von der vorwissenschaftlichen Gegebenheit der Sache abhängig. Bei diesem Stand der Wissenschaftstheorie wird man nach der Berechtigung des Dreischritts von Kirchenidee, Kirchenverwirklichung und Realisationsbedingungen fragen müssen. Eine zustimmende Antwort wird man dann geben können, wenn man der kritischen Vernunft im Dienst der ständigen Kirchenerneuerung wenigstens die Funktion zutraut, eine Differenz zwischen gegenwärtig erfahrener Kirche und ihrem Ursprung aufzudecken, Kirche heute an diesem Ursprung zu messen und ihre Lebensvollzüge als Vermittlung des in Christus eröffneten Heilsgeschehens zu verstehen und zu gestalten. Die unterscheidende und verbindende Kraft zwischen der Schrift und der Theologie liegt im denkenden Glauben, durch den der inspirierte Verfasser und der moderne Theologe je auf ihre Weise die Antizipation des eschatologischen Sinnes göttlicher Selbstmitteilung in Jesus Christus versuchen und durch den allemal Gottes Offenbarung in menschliche Existenz und Geschichte übersetzt wird. Dabei bleibt der eigene Rang und Charakter der im Neuen Testament Literatur gewordenen Theologien bestehen. Dank der Inspiration sind sie nicht nur die erste Übernahme der Offenbarung in menschliches Verstehen und Handeln, sondern auch das geltende kanonische Maß und Vorbild für alle folgenden Umsetzungen in neue geschichtliche Epochen.

Das Heil, das in Jesus Christus Ereignis wurde, ist die Ankunft der Gottesherrschaft als jener Macht, die den Menschen von Sünde und Tod befreit. Die Liebe, mit der Jesus den Leiden der Menschen und den Problemen ihrer Welt begegnet, die Selbstverständlichkeit, mit der er die Last

[1] *L. Dewart*, Die Grundlagen des Glaubens, Bd. 1, Historische Analyse, Zürich/Einsiedeln/Köln 1971, 139. Vgl. *F. Konrad*, Aspekte einer fundamentaltheologischen Ekklesiologie? Eine kritische Analyse: Münchener Theologische Zeitschrift 23 (1972) 18–52, 38, Anm. 21.

[2] *G. Krüger*, Grundfragen der Philosophie. Geschichte-Wahrheit-Wissenschaft, Frankfurt/M [2]1965, 35. Vgl. *F. Konrad*, aaO, 38, Anm. 22.

und die Not der Endlichkeit auf sich nimmt, die Entschlossenheit, mit der er sie durch seinen Tod und seine Auferstehung neu bestimmt, die lebenzeugende und heilbringende Selbsthingabe, die er als das gründende, erlösende und vollendete Geheimnis aller Dinge offenbart, sind die Antwort des Sohnes auf die im Heilswillen und in der Heilsmacht des Vaters erfahrene Geborgenheit.

Der Bereich, in dem das Christusgeschehen in Raum und Zeit vergegenwärtigt und dargestellt wird, sind die Ortskirchen, zuerst die Urgemeinde zu Jerusalem und die apostolischen Gemeinden, später in vollem Sinn die Bistümer und in diesen heute vor allem die Pfarrgemeinden. Werden im Neuen Testament die Gemeindeversammlung (1 Kor 11, 18.22), die einzelnen Ortsgemeinden (Paulinische Hauptbriefe; Mt 18, 17) und die Gesamtkirche (Deuteropaulinen; Mt 16, 18) als Kirche bezeichnet, so lehrt das Zweite Vatikanische Konzil, daß die Priester „in den örtlichen Versammlungen der Gläubigen den Bischof . . . gewissermaßen vergegenwärtigen", „die Gesamtkirche an ihrem Ort sichtbar" machen und „einen wirksamen Beitrag zur Erbauung des gesamten Leibes Christi leisten"; daß die Ortsgemeinde, der vorbildliche Priester vorstehen und dienen, „zurecht mit jenem Namen benannt wird, der die Auszeichnung des einen und ganzen Gottesvolkes ist: Kirche Gottes"[3]; schließlich, daß die bischöflichen Teilkirchen „nach dem Bild der Gesamtkirche gestaltet sind" und daß „in ihnen und aus ihnen die eine und einzige katholische Kirche besteht"[4].

Der lebendige Ursprung und der theologische Grund der Pfarrgemeinde wie jeder Ortskirche und der Gesamtkirche ist der gekreuzigte und auferstandene Herr, der durch den Geist das neue Volk Gottes aus Juden und Heiden versammelt und mit dem Heilsauftrag für alle Völker in die Welt sendet. Durch Glaube und Taufe überantwortet sich die Gemeinde ihrem Herrn und knüpft mit ihm die Leben und Sterben umfassende Schicksalsgemeinschaft. Durch die Feier der Eucharistie gewinnt sie stets aufs neue Anteil an der versöhnenden und einenden Kraft des Opfers Christi, erlangt noch in der Welt lebend Anschluß an den erhöhten Herrn und bringt sich in der sakramentalen Kommunion mit Christus und den Brüdern dem Vater dar. An diesem Sakrament der Einheit erkennt die Kirche ihr Wesen: Teilhabe am Leib und Blut des Herrn (Koinonia 1 Kor 10, 16); an ihm erkennt sie die Weise und den Horizont ihrer Existenz:

[3] Conc. Vat. II, Constitutio Dogmatica de Ecclesia, Nr. 28.

[4] AaO, Nr. 23.

Verkündigung des Todes Christi in der Zeit zwischen seiner Auferstehung und seiner Wiederkunft (1 Kor 11, 26); an ihm erkennt sie auch ihre Grundstruktur und Verfassung: Einheit mit dem Sein und Wirken des Herrn, Einheit mit allen Ortskirchen, die ihrerseits Leib Christi und Kirche Gottes sind, und Repräsentanz der Einheit aller mit Christus und untereinander durch jene Ortskirche, deren Hirte den Petrusdienst leistet, der oberster Opferdienst und Tischdienst und Aufgipfelung aller Dienste der Verkündigung, Heiligung und Leitung ist.

In den drei wesentlichen Lebensvollzügen wird die Pfarrgemeinde zur Trägerin des Heils und zum Zeichen der kommenden Gottesherrschaft.

1. Durch die Verkündigung des Evangeliums und die Bezeugung des Glaubens in den vielfältigen Weisen der Predigt, des Gesprächs und des Beispiels stellt sie Christus den Ursprung des Friedens und der Freude in die Bereiche des individuellen und des sozialen Lebens und trägt die Wahrheit und die Liebe Gottes in die Brennpunkte menschlicher und christlicher Weltgestaltung.

2. Durch das sakramentale und gottesdienstliche Leben erlöst sie die Stationen menschlicher Existenzverwirklichung aus der Macht der Sünde und des Todes, entzieht sie der Heillosigkeit und schließt die anthropologischen Ursituationen von der Geburt bis zum Tod und die anthropologischen Urerfahrungen von der Ohnmacht in bezug auf Schuldvergebung und Selbsterlösung bis zur Unwiderruflichkeit von Glaube und Liebe, Gerechtigkeit und Treue für die heilenden Kräfte Gottes auf.

3. Zum Zeichen dafür, daß der Sinn solcher Übernahme des Menschen aus dem Profanen in das Sakrale die Befreiung zur Liebe und die Überwindung des Leids ist, leistet die Gemeinde den Dienst selbstloser Liebe, den dritten ihrer Lebensvollzüge, durch den sie die leiblich und seelisch Kranken, die in Beruf und Ehe Gescheiterten, die einsam Trauernden und die abgeschriebenen Existenzen brüderlich aufnimmt und ihnen einen Raum der gegenseitigen Annahme und der Geborgenheit gewährt.

Fundament, Zentrum und Gipfel dieser drei Lebensvollzüge ist die Feier der Eucharistie, was freilich voraussetzt, daß in diesem Sakrament über die reale Präsentation Christi und seines Opfers hinaus die sakramentale Identifikation zwischen Christus und der Gemeinde geschieht, durch die der Christ zum Glaubenszeugnis und zum Bruderdienst befähigt und verpflichtet wird, um sich im Leben durch Wort und Tat zu bewähren und sich durch den geleisteten Bruderdienst der Teilnahme an der Eucharistie würdig zu erweisen. Dieses Sakrament betrifft die sakramental-zeichenhafte und die geschichtlich-existentielle Dimension der Gemeinde und macht sie zu einem lebendigen, die Wortverkündigung übersteigenden Zeichen, das den Tod des Herrn verkündet, bis er kommt.

Die amtlich-rechtliche Struktur der Pfarrgemeinde wird in dem geltenden kanonischen Recht und nach der Lehre des Zweiten Vatikanischen Konzils durch drei Momente bestimmt, nämlich die Kirche, den Rektor und Pastor, das Kirchenvolk.[5] Während Personalpfarreien nur durch ein besonderes apostolisches Indult errichtet werden können, sind in allen Diözesen Ortspfarreien zu errichten[6], welche die kleinsten rechtlich-organisatorischen Einteilungseinheiten und die je konkreten Verwirklichungen der einen Kirche Gottes verkörpern.[7]

Eine schwierige, doch unumgängliche Frage ist die nach dem besonderen Verhältnis zwischen den Lebensvollzügen der Pfarrgemeinde und dem amtlichen Dienst. Daß letzterer „gleichursprünglich" zur Gemeinde gehört, ist im Blick auf das Leben bestehender Ortskirchen unbestreitbar. Daß es zuerst das „Miteinander aller in der Gemeinde" gibt und daß das „mögliche kritische Gegenüber den Ernstfall des christlichen Glaubens", nicht die „Normalsituation" bezeugt[8], sind Aussagen, die an dem Fragepunkt des dauernden und positiven Zueinander von Amt und Gemeinde vorbeigehen. Sie bedürfen der Präzisierung und der Ergänzung, wenn nicht der Eindruck erweckt werden soll, als könnten ein demokratisches Gemeindeverständnis und eine obrigkeitliche Amtsauffassung dadurch miteinander versöhnt werden, daß man dem Amt nur in den außerordentlichen Situationen der Gründungsphase und des inneren Versagens der Gemeinde einen „Vorsprung" und „bis zu einem gewissen Grad einen Vorrang" einräumt.[9] Gerade der Normalfall des Miteinander verlangt aber eine präzise Ordnung, wenn amtlicher Dienst und gemeindliche Lebensvollzüge nicht in einem bloßen Nebeneinander funktionieren und nicht einfach im Rahmen systemtheoretischer Auffassungen über Gesellschaften und Organisationen bestimmt werden sollen. Bei aller Respektierung der Gründe und Absichten, aus denen solche Beschreibungen des Gemeindelebens und der Gemeindestruktur gemacht werden, muß doch gefragt und beachtet werden, wie weit sie in den betreffenden Anliegen

[5] CIC can. 216 § 1.

[6] CIC can. 216 §§ 4.1.

[7] Conc. Vat. II, Const. Dogm. de Eccl., Nr. 28.

[8] *K. Lehmann*, Was ist eine christliche Gemeinde?: Internat. Kath. Zeitschrift „Communio" 6 (1972) 482–497, 489.

[9] *K. Lehmann*, aaO, 489.

hilfreich und förderlich sind und welche Problematik sie auf der soziologischen, der theologischen und der historisch-kritischen Ebene berühren.

Einen Vorrang darf und muß das Interesse an der Wiedervereinigung der getrennten Kirchen haben. Das Zweite Vatikanische Konzil hat eine differenzierte Anerkennung nichtkatholischer Konfessionen als Kirchen beziehungsweise kirchliche Gemeinschaften ausgesprochen. Um aus der damit erreichten Entwicklungsstufe der Ekklesiologie die Konsequenzen für eine differenzierte Anerkennung kirchlicher Ämter zu ziehen und eine der wichtigsten Voraussetzungen für die Communio der Kirchen zu schaffen, wird das Amt zunächst vielfach so umschrieben, daß die „gemeinsame Grundlage“ erkannt werden kann.[10] Diese besteht in der Lehre, daß das „geistliche Amt und sein Dienst auf die Seite der Glaubenden“ gehört[11], daß es trotz seiner besonderen Sendung und seines Gegenüberstandes zur Gemeinde im Vollzug seines Dienstes „wie alle anderen auf die Gnade Gottes angewiesen ist und ... so innerhalb der Gemeinde“ steht.[12] Doch darf man sich keiner Täuschung darüber hingeben, daß die Suche nach dem kleinsten gemeinsamen Nenner nicht schon die Annäherung an das Ziel bedeutet, sondern nur die Option für einen gemeinsamen Ausgangspunkt. Andernfalls würde man sich zum Schaden aller Beteiligten auf die Methode der Subtraktion und der Reduktion einlassen. So ist durchaus anzuerkennen, daß die evangelischen Mitverfasser des Memorandums Ökumenischer Universitätsinstitute im Vergleich zu anderen Dokumenten und Veröffentlichungen großes Entgegenkommen gezeigt haben.[13] Dennoch kann nicht übersehen oder herabgespielt werden, daß

[10] *H. Fries*, Was heißt Anerkennung kirchlicher Ämter?: Stimmen der Zeit 191 (1973) 507–515, 510.

[11] *K. Lehmann*, aaO, 489.

[12] *W. Kasper*, Ökumenischer Konsens über das kirchliche Amt?: Stimmen der Zeit 191 (1973) 219–230, 221.

[13] Reform und Anerkennung kirchlicher Ämter. Ein Memorandum der Arbeitsgemeinschaft Ökumenischer Universitätsinstitute, München/Mainz 1973. Die Thesen dieses Memorandums (S. 13–25) heben sich von Voten und Meinungen ab, nach denen die Handauflegung schlechthin entbehrlich ist, die Installation zum Dienst der Gemeindeleitung grundsätzlich an die Stelle der Amtsübertragung durch Ordination treten kann (so nach dem Entwurf des Ordinationsformulars im Votum des Ausschusses der Evangelischen Kirche der Union: Gemeinde-Amt-Ordination, hrsg. von *F. Viering*, Gütersloh 1970, 23–27), die Ordination „lediglich eine fürbittende und segnende Handlung der Gemeinde“ ist (*D. Schmidt*, Amt, geistliches: Taschenlexikon Religion und Theologie, Göttingen 1971, I, 34–38, 38) und Amtshandlungen „Dienst am Evangelium allein in der Vollmacht des Wortes“ sind (*M. Honecker*, Lehramt. Lehrgewalt. Lehrfreiheit: Taschenlexikon Religion und

die Autoren mit ihren Thesen nicht nur Konfliktfelder betreten, sondern in ihnen zum Teil eine indifferente oder ambivalente Haltung einnehmen. Die Frage, ob die Ordination wirksames Zeichen der Amtsbevollmächtigung und Geistmitteilung ist oder, wenn auch nur im Einzelfall, mit der „Bestätigung" oder „Verheißung" eines Charismas vertauschbar ist, wird offen gelassen.[14] Entsprechend bleibt auch unentschieden, ob die Ordination durch Handauflegung als faktisch zu bevorzugende Alternative zur Investitur betrachtet oder die dogmengeschichtliche Kontroverse um die Materie des sakramentalen Zeichens der Ordination angesprochen werden soll. Im ersten Falle wäre die Weihe eine unter Umständen ersetzbare Form kirchlicher Amtseinführung beziehungsweise Beauftragung. Im zweiten Falle würde unter Voraussetzung der Sakramentalität der Ordination lediglich die von Pius XII. „ex nunc" zugunsten der Handauflegung entschiedene Frage aufgegriffen, ob die Materie des sakramentalen Zeichens der Ordination nicht auch in der Übergabe der liturgischen Geräte erblickt werden könnte.[15] In der These, daß die Abfolge der Handauflegung als „eine Hilfe für die Bewahrung der apostolischen Überlieferung und als Zeichen der Einheit und der Kontinuität ernst zu nehmen" ist, fehlt der Hinweis darauf, daß sie im Blick auf ihre Zeichenbedeutung für die universale Einheit der Kirche tatsächlich einen Vorrang hat[16] und

Theologie III, 18–20, 20). Sie bleiben aber hinter anderen ökumenischen Dokumenten zurück, was die folgenden Punkte betrifft: die gottgegebene Autorität (exousia) und dreifache Funktion des Ordinierten (*K. Raiser* [Hrsg.], Löwen 1971. Studienberichte und Dokumente der Kommission für Glauben und Kirchenverfassung [= Beiheft zur Ökumenischen Rundschau 18/19], Stuttgart 1971, 83), die sachliche Verklammerung von Ordinationspraxis und Ordinationsverständnis (Eucharistie und Amt. Eine lutherisch/römisch-katholische Stellungnahme: *H. Meyer*, Luthertum und Katholizismus im Gespräch [= Ökumenische Perspektiven 3], Frankfurt 1973, 111–142, 117 f.) und das Wesen der Ordination und der apostolischen Sukzession (Ökumenischer Konsens über Eucharistie und Amt. Zu den Studienergebnissen der Gruppe von Dombes: Herder-Korrespondenz 27 [1973] 33–39, 37 f.

[14] Reform und Anerkennung kirchlicher Ämter, 19.

[15] H. Fries scheint vorauszusetzen, daß in dem Memorandum die „Sache" des Sakraments der Ordination gewahrt ist. Die Aussagen, daß die „Abfolge bischöflicher Handauflegungen" nicht „die ausschließliche Bedingung für die Anerkennung einer apostolischen Sukzession" ist und daß die Ordination „herkömmlicherweise" unter „Gebet und Handauflegung" erfolgt (Reform und Anerkennung kirchlicher Ämter, 18 f.), betreffen für ihn die Fragen nach der zur apostolischen Sukzession gehörenden Lehrtradition, nach der Möglichkeit einer presbyteralen Sukzession und nach der Materie des sakramentalen Zeichens der Weihe. Vgl. *H. Fries*, Was heißt Anerkennung der kirchlichen Ämter?: Stimmen der Zeit 191 (1973) 507–515, 511.

[16] *E. Schlink*, Die apostolische Sukzession und die Gemeinschaft der Ämter: Reform und Anerkennung kirchlicher Ämter, 123–162, 155.

dort, „wo sie fehlt, anzustreben" ist.[17] Die Aufteilung der durch die Ordination verliehenen Vollmacht und ihre Gleichsetzung mit verschiedenen Ämtern, die Auffächerung des amtlichen Dienstes in selbständige Funktionen mit verschiedenstem pastoralen Radius wird in dem Memorandum insofern anachronistisch betrieben, als das Zweite Vatikanische Konzil nach Jahrhunderten einer abendländischen Fehlentwicklung die Einheit der heiligen Gewalt und damit den Anschluß an die kirchliche Ordnung des ersten Jahrtausends wie auch eine Annäherung an die Amtsauffassung der Ostkirchen wiedererrungen hat.[18] Die Pragmatik, mit der man sich auf faktisch bestehende und bewahrte Gemeinsamkeiten stützt[19], lädt zur Reflexion auf die eigene Position ein und läßt das Gespräch nicht abreißen. Daß die Frage der Ordination von Frauen nicht isoliert behandelt und nicht zum Argument entweder gegen die Sakramentalität der Ordination oder gegen die Gleichstellung von Mann und Frau in der Kirche gemacht wird, kann man nur begrüßen. Das Memorandum nimmt offenbar Rücksicht auf evangelische Gruppen und Kirchen, deren theologisches Kirchenbild und kirchliche Praxis weiter von der katholischen Position entfernt sind. In dem Maße aber, in dem entschiedene Fragen wie die Geistmitteilung durch die Ordination[20], das Sein und Handeln des Priesters „in der Person Christi"[21] und die bischöfliche Handauflegung als Gestalt der apostolischen Sukzession göttlichen Rechts[22] wie offene Fragen behandelt werden, läuft man Gefahr, falsche Hoffnungen zu wecken und dem Ringen um eine breite Basis und überzeugende Form der Einheit aller in Christus etwas von seinem Ernst und seiner Dringlichkeit zu nehmen.

[17] E. Schlink mit dem wachsenden Trend der Kirchen, wie ihn die Kommission für Glauben und Kirchenverfassung in dem Studienbericht über das ordinierte Amt feststellt. *E. Schlink*, aaO, 155. *K. Raiser (Hrsg.)*, Löwen 1971, 100.

[18] Conc. Vat. II, Const. Dogm. de Eccl., Nr. 21 und 22.

[19] Die Berufung in das Amt erfolge „herkömmlich" unter Gebet und Handauflegung. Die Ordination stelle „auch heute die angemessene Form der Amtsübertragung" dar. Vgl. Reform und Anerkennung kirchlicher Ämter, 19, 24.

[20] Conc. Trid., Doctrina de Sacramento Ordinis, DS 1766 f., 1773 f.

[21] Conc. Vat. II, Const. Dogm. de Eccl., Nr. 21: „Aufgrund der Überlieferung nämlich . . . ist es klar, daß durch die Handauflegung und die Worte der Weihe die Gnade des Heiligen Geistes so übertragen und das heilige Mal so eingeprägt wird, daß die Bischöfe in hervorragender und sichtbarer Weise die Stelle Christi selbst, des Lehrers, Hirten und Priesters, einnehmen und in seiner Person handeln." Bezüglich der Priesterweihe vgl. aaO, Nr. 28.

[22] Conc. Vat. II, aaO, Nr. 20: „Aus diesem Grunde lehrt die heilige Synode, daß die Bischöfe aufgrund göttlicher Einsetzung an die Stelle der Apostel als Hirten der Kirche getreten sind."

Einem besonderen Gespür und Bedürfnis der Zeit folgen Theologie und Pastoral, indem sie sich in der Sorge um die Wertschätzung und Aktivierung des allgemeinen Priestertums treffen und eine Korrektur an einer Kirche vornehmen, die in ihrer Struktur und Gestalt zur Klerikerkirche geworden ist. Das Zweite Vatikanische Konzil sagt in dem Dekret über Leben und Dienst der Priester, daß „Jesus seinem ganzen mystischen Leib Anteil gibt an der Geistsalbung, mit der er gesalbt worden ist"[23], und leitet damit „sowohl das gemeinsame Priestertum aller Gläubigen als auch das Weihepriestertum von der messianischen Amtseinsetzung" Jesu ab.[24] Die Schriftstellen über das königliche Priestertum des Gottesvolkes haben Hochkonjunktur und werden überall zitiert.[25] Daß aber weder das Konzil noch die Schrift in erster Linie an das Priestertum der einzelnen Glaubenden denken, sondern vorgängig zur Differenzierung in ein Laien- und ein Amtspriestertum von der königlichen und priesterlichen Würde der Kirche als ganzer sprechen, wird nur allzuleicht übersehen. Werden entsprechende Aussagen der Schrift – etwa mit dem frühen Luther oder mit Vertretern des Neuprotestantismus – für das Laienpriestertum der Getauften gegen das Amtspriestertum der Geweihten ausgelegt, so wird nicht nur die Sinnspitze der Schriftstellen verfehlt, die „ganz auf die Intensität des christlichen Lebensvollzugs" und auf die missionarische Präsenz des Gottesvolkes in der Welt zielt[26], und nicht nur der Sprachgebrauch der Schrift verfälscht, der „die Titulaturen Priester/priesterlich in erster Linie der Kirche als solcher, nicht einzelnen" zuspricht[27], sondern es wird auch das Priestertum der Laien selbst in seinem Nerv getroffen. Wenn das Gottesvolk dazu erwählt ist, die Großtaten Gottes zu verkünden und geistige Opfer darzubringen[28], so kann die Frage nach der konkreten Art und

[23] Conc. Vat. II, Decretum de Presbyterorum Ministerio et Vita, Nr. 2.

[24] Vgl. *H. Mühlen*, Das mögliche Zentrum der Amtsfrage: Catholica 27 (1973) 329–358, 342 f.

[25] 1 Petr 2, 5.9; Offb 1, 6; 5, 10; 20, 6.

[26] *K. Lehmann*, Das priesterliche Amt im priesterlichen Volk: Gemeinde des Herrn. 83. Deutscher Katholikentag Trier 1970, Paderborn 1970, 247–261, 249. Vgl. *P. J. Cordes*, Sendung zum Dienst. Exegetisch-historische und systematische Studien zum Konzilsdekret ›Vom Dienst und Leben der Priester‹ (= Frankfurter Theologische Studien 9), Frankfurt 1972, 95. *A. M. Ritter*, Amt und Gemeinde im Neuen Testament und in der Kirchengeschichte: *A. M. Ritter / G. Leich*, Wer ist die Kirche?, Göttingen 1968, 67 f. *A. Gerken*, Theologie der Eucharistie, München 1973, 237–239.

[27] *K. Lehmann*, aaO, 249.

[28] 1 Petr 2, 5; Hebr 13, 15 f.

Weise der Ausübung und nach der höchsten Aktualisierung dieses Priestertums mit dem Hinweis auf den schlichten Dienst in der Berufswelt und im täglichen Leben nicht genügend beantwortet werden. Dieses Priestertum verausgabt sich, wenn es nicht ständig aus dem vom Hohenpriester gestifteten sakramentalen Zeichengeschehen gespeist wird, durch welches das opferbereite Gottesvolk mit dem Gekreuzigten und Auferstandenen kommuniziert. Es prallt an der Mauer der Profanität und der Säkularität der Welt ab, verliert Grund und Ziel samt Erfolgserfahrungen seiner Tätigkeit und läßt seinen Elan in Aktionen und Agitationen, in Dauerreflexion und Bewußtseinszerfaserung verebben, wenn es nicht in der gottesdienstlichen Feier des Neuen Bundes wurzelt und in der Repräsentation der Person und des Werkes Christi seinen Platz und Anteil findet. Wort und Sendung, Predigt und Gespräch sind kein Allersatz für das Mysterium, kein Allheilmittel für die spirituelle Krise unserer Tage. Es ist nicht ganz von der Hand zu weisen und stimmt nachdenklich, was Wilhelm Stählin über das Verschwinden der Kategorie des Mysteriums aus dem theologischen Sprachgebrauch, aus dem Betrieb der Fakultäten und aus dem Selbstverständnis der Amtsträger schreibt. Er bringt damit in unmittelbaren Zusammenhang den praktischen Verlust der Rechtfertigungslehre, die Entwertung des geistlichen Lebens, den fortschreitenden Verfall des Gottesdienstes, die Zurückführung des Sakraments auf das Wort und die in der Ablehnung der Ordination bei Vikaren sich äußernde Angst vor dem Mysterium.[29] Die Beziehung zwischen dem Mysterium und dem amtlichen Dienst sei so grundlegend, daß eine Kirche, die selbst keinen Wert mehr darauf lege, Hüterin der Mysterien Gottes zu sein, mit Recht von niemandem ernst genommen werde. Es sei an der Zeit, sich in der evangelischen und in der katholischen Kirche daran zu erinnern, daß das entscheidende Selbstzeugnis des Apostels sei: „Dafür halte uns jedermann, nämlich für Diener Christi und Haushalter über Gottes Geheimnisse.“[30]

Über die Beschwörung der Würde des allgemeinen Priestertums allein und über die Erklärung, daß der Vorsprung und das Besondere des Amtspriesters in der radikalen Einheit des Dienstes und des Lebens und in der Bereitschaft des Amtsträgers bestehe, sein Leben hinzugeben und seine

[29] *Wilhelm Stählin*, Mysterium. Vom Geheimnis Gottes, Kassel 1970, 9, 171, 173, 41, 92, 110, 114 f., 185. Vgl. *H. Mühlen*, aaO, 347 ff.

[30] *W. Stählin*, aaO, 213 f. 1 Kor 4, 1. Zu ähnlichen Aussagen evangelischer Theologen vgl. *H. Mühlen*, Gottesdienst – Ausdruck der Konziliarität unter den Kirchen: Ökumenische Rundschau 22 (1973) 335–355, 344 ff.

Existenz zu verschwenden für die vielen[31], führt der Weg nicht einmal zu dem theologischen und spirituellen Fragepunkt. Denn zur vollkommenen Heiligkeit ist jeder auf Christus Getaufte berufen, und die evangelischen Räte, das auffälligste Zeugnis der Christusnachfolge, richten sich an Priester und Laien. Die Theologie mag sich drehen und winden, sie hat sich dem Problem zu stellen, welches die Grundlage des Amtspriestertums ist, worin das Priestersein besteht und welche Funktion es in den Lebensvollzügen hat, in denen das priesterliche Gottesvolk seinen Opferdienst ausübt. Die Schwierigkeit, die Rollen des Priesters und des Volkes und ihre Zuordnung in dem höchsten Kultakt der Eucharistie genau und sinnvoll zu bestimmen, und die „einfachste Lösung", wonach das Besondere des Amtes und seines Dienstes ausschließlich in seinem „öffentlichen Charakter aufgrund von Beauftragung durch das Volk" zu erblicken sei, sind letztlich theologisch und historisch nicht durchschlagende Argumente.

Ermutigung und Unterstützung verdienen auch die theologischen und pastoralen Initiativen, die das Ziel haben, das kirchliche Amt aus einer kultischen Verengung zu befreien. Gibt es ein authentisches Amtsverständnis, das die natürliche Begabung, die Berufung und Sendung und die in der Weihe erhaltene und wirksam verheißene Geistausstattung des Priesters voll einfordert? Konstituieren die Aufgaben des Priesters im kirchlichen Leben und in den gesellschaftlichen Gegebenheiten eine Rolle, die nur durch hauptberufliche Ausbildung und Tätigkeit übernommen und ausgefüllt werden kann? Gehören zu dem amtlichen Dienst notwendig die unverlierbare Prägung des Seins und Lebens und höchst angemessen das Zeugnis des Zölibats? Nicht jede Konzeption der Reform des Amtes ist in sich schlüssig und in Richtung auf das gesteckte Ziel wirksam. Weite Verbreitung und starkes Echo können in diesen Dingen durchaus ein Zeichen dafür sein, daß man sich gerne über die Krise des Priestertums hinwegtröstet und dem Priestermangel wenig sinnvoll durch Priesterersatz abhelfen will. Man wird das Ausweichen von einem mißverstandenen und wenig geschätzten Kult auf die Dienste der Verkündigung und Leitung, die Zersplitterung der Dienste und ihre Verteilung auf kirchlich wie gesellschaftlich nebenberufliche und teilexistentielle Funktionsträger nicht als großartige Erneuerung bezeichnen können. Eine tiefgreifende Reform wird wesentlich immer auch davon abhängen, ob es gelingt, das Mysterium für den priesterlichen Lebensvollzug des Gottesvolkes zu erschlie-

[31] *K. Lehmann*, aaO, 256.

ßen und die theologische Wurzel, Eigenart und Zielrichtung der einen heiligen Gewalt in den verschiedenen Diensten fruchtbar zu machen.

Eine Kirche, die sich soziologisch als System von nebeneinander und weitgehend zusammenhanglos funktionierenden Teilsystemen darstellt, gibt den Forschern historische und theologische Rätsel auf und bringt ihren Mitgliedern die Hilfen und Belastungen, die für segmentäre Gesellschaften typisch sind. Nach der Systemtheorie genügt es für eine Gesellschaft, daß sie, um ihre Identität zu wahren und sich von Sozialsystemen gleichen Typs abzugrenzen, verschiedene Teilsysteme irgendwie sinnvoll aufeinander bezieht.[32] Wer für das Kirchenverständnis und für kirchliche Reformen auf diese Theorie der Gesellschaft zurückgreift, der sollte bedenken, daß sie auf die Selbststeuerung bürokratischer Großsysteme abzielt, die diese Funktion leisten, indem sie die Wirklichkeit menschlichen Seins und Existierens in der Welt spalten, und zwar in einen zweckrationalen Bereich der Öffentlichkeit, der durch Verfahrenstechniken gestaltet und legitimiert wird, und in einen privaten Bereich, der den subjektiven Initiativen und deren Pluralismus überantwortet wird. Die Systemtheorie kann einerseits die „gesellschaftliche Konstruktion der Wirklichkeit"[33] und die soziale Interaktion wie Kommunikation[34] kaum erklären und will andererseits die Vorstellung von der Gesellschaft als dem transzendentalen Subjekt ihrer Vollzüge bewußt ausschließen.[35] In der soziologischen Diskussion wird denn auch heftig bestritten, daß die Systemtheorie über Kriterien verfügt, durch die bestimmt werden kann, ob im sozialen Wandel ein System seine Identität wahrt oder verliert, ob es überlebt oder untergeht.[36] Daß ein soziales Gebilde ohne subjektanaloge Einheit seiner Gruppen und Individuen keinesfalls Kirche sein kann, dürfte grundsätzlich feststehen. Will man an dem fundamentaltheologischen Satz von der Kirche als dem transzendentalen Subjekt des Glaubens, an der Lehre, daß das Gottesvolk der unmittelbare Träger der Liturgie und des Glaubensle-

[32] *N. Luhmann,* Moderne Systemtheorien als Form gesamtgesellschaftlicher Analyse: *J. Habermas / N. Luhmann,* Theorie der Gesellschaft oder Sozialtechnologie – Was leistet die Systemforschung, Frankfurt 1971, 7–24, 14 f.

[33] Vgl. *P. L. Berger*, The Sacred Canopy. Elements of a Sociological Theory of Religion, Garden City, New York 1967, 3–28.

[34] *J. Habermas*, Konstitution der Erfahrungswelt und sprachliche Kommunikation: *J. Habermas / N. Luhmann*, Theorie der Gesellschaft, 202–221, 204 f.

[35] *J. Habermas / N. Luhmann*, aaO, 83, 216 f.

[36] *R. Döbert*, Systemtheorie und die Entwicklung religiöser Deutungssysteme, Frankfurt 1973, 63–66.

bens ist[37], an der ekklesiologischen Formel von den „vielen in der einen Person des Geistes“ und an der Communio-Struktur der Kirche als Leib Christi und Sakrament der Einheit festhalten, so wird man sich besser auf Theorien über die Konstitution und die Kommunikation sozialer Gebilde stützen und dem kirchlichen Amt eine spezifische Rolle in der intersubjektiven Konstruktion der religiös-sozialen Welt und in der intersubjektiven Vermittlung eines gläubigen Selbst- und Weltverständnisses zuschreiben, zumal Kirche ihr Sein als Gnade empfängt, und ihre Sendung einen vorgegebenen Inhalt hat, der auch in den konkreten Verwirklichungen der geschichtlich sich wandelnden Welt normativ bleibt. Es liegt in der Kompetenz des kirchlichen Amtes, die Lebensvollzüge des Gottesvolkes nicht nur vom Herrn her zu vermitteln, sondern sie auch verbindlich aus- und festzulegen. Diese Aufgabe erfüllt das Amt im Wechselbezug mit der Gemeinde. Während das Amt als Zeichen und Garant dafür steht, daß die Gemeinde weder Herrin noch Eigentümerin des Evangeliums und der Sakramente ist, ihr Lebensvollzug weder als Eigenprodukt aus ihr hervorgeht noch in ihren Eigenbesitz übergeht, erhält das Amt selbst einen Standort doppelter Relationalität zwischen Jesus Christus als seinem Ursprung und der Gemeinde als seinem Ziel, so daß die Konstitution und die Funktion des Amtes sowohl wie der Gemeinde in radikaler Abhängigkeit vom Herrn geschehen.

Diese Überlegungen führen von der Ebene der soziologischen Diskussion in die Brennpunkte der theologischen Auseinandersetzung über das Verhältnis zwischen Amt und Laientum in der Kirche. Das Amt versteht sich als bevollmächtigter Dienst mit dem Zweck der konkreten Vermittlung des Christusgeschehens für die Gemeinde. Es vergegenwärtigt den Herrn und Hohenpriester Jesus Christus und sein Werk. Die Gemeinde aber übereignet sich ihm, der alles in allen wird (Kol 3, 11). Sie empfängt dadurch das in Christus verkörperte und für die Kirche erschlossene Heil und aktualisiert es in ihren Lebensvollzügen. In diesem Wechselbezug verleiht die geisterfüllte Gemeinde durch die Vielfalt ihrer Gaben der Kirche lebendigen Reichtum. Sie trägt auch Verantwortung für den Bestand des Gehalts und der Gestalt des Amtes und übt Kritik an seinen Trägern, während diese die Aufgabe haben, die Charismen zu fördern, zu koordinieren und auf die Erbauung der Gemeinde in Liebe zu verpflichten.

Im dauernden Miteinander haben die Gemeinde und der amtliche Dienst nicht nur verschiedene Funktionen, sondern auch eine je beson-

[37] Conc. Vat. II, Constitutio de Sacra Liturgia, Nr. 26; Const. Dogm. de Eccl., Nr. 12.

dere Orientierung. Die Teilhabe des Laien am ,,priesterlichen, prophetischen und königlichen Amt Christi" wird in der Dogmatischen Konstitution des Zweiten Vatikanischen Konzils durch den Zusatz ,,pro sua parte" näher bestimmt und von dem ,,heiligen Dienst" der Geweihten unterschieden.[38] Wo das Priestertum, Prophetentum und Königtum der Laien weiter ausgeführt wird, erscheint es auf die Heiligung der Lebensbereiche, die Evangelisation der Welt, die Befreiung und Befriedung der Menschen durch die Herrschaft Christi und die Hinordnung der Schöpfung auf das Lob Gottes ausgerichtet.[39] Die ,,Mitarbeit mit dem Apostolat der Hierarchie" und die Übernahme von ,,Ämtern, die geistlichen Zielen dienen", werden für den Laien ebenso als sekundär gewertet[40] wie für den ordinierten Amtsträger der Weltdienst als nicht zu seinem primären und spezifischen Auftrag gehörig betrachtet wird.[41] Damit hat das Amt in der Gemeinde – der Fall der Evangelisation Ungetaufter und der Gründung von Gemeinden in nichtchristlichen Völkern bleibt hier außer Betracht – neben dem Zeugnis aus dem Geist der Seligpreisungen eine mittelbar missionarische Aufgabe, sofern es dem Laien die Quellen offenhält, durch die er befähigt wird, unmittelbar Salz der Erde zu sein, das die Lebensbereiche in der Gemeinde und in ihrer Umwelt durchdringt. Ihr je Eigenes bringen Amt und Gemeinde auch in die Entwicklung des Glaubensbewußtseins ein. Die Grundwahrheiten der christlichen Botschaft, deren authentische Verkündigung der Hierarchie obliegt, werden durch den Glaubenssinn des Gottesvolkes tiefer erkannt und auf die Lebensverhältnisse angewandt.[42] Dabei werden neue Erkenntnisse und Erfordernisse durch die theologische Wissenschaft geklärt und begründet und durch das Lehramt schließlich als verbindliche Glaubenssätze vorgelegt.[43] Analoges gilt auch für das gottesdienstliche Leben und für den Leitungsdienst, die gleichfalls im Miteinander je spezifischer Zuständigkeiten der Gemeinde und des Amtes auszuüben sind. Die Kirche Gottes ist weder eine Laiengemeinde noch ein Klerikerverband.

[38] Conc. Vat. II, Const. Dogm. de Eccl., Nr. 31.
[39] AaO, Nr. 32–36.
[40] AaO, Nr. 33.
[41] AaO, Nr. 31.
[42] AaO, Nr. 12.
[43] Conc. Vat. II, Constitutio Dogmatica de Divina Revelatione, Nr. 10, 12. Was in Nr. 12 von der Exegese gesagt wird, ist analog und a fortiori auf die Theologie als ganze anzuwenden.

Da das Gottesvolk des Neuen Bundes in der Feier der Eucharistie den höchsten Akt seiner priesterlichen Berufung und Sendung setzt, soll das Vermächtnis des scheidenden Herrn an seine Jünger nun als Testfall für das Miteinander des allgemeinen und des besonderen Priestertums eingehender dargestellt werden. Um das Ziel und das Ergebnis der folgenden Überlegungen unmißverständlich und nachdrücklich vorwegzunehmen: die feiernde Gemeinde und der zelebrierende Priester setzen einen wesentlich gleichartigen Heilsakt, und zwar jenen der Teilnahme an Jesu Selbstopfer am Kreuz. In dieser Partizipation steht der Priester in der Brudergemeinschaft des Gottesvolkes, Jesus Christus aber ist der Herr. Unter seinem Wirken vollzieht die versammelte Gemeinde in der Gestalt der Mahlfeier durch Gabenbereitung, Wandlung und Kommunion die Zeichenhandlung des Meßopfers, durch welche sie Christi Erlösungswerk vergegenwärtigt und sich mit dem Hohenpriester als Opfer für den Vater darbringt und zum Bruderdienst weiht. Das ist ihre Anbetung im Heiligen Geist, die im täglichen Leben ihren Ausdruck finden muß. Das ist die Weise, wie sie die Vermählung mit dem Bräutigam, die sie im vollendeten Gottesreich von Angesicht zu Angesicht feiern wird, realsymbolisch vorwegnimmt.

Diese Sicht der Dinge verhindert, daß der Eifer für das allgemeine Priestertum zum Vorwand für die Abschaffung des Priesterlichen im Gottesvolk wird, und trägt den reformatorischen Einwänden Rechnung, daß das Meßopfer, das heißt ein gewisser Begriff von ihm, ein Widerspruch gegen den Stiftungsauftrag des Herrn und ein Unrecht gegen das Kreuzesopfer sei. Der Opfercharakter und das Verhältnis der Messe zum Kreuzesopfer und zum allgemeinen Priestertum sind in den ökumenischen Gesprächen bis heute naturgemäß Themen von unverminderter Bedeutung geblieben.

Was der Schlußbericht der katholisch/lutherischen Gespräche in den USA über die Eucharistie als Opfer und über die Gegenwart Christi im Abendmahl sagt, kommt einer vollständigen Übereinstimmung in der Lehre und der Interkommunion der Schwesterkirchen einen ermutigenden Schritt näher.[44] In dem Malta-Bericht, der den Stand der Abend-

[44] „Durch ihn und mit ihm und in ihm, der unser großer Hoherpriester und Fürsprecher ist, bringen wir dem Vater in der Kraft des Heiligen Geistes unseren Lobpreis, unsere Danksagung und unsere Fürbitte dar. Mit einem demütigen Herzen bringen wir uns selbst als ein lebendiges und heiliges Opfer dar . . .“ „In der Gedächtnisfeier der Eucharistie erinnern wir uns jedoch nicht nur vergangener Ereignisse: Gott macht sie durch den Heiligen Geist gegenwärtig und macht uns so zu Teilhabern an Christus (1 Kor 1, 9).“ „Die Glieder des

mahlstheologie mehr zusammenfaßt als weiterführt, die heute gegebenen Voraussetzungen und Möglichkeiten einer Kirchenunion mehr konstatiert als vertieft, heißt es: „Denn das Abendmahl ist von dem gekreuzigten und auferstandenen Herrn den Menschen geschenkt, damit sie in seine Gemeinschaft aufgenommen und dadurch gerettet werden."[45] Damit wird freilich die Einheit des Mahl- und Opfercharakters der Eucharistie nur angedeutet, während die historische Frage nach Jesu Abschiedsmahl verschleiert wird und ein Spielraum offenbleibt für unzulängliche Deutungen aus einer verengten Mahl- und Speisemystik, trage sie magisches oder symbolistisches Kolorit. Das Dokument der Gruppe von Dombes versucht eine Synthese der verschiedenen Dimensionen und Vollzüge der Eucharistie als Feier der versammelten Gemeinde, ehe es von dem Vorsitz handelt.[46] Die aus den ökumenischen Instituten der Universität München

Leibes Christi sind durch Christus so mit Gott und miteinander vereint, daß sie Teilhaber werden an seiner Anbetung, seiner Selbsthingabe, seinem Opfer für den Vater. Durch dieses Einswerden zwischen Christus und den Christen ›opfert‹ die Abendmahlsgemeinde Christus, indem sie einwilligt, in der Kraft des Heiligen Geistes durch ihn dem Vater dargebracht zu werden." (Die Eucharistie. Eine lutherisch/römisch-katholische Stellungnahme: *H. Meyer*, Luthertum und Katholizismus im Gespräch. Ergebnisse und Stand der katholisch/lutherischen Dialoge in den USA und auf Weltebene [= Ökumenische Perspektiven 3], Frankfurt 1973, 99 f.).

[45] Das Evangelium und die Kirche: *H. Meyer (Hrsg.)*, aaO, 143–174, 170.

[46] Die Eucharistie wird darin beschrieben als das Passamahl des neutestamentlichen Gottesvolkes, von Christus vor seinem Tod mit den Jüngern gehalten; als das sakramentale Mahl, in dem der Herr sich selber zur Gabe macht „durch das Opfer seines Lebens und seines Todes und durch seine Auferstehung"; als vorrangige Erfüllung der Verheißung Jesu, bei den Seinen zu bleiben, die in seinem Namen versammelt sind; als das Lobopfer der Kirche, wo die Welt, die Gott in Christus mit sich selbst versöhnt hat, mit Brot und Wein, mit den Gläubigen und ihren Gebeten dargebracht und auf den Weg ihrer Verwandlung geführt wird; als Memorial des ganzen Lebens Christi, „vornehmlich seines Kreuzes und seiner Auferstehung" und „wirksame Proklamation des großen Werkes Gottes durch die Kirche"; als Darbringung des „einzigen und vollkommenen Opfers" des Sohnes, mit der Bitte an den Vater, das Erlösungswerk „jedem Menschen zuzuwenden"; als Gabe des Geistes, der Christus gegenwärtig setzt, uns ihn gibt und unterscheiden läßt und unsere Einigung mit ihm nicht unabhängig von der Kommunion erfüllt; als Sakrament der „wirklichen, lebendigen und wirkenden Gegenwart" Christi; als wechselseitiger Vollzug der Eucharistie durch die Kirche und der Kirche durch die Eucharistie; als Sendung der Kirche in die Welt und als Vorwegnahme des Festmahls der von aller Knechtschaft befreiten Schöpfung im Himmel, zum Trost und zur Stärkung der Kirche, die bis ans Ende von Leiden heimgesucht und von Kämpfen aufgehalten sein wird (Ökumenischer Konsens über Eucharistie und Amt. Zu den Studienergebnissen der Gruppe von Dombes: Herder-Korrespondenz 27 [1973] 33–39, 34 f.).

stammende, Ordination und Sakramentalität betitelte Vorstudie zu dem Memorandum über Reform und Anerkennung kirchlicher Ämter verweist darauf, daß Thomas von Aquin in fünf Artikeln über das Wesen des sakramental eingeprägten Charakters reflektiert und herausstellt, daß die Teilhabe am Priestertum Jesu Christi allen Gläubigen gemeinsam zukommt[47], bevor er in einem einzigen Artikel sagt, welche Sakramente einen Charakter einprägen. In den Artikeln vollends, wo er über den spezifischen Charakter des Ordo handelt, mache er auffälligerweise, was die Teilhabe am Priestertum Jesu Christi betrifft, keinen Unterschied zwischen dem sakramentalen Charakter der Taufe und jenem des Ordo namhaft[48].

Einen direkten Vorstoß in Richtung auf die mögliche Anerkennung der verschiedenen Formen von Eucharistiefeiern in den christlichen Kirchen unternimmt E. Schlink. Er schreibt: ,,Das missionarische Christuszeugnis und die Leitung der eucharistischen Gemeinschaft ist in der frühesten Christenheit keineswegs nur aufgrund einer apostolischen Handauflegung erfolgt. Das wird besonders in den unumstrittenen Paulusbriefen deutlich.“[49] Sein spirituelles Motiv und sein theologisches Argument, nämlich das allgemeine Priestertum und die Parallelisierung der Beziehung zwischen der Eucharistie und der Kirche mit jener zwischen der Taufe und der Kirche, bringen aber mit der Reduktion des Ordo auf den allgemeinen Stand des Christseins und der Eucharistie auf die Taufe keine vorwärtsweisenden Gesichtspunkte. Er erinnert in diesem Zusammenhang an den auch im Bereich der ostkirchlichen[50] und der katholischen Theologie erkannten Tatbestand, ,,daß es im ersten Jahrhundert nicht unbedingt einer Ordination bedurfte, um einem liturgischen Dienst, welcher Art auch immer, vorstehen zu können“ und daß es ,,in der Tat an keiner

[47] S. th. III 63, 1–5. Vgl. Reform und Anerkennung kirchlicher Ämter, München/Mainz 1973, 200 f.

[48] S. th. III Suppl. 35, 1–5. Vgl. Reform und Anerkennung kirchlicher Ämter, 201. *Thomas* spricht allerdings von ,,quaedam participationes“ am Priestertum Christi (S. th. III 63, 3) und erklärt, daß der Taufcharakter auf den Empfang, der Weihecharakter auf die Spendung der Sakramente hingeordnet ist (S. th. III 63, 6; vgl. III 63, 2). Vgl. *E. Iserloh*, Amt und Ordination: *Karlheinz Schuh (Hrsg.)*, Amt im Widerstreit, Berlin 1973, 67–76, 72 f.

[49] Reform und Anerkennung kirchlicher Ämter, 149.

[50] *S. Bulgakoff*, The Hierarchy and the Sacraments: *R. Dunkerley (Hrsg.)*, The Ministry and the Sacraments (1937), 96. Vgl. Reform und Anerkennung kirchlicher Ämter, 149 f., Anm. 18.

Stelle klar ausgesprochen" wurde, ,,wer notwendigerweise dem eucharistischen Mahl vorstehen muß"[51]. Man könnte dem sogar hinzufügen, daß noch Hippolyts Kirchenordnung für den ,,Bekenner, der schon Fesseln getragen hat", die Ordination für entbehrlich erklärt, ,,wenn er Diakon oder Presbyter wird"[52], und daß nach Thomas von Aquin Christus selbst ,,hinsichtlich der letzten Wirkungen der Sakramente" den Mangel ersetzt, wo ein aus irgendeinem Grund ungültig geweihter Priester die Sakramente spendet.[53] Schlink sucht nach einer Grundlage, auf der nur noch die Vereinbarung nötig wäre, bei allen liturgischen Unterschieden an dem Gebrauch der Einsetzungsworte Christi und der Elemente Brot und Wein festzuhalten, um den Kirchen, die in der einen Taufe auf den Dreifaltigen Gott ihren Einheitsgrund haben, auch die volle Einheit in der einen Eucharistie zu geben.[54] Doch er betritt damit den oft begangenen Weg der Resignation, des Verzichts auf eine wirkliche Communio im Glauben und Leben, nicht zuletzt im eucharistischen Tun und Denken selbst, ganz abgesehen von der historischen Unsicherheit und der hermeneutischen Vorentscheidung, denen der Glaube bei diesem Vorgehen unterworfen werden müßte. Denn bei einer Ableitung der Amtsidee aus dem allgemeinen Priestertum kommt man, um mit K. Lehmann zu sprechen, ,,meist nicht

[51] Reform und Anerkennung kirchlicher Ämter, 149 f., Anm. 18. Schlink zitiert hier *P. Fransen*, Weihen, Heilige: Sacramentum Mundi IV, 1260. Fransen ist jedoch in seiner Berufung auf O. Casel, Prophetie und Eucharistie: Jahrbuch für Liturgiewissenschaft 9 (1929) 1–19, kein idealer Gewährsmann. Casel zählt die urchristlichen Propheten und Lehrer zu den apostolischen Männern, die vom Gottmenschen eingesetzt, nicht von einem Bischof ordiniert sind und in der apostolischen Hierarchie mindestens auf einer Stufe mit den Episkopen und Diakonen stehen (*Casel*, Prophetie und Eucharistie, 2, 4 f., 8 f., 16). Den heutigen Unterschied zwischen Laien und ordinierten Priestern konnte es, so *Casel*, ,,erst nach der Einrichtung der kirchlichen Amtsverfassung durch die Apostel geben" (aaO, 17). Ähnlich *L. Ott*, Grundriß der Dogmatik, Freiburg/Basel/Wien [8]1970, 475. 1 Kor 12 ist nicht eine Feststellung über die Verfassung der Kirche. Ob es rein charismatische paulinische Gemeinden gab und ob die ,,Propheten" der Didache, die als ἀρχιερεῖς (13, 3) bezeichnet werden, nicht ordiniert waren, ist unsicher. Vgl. *H. Schütte*, Amt, Ordination und Sukzession, Düsseldorf 1974, 327 f.

[52] *Hippolyt*, Trad. ap. 9. Vgl. *J. Martin*, Die Genese des Amtspriestertums in der frühen Kirche: Der priesterliche Dienst III (= Quaest. Disp. 48), Freiburg/Basel/Wien 1972, 99.

[53] S. th. III Suppl. 35, 3 ad 2. Vgl. *A. Gerken,* Theologie der Eucharistie, München 1973, 247.

[54] *E. Schlink*, Das Problem der Abendmahlsgemeinschaft zwischen der Evangelisch-Lutherischen und der Römisch-Katholischen Kirche: Evangelisch-katholische Abendmahlsgemeinschaft?, Göttingen/Regensburg 1971, 143–187, 167.

viel weiter als bis zur Forderung eines besonderen Dienstes, der aus den Prinzipien der Arbeitsteilung und Spezialisierung, charismatisch ausgelegt, gefolgert wird und der unter dem Gesichtspunkt der ausgeübten Autorität eine Art beauftragter Sprecherrolle einnimmt"[55].

Auch die These, daß das Spezifische des Amtes die Öffentlichkeit des Dienstes oder der Einheitsdienst unter und an den übrigen Charismen sei, fließt leichter aus der Feder als sie theologisch begründet werden kann. In der Erbauung der Gemeinde und Gestaltung der gottesdienstlichen Versammlung haben alle 1 Kor 12 und Röm 12 genannten Charismen eine mehr oder weniger öffentliche Funktion. Das Besondere des Aposteldienstes im engeren Sinn und folglich des durch apostolische Handauflegung übertragenen kirchlichen Amtes muß daher nicht sosehr in der Förderung und Koordinierung der Gemeindeglieder und ihrer Charismen gesucht werden, obwohl das selbstverständlich eine Teilfunktion des amtlichen Dienstes ist, als vielmehr in der Vollmacht und Verantwortung dafür, daß die Feier der Gemeindeversammlung überhaupt Herrenmahl ist (1 Kor 11, 20) und daß die gemeindlichen Lebensvollzüge ihre Identität als Frucht und Fortsetzung des Christusgeschehens wahren.[56] Ferner wäre es doch seltsam, sich darüber zu täuschen, daß die gültige Taufe, die grundsätzlich in die eine Kirche eingliedert, Sündenvergebung und Wiedergeburt wirkt, von getrennten Kirchen gespendet wird und konkret das Tor zu einer der Konfessionen ist. Sie genügt faktisch und prinzipiell nicht, um auf dem Einheitsfundament, das sie ist, die volle, gelebte Kircheneinheit zu vermitteln oder wiederherzustellen. Darüber hinaus stehen die Ursächlichkeit des Taufenden und jene der feiernden Gemeinde in der Eucharistie in keinem Verhältnis. Leiht dort die kirchliche Gemeinschaft beziehungsweise der einzelne Mensch Christus den Arm, damit er sein Werk der Barmherzigkeit an einem Menschen besiegele und ihn zum Glied seines Leibes mache, so übt die Kirche hier ihre höchsten Gliedschaftsrechte und Gliedschaftspflichten aus. Sie ist in der sakramentalen Zeichenhandlung der Eucharistie instrumentalursächlich, das heißt unter dem hauptursächlichen Wirken des Herrn, tätig, um Christus und sein Opfer zu vergegenwärtigen, im Heiligen Geist sich mit ihm zu vereinen, sich durch ihn und mit ihm dem Vater darzubringen und ihr Leben als Lob Gottes und

[55] *K. Lehmann*, Das priesterliche Amt im priesterlichen Volk: Gemeinde des Herrn. 83. Deutscher Katholikentag, Paderborn 1970, 247–261, 250.

[56] Vgl. *H. Mühlen*, Das mögliche Zentrum der Amtsfrage: Catholica 27 (1973) 329–358, 349 ff.

Gabe für die Brüder zu weihen. Der Zusammenhang zwischen dem Wirken des Herrn, der kirchlichen Grundstruktur und dem christlichen Lebensvollzug, der für die Abendmahlslehre und Abendmahlspraxis von Bedeutung ist, sollte in der Theologie nicht vernachlässigt werden.[57]

Schon unter dem Gesichtspunkt, daß die Kirche an der Eucharistie ihr Wesen, ihre Existenzweise und ihre Grundordnung erkennt, kann die Zuständigkeit des amtlichen Dienstes für die Feier der Eucharistie kaum überschätzt werden. Seine Notwendigkeit für den rechten und gültigen Vollzug erscheint angemessen begründet, wenn man seine spezifische Rolle in der sakramentalen Zeichenhandlung betrachtet. Der Liturg vermittelt die Einladung des pneumatisch gegenwärtigen Gastgebers, der die Gemeinde an den Tisch lädt[58], und macht dadurch sichtbar, daß Christus selbst den Vorsitz führt und daß die Gemeinde über die Handlung, die sie vollzieht, nicht selbst verfügen kann. Er stellt die Initiative Gottes dar und verkörpert die Gemeinschaft mit den apostolischen Kirchen und ihren Hirten. Er setzt vor allem in der Konsekration das Zeichen der sakramentalen Vergegenwärtigung des Herrn. Während die Versammlung ihr königliches Priestertum als Gabe des Herrn vollzieht und der Priester seinen Vorsitz als Christusdienst leistet, leben beide ihre gegenseitige Beziehung in Abhängigkeit von Christus.[59]

So kann hier ebenso deutlich und uneingeschränkt, wie gesagt wurde, daß der Priester und die Gemeinde in der Eucharistie den gleichartigen und gleichwertigen Heilsakt der Selbstdarbringung mit Christus zu setzen haben, die weitere These aufgestellt werden, daß der zelebrierende Liturge zusätzlich einen unmitteilbaren Dienstakt zu leisten hat, dessen Sinn und Ziel die Darstellung der Beziehung zwischen Christus und der Gemeinde ist, die sakramentale Vergegenwärtigung des Herrn und seines Opfers, die Bewahrung der Identität des Herrenmahls und die Verkörpe-

[57] Vgl. *K. Lehmann*, Dogmatische Vorüberlegungen zum Problem der ›Interkommunion‹: Evangelisch-katholische Abendmahlsgemeinschaft?, Göttingen/Regensburg 1971, 77–141, 90. *A. Gerken*, Theologie der Eucharistie, 236 f. *H. Schürmann*, Der Abendmahlsbericht Lk 22, 7–38 als Gottesdienstordnung, Gemeindeordnung, Lebensordnung: *Ders.*, Ursprung und Gestalt, Düsseldorf 1970, 108–150.

[58] *W. Pannenberg*, Die Problematik der Abendmahlslehre aus evangelischer Sicht: Evangelisch-katholische Abendmahlsgemeinschaft?, Regensburg/Göttingen 1971, 9–45, 40.

[59] Vgl. Ökumenischer Konsens über Eucharistie und Amt. Zu den Studienergebnissen der Gruppe von Dombes: Herder-Korrespondenz 27 (1973) 33–39, 35.

rung der Gemeinschaft der Ortskirchen und Gemeinden. Seine Grundlagen sind die seinshafte und aktuelle Befähigung zur Repräsentation Christi des Hauptes und der Dienstauftrag in der Kontinuität der apostolischen Überlieferung, wie sie durch die Ordination übertragen werden und neben dem Priesterlichen notwendig auch die Elemente des prophetischen und des pastoralen Amtes in sich schließen.[60]

Die beiden Thesen berühren nicht unmittelbar das Dogma von der Realpräsenz Christi und vermeiden auch jede ernsthafte Spannung zu der kirchlichen Lehre, daß nur der gültig geweihte Priester beziehungsweise Bischof die Konsekrationsgewalt besitzt.[61] Dem Charakter der Messe als Opfer Christi und Opfer der Kirche tun sie keinerlei Abbruch. Das Worin des Wesens des Meßopfers und das Wie seiner Identität und Differenz im Verhältnis zum Kreuzesopfer hat Trient (trotz DS 1740, 1743 und 1752) nicht erklärt. Durch das liturgische Tun der Kirche wird das vergangene Opfer Christi im Sinnbild gegenwärtig (wesentliche Identität des Opfers, Differenz der Seinsweisen). In der einen Opferhandlung des eucharistischen Zeichengeschehens verbinden sich aber Christus und die Kirche zu einem einzigen Opfersubjekt und Opferobjekt als Christus totus (partielle Differenz des Opfers, Differenz der Seinsweisen). Die Wahrheit von der Vergegenwärtigung des einzigartigen Sühnopfers am Kreuz wird nicht von der Mitte des Sakraments an den Rand der sakramentalen Spiritualität oder auf die andere Ebene der existentiellen Hingabe verschoben.[62]

[60] Vgl. *H. Volk*, Das priesterliche Amt: Catholica 27 (1973) 280–292, 291.

[61] Conc. Lat. IV, DS 802. Conc. Trid., DS 1740, 1752. Conc. Vat. II, Const. Dogm. de Eccl., Nr. 10.

[62] An diesem Punkt sind Illusionen zu vermeiden. Wenn Luther sagt, daß wir durch den Glauben „uns, unsere Not, Gebet, Lob und Dank auf Christus und durch Christus neben dem Sakrament opfern und damit Christus für Gott opfern . . . also opfere ich auch Christus, daß ich begehre und glaube, er nehme mich, mein Lob und Gebet auf und bringe es vor Gott durch sich selbst“, so stellt er das Sakrament des Abendmahls neben das existentielle Opfer des Glaubenden im Alltag. Dies dürfte nicht mit dem Zeugnis des Zweiten Vatikanischen Konzils übereinstimmen, obwohl das die Theologen des ökumenischen Dialogs in den USA meinen. Denn was das Konzil mit den Worten Augustins sagt, zielt keineswegs auf die Trennung des Mahlsakramentes von dem Opfer des christlichen Lebens, sondern auf die Zusammengehörigkeit des sakramentalen und des existentiellen Selbstopfers der Kirche. Vgl. *M. Luther*, Ein Sermon von dem Neuen Testament: WA 6, 369–371. *H. Meyer*, Luthertum und Katholizismus im Gespräch, 100 f., Anm. 6. Conc. Vat. II, Decretum de Presbyterorum Ministerio et Vita, Nr. 2: „So soll durch ihn (scil. den Dienst des Priesters) die ganze erlöste Gemeinde, die Versammlung und Gmeinschaft der Heiligen, durch den Hohenpriester als allumfassendes Opfer dargebracht werden, durch ihn, der auch sich selbst in seinem Leiden für uns dargebracht hat, damit wir der Leib des so erhabenen Hauptes wären.“

Selbst das, was das Konzil von Trient über die Messe als Sühnopfer „für die Lebenden und Verstorbenen" lehrt, also über Wirkungen der Messe für die Nichtkommunizierenden und die nicht bei der Feier Anwesenden[63], wird voll respektiert und evangelischem Denken und Empfinden zugänglicher gemacht, indem es seinen Platz in der Tat und Gesinnung Christi und im Mitopfer der Gemeinde erhält[64] und analog zu der Fürsprache Christi beim Vater und zu dem Gebet der Kirche für alle Menschen verstanden wird, das die Apologie der Confessio Augustana nicht verbietet.[65] Schließlich begünstigen die beiden Thesen auch nicht die Auflösung des Mysteriums in ekklesiale Vollzüge und menschliche Akte. Die aktualistische Auflösung und anthropozentrische Engführung findet nicht statt, solange es der pneumatisch gegenwärtige und real vergegenwärtigte Christus ist, der als Hoherpriester sich des Gottesvolkes bedient, um sein Erlösungswerk im Sakrament zu aktualisieren.

Die amtliche Lehrentwicklung über das Verhältnis zwischen dem besonderen und dem allgemeinen Priestertum in der Feier der Eucharistie hat bis heute die Grenze, nicht die Mitte der hier dargestellten christologischen und ekklesiologischen, sakramentalen und spirituellen Zusammenhänge erreicht. Die pastoralen Impulse, aus denen Pius X. die tätige Teilnahme der Gläubigen förderte, wurden von Pius XII. auf das Niveau des Dogmatischen gehoben, der seinerseits auf Innozenz III. zurückgreift mit einer Formulierung, die von ihrem Hintergrund, der Stellvertretungstheorie, nicht leicht abgelöst werden kann: „Daß aber die Christgläubigen das Opfer durch die Hände des Priesters darbringen, erhellt daraus, daß der Diener des Altares in der Person Christi des Hauptes handelt, der im Namen aller Glieder opfert."[66] Die Dogmatische Konstitution Lumen Gentium bleibt diesem Denken verhaftet: „Der Amtspriester . . . vollzieht in der Person Christi das eucharistische Opfer und bringt es im Namen des ganzen Volkes Gott dar."[67] Einen nur unwesentlichen Schritt weiter geht das Dekret über Dienst und Leben der Priester, indem es, wenn auch durch die Hände des Priesters, das geistige Opfer der Gläubigen immerhin in die sakramentale Darbringung und in die Einheit des einzigen Opfers Christi hineingenommen und vollendet sein läßt.[68] Die Li-

[63] DS 1753.

[64] Vgl. *H. Meyer*, Luthertum und Katholizismus im Gespräch, 101 f.

[65] Ap. XXIV, 94.

[66] Enzyklika Mediator Dei (1947), AAS 39 (1947) 554.

[67] Conc. Vat. II, Const. Dogm. de Eccl., Nr. 10.

[68] Conc. Vat. II, Decretum de Presbyterorum Ministerio et Vita, Nr. 2.

turgiekonstitution aber, und das zeigt, wie verschiedene, miteinander nicht vermittelte theologische Strömungen sich in den Dokumenten des Konzils niedergeschlagen haben, versucht etwas von dem Gewicht oder dem Ballast der ungeklärten Überlieferung abzuwerfen und sagt betreffs der Christen in der Eucharistie: „Sie sollen Gott danken und die unbefleckte Opfergabe darbringen, nicht nur durch die Hände des Priesters, sondern auch gemeinsam mit ihm."[69] Da die Liturgiekonstitution nicht ausdrücklich erklärt, daß die Darbringung des Opfers durch das Volk ein spezifisch sakramentaler Akt, ein Teil der eucharistischen Zeichenhandlung selbst ist, erhebt sich die Frage, welchen Spielraum das Zweite Vatikanische Konzil für die Auslegung und Vertiefung seiner Aussagen offenläßt. Auf den Wortlaut der Dogmatischen Konstitution über die Kirche (Nr. 10) zurückgreifen, wäre jedenfalls nur dann angebracht, wenn man die Leitidee des Kultopfers, in dem der Priester anstelle des Volkes eine Gabe darbringt, die wiederum die Stelle des Priesters und des Volkes vertritt, gegen alles Unbehagen als normativ für das Verständnis der Eucharistie erweisen könnte, obwohl sie für das Kreuzesopfer nicht zutrifft und für die Eucharistie durch die Leitidee von der gnadenhaften Befreiung und Ermächtigung des Glaubenden zum Selbstopfer mit Christus aufgehoben und überboten werden kann.

Die katholische Theologie ist nach der Vorarbeit von J. Pascher und über den Bemühungen W. Dürigs, welche die Identität des Opfers in der Mahlgestalt[70] beziehungsweise die Einheit von Opfer, Mahl und Danksagung im Paschamysterium und in der Consecratio[71] herausgestellt haben, in Unstimmigkeiten und Halbheiten stecken geblieben.[72] So erweckt

[69] Conc. Vat. II, Constitutio de Sacra Liturgia, Nr. 48. Vgl. Nr. 7: „ . . . durch sinnenfällige Zeichen wird in ihr (scil. der Liturgie) . . . vom mystischen Leib Jesu Christi, d. h. dem Haupt und den Gliedern, der gesamte öffentliche Kult vollzogen."

[70] *J. Pascher*, Eucharistia. Gestalt und Vollzug, Münster/Freiburg 1947, ²1953.

[71] *W. Dürig*, Die theologische Bedeutung der Liturgie-Konstitution: Münchener Theologische Zeitschrift 15 (1964) 251–258. *Ders.*, Die Consecratio als theologische Grundidee: Münchener Theologische Zeitschrift 22 (1971) 252–263.

[72] In etwa eine Ausnahme macht das Buch von *A. Gerken*, Theologie der Eucharistie, München 1973. Es wäre aber wünschenswert, daß weiter geklärt würde, welches das sakramentale Zeichen des Selbstopfers der Gemeinde ist. Ferner sollte die Ökonomie des eschatologischen Heilsgeschehens deutlicher werden. Denn nicht die Verwandlung der eucharistischen Elemente dürfte Urbild und Anfang der Weltverklärung sein – ein ebenso verbreiteter wie unkorrekter Gedanke – sondern die Transformation der mit Christus in Kreuz und Auferstehung kommunizierenden Gemeinde. Die neuschaffende Kraft erfaßt das Universum von Christus aus über die neue Menschheit, so wie der Leib des Menschen und die Materie

B. Neunheuser den Eindruck, als bemerke er gar nicht die Spannung zwischen der auf die Doppelkonsekration zentrierten Definition des Meßopfers[73], die er für die „neue Sicht" der Eucharistie hält, und der Mysterientheologie O. Casels, nach der die feiernde Gemeinde (als das Abbild) nach dem Urbild des Gekreuzigten und Auferstandenen umgestaltet wird.[74] Nach M. Schmaus bildet die Kirche in der Eucharistie „mit Christus das ganzheitliche Opfersubjekt und das ganzheitliche Opferobjekt"[75]. Doch löst er die Opfertätigkeit der Kirche aus der sakramentalen Zeichenhandlung wieder heraus, indem er an der feiernden Gemeinde vorbei auf Augustins Leib-Christi-Mystik zurückgreift[76], die Gegenwärtigkeit der Kirche auf dem Opferaltar „nicht als eine ontologische, sondern als eine dynamisch-aktualistische" versteht und damit nicht spezifisch eucharistisch, sondern als Geschehen „im Glauben und in der Liebe" erklärt[77], also im allgemeinen Rahmen des Christseins schlechthin.

Für die geschichtlichen Wandlungen des Symbolverständnisses und

der Welt durch den Geist und nicht der Geist des Menschen durch den Leib oder die Weltmaterie verklärt werden können. Vgl. *Gerken*, aaO, 214, 217, 220 ff. Auch J. Betz kommt unserer Auffassung nahe, indem er die Kommunion als Wesensbestandteil des Meßopfers betrachtet. Doch hält er gleichzeitig an der mit dieser Auffassung unvermittelten These des Thomas von Aquin fest: „Die Einsetzungsworte sind . . . der eigentliche Akt der Darbringung und Übereignung an Gott." Die Aussage, die Kommunion bringt „unser Opfern und uns selbst letztlich ans Ziel", macht entweder das Opfer in der Wandlung ohnmächtig vor dem Ziel oder die Kommunion nur zu einem integrierenden Bestandteil des Wandlungsopfers. *J. Betz,* Eucharistie als zentrales Mysterium: Mysterium Salutis. Grundriß heilsgeschichtlicher Dogmatik, Bd. IV/2, Einsiedeln 1973, 185–313, 286.

[73] „ . . . dieses besteht ›wesentlich darin, daß die eucharistischen Gestalten derart das Opfer von Kalvaria darstellen, daß sie es auch wirklich in sakramentaler Weise enthalten‹ [12]" (*B. Neunheuser*, Eucharistie in Mittelalter und Neuzeit [= Handbuch der Dogmengeschichte Bd. IV, Fasz. 4b], Freiburg/Basel/Wien 1963, 64).

[74] Neunheuser zitiert Casel in dem Sinne, daß er die genannte neue Definition deutlich und fruchtbar mache, obwohl Casel die Messe einfach anders umschreibt: „So gehen wir in der Kraft des Pneumas Christi selbst durch das Heilswerk hindurch, nehmen teil an Christi Pascha, d. h. an dem Todesdurchgang, durch den Tod der Sünde gegenüber, der aus diesem Äon hinüberführt in das Reich Gottes und Christi, in das neue und ewige Leben" (*O. Casel*, Glaube, Gnosis und Mysterium: Jahrbuch für Liturgiewissenschaft 15 [1941] 268. Vgl. *Neunheuser*, aaO, 65).

[75] *M. Schmaus*, Der Glaube der Kirche II, München 1970, 368.

[76] *Schmaus*, aaO, 369. Der beigezogene Augustinustext aus sermo 179 lautet: „Wenn ihr der Leib Christi seid und seine Glieder, so ist es euer Geheimnis, welches auf den Altar gelegt ist. Ihr empfangt euer Geheimnis . . .; seid, was ihr seid, und empfangt, was ihr seid."

[77] *Schmaus*, aaO, 369.

ihre Anwendung auf die Eucharistie[78] sowie für die mögliche Eliminierung der mactatio mystica Christi aus dem Zeichensinn der Doppelkonsekration und dem sakramentalen Tun des Priesters[79] zwar aufgeschlossen, nimmt dennoch auch J. Auer mit der einen Hand zurück, was er mit der anderen gibt. Er stellt die mitfeiernde Gemeinde nivellierend auf eine Stufe mit der ganzen Kirche und der ganzen Welt und führt zur Illustration der Eucharistie als Opfer der Kirche eine Stelle aus der Dogmatik von M. Schmaus an, die der Münchener Theologe anscheinend selbst überholt, da er in seinem neueren Werk „Der Glaube der Kirche“ nicht mehr davon spricht, daß die Kirche den „gegenwärtiggesetzten Leib“ und das „gegenwärtiggesetzte Blut“ Christi „als ihre Opfergabe dem himmlischen Vater darbringt“[80]. Ein hermeneutisches Rätsel ist es, wie Kardinal Volk mit keinem Wort andeutet, wodurch die Teilnahme der Gläubigen an der Eucharistie sakramentale Qualität erhält, welches die das Sakrament mitkonstituierenden Akte sind und welches der Anteil des priesterlichen Gottesvolkes an der sakramentalen Zeichenhandlung der Gabenbereitung, Darbringung und Kommunion ist, obwohl er in zeugnishafter Sprache und mit gedanklicher Tiefe die „actio missae“ auf dem Altar als die Vergegenwärtigung „des Todesgehorsams Christi im Kreuzesopfer“ und als unsere „Verfügung“ an Christus und den Vater versteht, unsere Einswerdung mit Christus „nicht erst dort“ als „sakramental“ ansieht, „wo die hl. Kommunion empfangen wird“, unseren Tod als Komplement zur Teilnahme an der hl. Messe bezeichnet, den zelebrierenden Priester in der Verbindung mit Christus „dasselbe“ tun läßt, „was die übrigen Gläubigen vollziehen müssen“, und den „sakramentalen Höhepunkt im Leben der Christen“ durch das priesterliche Amt ermöglicht sieht.[81] „Nicht schon durch bloße Anwesenheit, aber durch die gemeinte Teilnahme an der heiligen Messe bestätigen und akzeptieren wir für uns das innere und unaufhebbare Gesetz des christlichen Lebens: Wer sein Leben liebt, wird es verlieren; wer es in Christus hineinverliert, wird es gewinnen (vgl. Joh 12, 25).“[82] Dieser großartige Satz ist von entscheidender Bedeutung für

[78] *J. Auer*, Allgemeine Sakramentenlehre und das Mysterium der Eucharistie (= Kleine Katholische Dogmatik, hrsg. von J. Auer und J. Ratzinger, Bd. VI), Regensburg 1971, 150.

[79] *J. Auer*, aaO, 233.

[80] *J. Auer*, aaO, 229 f. Die Stelle, die Auer zitiert, findet sich in *M. Schmaus*, Katholische Dogmatik, München ^{5}IV/1, 369. Sie ist schon in der 6. Aufl. München 1964, IV/1, 382 ff., wesentlich verändert.

[81] *H. Volk*, Das priesterliche Amt: Catholica 27 (1973) 280–292, 285, 286, 287.

[82] *H. Volk*, aaO, 287.

die eucharistische Spiritualität und die christliche Existenz, doch antwortet er nicht auf die hier gestellten Fragen und führt nicht weiter in Richtung auf die Einheit des Opfers und der Mahlgestalt des Sakraments.

Die hermeneutische Kehre, nach der das Abendmahl nicht mehr von dem vor- und außerchristlichen Opferinstitut her verstanden wird, sondern wie auch dieses Opferinstitut selbst vom Kreuzesopfer Christi her die interpretatio christiana erhält, ist in der Theologie noch nicht voll durchgeführt. Man sollte nicht erst vor unerträglichen Konsequenzen haltmachen, sondern den Anfängen widerstehen, die notwendig dahin führen, das Tun des Priesters in der Konsekration als Schlachtung des Opferlammes aufzufassen und damit als zeichenhafte Darstellung der Tat des Hohen Rates, des Pontius Pilatus und des römischen Exekutionskommandos. Nicht die Tötung Jesu, sondern die Tat Christi hat erlösende Kraft.[83] Man sollte auch Abstand gewinnen und Abschied nehmen von der Trennung zwischen der Messe als Opfer und der Kommunion als Sakrament, auf deren Boden der Schritt der Reformatoren nur die Streichung des einen Teils, der mit dem anderen nichts zu tun hat, bedeutet und nicht über die mangelhafte Erfassung des Sinnes jenes Mahles hinausführt, durch das Jesus die Jünger in sein Sterben und Auferstehen hineinnimmt. Man sollte endlich die liturgische Zeichenhandlung deuten, ohne

[83] Schon Kardinal Cajetan dachte in diese Richtung, blieb aber ohne Wirkung, da sein Wurf dem Kairos um Jahrhunderte vorauseilte. N. M. Halmer faßt die Lehre seiner Opuscula (De celebratione Missae (1510); De erroribus contingentibus in Eucharistiae Sacramento (1525); De Missae sacrificio et ritu adversus Lutheranos (1531) zusammen: „Sie (scil. die heilige Messe) ist nicht so zu verstehen, daß in ihr der menschliche Priester das opfern würde, was Christus am Kreuz geopfert hat; sondern Christus selber ist der eigentliche Opferpriester der heiligen Messe, der menschliche Priester ist sein Diener und Werkzeug. Christus opfert sich aber in der heiligen Messe nicht aufs neue, sondern er wird in opfermäßiger Gestalt (immolatitio modo) gegenwärtig und tritt in dieser Gestalt für uns beim himmlichen Vater ein, ähnlich wie im Himmel in eigener Gestalt" (*N. M. Halmer*, Die Meßopferspekulation von Kardinal Cajetan und Ruard Tapper: Divus Thomas 21 [1943] 187–212, 197. Vgl. *B. Neunheuser*, Eucharistie in Mittelalter und Neuzeit, 56 f.).

Es geht hier darum, ein echtes Ärgernis auszuräumen, an dem sich, historisch gesehen, die lutherisch/katholischen Kontroversen entzündet haben. Vgl. Die Eucharistie. Eine lutherisch/römisch-katholische Stellungnahme: *H. Meyer,* Luthertum und Katholizismus im Gespräch, 99. Luther selbst hat den Anstoß klassisch formuliert: „Sagt uns ihr Pfaffen Baal, stehet geschrieben, daß die Meß ein Opfer ist? Oder wo hats Christus gelehret, daß man gesegnet Brod und Wein Gott opfern soll? Höret ihr nicht? Christus hat eins sich selbst geopfert, er will von keinem andern hinfort werden geopfert; er will, daß man seines Opfers gedenken soll." *M. Luther*, Vom Mißbrauch der Messen: Sämtl. Werke 28 (1840) 27–141, 44. Vgl. *B. Neunheuser*, Eucharistie in Mittelalter und Neuzeit, 53.

die Ganzheit der äußeren Gestalt und des inneren Geschehens aufzulösen, ohne das Mysterium zum Deckmantel für in sich selbst unorganische und widersprüchliche Erklärungen zu nehmen, und so den Eindruck einer gewissen Unglaubwürdigkeit aus den Traktaten der Handbücher entfernen. Im übrigen sind die Ausarbeitung einer relationalen Ontologie[84] oder eines realsymbolischen Seinsverständnisses[85], die strukturelle Klärung des Zusammenwirkens von Priester und Volk in den kirchlichen Lebensvollzügen und die Ortung der eucharistischen Höchstform geschichtlich-dialogischer und sakramental-zeichenhafter Vermittlung des Christusgeschehens im interpersonalen Raum zwischen Christus und der Kirche dringende Desiderate, um sowohl der Tradierung und dem Anspruch wunderlicher Opfertheorien wie auch der Spiritualisierung und Funktionalisierung des Vermächtnisses Christi zu einem symbolischen Liebesmahl und zu einer Agit-Prop-Versammlung Vorwand und Voraussetzung zu entziehen.

Mit der Einordnung selbst des zelebrierenden Priesters in den gleichen Heilsstand und Heilsakt mit dem Gottesvolk wird eine Ergänzung zu dem seit Ignatius von Antiochien[86] bis hin zum Zweiten Vatikanischen Konzil einseitig entfalteten kultisch-sacerdotalen Ansatz vorgenommen, der den Priester an die Stelle Gottes setzt, als eine moralische Person mit Christus den Gläubigen gegenüberstellt[87] und zu einer zweifelhaften Stellvertretungsmystik und zu anstößigen Übertreibungen verleitet hat.[88] Auch die Auffassung, daß der Priester in der Eucharistie, wenn auch auf zwei Ebe-

[84] *A. Gerken*, Theologie der Eucharistie, 199–210.

[85] *A. Gläßer*, Eucharistieverständnis zwischen Ideologie und Glaube: Begegnung. Beiträge zu einer Hermeneutik des theologischen Gesprächs. H. Fries gewidmet von seinen Freunden, Schülern und Kollegen, hrsg. v. M. Seckler / O. H. Pesch / J. Brosseder / W. Pannenberg, Graz 1972, 311–325, 316 ff.

[86] Philadelphier 8, 1; Magnesier 6, 1; Smyrnäer 8, 2.

[87] Vgl. *Fr. Wulfs* Kommentar zu dem Dekret über Leben und Dienst der Priester: Lexikon für Theologie und Kirche. Das Zweite Vatikanische Konzil III, 143–169 (zu Art. 1–6), hier 147–152.

[88] ,,. . . wegen dieser Funktion (scil. der Stellvertretung Gottes auf Erden), über die hinaus keine größere mehr gedacht werden kann, werden die Priester mit Recht nicht nur Engel, sondern Götter genannt" (Catechismus Romanus II, 7, 2). *Pius XII.* lehrt, daß das Weihesakrament die Priester ,,von allen anderen Christgläubigen gleicherweise unterscheidet", wie die Taufe ,,alle Christen unterscheidet und von den übrigen trennt" (Enzyklika Mediator Dei (1947), AAS 39 (1947) 539). Derselbe Papst stellt für die Priester das Ideal der Unsündlichkeit auf in der Adhortatio an den Klerus Menti nostrae (1950), AAS 42 (1950) 660.

nen, so doch in einem Akt den unsichtbaren Christus und das sichtbare Gottesvolk repräsentiere, scheint überzogen. Ihre Begründung mit dem Hinweis darauf, daß in der Eucharistie die Haupt-Leib-Struktur der Kirche am stärksten zum Ausdruck komme, das Opfer Christi und das Opfer der Kirche dargebracht und das Volk zur Einheit des Leibes gestiftet werde, schlägt nicht durch.[89] Hingegen wird durchaus notwendig und mit Recht der Tendenz, die Eucharistie auf die Taufe, das Sakrament auf das Wort, die Ordination auf die mit dem Wechsel der Dienststelle zu wiederholende Investitur, das Amtspriestertum auf die im Auftrag der Gemeinde ausgeübten Funktionen zu reduzieren, eine Schranke gesetzt durch die Erklärungen, daß der Ordo „im wahren und eigentlichen Sinn" Sakrament ist und daß das Priestertum des hierarchischen Dienstes und das allgemeine Priestertum sich „dem Wesen, nicht bloß dem Grade nach" unterscheiden.[90] Dem gleichen Ziel dient auch die zugunsten des character sacramentalis getroffene Feststellung, daß die Entgegensetzung von

[89] Die Haupt-Leib-Struktur der Kirche kommt zum Ausdruck, wenn die anwesenden Glieder des Leibes in einem Akt opfern, der auf derselben Ebene liegt wie das Selbstopfer des Priesters, der als Repräsentant des Hauptes auf anderer Ebene zur Feier einlädt, die sakramentale Gegenwart des opfernden Christus vermittelt und die Gabe, die der Herr selbst ist, austeilt. Soll der Priester im eigentlichen Vollzug des Opferaktes, in dem Christus der Mittler ist, und der mit Christus im Geist an den Vater gerichtet ist, der Mittler zum Mittler sein? Konkurriert die Person des Priesters in der Selbstdarbringung des mystischen Leibes mit den Zeichen von Brot und Wein, in denen Christus und seine Selbstdarbringung sichtbar gegenwärtig sind? Die Identifizierung der Rolle des zelebrierenden Priesters mit der Tat Christi am Kreuz darf nicht global betrieben werden. Nahm Christus am Kreuz stellvertretend und proleptisch alle künftigen Glieder des Leibes in sein Opfer hinein, so nehmen die in der Eucharistie versammelten Glieder selbst am Opfer Christi teil. Die Enzyklika Mediator Dei, auf die K. Mörsdorf sich stützt, schleppt die störende, durch die christliche Erfüllung aufgehobene Substitutionsstruktur des Kultopfers mit, der zufolge die Gaben der Gläubigen oder auch ihr Selbstopfer über den menschlichen Priester Gott dargebracht werden müssen. Die Möglichkeit, daß durch die Kommunion die sakramentale Identifikation mit dem opfernden Christus, für die es keinerlei Substitution durch Gaben oder Menschen gibt, gewirkt wird, bleibt außer Sichtweite. Vgl. *K. Mörsdorf*, Der Träger der eucharistischen Feier: Pro mundi vita. Festschrift der Theol. Fakultät München zum Eucharistischen Weltkongreß 1960, München 1960, 223–237, 226 f. *Ders.*, Grundfragen der Reform des kanonischen Rechts: Münchener Theologische Zeitschrift 15 (1964) 1–16, 12 f.

Enzyklika Mediator Dei (1947), AAS 554 ff. Es wäre weiter zu bedenken, warum die Kommunion des Priesters „zur Integrität dieses Opfers" erfordert ist (AAS 562; DS 3854), was der „öffentliche Diener der Kirche" tut und was geschieht, wenn eine Messe für „alle Gläubigen, die zum Leib Christi gehören", gefeiert wird (DS 1747).

[90] Conc. Trid., Doctrina de Sacramento Ordinis, DS 1766. Conc. Vat. II, Const. Dogm. de Eccl., Nr. 10.

Amtsfunktion und innerer Qualifikation der Person des Ordinierten einen fraglichen „Dualismus von Personalität und sozialer Rolle" darstellt, „wenngleich sich derartige Auffassungen im gegenwärtigen Denken auch sonst finden als Symptome der Krise individuellen Selbstverständnisses in den wachsenden Sachzwängen der modernen Industriegesellschaft"[91].

Die Polarisierung des katholischen und des reformatorischen Verständnisses vom Priestertum der Kirche Gottes kann nicht durch eine Apologetik und durch den Sieg extremer Ausprägungen des jeweiligen Standpunktes überwunden werden, sondern wenn überhaupt, dann allenfalls durch ihre Aufhebung in der umfassenderen Ganzheit des Mysteriums Kirche, in der das Recht und die Grenzen, die Struktur und die Funktionen der Teile bestimmt werden.

Die Zuordnung der Amtsträger und der Laien in den Lebensvollzügen der Kirche wirft nicht zuletzt auch historisch-kritische, geschichtstheologische und sozialgeschichtliche Fragen auf. Das Zweite Vatikanische Konzil hat zwar den Status der Getauften theologisch und praktisch aufgewertet, aber auch die tridentinische Lehre vom hierarchischen Amt weiterentwickelt. Durch die Bischofsweihe wird man Glied des Bischofskollegiums, das an die Stelle des Apostelkollegiums getreten ist. Die Ordination verleiht die in der hierarchischen Gemeinschaft mit dem Papst ausgeübte, auf die Dienste der Verkündigung, Heiligung und Leitung hingeordnete heilige Gewalt.[92] Können die systematische Geschlossenheit und die inhaltliche Bedeutung dieser Aussagen sowie das Übergewicht, das sie dem Amtspriestertum geben, biblisch gestützt werden? Vermag die Kontingenz und Unabgeschlossenheit menschlicher Geschichte die Fracht einer bleibenden Verfaßtheit des Gottesvolkes zu befördern, so daß die Ordnung der Kirche überhaupt Gegenstand der in Jesus Christus geschehenen Offenbarung sein kann? Handelt es sich hierbei nicht um die Ouvertüre zur Verabsolutierung und Divinisierung sozio-kulturell bedingter Elemente der kirchlichen Amtsstruktur?

Wohl ohne nennenswerten Ertrag bleiben historische Untersuchungen, die, von Überdruß am Kultisch-Sakralen und von Sehnsucht nach profa-

[91] Reform und Anerkennung kirchlicher Ämter, 205. Die „Totalität der Inanspruchnahme" des Ordinierten durch Christus setzt dem Entgegenkommen angesichts der Anliegen Luthers – die Gleichheit aller Christen vor Gott aufgrund der Taufgnade und die Beseitigung des Standesunterschiedes zwischen Geistlichen und Laien – eine äußerste Grenze (vgl. aaO, 202 f.).

[92] Conc. Vat. II, Const. Dogm. de Eccl., Nr. 21, 22. Bezügl. der Presbyter vgl. aaO, Nr. 28.

ner Menschlichkeit geleitet, sich daran klammern, daß die Bezeichnung Priester (im Sinne von ἱερεύς, sacerdos) für den Amtspriester erst seit dem 3. Jahrhundert verwendet wird, und deswegen dem Leser den Schluß nahelegen, daß die kultisch-priesterliche Funktion bis dahin nicht zum Christusdienst des Gemeindeleiters (πρεσβύτερος, presbyter) gehörte und als eine „geschichtlich bedingte Ausprägung des abendländischen Christentums . . . eventuell noch der Orthodoxie" heute vielleicht entbehrlich sein könnte.[93] Diese Argumentation verliert um so mehr den Kontakt mit der historischen Wirklichkeit, je weniger sie die Bedeutung des Priestertums Christi und der Christen, deren Verhältnis zu dem jüdischen und dem antiken Priestertum, den Sinn des christlichen Gottesdienstes und des eucharistischen Vorsitzes, die Deutungsgeschichte des Todes Jesu und die Wandlungen des Kultverständnisses wie der Priesterrolle in ihren Wechselbezügen erfaßt und anhand offengelegter Kriterien beurteilt. Methodisch fragwürdig erscheint auch der Versuch, die frühchristlichen Ämter sowohl von ihrem jüdisch-hellenistischen Hintergrund wie auch von jeder Art von christologisch begründeter apostolischer Vollmacht abzuheben, so daß nur eine pneumatische Dienstbereitschaft und eine charismatische Dienstbefähigung übrigbleiben, die anstelle des traditionellen Amtes in eine demokratisch konzipierte Kirche eingefügt werden können.[94]

[93] *J. Blank*, Kirchliches Amt und Priesterbegriff: *F. Henrich (Hrsg.)*, Weltpriester nach dem Konzil, München 1969, 11–52, 31. Wie der Tenor dieser Ausführungen in historisch und theologisch nicht ex professo kompetenten Ohren klingt, illustriert der Psychologe A. Görres durch seine Einschätzung des blankschen Arguments: „Ein Exeget zeichnet mit der philologisch-historischen Exaktheit seiner Methode einen biblischen Befund. Nach diesem biblischen Befund scheint das Priestertum, wie es in der Kirche viele hundert Jahre bis zum heutigen Tag besteht und verstanden worden ist, im Neuen Testament nicht vorgesehen und von Jesus Christus so nicht beabsichtigt zu sein" (*A. Görres*, Psychologische Bemerkungen zur Krise eines Berufsstandes: *F. Henrich*, aaO, 119–141, 121). Vgl. *W. Siebel*, Freiheit und Herrschaftsstruktur in der Kirche, Berlin 1971, 59–69.

[94] In H. Küngs Buch über die Kirche wird das vielschichtige historische Material zu folgender Konstruktion benützt: Daß alle „vom Geist getrieben, Geistliche sind . . . ihre Berufung, ihren persönlichen Dienst haben", ist die Grundwahrheit christlicher Kirchenordnung (*H. Küng*, Die Kirche, Freiburg/Basel/Wien ³1969, 508). Das Amt der Hirten zur Fortsetzung des apostolischen Dienstes der Kirchengründung- und Leitung hat sich zunächst faktisch, nicht schon legitim entwickelt; als sein Spezifikum ist die „Sendung durch Menschen" zu reflektieren (aaO, 498, 503). „Von Gott eingesetzt" ist nach dem Zweiten Vatikanum nur der kirchliche Dienst „als solcher" (aaO, 492). Zwischen Bischof und Presbyter kann historisch und theologisch keine Unterscheidung gemacht werden (aaO, 506). Das Pendant zum heutigen Presbyterat ist die judenchristliche Kirchenverfassung, die durch

Nimmt man die Theorien ernst, nach denen geisteswissenschaftliche Erkenntnis durch die Resonanz der Gegenstände im Denken und Wollen des durch seine Lebenseinheit und Kulturzugehörigkeit geprägten Forschers ermöglicht wird[95] oder durch den Zusammenhang individueller Begebenheiten[96] oder durch die spontane Reproduktion einer vorgegebenen Geschichtseinheit, die ,,in diesem reproduzierenden Akt zum Bewußtsein ihrer selbst kommt"[97], so kann der Schwerpunkt historischer Forschung nicht in der Sammlung vermeintlich objektiver Fakten und in der nachfolgenden Ableitung ihrer Gesetze liegen. Er verlagert sich vielmehr auf die Entdeckung der Fragen, auf die historische Zeugnisse, Taten, Denkmäler und Ereignisse Antwort waren und heute Antwort geben, auf den Entwurf von Modellen, die ihre Ordnung und Entwicklung darstellen, sowie auf den bewußten oder unbewußten Gebrauch von vorgängigen Theorien, die in der Anwendung auf die Gegenstände der Forschung bestätigt, korrigiert oder verworfen werden. Die entscheidenden Fragen unseres Problems würden dann lauten: Welches ist die urkirchliche Entsprechung zum heutigen Kirchenamt? Wie sind das Werden und Wesen der kirchlichen Amtsverfassung theologisch zu qualifizieren? Und welche Dienste und Ordnungen können für Priester und Laien im Rahmen und unter dem Dach der apostolischen Grundstruktur der Kirche eingerichtet werden?

Die christologische Grundlage des Apostelldienstes wird in den Schriften des Neuen Testaments unmißverständlich bezeugt. Jesus Christus hat

die paulinische Gemeindeordnung kontrapunktiert wird, woraus folgt, daß die apostolische Nachfolge im Hirtendienst, d. h. die presbyterialepiskopale Kirchenverfassung, ,,auch heute für alle Möglichkeiten, die in der neutestamentlichen Kirche bestanden haben, grundsätzlich offenbleiben" muß (aaO, 520). Küng sieht nicht, daß nach der Kirchenkonstitution des Vat. II ,,die Bischöfe aufgrund göttlicher Einsetzung . . . an die Stelle der Apostel getreten sind" (Nr. 20) und daß auch bei Offenheit der Frage nach der Stufung des Ordo (Nr. 28) der Apostolat als Bezugspunkt des heutigen Presbyterats und Episkopats zu betrachten ist.

Zur soziologischen und exegetischen Problematik der Tendenz, das kirchliche Amt auf der Basis des allgemeinen Priestertums abstrakt als Dienst zu definieren und von repräsentativer wie dominativer Herrschaft und sogar von dem Begriff der Würde abzuheben, vgl. *W. Siebel*, Freiheit und Herrschaftsstruktur in der Kirche, 53–59.

[95] *W. Dilthey*, Einleitung in die Geisteswissenschaften (= Gesammelte Schriften I), Leipzig/Berlin 1922, 14 f., 35 f., 53.

[96] *R. G. Collingwood*, The Idea of History, Oxford 1946, 130 ff., 168 f., 266 ff., 275 ff.

[97] *W. Pannenberg*, Heilsgeschehen und Geschichte: *Ders.*, Grundfragen systematischer Theologie, Göttingen 1967, 22–78, 71.

das Amt des Apostels nicht nur im Zusammenhang mit seinem Erlösungswerk gestiftet, sondern setzt durch die Apostel seine Sendung in die Welt selbst fort bis ans Ende der Welt (Mt 28, 20). Die Apostel stehen in solcher Weise an Christi statt (2 Kor 5, 20), daß Christus es ist, der den Menschen in ihrer Person begegnet (Lk 10, 16) und in ihrem Dienst predigt, tauft und Abendmahl hält.[98] Ein engerer Begriff des Apostels Jesu Christi, ob synoptisch im Sinne der Auferweckungszeugen und Stammväter des Neuen Israel verstanden oder lukanisch im Sinne der Augenzeugenschaft von der Taufe bis zur Auffahrt Jesu (Apg 1, 22) oder paulinisch allein im Sinne der Sendung durch den Auferstandenen (Gal 1, 1), läßt sich hinreichend klar von dem weiteren Begriff der Jünger und von der Stellung jener Männer unterscheiden, die Paulus außer sich selbst und den Zwölfen Apostel nennt (Gal 1, 19; Röm 16, 7). Die Exegese stellt im neutestamentlichen Kanon mit wachsender Einmütigkeit ein Gefälle von den frühen Paulinen über die Apostelgeschichte bis zu den Pastoralbriefen fest, das von unterschiedlichen Sendungen und spontanen Diensten über die Einsetzung in das Leitungsamt der Jerusalemer Gemeinde bis zu jenem Hirtendienst führt, zu dem man durch die das Dienstcharisma verleihende Handauflegung bestellt wird und dessen Träger wohl aus dem Kreis der Presbyter genommen wurden. Das so konstituierte Amt dürfte sich zuerst in den hellenistischen Gemeinden herausgebildet haben.[99] Es konsolidierte sich um die Jahrhundertwende und ging aus der Auseinandersetzung mit Gnosis und Schwärmertum im 2. Jahrhundert als jenes Moment der Kirchenordnung hervor, an das die Katholizität und Apostolizität der Kirche vorrangig geknüpft wurde.[100] Da die Reinerhaltung der Lehre (Pastoralbriefe) und die Bewahrung der kirchlichen Ordnung (1 Clem) als

[98] Vgl. Conc. Vat. II, Constitutio de Sacra Liturgia, Nr. 7.

[99] Vgl. *E. Schlink*, Die apostolische Sukzession und die Gemeinschaft der Ämter: Reform und Anerkennung kirchlicher Ämter. Ein Memorandum der Arbeitsgemeinschaft ökumenischer Universitätsinstitute, München/Mainz 1973, 123–162, 133 f.

Für die sakramentale Deutung von 1 Tim 4, 14 und 2 Tim 1, 6 sprechen sich aus: *R. Bultmann*, Theologie des Neuen Testaments, Tübingen [5]1965, 459 f. *H. von Campenhausen*, Kirchliches Amt und geistliche Vollmacht in den ersten drei Jahrhunderten, Tübingen [2]1963, 126. *P. Stuhlmacher*, Evangelium-Apostolat-Gemeinde: Kerygma und Dogma 17 (1971) 28–45, 41. *F. Hahn*, Neutestamentliche Grundlagen für eine Lehre vom kirchlichen Amt: Dienst und Amt, Regensburg 1973, 7–40, 28 f. *N. Brox*, Die Pastoralbriefe (= RNT VII/2), Regensburg 1969, 181.

[100] *Irenäus*, Adv. haer. III 3, 3; IV 26, 2.

Aufgaben des Amtes die je anderen Dienste nicht ausschließen[101], die von Ignatius dargestellte Christusrepräsentation (Smyrn 8, 2) aber sicher die Fortführung der prophetischen, priesterlichen und königlichen Sendung Christi einschließt, können die besonderen Ausprägungen des kirchlichen Amtes in der Geschichte bis auf den heutigen Tag im Blick auf das Zeugnis der Pastoralbriefe und der apostolischen Väter wohl nur als sekundäre Funktionalisierung und nicht als Wiederherstellung der ursprünglichen Elemente betrachtet werden, durch deren Konzentration oder Usurpation das bischöfliche Amt entstanden wäre.

Die Vielfalt der historischen Fakten und Entwicklungen könnte nun durch folgendes Modell ihre Einheit und Wertigkeit erhalten: Das Kirchenamt ist in Entsprechung zum Apostelдienst im engeren Sinn zu verstehen. Im Wechsel von der Gemeinschaft der Apostel zu den nachapostolischen Generationen kommt es zu dem institutionellen Ereignis der Ordination, durch die, wenn auch nach einem Bruch, die apostolische Achse auf christologischer Grundlage weitergeführt wird. Der erhöhte Christus selbst gibt der Kirche am Übergang von der Zeit des Ursprungs in die Zeit der Überlieferung die bleibende Ordnung, ein Ereignis, das zur Offenbarung gehört und analog zur Kanonbildung verläuft. Wie die Verfasser der Deuteropaulinen in die Person des Apostels schlüpfen und kanonische Geltung erlangen, so setzen die ordinierten Amtsträger den apostolischen Hirtendienst fort. Nur in Verbindung mit dieser apostolischen Grundstruktur lebt das neutestamentliche Gottesvolk seine priesterliche Sendung. Dieses Element der Kirchenverfassung dient nicht nur der Bewahrung des „anvertrauten Guts", sondern ist auch eine bleibende Bedingung der lebendigen Überlieferung, ein Instrument zur Findung der objektiven Artikulationen des Heilsgeschehens in Dogma, Kult und Lebensform, an die der subjektive Glaubensvollzug gebunden ist. Es ist das Medium der Einheit des Gottesvolkes in der Freiheit des Geistes.

E. Schlink spürt das historische Gewicht und die theologische Anziehungskraft dieses Verständnisses von der Amtsstruktur, verteidigt aber auch die Möglichkeit anderer theologischer Ansätze und das Recht der

[101] Der Hirt, dem die „gesunde Lehre" anvertraut ist (2 Tim 4, 3), die er wohl im Gottesdienst verkündet, ist derselbe, der auch Vorsteher- und Ordnungsfunktionen ausübt (1 Tim 5, 17; Tit 1, 5). Die kollegialen Presbyter-Episkopen von Korinth, die *Clemens von Rom* verteidigt, verbinden mit dem Dienst der Gemeindeleitung auch den Opferdienst des Hohenpriesters (1 Clem 40, 2–5; 41, 2; 44, 4). Die Genese des Amtes wird darum besser von der Nachfolge in apostolischer Vollmacht her verstanden denn als Mischung der verschiedenen urchristlichen Gemeindestrukturen.

anders verfaßten Kirchen. Er drängt daher einerseits auf die Einrichtung des Bischofsamtes in den Kirchen, fordert aber auf der anderen Seite, daß auch der grundlegenden und bleibenden Bedeutung der „prophetischen Sukzession" Rechnung getragen werde, um beiden Häresien, dem Korinthismus und dem Klerikalismus, zu entgehen.[102] Den zweiten Schritt vor dem ersten scheint nun K. Rahner tun zu wollen, nachdem er früher die Verfassung der Kirche als iuris divini verstanden hatte, sofern sie in einem „faktisch irreversibel" verlaufenen Geschichtsprozeß entstanden ist. Aus dem Kern der Offenbarung, dem individuellen Christusgeschehen, und aus dem inneren Wesen der Kirche, der Versammlung der Glaubenden um den auferstandenen Herrn, würden auch nach dem Übergang der Kirche in die nachapostolische Phase ihrer Geschichte, zumal in dem ökumenischen Notstand heute, positive Setzungen göttlichen Rechts möglich sein, so zum Beispiel die Einrichtung einer kollegialen Amtsverfassung der Gesamtkirche wie der Teilkirchen, die als Provisorium wiederum eine Entwicklung zum monarchischen Primat und Episkopat offenlassen könnte.[103] Doch dürfte ein so kühnes Experiment voraussetzen, was es erreichen will: ein im Grundsätzlichen klares und sicheres Einverständnis der Kirchen über das Amt und das Laientum und über beider Verhältnis. Für H. Küng kann das Gefälle zum institutionellen Dienst, das auch er schon innerhalb des Neuen Testaments feststellt „keine Normativität beanspruchen" und ist das Amt kein „biblischer, sondern ein nachträglicher und nicht unproblematischer Reflexionsbegriff"[104]. Das Ämtermemorandum spricht in der These 8 von dem Dienst der Gemeindegründung und -leitung, der von Anfang an nicht ausschließlich aufgrund einer Einsetzung durch Handauflegung seitens der Apostel oder der von ihnen Beauftragten ausgeübt wurde, und nennt in These 15 als zentrale Aufgaben des durch Ordination begründeten Amtes ausdrücklich nur die Verkündigung und Sakramentsverwaltung.[105] In dem Malta-Bericht werden die verschiedenen Strukturen und Dienste der neutestamentlichen Gemeinden nebeneinander und nacheinander aufgereiht, so daß der Eindruck ent-

[102] *E. Schlink*, Die Apostolische Sukzession und die Gemeinschaft der Ämter: Reform und Anerkennung kirchlicher Ämter. Ein Memorandum der Arbeitsgemeinschaft ökumenischer Universitätsinstitute, München/Mainz 1973, 151 f., 155, 132 f., Anm. 7.

[103] *K. Rahner*, Vorfragen zu einem ökumenischen Amtsverständnis (= Quaestiones Disputatae 65), Freiburg/Basel/Wien 1974, 32–39.

[104] *H. Küng*, Wozu Priester?, Einsiedeln 1971, 38 f. Vgl. *A. Gerken*, Theologie der Eucharistie, München 1973, 239–242.

[105] Reform und Anerkennung kirchlicher Ämter, 17, 19.

steht, als könne unter ihnen im Lauf der Geschichte je ein beliebiger Anknüpfungspunkt für die Kirchenordnung ausgewählt werden.[106]

Die Entscheidung der Forscher und Konfessionen, die den Schritt zur Anerkennung einer auf das ordinierte Amt gebauten Kirchenverfassung nicht mitvollziehen, ist zu respektieren. Sie stellt sich aber stets aufs neue und darf nicht allein auf einer bestimmten Deutung historischer Fakten aufgrund spiritueller Motive und kirchlicher Standpunkte beruhen. Sie muß auch die Konsequenzen für den Begriff von Offenbarung und Kirche sowie für dessen Beziehung zur Welt im ganzen berücksichtigen und verantworten. Es sind dies vor allem das Eingeständnis, daß der Geist nach Lösung von der Struktur der Kirche in der Vielfalt der Umstände und im Wechsel der Zeiten nicht mehr je gültige und mittelbare, also „relational-absolute“ Wahrheiten ans Licht bringt, sondern nur noch „relativ-überholbare“ Artikulationen des Glaubens und Glaubensverständnisses einzelner Christen oder christlicher Gruppen; Offenbarung tendiert dazu, mit der Schrift zusammenzufallen; da das Prinzip der Schriftauslegung der subjektive Geist geworden ist, tritt die Schrift ihre normative Funktion an einen variablen Kanon im Kanon ab; die Kirche zerfällt in äußere Kirchentümer von wesentlich sozio-kultureller Qualität und in das innere Heilsgeschehen als dem Ereignis der Rechtfertigung und der Gottesherrschaft.

Den damit aufgeworfenen offenbarungstheologischen und geschichtstheologischen Fragen begegnet W. Pannenberg mit einem konstruktiven Neuansatz. Er versucht, das in einem cartesischen Dualismus – da und dort vielleicht unbewußt – der res extensa zugeteilte historische Christusgeschehen und das der res cogitans zugeschriebene Glaubensgeschehen wieder miteinander zu verbinden. In der Kontroverse mit der Worttheologie hat er wohl auch hermeneutisch, logisch und ontologisch gesehen den längeren Atem, wenn er die „Horizontverschmelzung“ zwischen der Gegenwart und der Vergangenheit nicht durch ein freischwebendes intersubjektives Sprachgeschehen, sondern durch den objektiven Sinnzusammenhang zwischen Offenbarung und Universalgeschichte vermittelt sein läßt[107], den Heilssinn von Offenbarung nicht in eine von außen kommende Deutung, sondern in das Christusereignis und seine Wirkge-

[106] Das Evangelium und die Kirche: *H. Meyer*, Luthertum und Katholizismus im Gespräch (= Ökumenische Perspektiven 3), Frankfurt 1973, 143–174, 162 f.

[107] *W. Pannenberg*, Grundfragen systematischer Theologie, Göttingen 1967, 106–116, 117 ff.

schichte selbst verlegt[108] und um der Freiheit und Vernünftigkeit des Glaubens willen dem Glaubensakt eine irgendwie geartete Erkenntnis der Tatsächlichkeit und des Inhalts der Offenbarung logisch vorordnet.[109] In seiner Konzeption wird Offenbarung selbst zur Geschichte und wird die fundamentale Einheit des menschlichen Erkennens im Denken und Glauben sowie des gemeinsamen Ziels der immanenten Geschichte und des eschatologischen Heilsgeschehens auf den Begriff gebracht. In Jesu Geschick der Kreuzigung und der Auferweckung sind das Ende und die Erfüllung der Geschichte gekommen.[110] Darüber hinaus kann es keinen weiteren Selbsterweis Gottes mehr geben. Das Geschick, das für uns andere noch aussteht, und das Ende der Welt werden in menschheitlichem und kosmischem Maßstab lediglich das vollziehen, was an Jesus bereits geschehen ist.[111] Wie steht es nun aber mit der Tragweite und Brauchbarkeit dieser Hypothese, wenn im Interesse der Individualität und Kontingenz menschlicher Geschichte[112] kein Universale wie etwa die bleibende Verfaßtheit des Gottesvolkes in der Zuordnung von Ordinierten und Laien eingeführt wird? Bewährt sie sich auch dann, wenn man trotz allen Leidens an der Spaltung in dem seit der Reformation tragisch aufgebrochenen Konflikt die zeichenhafte Einheit der Kirche der christlichen Freiheit nachstellt?[113] Man wird nicht vorschnell den Vorwurf der polemischen Konsequenzmacherei erheben dürfen, wenn diese Gedanken durchgespielt werden. Theoretische Betrachtung kann die Veränderungen, ja Verkehrungen des Christusereignisses in seiner Wirkgeschichte erkennen und nach dem Motto „der Mensch denkt, Gott lenkt" die Souveränität Gottes bewundern, der von der absoluten Zukunft her wirkt und die Einheit des Geschickes Jesu und der Universalgeschichte herstellt. In der Praxis aber hat die christliche Glaubensgemeinschaft aus Gnade und Sendung

[108] *W. Pannenberg*, aaO, 62 f., 66 f.

[109] *W. Pannenberg/R. Rendtorff/T. Rendtorff/U. Wilckens*, Offenbarung als Geschichte, Göttingen [3]1965, 144–146.

[110] *W. Pannenberg*, Grundfragen systematischer Theologie, 76.

[111] *W. Pannenberg*, Dogmatische Thesen zur Lehre von der Offenbarung: *W. Pannenberg u. a.*, Offenbarung als Geschichte, 91–114, 104 f.

[112] *W. Pannenberg*, Grundfragen systematischer Theologie, 71 f.

[113] Die Geschichtlichkeit der Wahrheit und die ökumenische Diskussion: Begegnung. Beiträge zu einer Hermeneutik des theologischen Gesprächs, hrsg. von M. Seckler / O. H. Pesch / J. Brosseder / W. Pannenberg (= Festschrift für H. Fries), Graz 1972, 31–43, 37, 38, 41. Die „Aufsplitterung der reformatorischen Bewegung" und der „römische Zentralismus" wie der „monarchische Episkopat gegenüber einer unmündigen Laienschaft" sind für Pannenberg zu überwindende komplementäre Einseitigkeiten.

das Christusgeschehen zu vermitteln und die Verantwortung für seine Authentizität und Identität zu übernehmen. Es wäre gegen allen Sinn für Realität und Redlichkeit, gegen eine als Wesensmoment des Christentums festgehaltene Erlösung von der Sünde und gegen die menschliche Freiheit und Geschichtlichkeit selbst, wenn man Individuen und Gruppen, gesellschaftliche und politische, weltanschauliche und ideologische Kräfte als fortgesetztes Christusgeschehen betrachten würde, ohne daß diese selbst es sein wollten oder könnten. Die Faktoren der Geschichte sind Gott und der Mensch zwischen Gott und dem Widergöttlichen. Die Auffassung Pannenbergs, daß Geschichte die Geschichtlichkeit des Menschen begründe, erreicht den wirklichen Zusammenhang der objektiven und subjektiven Faktoren sowenig wie die Positionen Diltheys und Heideggers, die er einfach umkehrt. Objektive Tatsachen oder Geschichtlichkeit des Menschen, das ist keine Alternative.[114] Die genannten Aporien sind ein Anzeichen dafür, daß nichts gewonnen ist, wenn an die Stelle der Transzendenz einfach die Zukunft, an die Stelle der Vertikalen einfach die Horizontale als Dimension des Christlichen gesetzt wird. Die Differenz zwischen dem Heilsgeschehen und der Geschichte, zwischen der Kirche und der Welt kann nicht innergeschichtlich den Wert Null annehmen.

Unter den Theologen der Gruppe um Pannenberg hat T. Rendtorff die unlösbare Verankerung der Ekklesiologie in der Christologie unterstrichen und die Veränderung des Kirchenbegriffs in Korrelation zu dem Wandel des Offenbarungsbegriffs betrieben, und zwar vor allem unter dem Aspekt der Einheit der Kirche in ihren unterschiedlichen geschichtlichen Manifestationen. Er bemerkt, daß für Augustins Antidonatismus die Gegenwart Christi in der Kirche als seinem Leib nicht zum Problem wird, weil die Einheit der pilgernden Kirche nicht direkt mit dem Verhalten der einzelnen Christen, sondern vor allem mit den Heilsgütern des Amtes und des Sakramentes verbunden ist, daß in der Confessio Augustana (CA VII) zwar nicht der Glaube an die eine bleibende Kirche, wohl aber der Glaube an die äußeren Faktoren der Einheit erschüttert ist, daß Schleiermacher und das neuorthodoxe Luthertum an der Kirche als dem geschichtlichen

[114] *W. Pannenberg*, Grundfragen systematischer Theologie, 38 f. A. Dulles urteilt: „Once this comprehensive notion of history is broken down into its various components, it may turn out that Pannenberg will be forced back into many of the traditional distinctions he has been inclined to question – such as those between fact and interpretation, salvation history and world history, reason and revelation." *A. Dulles*, Revelation Theology, New York 1969, 131.

Zusammenhang mit dem Christusgeschehen grundsätzlich festhielten, daß dieser Zusammenhang infolge der Krise des Historismus in den Subjektivismus oder in die ethische Dimension abwanderte und sich von den äußeren Kirchentümern ablöste, daß die dialektische Theologie die Faktizität des supranaturalen Christusereignisses in der konkreten Gemeinde behauptete und die Existentialtheologie die fehlende Interpretation des Ereignisses als Geist- oder Bewußtseinsgeschehen lieferte. Sodann setzt er voraus, daß es keine „Aufspaltung" der Kirche aus einer enthusiastischen „eschatologischen Vorwegnahme" und kein Abheben von der Geschichte der Kirche auf „eine wahre, ursprüngliche Grundstruktur" „im Sinne eines normativen Begriffs einer offenbarten Kirche oder eines Urbildes der Kirche im Urchristentum oder in der Reformation" geben könne, da die Christusoffenbarung abgeschlossene Geschichtstatsache ist und einer kontingenten Kirchen- und Universalgeschichte ihren Sinn und ihre Einheit gibt.[115] Die Kirche wäre demnach seit der Reformation aus einem Jahrtausendschlaf zu ihrer und der Welt theologischer Einheit als einer eschatologischen Größe erwacht, die in der Geschichte selbst kein „zeitloses Bild" und keine „soziologisch einlinig fixierte Gegebenheit" darstellt.[116]

Die Pluralität der Kulturen, Gesellschaften und Staaten wird als Entsprechung, ja Parallele zur Pluralität der Konfessionskirchen betrachtet. Die Übereinstimmung von Kirche und Welt in dem eschatologischen, vom Geschick Jesu her geoffenbarten Ziel zieht alle theologische Relevanz an sich. Die doppelte Dualität von äußeren Kirchentümern und supranaturalem Geistgeschehen sowie von Kirche und Welt ist verschwunden. Die „Aufrichtung einer strukturellen Relation von Kirche und Welt hat an der Wirklichkeit keinen Anhalt"[117].

Rendtorffs Hinweis auf Hegel zum Verständnis dieser Theologie von der Kirche[118] paßt zu dem Vorwurf des Hegelianismus, der gegen das Programm der „Offenbarung als Geschichte" erhoben, von Pannenberg jedoch wiederholt zurückgewiesen wurde.

[115] *T. Rendtorff*, Das Offenbarungsproblem im Kirchenbegriff: *W. Pannenberg/R. Rendtorff/T. Rendtorff/U. Wilckens*, Offenbarung als Geschichte, 115–131, 120 f., 123 f., 125.

[116] *T. Rendtorff*, aaO, 128 f., 130.

[117] *T. Rendtorff*, aaO, 130, 116.

[118] *T. Rendtorff*, aaO, 117. Vgl. *T. Rendtorff*, Hegels Philosophie der Religion als Philosophie der Gemeinde: *Ders.*, Kirche und Theologie, Gütersloh ²1970, 63–113, bes. 107–113.

Pannenberg setzt sich von Hegel ab, da die Freiheit des Menschen und die Freiheit Gottes sich gegenseitig bedingen und nur in der Offenheit einer kontingenten Geschichte Raum für eine Zukunft finden, in der sie ihre stufenweise Selbstverwirklichung vollziehen und offenbaren. Er macht sich mit Kierkegaard zum Anwalt der individuellen Freiheit.[119] Daß nun christliche Freiheit nicht mehr in den Begriff und in das System hinein aufgehoben und zerstört, sondern das „religiöse Prinzip, das dem Herzen der Menschen einwohnt", „auch als weltliche Freiheit hervorgebracht" wird[120], macht aber noch nicht den für die Ekklesiologie entscheidenden Unterschied aus. Das Verständnis und die Existenz der Kirche hängen an der weiteren Frage, ob der Staat und die Philosophie die partikulären Konfessionskirchen und die Autorität ihrer Theologien in dem Anspruch beerben können, die „vernünftige Allgemeinheit des Christentums" bewußt zu machen, oder ob nicht die Positivität des Staates und die Relativität philosophischer Standpunkte strukturell unfähig sind, die Rolle zu übernehmen, welche die Last und das Schicksal der Kirche ist und darin besteht, daß die Kirche ihre eigene und jede menschliche Subjektivität an eine vorgegebene Institution als der Form und dem Medium der Wahrheit bindet.[121] Mit Pannenbergs Theologie der Offenbarung als Geschichte kommt man rasch an die Wegscheide, wo die eine Richtung zum Christentum ohne Kirche, die andere zu der Einheit des Gottesgeistes führt, der durch die kirchliche Struktur vermittelt in der Subjektivität der Glaubenden wirkt. In dem Verdünnungsprozeß, der ein Christentum, das in Gestalt der Kirche die eschatologische Scheidung der Menschheit heraufführen sollte, zu einem Verstehensprinzip der Einheit kontingenter Geschichtstatsachen macht, ist auch der von Pannenberg als Kostbarkeit verteidigte christliche Humanismus gefährdet. Mit den Waffen der Dialektik und den Mitteln der physischen Gewalt vertraute Geister warten auf Argumente, mit denen man den Umschlag in die Positivität des

[119] *W. Pannenberg*, Grundfragen systematischer Theologie, 41.

[120] *G. W. F. Hegel*, Vorlesungen über die Philosophie der Geschichte, ed. F. Brunstäd (Reclam) 1961, 461. – Vgl. *W. Pannenberg*, Die Bedeutung des Christentums in der Philosophie Hegels (Vortrag beim Hegelkongreß in Stuttgart 1970): *Ders.*, Gottesgedanke und menschliche Freiheit, Göttingen 1972, 85.

[121] *G. W. F. Hegel*, Grundlinien der Philosophie des Rechts, ed. J. Hoffmeister (PhB 124a) § 270, p. 232 f. *Ders.*, Vorlesungen über die Philosophie der Religion, ed. Ph. Marheineke, Bd. XVI, 207, 356. Vgl. *W. Pannenberg*, Die Bedeutung des Christentums in der Philosophie Hegels, aaO, 90–93.

Nur-Menschlichen und in die Autonomie atheistischer Humanität begründen kann.[122]

Nicht zuletzt ist es erforderlich, auch die sozialgeschichtlichen Fragen um die institutionellen Elemente der Kirche intensiver zu erforschen und umsichtiger zu reflektieren, da die Zweifel zunehmen, ob das Kirchenamt überhaupt ein geeignetes Mittel sei, dem Gottesvolk und der Menschheit das Christusgeschehen zu erschließen. Die apostolische Sukzession sei eine juristische Konstruktion. Die Lehre von dem unauslöschlichen Prä-

[122] Das Herunterspielen der universalen Normativität im konkreten Christusgeschick und der Zeichenhaftigkeit des Kirchenbildes im Namen der individuellen Freiheit ist vielleicht schon im Gottesbegriff grundgelegt. Hegel ringt um die Identität von Notwendigkeit und Freiheit in Gott, operiert aber mit der Wesensnotwendigkeit, macht „die Logik des Begriffs zur Herrin der Wirklichkeit", nimmt der Zukunft das „Wahrheitsrecht" und hebt menschliche wie göttliche Freiheit auf. Pannenberg hält es für die einzige „ernsthafte Alternative", Freiheit als „absolute Zukunft der Freiheit" zu denken und das Wesen Gottes selbst aus der „absoluten Freiheit der Zukunft" zu verstehen. Wird aber damit die Freiheit nicht zur Willkür, die jeden Anhalt im Wesen, jede Treue Gottes zu sich und seinem Werk ausschließt? Die Identität von Freiheit und Wesensnotwendigkeit in Gott chiffriert das Mysterium, dem der Geist des Menschen sich anbetend beugt. Will er nicht in Gedankenlosigkeit verfallen, so bleibt ihm das Sich-bescheiden mit der Analogie. Gottes Werke nach außen offenbaren stets auch etwas von seinem Wesen und sind in der Treue Gottes zu sich selbst geborgen, vermögen aber weder das Wesen noch die Freiheit Gottes erschöpfend auszusprechen und können darum das Urbild von Freiheit nicht beeinträchtigen, welches der Grund und das Ziel des Ebenbildes, nämlich menschlicher Freiheit und Wesensgebundenheit ist. Die Aporie, wie Gott das Endliche zum Bezugspunkt seines Wirkens machen kann, und wie umgekehrt das Endliche auf die Gemeinschaft mit dem Unendlichen ausgerichtet sein kann – schon von Aristoteles bemerkt und mit einem Kompromiß beantwortet: Gott bewegt die Welt wie das Geliebte das Liebende, aber es kann keine Freundschaft zwischen Gott und Mensch geben (Met. 11, 7; Eud. Eth. 7, 12; Nik. Eth. 8, 9) –, wird durch keine Begrifflichkeit gelöst. Sie ist innertheologisch von der Ökonomie der Trinität her anzugehen, wonach die Schöpfung durch den Geist in die Relation des Vaters und des Sohnes aufgenommen ist und durch die Gemeinschaft mit dem inkarnierten Sohn in demselben Geist erlöst und ihrer Bestimmung zugeführt wird. Vgl. *W. Pannenberg*, Grundfragen systematischer Theologie, 219. *Ders.*, Die Bedeutung des Christentums in der Philosophie Hegels (Vortrag beim Hegelkongreß in Stuttgart 1970): Gottesgedanke und menschliche Freiheit, Göttingen 1972, 78–113, 109 f. Den Ockhamismus einer absoluten Vorordnung der Freiheit Gottes vertritt Pannenberg nicht. Gelegentlich bezieht auch er die Freiheit Gottes auf Wesensstrukturen seines Werkes nach außen und damit auf Wesensstrukturen Gottes selbst wie Wahrhaftigkeit und Treue, indem er sagt, daß Gott in der Geschichte der Menschheit und in der Evolution des Universums das kontingent Neue je in das Gewesene rückgreifend eingliedert. *W. Pannenberg*, Grundfragen systematischer Theologie, 74 f. *Ders.*, Kontingenz und Naturgesetz: *Müller/Pannenberg*, Erwägungen zu einer Theologie der Natur, Gütersloh 1970, 33–80, 67 f.

gemal sei mitverantwortlich für die Privilegisierung der Amtsträger, die kultische Verengung der priesterlichen Berufsrolle und die Vertiefung der Kluft zwischen Klerikern und Laien.[123] Die sakramentale Vollmacht werde in gesellschaftliche und politische Machtansprüche umgemünzt, werde zur Stabilisierung weltlicher Herrschaft mißbraucht und sei eine Quelle zahlreicher Spannungen zwischen Klerus und Volk, kirchlicher und weltlicher Autorität.[124] Diese Behauptungen und Vorwürfe berühren die Dialektik zwischen der bleibenden christlichen Grundstruktur und ihrer Einbettung in sozio-kulturelle Prozesse, zwischen der Erfüllung der Offenbarung in Jesus Christus und der Vorläufigkeit zeitlicher Ausprägungen des eschatologischen Heils. Die Schleifung der Bastionen mag nun als der bequemere Weg erscheinen, er ist aber nicht der richtige, da er die genannte Dialektik zerstört, den weltlichen Ausprägungen das Übergewicht verleiht und der kritischen Instanz einer genuinen Christlichkeit nur den Charakter und die Wirksamkeit einer Idee über den geschichtlichen Epochen zugesteht.

Die Wirklichkeit der apostolischen Sukzession und die Lehre von dem unauslöschlichen Prägemal sind aus der Pluralität ihrer Dimensionen und Bezüge zu reformieren.[125] Das „überwältigende Mysteriendrama", die schauererregende, nur den eingeweihten Dienern Gottes voll zugängliche Größe der östlichen Liturgie, die sakralrechtliche westliche „Klerikerliturgie", die das Volk ehrfürchtig schauen und immer weniger verstehen und tätig mitvollziehen läßt, die magischen Mißverständnisse der Volksliturgie und des religiösen Brauchtums berechtigen nicht dazu, die Dichte

[123] Die Lehre vom Prägemal habe „mit dazu beigetragen, die Einheit der ecclesia zu sprengen". *H.-M. Legrand*, Das „unauslöschliche Merkmal" und die Theologie des Weiheamtes: Concilium 8 (1972), 262–267, 265.

[124] *P. Cornehl*, Öffentlicher Gottesdienst. Zum Strukturwandel der Liturgie: *P. Cornehl / H. E. Bahr*, Gottesdienst und Öffentlichkeit, Hamburg 1970, 118–196, 147 f.

[125] Gegen einen Juridismus, der in der Gebärde der Handauflegung praktisch das einzige Erkennungszeichen für die apostolische Sukzession erblickt, ist die Weihehandlung in den Glauben der Kirche, die Berufung durch Christus, die Mitteilung des Hl. Geistes, den Dienst in der Kirche und die Dienstbereitschaft des Ordinanden als ihrem konstitutiven Zusammenhang hineinzustellen. Vgl. *M. Villain*, Wie können wir theologisch und praktisch zu einer gegenseitigen Anerkennung der Ämter kommen?: Concilium 8 (1972), 290–296, 294 f.

Was das Prägemal des Geweihten betrifft, so bedürfen Recht und Unrecht eines juristischen, moralischen, metaphysischen und personalen Verständnisses eingehender Untersuchung. Vgl. Die Vorstudie aus den Ökumenischen Instituten der Universität München zu dem Ämtermemorandum „Ordination und Sakramentalität": Reform und Anerkennung kirchlicher Ämter, München/Mainz 1973, 189–207, 199 ff.

des Mysteriums im sakramentalen Geschehen und den Anspruch christlicher Verkündigung auf Öffentlichkeit und Verbindlichkeit[126] einfach zu beseitigen und die Tore der Gotteshäuser und die Versammlungen der Gemeinden den Lebensäußerungen der Epochen zur Verfügung zu stellen. Für die noch vorherrschende Verzerrung der kirchlichen Amtsgestalt dürfte es sicher sein, daß sie ihren Grund vor allem in der ungebrochenen Übertragung des orientalischen, antiken und alteuropäischen Obrigkeitsbegriffs hat. Der Obere einer Agrarkultur und Feudalgesellschaft repräsentiert Gott dadurch, daß er als Herr und Eigentümer von Land, Vieh und Leuten die heile Ordnung der Welt garantiert und die Untertanen und Besitzlosen auch persönlich an Schönheit, Intelligenz und Tugend übertrifft.[127] Dieser Zuschnitt des Kirchenamtes und sein Getragensein durch immer noch weite Kreise des Kirchenvolkes üben bis auf den heutigen Tag einen Rollenzwang auf die Hierarchie aus, verdecken ihren Sinn als Heilsdienst und machen sie in der modernen Gesellschaft zunehmend „dysfunktional"[128]. Und wenn N. Luhmann diesem Obrigkeitsbegriff in der Theologie die Funktion eines „innerdogmatischen Defizienzausgleichs" zuschreibt und G. Kehrer eine Redefinition der kirchlichen Ämter in den Konfessionen anregt[129], so ist die dogmatische Defizienz in der Tat auszugleichen und das Kirchenamt so zu definieren, daß sein Gehalt und seine Funktionalität weder aus der Feudalkultur noch aus der bürokratischen Großdemokratie noch aus der Industriegesellschaft entlehnt werden. Es gilt vielmehr, seine christologische Struktur in der Einheit von Vollmacht und Dienst (Mk 1, 22; Mt 28, 18; Mk 10, 45; Joh 13, 12–15), seine apostolische Struktur im Blick auf Tradition und Sukzession, seine

[126] Vgl. *H. B. Meyer*, Zur Frage der gesellschaftlichen Bedeutung der Liturgie: Concilium 10 (1974), 97–106, 104 f.

[127] *N. Luhmann*, Systemtheoretische Argumentationen. Eine Entgegnung auf Jürgen Habermas: *J. Habermas / N. Luhmann*, Theorie der Gesellschaft oder Sozialtechnologie, Frankfurt ²1972, 291–405, 400 f.

[128] *N. Luhmann*, aaO, 400 f.

[129] *G. Kehrer*, Annäherung der konfessionellen Amtsstrukturen auf Grund des gesellschaftlichen Wandels: Concilium 8 (1972) 235–239, 237 f. Kehrers Ausführungen sind bestechend, nicht überzeugend. Sie geben keine Rechenschaft über die Frage, warum innerhalb der gleichen Gesellschaft in der Reformation ein gegensätzlicher Amtsbegriff entstand und warum in der innerkonfessionellen Praxis sich auch vor dem gesellschaftlichen Umbruch des Industriezeitalters die Amtsausprägungen wieder annäherten. Das Gewicht der theologischen und politischen Faktoren wird unterschätzt, dem gegenwärtigen sozialen Wandel zugeschrieben, was einst sicher auch von anderen Faktoren bewirkt wurde.

personale Struktur im Blick auf das vom Herrn mitgeteilte Sein[130] und seine funktionale Struktur im Dienst an den Lebensvollzügen der Kirche klarer zu erkennen und zu verwirklichen.[131]

Auf den Schultern des Seelsorgsgeistlichen, vor allem des Pfarrers, liegt damit eine Aufgabe, in seinen Händen eine Verantwortung, in seiner Person eine Bedeutung, mit deren Verkennung und Nichteinlösung die Geschichte der kirchlichen Krisen geschrieben wird. Der apostolische Amtsträger in seiner Sendung, der das Heilsgeschehen auf seine Weise vermittelt und nach Paulus selbst zum eschatologischen Ereignis gehört, indem er durch das Evangelium den Glaubenswilligen aus der alten Schöpfung der Sünde und des Todes in die Schöpfung des neuen Äons umgliedert, verbindet die Lebensvollzüge der Gemeinde in ihrer Einheit und Vielheit, in ihrer Grundlegung und Erneuerung und stellt so gewissermaßen ihr kybernetisches feed-back dar.

[130] Die Tatsache, daß wir von einer statuszuschreibenden in eine statuserwerbende Gesellschaft übergehen, unterstreicht spirituelle und pastorale Herausforderungen, kann aber das theologische Faktum, daß Christus dem Glaubenden den Status eines Ordinierten zuschreibt, nicht aus der Welt schaffen, ohne die Identität des kirchlichen Amtes aufzuheben. Vgl. *G. Kehrer*, aaO, 238.

[131] Auch nach Luhmann scheint „gerade soziologisch und organisatorisch gesehen . . . das Hauptproblem der Kirche ein theologisches zu sein". *N. Luhmann*, Die Organisierbarkeit von Religionen und Kirchen: *J. Wössner, (Hrsg.)*, Religion im Umbruch, Stuttgart 1972, 245–285, 262. Gerade ein außertheologischer Defizienzausgleich richtet ein inhaltsleeres Hierarchieprinzip auf, umgibt das Amtspersonal mit einem Obrigkeitsmythos, läßt religiöse Erfahrung, theologische Programme und kirchliche Handlungszusammenhänge verkümmern, schwächt die Fähigkeit, sich der Herrschaftskritik zu stellen, ohne in blasse Indifferenz zu verfallen, macht intern kontrollierte Gruppen, Disziplin, Organisation und Effektivität zu Attrappen der fehlenden Autorität theologisch-dogmatischer Steuerung des Systems. *N. Luhmann*, aaO, 278 f., 282 f., 284, 280.

IV. Communio-Struktur und Verfassung der Kirche

Wo es um die Gründung und Legitimation von Teilkirchen geht, verfährt die römisch-katholische Kirche nach dem Prinzip des Vorrangs der Gesamtkirche, die in den Bistümern und Pfarreien in Erscheinung tritt und in ihrer Baugestalt durch die Einheit des Hauptes und des Leibes bestimmt ist.[1] Sie wahrt auf diese Weise mit aller Konsequenz die qualitative Katholizität, die Communio-Struktur und die äußere wie innere Einheit der Kirche als vorgegebene Wirklichkeiten, denen jede positive Gesetzgebung im Gottesvolk unterzuordnen ist.[2] Hält man daran fest, daß das Wesen der Kirche rechtliche Elemente enthält und des rechtlichen Ausdrucks bedarf, so genügt es nicht, auf den gesellschaftlichen Charakter des Gottesvolkes zu verweisen und den Grundsatz „ubi societas, ibi lex" geltend zu machen. Es sind vielmehr das Wesen und die Bestimmung der Kirche, sakramentales Zeichen der Einheit zu sein, die leiblich-geistige (somatisch-pneumatische) Realität der Teilkirchen und der Gesamtkirche als Leib Christi, die Communio aller Teilkirchen und die Repräsentation dieser Communio durch das Bischofskollegium und den Bischof, der den Petrusdienst leistet, worauf die Eigenart kirchlichen Rechts beruht und kirchliche Verfassung sich gründet.

Parallel zu der hierarchischen Ordnung der Teilkirchen von den in Kathedralkirchen und Pfarreien verwirklichten Bistümern bis zu dem Bistum Rom gliedert sich auch die Hierarchie der Hirten von den Priestern je in Gemeinschaft mit ihrem Bischof bis zum Kollegium der Bischöfe in Gemeinschaft mit seinem Haupt. Durch die Ordination wird der Geweihte grundsätzlich und immer zum Dienst in der einen und ganzen Kirche bestellt, konkret aber durch die Priesterweihe in das Presbyterium des Bischofs zum Dienst in der Diözese aufgenommen, und durch die Bischofsweihe in das Kollegium der Apostelnachfolger eingefügt und damit zugleich in die Verantwortung für die Gesamtkirche und in einen territorial und personell begrenzten Dienstbereich eingewiesen.[3] Ob die Über-

[1] CIC can. 215, can. 216. Conc. Vat. I, Const. Dogm. I. „Pastor aeternus" de Eccl. Christi, DS 3059, 3064. CIC can. 1350 § 2.

[2] Qualitative Katholizität besagt hier in Ergänzung zu der quantitativen Katholizität nicht nur, daß die Kirche Christi für alle Menschen aller Zeiten gestiftet wurde, sondern vor allem, daß die Echtheit und Fülle des Werkes Christi in den einzelnen Teilkirchen wie in der Gesamtkirche realisiert wird.

[3] Conc. Vat. II, Const. Dogm. de Eccl., Nr. 22, 23.

nahme eines Bistums durch Weihe und kanonische Sendung geschieht oder unmittelbar mit der Weihe auf ein bestimmtes Bistum verbunden wird, kann nach Bedarf und Nützlichkeit geregelt werden.[4] Die extreme Verwirklichung des Prinzips der absoluten Weihe ohne Bindung an ein Amt in der Kirche, schon im christlichen Altertum durch das Mönchtum verbreitet, im Mittelalter in Form der Priesterweihe auf Vorrat und zur Übernahme des kultischen Dienstes in klösterlichen und weltlichen Eigenkirchen unter der Jurisdiktion des jeweiligen Pfründeherrn geübt[5], gefährdet nicht nur die Ordnung des amtlichen Dienstes, sondern begünstigt auch die prekäre Trennung von Weihegewalt und Jurisdiktion und schafft Verhältnisse, unter denen weltliche Autoritäten die Leitungsfunktion auch über Ordinierte an sich reißen. Der Hinweis darauf, daß die Träger solcher Leitungsbefugnis, gleichgültig ob mittelalterliche Pfründe- und Landesherren oder zeitgenössische Synodalen und Räte, ja durch Taufe und Firmung für diesen Dienst sakramental zugerüstet sind, kann nicht von der Verlegenheit ablenken, daß die von Laien ausgeübte kirchliche Jurisdiktion zum spezifischen Grund und Anlaß nicht Taufe und Firmung hat, sondern einst auf Besitz und weltliche Herrschaft gegründet war und heute vielfach unmittelbar von charismatischer Begabung und rechtlicher Delegation abgeleitet wird. Allenfalls vermag dieser Hinweis noch die Tatsache ins Licht zu rücken, daß in der Frage nach der Begründung des kirchlichen Amtes jede soziale und politische Pragmatik versagt. Man kann nicht betreffs der Kirchenleitung auf Taufe und Firmung zurückgehen, wie man sich betreffs der öffentlichen Verkündigung und Sakramentenspendung – in dieser Verengung der Dienste übrigens gleichfalls zu Unrecht – auf die Ordination stützt.[6] Eine theologische Begründung des kirchlichen Leitungsdienstes wird zum aussichtslosen Unterfangen und der Ausgleich dieses dogmatischen Mangels durch sozio-politi-

[4] AaO, Nr. 24 mit Anm. 74.

[5] *V. Fuchs*, Der Ordinationstitel von seiner Entstehung bis auf Innozenz III., Bonn 1930, 103–118, 178–195. Vgl. auch *U. Stutz*, Die Eigenkirche als Element des mittelalterlich-germanischen Kirchenrechts, Darmstadt 1971 (unveränderter reprografischer Nachdruck der Ausgabe Darmstadt 1955).

[6] Die auch im katholischen Raum versuchte Begründung amtlicher Dienste teils durch die Taufe, teils durch Taufe und Ordination, wie sie im Zusammenhang mit der Diskussion um Pastoralassistenten und Gemeindeleiter ohne Ordination und um die Demokratisierung der Kirche durch synodale Strukturen begegnet, bewegt sich wie die Reformation im mittelalterlichen Horizont der Trennung von Ordo und Jurisdiktion. Neu ist dabei lediglich die Entsakralisierung und Demokratisierung der Leitungsgewalt.

sche Anleihen bei der jeweiligen säkularen Gesellschaft bleibt unvermeidlich, solange man die Idee von der Einheit der heiligen Gewalt, die durch die Ordination übertragen und in der Communio der Kirche ausgeübt wird, grundsätzlich verwirft.

Auch das Prinzip der relativen Ordination auf einen bestimmten Bischofssitz beeinträchtigt den bestmöglichen Einsatz des amtlichen Dienstes und damit die Ausrichtung des Heilsauftrags der Kirche. Aus der Vorstellung, daß der Hirt in unauflöslichem Bund mit seiner Herde stehe, kam es im christlichen Altertum zu dem wiederholt bekräftigten Verbot der Translation des Bischofs auf einen anderen Bischofsstuhl[7], was zur Folge hatte, daß die berufensten Bischöfe wie Ambrosius, Augustinus und andere nicht den römischen Bischofsstuhl besteigen und in den höchsten Dienst der Gesamtkirche treten konnten. Mit dem Komplex der relativen Ordination sind die vielleicht dunkelsten Seiten der Papstgeschichte und endlos dauernde Unsicherheiten dogmatischer Wahrheitsfindung verbunden. Es war der Wechsel des Formosus von Porto auf den römischen Bischofssitz, der dem Antiformosianer Stephan VI. den Vorwand lieferte, auf der Leichensynode des Jahres 897 an seinem Vorgänger grausame Rache zu üben. Die Leiche des verstorbenen Papstes wurde exhumiert und geschändet, die Erhebung des Formosus auf den Stuhl Petri für unrechtmäßig, alle Weihen, die er als Papst gespendet hatte, für ungültig erklärt, eine Erklärung, die der römische Klerus unter Sergius III. (904–911) auf einer römischen Synode ohne Rücksicht auf die Auswirkungen wiederholte. Noch heute geht der Streit, ob die Sanktion des Konzils von Chalkedon (can. 6), daß eine Handauflegung zur Erteilung der absoluten Ordination ungültig sei (ἄκυρος χειροτονία), eine faktische Nullität, also das Verbot solcher Ausübung der Weihegewalt bedeute, oder ob sie „ein beredtes Zeichen für die in damaliger Zeit gegebene Unentwickeltheit des Begriffs der Ordination“ sei.[8]

Die seit dem Hochmittelalter herrschende Lehre, daß die personale Prägung zum Bischof die unverlierbare und allzeit wirksam, wenn auch nicht ohne weiteres erlaubt ausübbare Gewalt, die heiligen Weihen zu erteilen, beinhalte, gibt zwar die bessere Gewähr dafür, daß die heilige Ge-

[7] Dieses Verbot hat sich in den orientalischen Kirchen bis heute, in der lateinischen Kirche bis in das frühe Mittelalter erhalten. Der erste Transfer eines regierenden Bischofs auf den Heiligen Stuhl erfolgte im Jahre 882, als Marinus von Cäre zum Papst gewählt wurde.

[8] Letzteres ist die Auffassung *K. Mörsdorfs* in dem Artikel „Heilige Gewalt“: Sacramentum Mundi, Freiburg/Basel/Wien 1968, II, 582–597, 590.

walt „ungebrochen durch menschliche Schwäche" in der Kirche erhalten bleibt[9], steht aber in Spannung zu der mehr und mehr sich durchsetzenden Auffassung von der Einheit der heiligen Gewalt in der Zweiheit von Weihegewalt und Jurisdiktion. Wie das Lebensprinzip im Weinstock der Kirche und das Prinzip der Beschneidung der Zweige sowie der Lenkung des Wachstums zusammengehören und doch verschieden sind, veranschaulicht K. Mörsdorf durch das Modell der Ellipse mit beweglichen Brennpunkten.[10] Die beiden Brennpunkte sind zu unterscheiden. Ist die Weihegewalt unverlierbar mit der Person des Geweihten verbunden, in der ganzen Kirche wirksam ausübbar (z. B. bei der Feier der Eucharistie, bei der Erteilung der heiligen Weihen), ihrer Natur nach also gemeinkirchliche Gewalt, so ist die Jurisdiktion mit Ausnahme der Höchstgewalt des Papstes und des Bischofskollegiums territorial und personell begrenzt, dem Bischof entziehbar (vgl. can. 109; 195; 329 § 2), für den Papst nach herrschender theologischer Meinung durch Häresie und Apostasie verlierbar, ein theologischer Grundsatz der praktisch kaum zum Tragen kommt, da ihm die Erklärung der römischen Synode vom Jahre 501 entgegensteht: Der Apostolische Stuhl wird von niemand gerichtet (CIC can. 1556). Unter Berücksichtigung des Umstands, daß der Häretiker aufgehört hat, Papst zu sein, müßte jedoch eine gerichtliche Instanz denkbar und einrichtbar sein, die das Nicht-Mehr-Bestehen eines höchsten Episkopats feststellt und den Weg für einen neuen Träger des Petrusamts freimacht. Die Jurisdiktion gliedert die Kirche in Teilgemeinschaften, schafft ein Verhältnis der Über- und Unterordnung zwischen dem Hirten und der Herde und zwischen den Hirten und ist die Grundlage für die rechte Ausübung der im christlichen Altertum im Osten und Westen durch relative Ordination, in der lateinischen Kirche heute durch Ordination und kanonische Sendung erteilten Gewalten. Die beiden Brennpunkte sind aber nicht zu trennen. Wenn die seit dem 12. Jahrhundert entwickelte Unterscheidung zwischen Ordo und Jurisdiktion zur Trennung tendierte, so spiegeln sich in der Theorie die Verhältnisse, wo absolute Ordination erteilt und Jurisdiktion an Nichtordinierte übertragen wurde. Die kategorische Aussage des Catechismus Romanus, daß „die Weihegewalt sich auf den wahren Leib Christi des Herrn in der hochheiligen Euchari-

[9] AaO, 593.

[10] AaO, 590 ff. *K. Mörsdorf*, Einheit in der Zweiheit. Der hierarchische Aufbau der Kirche: Archiv für Kath. Kirchenrecht 134 (1965) 80–88, 87 f. *Ders.*, Weihegewalt und Hirtengewalt in Abgrenzung und Bezug: Miscellanea Comillas 16 (1951) 95–110.

stie bezieht", „die Jurisdiktionsgewalt aber vollständig im mystischen Leib Christi verbleibt"[11], gibt nur weiter, was zur herrschenden Meinung geworden war, versagt aber vor der Realität des Weihesakraments und des sakramentalen Charakters der Kirche. In einem unauflösbaren Korrelationsgefüge ist die Weihegewalt auch an der Wirkmächtigkeit der Jurisdiktion beteiligt; „denn die Weihe zeugt die Geistträger, denen es obliegt, das Volk Gottes zu leiten und die Liturgie zu vollziehen (vgl. can. 948)"[12]. Und die Betätigung der Weihegewalt ist ohne jede Mitwirkung der Jurisdiktion nicht gut denkbar, da die Spendung der heiligen Weihen wie auch die Feier der Eucharistie Akte im äußeren Rechtsbereich sind. In der Verwaltung des Bußsakraments, wo der Spender zur gültigen Erteilung der Absolution im Besitz sowohl der Priester- oder Bischofsweihe wie auch von hoheitlicher Gewalt sein muß (can. 872), fallen die beiden Brennpunkte im Mittelpunkt des Kreises zusammen, der nun statt der Ellipse das Bild der einen heiligen Gewalt darstellt. Die Schwierigkeit, den Verkündigungsdienst in dieses Modell einzuordnen, vermag schließlich weniger die Einheit der heiligen Gewalt in Frage zu stellen, als vielmehr die Untrennbarkeit ihrer Glieder zu unterstreichen; denn sofern das Evangelium die Grundlage der positiven Gesetzgebung ist und seine Verkündigung dem Kriterium der rechten und authentischen Lehre unterliegt, mag der Wortgottesdienst der Jurisdiktion zugeordnet sein; sofern er aber auf das sakramentale Leben ausgerichtet ist, hat er eine Affinität zur Weihegewalt.[13]

In Anbetracht dieser Sachlage bedarf die These von der Unverlierbarkeit der Weihegewalt der Ergänzung durch die These, daß mit der gültigen

[11] Cat. Rom., pars II, cap. 7, q. 6.

[12] *K. Mörsdorf*, Heilige Gewalt: Sacramentum Mundi II, 591.

[13] Die auf *M. Bucer* und *J. Calvin* zurückgehende, um die Mitte des 17. Jahrhunderts in die lutherische Theologie übernommene und in der ersten Hälfte des 19. Jahrhunderts von den Kanonisten *F. Walther* und *G. Phillips* mit der Gewaltenlehre verbundene Dreiämterlehre, wonach Christus, der Gesalbte schlechthin, sein Priester-, Königs- und Prophetenamt durch die Kirche fortsetzte, verdeckt den theologischen Gehalt der heiligen Gewalt, das Wesen der Ordination, die Sendung des Ordinierten und die Eigenart des kirchlichen Amtes. Eine Sprachregelung wäre wünschenswert und in der Form denkbar, daß man von den drei Diensten spricht, die der Ordinierte Amtsträger kraft der zweigliedrigen einen heiligen Gewalt ausübt. Vgl. *K. Mörsdorf*, Heilige Gewalt, 584 ff. *Ders.*, Die Entwicklung der Zweigliedrigkeit der kirchlichen Hierarchie: Münchener Theol. Zeitschrift 3 (1952) 1–16. Zu der Nachwirkung der Dreiämterlehre vgl. Conc. Vat. II, De Eccl., Nr. 22; zur Zuordnung des Lehramts zu der Hirtengewalt (Jurisdiktion) siehe De Ep., Nr. 3.

Spendung der Bischofsweihe immer auch die Wurzel der Jurisdiktion übertragen wird, wie es angesichts der Verhältnisse in den Ostkirchen anzunehmen gewesen wäre, nachdem die Gültigkeit ihrer Weihen nicht angezweifelt wurde, und wie es heute anzunehmen ist, nachdem das Zweite Vatikanum den orientalischen Glaubensgemeinschaften den Status von Kirchen zuerkannt hat[14], was doch wohl einschließt, daß es dort nicht nur Weihegewalt, sondern auch Jurisdiktion gibt, also ein in zwar abgestufter, doch wirklicher Communio mit der Kirche Roms ausgeübtes Bischofsamt. Die Wahrheit über die gültige Ausübbarkeit der durch die Ordination empfangenen heiligen Gewalt wird man im Feld zwischen den beiden Extremen suchen müssen, deren eines mit der Lehre von der Entziehbarkeit der Gewalt durch die zuständige höhere Autorität, wo immer ein Träger sich als unwürdig erwiesen hat, den Koinzidenzpunkt des spiritualistischen und des juridischen Kirchenbegriffs darstellt (Cyprian und die Donatisten), während das andere den magischen Kirchenbegriff verkörpert mit der Meinung, die heilige Gewalt, und sei es auch nur das eine Glied der Weihegewalt, könne ohne jede Communio, selbst ohne den Willen, zu tun, was die Kirche tut, ausgeübt werden.

Die fundamentale Einheit der heiligen Gewalt bei unbestreitbarer Verschiedenheit ihrer beiden Glieder hat dem spekulativen Denken bis heute widerstanden. Es fehlt eine überzeugende Darstellung und Begründung. Selbst W. Bertrams' Theorie einer ontologischen Grundlegung der gesamten heiligen Gewalt durch die Ordination muß man mit K. Mörsdorf als bemerkenswert und doch unbefriedigend bezeichnen.[15] Dem Erklärungsversuch Bertrams' liegt die Auffassung zugrunde, daß der Ordo in zwei Stufen, nämlich in der innerpersonalen Sphäre des Ordinierten und in der äußeren Sphäre des Sozial-Rechtlichen konstituiert wird, somit als eine Realität, die sich aus einer structura interna und aus einer structura externa aufbaut. Nur die Weihegewalt könne sich auf der ersten Stufe von sich aus ganz ausformen und als structura interna im interpersonalen Bereich wirksam ausgeübt werden. Die Jurisdiktion aber bedürfe wegen ihrer direkten Auswirkung auf die äußere und rechtliche Gemeinschaft der Kirche der Ausformung auf der zweiten Stufe durch das Element der structura externa, nämlich recognitio, incorporatio oder communio, das durch die Missio Canonica erteilt wird und in der „Umschreibung eines konkreten Dienstes oder einer konkreten Aufgabe oder in der Zuordnung

[14] Decretum de Oecumenismo, Nr. 14 ff., 19 ff.

[15] *K. Mörsdorf*, Heilige Gewalt: Sacramentum Mundi II, 596.

zu einer konkreten Herde" besteht.[16] K. Mörsdorf wendet dagegen ein, daß diese Theorie nicht leistet, wozu sie entwickelt wurde. Sie löst die Einheit der heiligen Gewalt in der Erklärung auf, nachdem sie in der These behauptet wurde, da diese Einheit 1) gerade in der tatsächlichen Funktion des Ordo und der Jurisdiktion zum Ausdruck kommen und 2) in ihrer unteilbaren Ganzheit durch die Ordination grundgelegt werden muß.[17] Mit dem zweiten Punkt dieser Kritik wird Bertrams, der eine ontologische Theorie aufzustellen meint, beim Wort genommen. Es ist mehr als zweifelhaft, ob eine Realität, die wie Ordination und Ordo eine Wesenseinheit bildet, als existierend betrachtet werden kann, ehe sie von der Summe ihrer Konstituentien getragen ist. Dabei dürfen die personal-geistigen und ekklesial-institutionellen Konstituentien nicht auseinandergerissen werden, um Teile des bischöflichen Ordo ins Leben rufen und dann durch andere Teile ergänzen zu können.[18]

Gehalt und Umfang, innere Stimmigkeit oder Widersprüchlichkeit einer Theorie werden aus den Folgerungen und deren Vergleich deutlicher. Eine erste Konsequenz der bis hierher bevorzugten theologischen Tendenzen wäre das Ende der Papaltheorie, die besagt, daß die Bischöfe die Jurisdiktion über ihre Diözesen durch Delegation unmittelbar vom Papst erhalten. Die in den Reformdekreten des Konzils von Trient verwendete Formel „tamquam Apostolicae Sedis delegatus", mit der den Bischöfen zur Leitung ihrer Diözesen gehörende Vollmachten übertragen wurden, die Definition des universalen päpstlichen Jurisdiktionsprimats auf dem

[16] AaO, 596. *W. Bertrams*, De Differentia inter Sacerdotium Episcoporum et Presbyterorum: Periodica 59 (1970) 185–213, 192 ff., 210 ff. Man darf Bertrams' Erklärungsversuch nicht wichtiger nehmen als seine theologische Position. Die Einheit und Ganzheit der heiligen Gewalt wird für ihn durch das Sakrament des Ordo grundgelegt. Daß sie nur in der hierarchischen Communio ausgeübt werden kann, gelte sogar für die Weihegewalt. W. Bertrams, Die Einheit von Papst und Bischofskollegium in der Ausübung der Hirtengewalt durch den Träger des Petrusamtes: Gregorianum 48 (1967) 28–48, 36, Anm. 12.

[17] *K. Mörsdorf*, Heilige Gewalt, 596.

[18] Ein ähnliches Problem stellt sich den Moraltheologen, die nach Kriterien für die Beurteilung der Beziehung zwischen Liebenden und Brautleuten suchen und sie von der christlichen Ehe ableiten wollen. Kann man von einer stufenweise erfolgenden Konstitution der Ehe sprechen und eheliche Rechte und Pflichten ableiten aus einer intersubjektiven Realität, die nicht in der gesellschaftlichen und kirchlichen Dimension verwirklicht ist? Es scheint, daß ein differenzierterer Ausgangspunkt zu wählen ist, nämlich die Spannung zwischen Subjektivität und Objektivität, zwischen Individuum und Gesellschaft, zwischen dem Glaubenden und der kirchlichen Gemeinschaft, eine Spannung, die von dem umgriffen wird, was wir Personalität nennen.

Ersten Vatikanum und die Enzyklika Mystici Corporis (1943) haben den Vertretern der Papaltheorie von mal zu mal Auftrieb gegeben. Es handelt sich indes bei der tridentinischen Formel um eine zwar kanonistisch elegante, theologisch aber unzulängliche Lösung der Schwierigkeiten, die der Reform im Wege standen. Sie ist nach H. Jedin historisch zu verstehen. Die geistliche Autorität der Bischöfe und die diözesane Ordnung waren durch die fürstbischöfliche Landesherrlichkeit[19], die verbreitete Ämterkumulation und das Unwesen der Exemtionen so weit untergraben, daß Luther in der Schrift ,,An den christlichen Adel deutscher Nation" die Bischöfe ,,cifferen und olgotzen" ohne ,,ordentliche gewalt noch ampt" nannte, es beklagte, daß ,,kein" ,,zucht, kein straff, kein regiment", ,,kein" ,,ordnung in der christenheit" walten, und fragte, ob es nicht besser wäre, daß die Primaten, Erzbischöfe und Bischöfe nur noch als ,,eytel pfarrer" unmittelbar unter der Gewalt des Papstes stünden. Unter diesen Umständen bedurfte der Episkopat der vom Papst entlehnten Autorität. Dies bedeutete weder praktisch noch dogmatisch, was nach J. Febronius König Philipp II. von Spanien mit dem Aphorismus belegt haben soll: ,,Als Bischöfe sind sie nach Trient gegangen, als Pfarrer zurückgekehrt."[20]

Was das erste Vatikanum betrifft, so hat es immerhin die dogmatische Aussage zustandegebracht, daß die päpstliche Höchstgewalt die ,,ordentliche und unmittelbare Jurisdiktionsgewalt, mit der die Bischöfe, die vom Heiligen Geist eingesetzt an die Stelle der Apostel getreten sind, als wirkliche Hirten die ihnen zugewiesenen Herden, jeder die seine, weiden und leiten"[21], nicht beeinträchtigt. Die in der Enzyklika Mystici Corporis vorgetragene Meinung aber, die nicht den Rang einer Lehrentscheidung hat, vermag die Praxis der Amtseinführung durch kanonische Sendung nur im Gegensatz zur Theologie des Bischofsamts und zur Lehre von der Communio der Kirchen zu verstehen. Pius XII. verkennt den Sinn der Aussage des Ersten Vatikanum, indem er die bischöfliche Gewalt der göttlichen Unmittelbarkeit beraubt und sie in irreführendem, weil äquivoken Sprachgebrauch als unmittelbar vom Papst mitgeteilt bezeichnet.[22] Schon

[19] *H. Jedin*, Delegatus Sedis Apostolicae und bischöfliche Gewalt auf dem Konzil von Trient: *Ders.*, Kirche des Glaubens – Kirche der Geschichte, Bd. 2, Freiburg/Basel/Wien 1966, 414–428, 420. *M. Luther*, Werke, WA VI 428 f.

[20] *H. Jedin*, aaO, 414. *J. Febronius*, De statu ecclesiae et legitima potestate Romani Pontificis (^{2}1765), 61 (c. I, § 8).

[21] DS 3061.

[22] DS 3804. AAS 35 (1943) 211.

die Kollektiverklärung, mit der die deutschen Bischöfe im Jahre 1875 auf Bismarcks antivatikanische Zirkulardepesche geantwortet haben, bezeichnete es als ein „völliges Mißverständnis der Vaticanischen Beschlüsse, wenn man glaubt, durch dieselben sei ›die bischöfliche Jurisdiktion in der päpstlichen aufgegangen‹, der Papst sei ›im Princip an die Stelle jedes einzelnen Bischofs getreten‹, die Bischöfe seien nur noch ›Werkzeuge des Papstes, seine Beamten ohne eigene Verantwortlichkeit‹ . . ."[23] Durch die Aussagen des Zweiten Vatikanischen Konzils sind schließlich die Weichen so gestellt, daß künftig die Wege des theologischen Denkens wohl nur noch in Richtung auf die Episkopaltheorie hin offen stehen. Die den Bischöfen in ihren Teilkirchen zugesprochene „ordentliche, unmittelbare", „im Namen Christi persönlich" ausgeübte Hirtengewalt wird in ihrem Wesen als Lehr- und Leitungsgewalt nicht wieder in Frage gestellt, wenn „ihre Ausübung letztlich von der höchsten kirchlichen Autorität geregelt wird und . . . mit bestimmten Grenzen umschrieben werden kann"[24]. Sie bleibt auch gewahrt, wenn dem Papst grundsätzlich das Recht zukommt, die Bischöfe frei zu ernennen[25] und über die Art und Weise der Amtseinführung (und Amtsenthebung) zu befinden. Die Kirchenkonstitution läßt dafür einen weiten, unterschiedlichen örtlichen und geschichtlichen Verhältnissen gerecht werdenden Spielraum offen[26], der von der relativen Ordination, wie sie in den unierten Ostkirchen geübt wird[27], bis zu der römisch-katholischen Praxis der unmittelbaren Amtsverleihung durch den Papst reicht[28], wobei zu präzisieren ist, daß auch im System der absoluten Ordination und kanonischen Sendung das Amt nur einem Ordinierten wirksam übertragen werden kann. Wird ein Nicht-Ordinierter zum Bischof ernannt, so erlangt er das Amt wie im System der relativen Ordination erst durch die Weihe auf den betreffenden Bischofssitz.[29]

[23] DS 3115.

[24] Const. Dogm. de Eccl., Nr. 27.

[25] CIC can. 329 § 2.

[26] De Eccl., Nr. 24.

[27] Codex für die Ostkirchen, can. 396 § 2 Nr. 1

[28] CIC, can. 332 § 1. Kanonische Sendung im fachlichen Sinn (can. 109) wird in der Nota Explicativa Praevia (Nr. 2) der Konstitution De Eccl. nicht einfach als Übertragung von Hirtengewalt umschrieben, sondern als „rechtliche Umgrenzung", und nicht wie in can. 197 § 1 durch Übertragung eines Amtes oder durch Delegation für vollziehbar erklärt, sondern durch „Übertragung einer besonderen Dienstobliegenheit" oder durch „Zuweisung von Untergebenen".

[29] Vgl. *K. Mörsdorf*, Heilige Gewalt: Sacramentum Mundi II, 592.

Eine zweite Konsequenz betrifft die Lehre von der Communio der Teilkirchen[30] in der Einheit der Gesamtkirche. Wie ungenügend dieser Begriff entwickelt ist, erhellt schon aus der Tatsache, daß das Zweite Vatikanum, das so entscheidend mit ihm operiert, kein Wort über den korrelativen Begriff der Excommunicatio verliert. Die leidigen, doch dringlichen Fragen um die gestufte Communio, um die Anerkennung nicht-katholischer Konfessionen als Kirchen, um ein zwischenkirchliches Verkehrsrecht, um eine Verwaltungsgerichtsbarkeit mit einem obersten Verwaltungsgericht über den hierarchischen Instanzen und nicht zuletzt um die Zugehörigkeit zur Kirche, müssen hier übergangen werden. Es braucht auch nicht bestritten zu werden, daß die Communio der Hirten als Zeichen und Garantie für die Communio der Kirchen steht. Aber mit der Communio der Hirten kommt man nicht zu Ende, ohne ihren Bezug zu der Communio der Kirchen und zu dem Ortsprinzip als einem Wesensmoment kirchlicher Grundstruktur und Verfassung ins Spiel zu bringen. Die Wirklichkeit des Bischofskollegiums, seine Höchst- und Universalgewalt über die Gesamtkirche vermag die Verantwortung des Ortsbischofs für die Gesamtkirche und die integrierende Funktion des ökumenischen Konzils überzeugend zu repräsentieren. Aber schon die Grundlage der Autorität wie der Funktion, welche dem Patriarchat, der Metropolie und besonders der regionalen Bischofskonferenz im Dienst der Integration teilkirchlicher Verbände zukommt, harrt der theologischen Klärung und der rechtlichen Ausgestaltung. Liegt der Fall des Plenarkonzils, des Patriarchats und der Metropolie insofern einfacher als ersteres vom päpstlichen Legaten geleitet wird, letztere ihre Funktionen aufgrund allgemeinen kirchlichen Rechts ausüben, so konkurrieren bezüglich der Autorität der Bischofskonferenz zwei Ansichten, zum einen daß sie nur über eine kumulative Autorität und damit über keine andere als jeder teilnehmende Bischof verfüge[31], zum anderen daß sie auf dem Wege über Delegation

[30] Der Begriff Communio Ecclesiarum fehlt in den Dokumenten des Zweiten Vatikanischen Konzils, ist aber sachlich gegeben, wo der ganze mystische Leib Christi, der die Kirche ist, als „corpus Ecclesiarum" bezeichnet wird (De Eccl., Nr. 23). Vgl. *K. Mörsdorf*, Die Rolle des Ortsbischofs in dem Zuordnungsverhältnis von Gesamtkirche und Teilkirche: Ortskirche-Weltkirche. Festgabe für Julius Kardinal Döpfner, hrsg. von H. Fleckenstein / G. Gruber / G. Schwaiger / E. Tewes, Würzburg 1973, 442, Anm. 7.

[31] So *Kardinal Alfrink* auf dem Konzil. Er sieht diese Ansicht nicht im Widerspruch zu der letztgenannten, wonach die Bischofskonferenz durch Delegation auch an der kirchlichen Höchstgewalt Anteil erhält. Vgl. *K. Mörsdorf*, Dekret über die Hirtenaufgabe der Bischöfe: Einleitung und Kommentar von Prälat Univ.-Prof. Dr. K. Mörsdorf: LThK, Das Zweite Vatikanische Konzil II, 127–247, 137.

von Vollmachten zur Erfüllung bestimmter Aufgaben, wie in den Dekreten und Konstitutionen des Zweiten Vatikanum vorgesehen[32], an der kirchlichen Höchstgewalt Anteil erhält und diese durch Dezentralisierung wirksamer zur Geltung bringt. Für alle Instanzen teilkirchlicher Integration gilt jedenfalls, daß sie kirchlichen Rechts sind und sich an den unverrückbaren Schranken göttlichen Rechts stoßen, nämlich an der höchsten und universalen Einheitsfunktion des Papstes und des im ökumenischen Konzil tätig werdenden Bischofskollegiums sowie an der Autorität des Ortsbischofs, dessen Prototyp der Diözesanbischof ist.[33] Die an die Bischöfe, die ihre Kirchen unter der Autorität des Papstes leiten, gerichtete Aufforderung, sie sollten die den Patriarchen und anderen hierarchischen Autoritäten zustehenden Rechte anerkennen[34], kommt angesichts dieser Sachlage nicht überraschend, da gerade in Konfliktfällen der Diözesanbischof in seiner Teilkirche gegenüber allen hierarchischen Zwischeninstanzen das höhere Recht geltend machen kann. Und die Geschichte kennt von dem Widerstand des Athanasius gegen die Bischöfe und Synoden des Orients über die Räubersynode von Ephesus und die Übergriffe des Metropoliten Hinkmar von Reims bis zu dem tragikomischen Schauspiel gegenseitiger Absetzungen von Kirchenfürsten und Exkommunikationen von Synoden in den autokephalen Kirchen des Ostens Beispiele genug, welche zeigen, daß die erweiterte Kompetenz und die gesteigerte Vollmacht der Zwischeninstanzen ambivalent ist. Es ist dies die kirchliche Parallele zum sozio-politischen Bereich, wo in allzu föderalistischen Staatsgebilden der vielgeschmähte Zentralismus auf mittlerer Ebene um so schwerer auf Freiheit und Eigenrecht der Lebenseinheiten an der Basis drückt. Außerdem hat die Gemeinsame Synode der Bistümer in der Bundesrepublik Deutschland gezeigt, daß in vielen Fragen der Pastoral, des Gottesdienstes, der Initiation, des Religionsunterrichts und der Katechese freie Absprachen unter den Diözesen den synodalen Mehrheitsbeschlüssen vorzuziehen sind, da immer noch für die eine Region zuträglich oder notwendig sein kann, was für die andere abträglich oder überflüssig ist.[35]

[32] Conc. Vat. II, Decr. de Past. Ep. Mun. in Eccl., Nr. 38.

[33] Näheres zu den Begriffen Ortsbischof und Ortskirche bei *K. Mörsdorf*, Die Rolle des Ortsbischofs, 445.

[34] Conc. Vat. II, Decr. de Past. Ep. Mun. in Eccl., Nr. 11. Diese Aufforderung sichert den Oberbischöfen im Vergleich zu den Diözesanbischöfen, die in Nr. 8b des Dekrets über die Hirtenaufgabe der Bischöfe die Vollmacht erhalten, ihre Gläubigen von allgemeinen Kirchengesetzen zu dispensieren, bescheidene Rechte zu. Vgl. De Eccl., Nr. 27.

[35] Dagegen bedauert es *K. Mörsdorf* um der wachsenden Bedeutung der regionalen Bi-

Es ist zumindest methodisch erlaubt, die Möglichkeit anzunehmen, daß der Amtsstruktur göttlichen Rechts in der Communio der Kirchen auch eine Ortsstruktur entspricht, die für die kirchliche Verfassung nicht unbedeutend ist. Die durch die Ordination grundgelegte heilige Gewalt umfaßt irgendwie die Weihegewalt und die Jurisdiktionsgewalt. Die Ordination ist auf das Amt hingeordnet. Wird aber dadurch das Dilemma überwunden, vor dem die Theologie ratlos steht, entweder die Betrauung mit einem Amt als bloße Entbindung der durch die Ordination mitgeteilten Gewalt zu betrachten oder aber anzunehmen, daß es eine kirchliche Gewalt gibt, deren ursprüngliche Vermittlung von Christus an die Kirche ebenso wie deren unmittelbare Verfügbarkeit außerhalb des Ordo liegt?[36] Müßte nicht die Intentionalität des Ordo auf das Amt durch die Intentionalität auf die Ortsstruktur der Kirche ergänzt werden? Der tatsächliche Umfang der konkret ausübbaren Jurisdiktionsgewalt könnte dann nach vorgegebenen Ordnungen der Kirche bemessen werden, zuerst und zuletzt nach den Bistümern und nach jenem Bistum, das die Einheit aller Bistümer bewirkt und verkörpert, Ordnungen, die göttlichen Rechts sind. An sie ist das Amt gebunden, in das der Ordinierte als Amtsträger immer nur eingewiesen werden kann. Die Hierarchen der nachapostolischen Zeit schaffen nicht die Communio der Ortskirchen, sondern treten in sie ein

schofskonferenz willen, daß das Zweite Vatikanum in dem Dekret über die Hirtenaufgabe der Bischöfe (Christus Dominus, Nr. 38) für diese Instanz nur ein nicht mehr zu unterbietendes Minimum an Kompetenzen festgelegt hat; desgleichen, daß es die Entscheidungen der Bischofskonferenz nicht als kollegiale Akte definiert hat (aaO, Nr. 3), was die Handlungsfähigkeit des Gremiums behindert und die Praxis der einstimmigen Beschlüsse duldet, die im übrigen weder der Wahrhaftigkeit noch der Vertrauenswürdigkeit der Konferenz dienlich ist; schließlich, daß es die Entscheidung über die Frage, ob die Weihbischöfe und jene Titularbischöfe, die aufgrund eines vom Apostolischen Stuhl oder von der Bischofskonferenz übertragenen Amtes der Bischofskonferenz angehören, beratende oder beschließende Stimme haben sollen, den Bischofskonferenzen selbst überlassen hat (aaO, Nr. 38). *K. Mörsdorf*, Die Rolle des Ortsbischofs in dem Zuordnungsverhältnis zwischen Gesamtkirche und Teilkirche: Ortskirche-Weltkirche, Festgabe für Julius Kardinal Döpfner, hrsg. von H. Fleckenstein / G. Gruber / G. Schwaiger / E. Tewes, Würzburg 1973, 439–458, 453 ff. Gegen eine bischöfliche Willkürherrschaft wie gegen einen päpstlichen Absolutismus dürfte die theologische Klärung der Kirchenverfassung und die Einrichtung einer entsprechenden Gerichtsbarkeit wirksamer sein als die Integration teilkirchlicher Verbände, welche Frieden und Freiheit der Gläubigen nicht schon dem Recht, sondern zunächst nur einem Gremium anvertraut, und somit lediglich Technik, nicht Garantie der Bändigung von Macht ist.

[36] Vgl. *K. Mörsdorf*, Heilige Gewalt: Sacramentum Mundi II, 595.

und haben sie als ein vorgegebenes und ihnen anvertrautes Gut zu bewahren oder wiederherzustellen. Die Stiftung Christi ist von solcher Art, daß sich ihre Epiphanie je am Ort, zuhöchst in der Eucharistie ereignet, worin auch der theologische und historische Grund zu suchen sein dürfte, warum die Gesamtkirche in und aus den Teilkirchen besteht und die Bistümer bei regionaler Ausdehnung in Pfarreien einzuteilen sind. Damit harmoniert die Stellung der Kirche im heilsgeschichtlichen Zusammenhang, in dem sie das Pendant nicht zu den zerstreuten Bekenntnis- und Gebetsgemeinschaften der Synagogen, auch nicht zu den Kultvereinen der „weisen Seelen"[37], sondern zur Jerusalemer Tempelgemeinde ist. So verlangt es das christologische Bauprinzip des Heilszeichens der Einheit von Haupt und Gliedern in der Hingabe an den Vater und im Dienst für die Brüder im Heiligen Geist. Für weltliche Kommunen, für Länder und Staaten erachtet man das Territorialprinzip als selbstverständlich. Würde eine Religionsgemeinschaft mit Recht den Namen Kirche, Volk Gottes und Neue Menschheit beanspruchen, wenn ihr tiefstes Wesen schon in einer Zweckorganisation oder einer ständischen Gliederung von Individuen oder Gruppen innerhalb der Gesamtgesellschaft zum Ausdruck kommen könnte? Hier fallen auch schon Vorentscheidungen für das Verhältnis der Kirche zur Welt und zum Staat als dem höchsten Souverän gesellschaftlicher Organisation.

Eine dritte Konsequenz betrifft das System der Ordination. Neuere Versuche, einen Mittelweg zwischen relativer und absoluter Ordination zu beschreiten und die Weihe als intentional auf das Bischofskollegium beziehungsweise auf das Diözesanpresbyterium hin zu verstehen, haben auf der theologischen und kanonistischen Ebene kaum die große Bedeutung, die ihnen auf der spirituellen Ebene für die brüderliche Lebensform der Hirten zukommt; denn die Ordination wird nicht um der Zugehörigkeit zum bischöflichen oder priesterlichen Personenstand willen erteilt, sondern zur Leistung des kirchlichen Dienstes, eine Wahrheit, die den Vätern des Konzils bei der Behandlung des Bischofskollegiums nicht gegenwärtig war, bei den Beratungen über die Bischofskonferenz aber bewußt wurde und zu äußerster Zurückhaltung und Vorsicht Anlaß gab.[38] Bi-

[37] Vgl. *N. A. Dahl*, Das Volk Gottes, Darmstadt ²1963, 65–68, 112.

[38] Während die Titularbischöfe selbstverständlich als Mitglieder des Bischofskollegiums betrachtet wurden, kam bei der Behandlung der Integration von teilkirchlichen Verbänden der Unterschied zwischen Bischöfen, die Vorsteher einer Teilkirche sind, und solchen, die es

schöfe ohne Jurisdiktion über eine Diözese, auch wenn sie mit einer Seelsorgsregion innerhalb eines Bistums betraut werden, bleiben eine prekäre Einrichtung. Sollten sie in den regionalen Bischofskonferenzen beschließende Stimme erhalten, so würde damit nur eine Angleichung an ihre Zugehörigkeit zum Bischofskollegium und zu ihrer Verantwortung für die Gesamtkirche vollzogen, der Mißklang aber, daß sie keiner konkreten Teilkirche als verantwortliche Hirten vorstehen, nicht behoben. Das theologisch unhaltbare und pastoral verheerende andere Extrem ist die mittelalterliche Gepflogenheit, Kleriker ohne Ordination in das Amt des regierenden Bischofs einzusetzen. Auch die Priester ohne Pfarrgemeinde, mehr noch als Domkapitulare und Kooperatoren jene Geistlichen, die hauptamtlich spezielle Tätigkeiten in den verschiedensten Aufgabenbereichen der Kirche ausüben, stellen nicht den der kirchlichen Verfassung entsprechenden Regelfall dar, sondern leiten ihre Existenzberechtigung von den speziellen Diensten ab, die in einer differenzierten Welt und Gesellschaft eine differenzierte Kirche zu leisten hat. Die Intentionalität des Ordo auf das Amt und des Amtes auf das Bistum und die Pfarrei hin, welche wie die Gesamtkirche nach dem Haupt-Leib-Prinzip strukturiert sind, braucht nicht gepreßt zu werden. Doch ist bei den konkreten Diensten zu fragen, ob zu ihrem Vollzug heilige Gewalt erfordert ist, der Ordo also zur notwendigen oder wenigstens angemessenen Ausstattung des Diensttuenden gehört. Diese Frage signalisiert auch ungelöste Probleme des Diakonats, der untersten Stufe des sakramentalen Ordo, deren Funktion in der Kirche sich heute von jener des Laien praktisch kaum unterscheidet und deren Bedeutungslosigkeit einen Vergleich mit dem urkirchlichen und altchristlichen Diakonat, der Leitungsbefugnisse hatte beziehungsweise die persönliche Beratung und zuweilen sogar die Stellvertretung des Bischofs wahrnahm, gar nicht mehr zuläßt. Besonders in Bewegung geraten ist schließlich die kirchliche Stellung der theologischen Forschung und Lehre. Da der Theologe in besonderer Weise mithilft, die ordinierten Amtsträger von morgen für die Ausübung ihrer Berufung und Sendung zu befähigen, das Glaubensbewußtsein der Kirche zu entwickeln und die Entscheidungen des Lehramts vorzubereiten, sollte die Diskussion und Praxis um die Promotion und Habilitation von Laien in der

nicht sind, zum Tragen und damit die Ortsstruktur der Communio Ecclesiarum. Titularbischöfe ohne ein vom Apostolischen Stuhl oder von der Bischofskonferenz übertragenes Amt, so will es das Dekret De Ep., Nr. 38, sind wie die päpstlichen Legaten „nicht von Rechts wegen Mitglieder der Konferenz“.

Theologie mit Vorsicht behandelt werden. Laisierung und Säkularisierung im Interesse der Wissenschaftlichkeit der Theologie sind Scheinargumente, die auch nicht in die Debatte um die Bindung des kirchlichen Amtes an den Zölibat geworfen werden sollten. Im Namen der modernen Wissenschaftstheorie braucht die Theologie weder zu einem Feld grenzenloser Experimentierfreudigkeit gemacht noch von der Offenbarung und ihrer Überlieferung durch die Kirche, vom Christentum und seinem Zusammenhang mit der Schöpfungs- und Weltgeschichte gelöst zu werden. Sie hat im Kontakt mit den übrigen Wissenschaften die durch Christus ermöglichte eschatologische Sinnantizipation aufzuzeigen und diese in geschichtlich möglichen, korrigierbaren und entwicklungsfähigen Weltentwürfen, Ausprägungen des Menschenbildes und Gestaltungen der Lebensbereiche darzustellen.

Letzten Endes kann die Idee von der Einheit der durch die Ordination grundgelegten heiligen Gewalt nicht ohne Auswirkung auf die Auffassung vom Wesen des Petrusamtes und von der Art und Weise seiner Weitergabe in der Kirche bleiben. Die Theologie hätte an sich niemals schlicht und einfach die gesetzlichen Bestimmungen des Codex Iuris Canonici can. 108 § 3[39] und can. 109[40] in dogmatische Lehren übersetzen dürfen in dem Sinne, daß der Jurisdiktionsprimat des Papstes unmittelbar von Gott, die Jurisdiktion der Bischöfe aber mittelbar durch den Papst verliehen wird. Sie hätte nicht so selbstverständlich die Papstwahl und die kanonische Sendung der Bischöfe als Einrichtungen zur Übertragung der heiligen Gewalt ins Spiel bringen dürfen. Es bedeutet zwar einen Fortschritt der Lehrentwicklung, wenn man in der Papstwahl und in ihrer Annahme nicht mehr die Akte erblickt, mittels derer Gott das Petrusamt überträgt, und wenn man die kanonische Sendung nicht mehr als das Medium versteht, durch welches das Bischofsamt schlechthin verliehen wird[41], sondern feststellt,

[39] Die Weihehierarchie besteht göttlichen Rechts aus Bischöfen, Priestern und Dienern, die Hierarchie der Jurisdiktion aus dem Summepiskopat und dem untergeordneten Episkopat.

[40] ,,In die Stufen der Weihegewalt wird man durch die heilige Weihe aufgenommen; in den Summepiskopat durch göttliches Recht, sobald die Bedingung der rechtmäßigen Wahl und ihrer Annahme gesetzt ist; in die übrigen Stufen der Jurisdiktion durch kanonische Sendung."

[41] Die Kanonistik spricht von einer Unmittelbarkeit der päpstlichen Gewalt im Sinne der ,,Gewaltausübung ohne die Dazwischenkunft eines anderen" und – was hier in Betracht kommt – im Sinne der ,,Gewaltübertragung durch Gott ohne die Mittlerschaft der Kirche" (*K. Mörsdorf*, Die Unmittelbarkeit der päpstlichen Primatialgewalt im Lichte des kanoni-

daß der Gewählte das Amt des Papstes tatsächlich erst mit der Weihe oder der Translation auf den römischen Bischofssitz erhält und der kanonisch Gesandte das Amt des Diözesanbischofs erst mit der Weihe auf den betreffenden Bischofssitz erlangt.[42] Liegt es aber noch in der Logik dieser Lehrentwicklung, wenn man gewohnheitsgemäß fortfährt, von der Unmittelbarkeit des päpstlichen Primats und von der Mittelbarkeit des Bischofsamtes zu sprechen? Auch wenn man bei der bischöflichen Mittelbarkeit nur an die verlierbare Gewalt denkt und das Handeln der zuständigen Autorität in der kanonischen Sendung als „werkzeugliche Ursache" näher bestimmt, die „nichts Eigenes" hergibt, sondern die „Gabe Christi" weiterreicht, in dessen Namen der Diözesanbischof seines Amtes waltet[43], kann das theologische Denken und Empfinden nicht zur Ruhe kommen. Die Frage muß radikaler gestellt werden. Kann überhaupt außerhalb und neben der Ordination heilige Gewalt vermittelt werden, ohne daß Papstwahl und kanonische Sendung sakramentalen Charakter annehmen und der päpstliche Summepiskopat zu einer Art vierten Stufe des Ordo aufrückt? Die erläuternde Vorbemerkung läßt die Frage, die in der Dogmatischen Konstitution über die Kirche nicht entschieden wurde, ob nämlich die heilige Gewalt allein durch die Weihe oder auf eine andere Weise übertragen wird, auch ihrerseits offen. Sie verweist darauf, daß durch die Weihe zwar die seinsmäßige Teilnahme an den heiligen Ämtern verliehen wird, daß aber in der Konstitution der Ausdruck Ämter (munera) statt Vollmachten (potestates) mit Bedacht verwendet wird. „Damit ... eine solche zur Betätigung fähige Vollmacht vorhanden sei, muß noch die kanonische, das heißt rechtliche Umgrenzung (determinatio) durch die hierarchische Obrigkeit hinzukommen."[44] Das muß nicht heißen, daß die zur Betätigung fähige Vollmacht durch die rechtliche Umgrenzung übertragen wird, sondern könnte in dem Sinne verstanden wer-

schen Rechtes: Einsicht und Glaube. Gottlieb Söhngen zum 70. Geburtstag, hrsg. von J. Ratzinger und H. Fries, Freiburg/Basel/Wien 1962, 464–478, 466). So hieß es ohne Einschränkung, daß das oberste Hirtenamt mit Annahme der Wahl unmittelbar von Gott verliehen, die Hirtengewalt – abgesehen von der obersten Hirtengewalt – durch kanonische Sendung übertragen werde und verlierbar sei (vgl. *K. Mörsdorf*, Grundfragen der Reform des kanonischen Rechts: Münchener Theol. Zeitschrift 15 [1964] 1–16).

[42] *K. Mörsdorf*, Heilige Gewalt: Sacramentum Mundi II, 592.

[43] *K. Mörsdorf*, Die Rolle des Ortsbischofs, 446 f. Vgl. *E. Corecco*, L'origine del potere di giurisdizione episcopale: La Scuola Cattolica 94 (1968) 3–42, 107–141. Werkzeugliche Ursache zur Weitergabe der Gabe Christi, diese Umschreibung der kanonischen Sendung, kommt dem Sakramentsbegriff nahe.

[44] Nota Explicativa Praevia, Nr. 2.

den, daß die in der Struktur der Kirche liegenden Voraussetzungen zur Betätigung der heiligen Gewalt erfüllt werden. Diese Offenheit muß man nicht benützen, um alles beim alten zu lassen, sie kann auch durch neue Konzeptionen sinnvoll geschlossen werden.

Die Macht der Gewohnheit programmiert, was M. Kaiser als Grundakkord der Konzilsaussagen über die heilige Gewalt heraushört: „Die in der Kirche zu übende Gewalt ist nicht Gewalt einzelner Träger, sondern *Gewalt der Kirche*. Diese hat zwar eine sakramentale und eine rechtliche Komponente, die sich gegenseitig komplementär ergänzen, sie ist aber in ihrem Wesen *die eine heilige Gewalt Jesu Christi*, durch die in der Kirche das Heil gewirkt wird."[45] Daß es sich dabei nicht um eine private Gewalt menschlichen Ursprungs zu subjektiver Verwendung handelt, ist selbstverständlich. Die Bestimmung als Gewalt der Kirche und Jesu Christi bedürfte der näheren Umschreibung der Art und Weise, wodurch die Gewalt Christi zur Gewalt der Kirche wird, wer in der Kirche ihr Träger ist und wie sie durch die Wesensstrukturen der Kirche objektiv geordnet ist. Die Unterscheidung einer sakramentalen und einer rechtlichen Komponente und der Rekurs auf die Sendung der Kirche[46], um die rechtliche Komponente irgendwo aufzuhängen, vermögen die Einheit der Gewalt weniger überzeugend zu begründen und die Wesensstruktur der Kirche weniger zur Geltung zu bringen als die Annahme, daß die Ordination auch die rechtliche Komponente vermittelt und auf das Amt ausgerichtet ist, welches seinerseits in der vorgegebenen Struktur der Teilkirchen und der Gesamtkirche verankert ist. Rechtliche Befugnis im vollen Sinn hat

[45] *M. Kaiser*, Aussagen des Zweiten Vatikanischen Konzils über die Kirchengewalt: Ius Sacrum. K. Mörsdorf zum 60. Geburtstag, hrsg. von A. Scheuermann und G. May, München/Paderborn/Wien 1969, 253–271, 271.

[46] *M. Kaiser*, aaO, 271. Vgl. *ders.*, Die Einheit der Kirchengewalt (Münchener Theologische Studien III. Kanonistische Abteilung Bd. 7), München 1956, 58. Kaisers Gedankenführung – „Alle Gewalt der Kirche ist im Sakrament begründet. Gleichwohl ist deutlich herausgestellt, daß die Kirchengewalt zugleich eine sakramentale und eine rechtliche Komponente hat. Das Verhältnis der beiden zueinander genau zu bestimmen, hat das Konzil jedoch unterlassen" – ist seltsam. Entspricht es nicht besser dem Text und Geist des Konzils, wenn man interpretiert: auch die rechtliche Komponente der Kirchengewalt ist im Sakrament begründet. Problematisch ist die Zuordnung ihrer Komponenten, nämlich der Weihegewalt und der Hirtengewalt (gegen *Kaiser*, Aussagen, 263). Vgl. das analoge Gefälle der Darstellung bei Mörsdorf in dem Beitrag: Die hierarchische Verfassung der Kirche, insbesondere der Episkopat: Archiv für Katholisches Kirchenrecht 134 (1965) 88–97, 94; stärker die sakramentale Einheit der heiligen Gewalt herausstellend in dem Artikel: Heilige Gewalt: Sacramentum Mundi II, 596.

nur der ordinierte Amtsträger, nicht der Delegierte oder Gewählte, der als solcher gar nicht Amtsträger sein kann. Die unbestimmte Apposition „Glied der Bischofskörperschaft wird man durch die sakramentale Weihe und die hierarchische Kommunion mit Haupt und Gliedern des Kollegiums"[47] würde dann in dieser Weise näher bestimmt: . . . durch die sakramentale Weihe, die auf eine Ortskirche in der zur Gesamtkirche integrierten Gemeinschaft der Teilkirchen ausgerichtet ist. So würde auch klar, warum die Weihe Ämter überträgt, die „ihrer Natur nach nur in der hierarchischen Gemeinschaft mit Haupt und Gliedern des Bischofskollegiums ausgeübt werden können"[48]. Außerdem würde die Spannung des Kontexts zumindest erheblich gemildert, in dem es heißt, daß durch die Weihe „die Gnade des Heiligen Geistes so übertragen und das heilige Mal so eingeprägt wird, daß die Bischöfe in hervorragender und sichtbarer Weise die Stelle Christi selbst, des Lehrers, Hirten und Priesters, einnehmen und in seiner Person handeln"[49].

Die Dogmatik hat das letzte Wort darüber noch nicht gesprochen.[50] Mit der Lehre von der Vermittlung der bischöflichen Jurisdiktionsgewalt durch den Papst konnte die Theologie sich die Sporen nicht verdienen. Die Inkarnation des Logos in Jesus Christus wurde dergestalt überzogen, daß er nicht nur in die alttestamentliche Heilsgeschichte hineingeboren sei, sondern auch die hierokratische Obrigkeitsgesellschaft des alten Orients und der Antike legitimiert habe. Es ist eine unhistorische Konstruktion, anzunehmen, daß Jesus die Salbung zum Priester, König und Propheten empfangen, die monarchische Form gesellschaftlicher Verfassung divinisiert und seiner Kirche eingestiftet habe.[51] Sie verkennt, daß Jesus Christus „alle Gewalt im Himmel und auf Erden" (Mt 28, 18), mit

[47] De Eccl., Nr. 22.

[48] De Eccl., Nr. 21.

[49] De Eccl., Nr. 21.

[50] Vgl. *L. Ott*, Grundriß der Dogmatik, Freiburg/Basel/Wien, ^{8}1970, 351 f.

[51] Die Erfüllung der alttestamentlichen Verheißung, die an das Königtum geknüpft war, im Spätjudentum sich auch mit einer apokalyptischen Menschensohnerwartung und einer Priesterkönigsgestalt verband, war der Grund, warum Jesus als Messias bekannt wurde. Aus der Bemerkung des Eusebius von Cäsarea zum Christustitel Jesu, daß im AT Könige, Priester und Propheten gesalbt wurden, folgt nicht, daß Jesus gesalbt wurde oder in diese überkommenen Funktionen eintrat. Der Catechismus Romanus verweist auf die Andersartigkeit der Ämter Christi, betrachtet die Inkarnation als den theologischen, die tatsächlich von Jesus ausgeübten Ämter als den historischen Grund für sein König-Priester-Prophetentum. Vgl. *Eusebius*, Hist. Eccl. III (PG 20, 71 ff.). Cat. Rom., pars I, art. 1 f.

der er die Apostel sendet, aufgrund der hypostatischen Union besitzt, in seinem vorösterlichen Wirken schon ausgeübt und als der gekreuzigte und auferstandene Herr in neuer Weise geoffenbart hat. Jesus besitzt auch als Mensch seine Vollmacht nicht durch Vermittlung eines Titels wie der sakralen Monarchie, die er zur Verfassung, Trägerin und Quelle hoheitlicher Gewalt in der Kirche bestimmt hätte. Das Mißverständnis des inkarnatorischen Ansatzes begünstigte auch die Verwechslung oder Angleichung der kirchlichen Hierarchie, des orientalischen, antiken, keltisch-germanischen Königtums und der alteuropäischen Monarchie von Gottes Gnaden.[52] Mit dem monarchischen Verständnis der Kirchenverfassung und der Papaltheorie wird ferner der Verkennung der Eigenart und des Sinnes apostolischer Amtsnachfolge Vorschub geleistet. Kein ordinierter Amtsträger kann „seine" heilige Gewalt einem andern oder gar seinem Nachfolger übertragen. In diesem Sinne ist die heilige Gewalt jedes Ordinierten unmittelbar zum erhöhten Herrn. Sache der hierarchischen Amtsträger ist es vielmehr, Richtlinien zu erlassen über die Qualifikation der Amtskandidaten und das Verfahren der Amtseinweisung. In diesem Sinne und im Sinne der Verankerung des Amtes in der Wesensstruktur der Kirche ist jedes rechtmäßig ausgeübte Amt, jenes des Papstes nicht ausgenommen, mittelbar zum Stifter und Herrn der Kirche.

Diese zur Diskussion zu stellenden Ansichten würden geeignet sein, die letzten Reste der Trennung von Ordo und Jurisdiktion, der Verwechslung von Hierarchie und Monarchie und des Wunschtraumes von einer Königssalbung des historischen Jesus zu beseitigen, die den Geruch an sich haben, daß sie aus dem Bedürfnis geboren sind, historisch gewordene, theologisch aber nicht begründbare Verhältnisse zu legitimieren. Der neuralgische Punkt des hier vorgetragenen Versuchs wird durch die Überfrachtung der kirchlichen Ortsstruktur markiert, welche die „Zuweisung von Untergebenen" als Form kanonischer Amtsumgrenzung nur noch durch deren Bezug zu einem orts- oder gesamtkirchlichen Amt abdeckt. Die „Erläuternde Vorbemerkung" selbst gibt zwar einen Hinweis darauf,

[52] So wird in der 1. Aufl. des Grundrisses der Dogmatik von *L. Ott* (Freiburg 1952, 336) die unmittelbare Übertragung der bischöflichen Hirtengewalt durch den Papst (Papaltheorie) als der „monarchischen Verfassung der Kirche besser entsprechend" bezeichnet, während in der 8. verb. Aufl. (1970, 351 f.) die Stichworte Papaltheorie und monarchische Verfassung nicht mehr erscheinen und die papalistische Erklärung der Enz. Myst. Corp. (DS 3804) wie andere Dokumente neuerer Päpste kurzerhand mit der Lehre des Vat. II. harmonisiert und im Sinne der „notwendigen Umgrenzung" durch die hierarchische Autorität gedeutet werden.

daß die kanonische Umgrenzung der Ämter ihren Sitz in der Communio kirchlichen Lebens hat, spricht aber im Kontext nicht von der Communio der Ortskirchen, sondern nur von der „hierarchischen Communio mit Haupt und Gliedern", also von jener des Bischofskollegiums.[53]

Das Thema von der Einheit der heiligen Gewalt und ihrer Gebundenheit an die Wesensstrukturen der Kirche umfaßt auch den gesamtkirchlichen Vorrang des römischen Bistums und seines Hirten. Dieser hat sich auf offenbarungsgegebener Basis in einem historischen Prozeß entwikkelt, in dem unterscheidbare Stränge zu einer unteilbaren Einheit verflochten sind. Indem man diesen Ausgangspunkt für die Detailforschung wählt, dürfte man der Wahrheit näher kommen als wenn man die einzelnen Komponenten herauslöst, sie für abrufbar und auswechselbar erklärt, als Alternativen behandelt und auf angeblich unvereinbare Ursprünge zurückführt. Die moderne Kirchengeschichtsschreibung bedient sich mit Recht der analytischen Methode, verzichtet aber zu Unrecht weithin auf die Synthese, so daß heute eine kritische, aber nicht eine kritisch-genetische Geschichtsdarstellung dominiert. Darf man voraussetzen, daß die Tradition der von Christus gestifteten Kirche nicht abgerissen ist, so kann man mit F. Schnabel sagen: „Die Zerstörung des Betruges, der Fabel, des Mythos ist Sache des Kritikers; der Historiker aber muß den Zusammenhang des Vorganges aufsuchen! Er muß zu erfassen streben, wie die Tradition entstanden und was an ihre Stelle zu setzen ist."[54] Die „schöpferische Kritik" und „tätige Skepsis" vertreiben den Polyhistor, den eleganten Literaten und den spekulativen Philosophen aus „Klios Reich". Aber nur in einem „organischen Weltbild" erwächst aus dem „Bündnis von Philologie und Geschichte . . . etwas Neues, das bis dahin weder die Philologen noch die Historiker" gekannt haben.[55] Wenn darum die Entwicklung der Komponenten des päpstlichen Primats im einzelnen dargestellt wird, so heißt das nicht, daß das Papsttum als eine Kompilation von nicht zusammengehörenden Stücken entstanden ist, sondern daß die Dimensionen seines Wesens unter verschiedenen sozio-kulturellen und innerkirchlichen Situationen, im Verein mit historischen Ereignissen und mit bestimmten Persönlichkeiten in Erscheinung getreten und geschichtlich wirksam geworden sind. Bei dem Versuch, die Züge im Bild des sich ent-

[53] Nota Explicativa Praevia, Nr. 2.

[54] *F. Schnabel*, Deutsche Geschichte im neunzehnten Jahrhundert. Die Erfahrungswissenschaften (Herder-Bücherei 207), Freiburg 1965, 56.

[55] AaO, 53, 55.

wickelnden Papsttums sorgsam zu scheiden, fällt auf, daß in den einzelnen geschichtlichen Zeugnissen zumeist in der Tat mehrere Motive eine lebendige Einheit bilden. Darum muß häufig ein und derselbe Zeuge unter verschiedenen Gesichtspunkten genannt werden.

Das Petrus-Rom-Bewußtsein tritt bei Clemens, Ignatius, Irenäus, Tertullian und dem römischen Presbyter Gaius hervor.[56] Von den Päpsten Kallistus I., Stephan I. und Damasus I. wird die Petrusnachfolge in Anspruch genommen, die schon bei der Aufstellung der römischen Bischofsliste durch Irenäus eine nicht mehr fernliegende Idee war, von Tertullian und Petrus Chrysologus bezeugt und von dem päpstlichen Legaten Philippus auf dem Konzil von Ephesus geltend gemacht wurde.[57] In Kanon 6 des Konzils von Nicäa (325), der von dem Primat (πρωτεῖα) der vor anderen ausgezeichneten Bischofsstädte handelt, ist die Stellung Roms im Westen der Grund und der Vergleichspunkt für die Jurisdiktion des Bischofs von Alexandrien über Ägypten, Libyen und die Pentapolis und für die Vorrechte Antiochiens und der Kirchen in den übrigen Provinzen.[58] Während hier der Vorrang Roms mit den Vorrechten der Patriarchate und Metropolien des Ostens nivelliert wird, spricht Ignatius (+ 107) von einem sinngemäß den Osten und Westen umfassenden Vorsitz Roms, „der Vorsteherin in der Liebe" und bezeichnet Irenäus (um 200) die Kirche Roms als die „größte, älteste und allbekannte Kirche"[59]. Für Häretiker, Bekenner und Bischöfe des Ostens und Westens wird Rom seit dem zweiten Jahrhundert via facti, durch die Synode von Sardica (343) kirchlichen und kaiserlichen Rechts zur gesamtkirchlichen Appellationsinstanz. Die Kirche Roms, deren Glaube „auf der ganzen Welt verkündet wird" (Röm 1, 8), die „von jeder fremden Farbe gereinigt ist"[60] handelt autoritativ in gesamtkirchlicher Verantwortung. Sie trägt in einzigartiger Weise den Prozeß der Dogmenentwicklung und der Abwehr der Häresien.[61] Ge-

[56] Vgl. *P. Stockmeier*, Das Petrusamt in der frühen Kirche: *Denzler/Christ/Trilling/Stockmeier/de Vries/Lippert*, Zum Thema Petrusamt und Papsttum, Stuttgart 1970, 61–79, 63 ff., 68.

[57] Vgl. *F. Christ*, Das Petrusamt im Neuen Testament: *P. Stockmeier u. a.*, Zum Thema Petrusamt und Papsttum, 36–50, 49. *L. Ott*, Grundriß der Dogmatik, Freiburg/Basel/Wien [8]1970, 343, 348, 341. *P. Stockmeier*, aaO, 70, 73.

[58] Conciliorum Oecumenicorum Documenta, ed. Centro di Documentazione Istituto per le Scienze Religiose-Bologna, Freiburg 1962, 8.

[59] *Ignatius v. Ant.*, Rom, Inscr. Irenäus, Adv. Haer. III 3, 2.

[60] *Ignatius v. Ant.*, Rom, Inscr.

[61] Vgl. *L. Ott*, Grundriß, 349.

meinschaft mit ihr bedeutet Gemeinschaft in der Einheit der Catholica.[62] Stephan I. beruft sich auf Mt 16, nachdem Tertullian vor seinem Abfall zum Montanismus und Cyprian vor dem Ketzertaufstreit „den Funken zwischen Cäsarea-Philippi und Rom“ haben „springen lassen“[63]. Damasus I. unterscheidet den auf das Herrenwort Mt 16, 18 f. gegründeten Primat Roms von dem durch Synodalbeschlüsse aufgestellten Vorrang der Hauptkirchen des Ostens.[64]

Eine Reihe von Zeugnissen ist zunächst ambivalent und von dem Forscher zu deuten, je nach dem Standpunkt, den er in der Spannung zwischen ursprünglicher und sich entwickelnder Erscheinungsform des Petrusdienstes bezieht. So schließt P. Stockmeier seine Ausführungen über Rom als Appellationsinstanz im Ketzertaufstreit mit der Bemerkung: „Ein Vorrang des römischen Bischofs ist eigentlich nur für die westliche Kirche zu beobachten“[65]. Das „Zurücktreten der biblisch-theologischen Argumentation bei den orientalischen Vätern, das ihn verwundert, erklärt er damit, daß „die römische Exegese selbst innerhalb der Großkirche noch isoliert“ war.[66] Die theologisch klingende Argumentation des Decretum Gelasianum I verrate durch ihr Vokabular eine starke rechtliche Sicht des römischen Anspruchs.[67] Der Primat als Amt sei Ausdruck römischen Bewußtseins und Selbstverständnisses.[68] Das Anliegen des Tertullian sei die Kundgabe und Bewahrung der Heilsbotschaft, später die Bußfrage, nicht

[62] In einem Brief vom Jahre 371 bittet Basilius d. Gr. Papst Damasus I., jemand zu entsenden, um die Dissidenten des antiochenischen Schismas „wieder (mit der Kirche) zu verbinden, die Freundschaft der Kirchen Gottes wieder herzustellen, . . . damit ihr in Hinkunft wißt, mit wem ihr in Gemeinschaft stehen sollt“. *Basilius*, Ep. 70 (PG 32, 433–436). Vgl. *P.-Th. Camelot,* Die Lehre von der Kirche. Väterzeit bis ausschließlich Augustinus (= Handbuch der Dogmengeschichte, hrsg. von M. Schmaus / A. Grillmeier / L. Scheffczyk, Bd. III, Fasz. 3b), Freiburg/Basel/Wien 1970, 42. Vgl. *Cyprian*, Ep. 48, 3; 55, 8; 59, 14.

[63] Das Wort von E. Caspar, daß Tertullian „den ersten Funken“ springen ließ, ist hier abgeändert, um der historischen Wahrheit näher zu kommen. Vgl. *P. Stockmeier*, Das Petrusamt, 71. Als indirekte Zeugnisse für die Berufung Stephans I. auf Mt 16 vgl. *Cyprian*, Ep. 75, 17; *Eusebius*, Hist. Eccl. VII 5, 4.

[64] Decretum Gelasianum I. Näheres siehe bei *K. Baus/E. Ewig*, Die Kirche von Nikaia bis Chalkedon (= Handbuch der Kirchengeschichte, hrsg. v. H. Jedin, Bd. II/1), Freiburg/Basel/Wien 1973, 262.

[65] *P. Stockmeier*, Das Petrusamt, 68.

[66] AaO, 73.

[67] AaO, 73 f.

[68] AaO, 72.

das Amt als solches; Cyprians Angleichung der Bischöfe an die Apostel habe es unmöglich gemacht, dem „Inhaber der römischen Kathedra einen Vorrang zuzugestehen"[69]; Irenäus hebe von der als Beispiel gewählten römischen Kirche auf die Bewahrung der Überlieferung an den Apostelkirchen ab: „Mit einer solchen Kirche nämlich muß wegen ihres besonderen Vorranges jede Kirche übereinstimmen ..."[70] In all dem gibt eine andere Perspektive dem Betrachter den Blick auf eine Kehrseite frei. Polykarp von Smyrna kommt nach Rom, um mit Papst Anicet (154–165) über den Termin der Osterfeier zu verhandeln. Wenn Polykrates in der gleichen Sache sich auf die Tradition der Kirche von Ephesus beruft[71] und Irenäus das Vorgehen Viktors I. kritisiert[72], so haben sie gute Gründe, da die Quartodezimaner historisch im Recht waren und die Kirchen des Ostens für den Willen zu einer eigenen Liturgie nicht mit der Exkommunikation bedroht werden durften. Aus der Empörung Firmilians von Cäsarea in Kappadozien gegen Stephan I., der behauptet habe, die Nachfolge Petri innezuhaben, spricht zunächst nur die irrige Überzeugung, mit der Praxis der Wiedertaufe richtig zu verfahren, und die Entschlossenheit, sich einer formalen Autorität Roms nicht zu beugen.[73] Die auf Gnosis oder Allegorese ausgerichtete Exegese von Mt 16 bei den orientalischen Vätern von Origenes über Chrysostomus bis hin zu Johannes von Damaskus kann auch als Indiz dafür gewertet werden, daß keine Kirche außer Rom die Funktion des Mittelpunktsortes und die Verantwortung für die Einheit aller Kirchen übernommen hat. Die im engeren Sinn rechtliche Formulierung des römischen Anspruchs durch Damasus I. fügt der durch frühere römische Bischöfe ausgeübten Autorität, sicher aber der Vollmacht, die dem Petrus in der Geschichte über Hananias und Saphira einschlußweise zugesprochen wird, nichts Wesentliches hinzu. Daß der Primat zuerst in Rom als Amt verstanden wurde, gehört zu dem Petrus-Rom-Bewußtsein und paßt zu dem exegetischen Befund, daß die christokratische Idee und Institution der Kirche für die Ortskirchen des Mattäusevangeliums, des Johannesevangeliums und des ersten Petrusbriefes mit dem Namen Petri verbunden ist. Wie soll man die „nur" indirekten

[69] AaO, 71 f.

[70] AaO, 65 f.

[71] *Eusebius*, Hist. Eccl. V 24, 2.

[72] *Eusebius*, aaO, V 24, 12–17.

[73] *Cyprian*, Ep. 75. Vgl. *Camelot*, Die Lehre von der Kirche. Väterzeit bis ausschließlich Augustinus, 41 f.

Zeugnisse werten? Sofern sie etwas voraussetzen, um etwas anderes zu beweisen, sind sie unter Umständen tendenzfrei und besonders wichtig. Das gilt von Tertullians ursprünglicher Exegese der Verse Mt 16, 18 f.[74], die er als Montanist nicht zwar in der Schrift De Monogamia (8), aber doch in der Abhandlung De Pudicitia (21), wo die Motive der einmaligen Buße und der Gegnerschaft zu Rom sich verbinden, aufgegeben hat.[75] Ob Cyprians ,,Episkopalismus" primär ist und einen römischen Jurisdiktions- und Lehrprimat auch dort schon positiv ausschließt, wo Rom als ,,Mutter und Wurzel der katholischen Kirche" (Ep. 48, 3), als ,,Ort des Petrus" (Ep. 55, 8) und als ,,Hauptkirche, von der die priesterliche Einheit ausgegangen ist" (Ep. 59, 14), bezeichnet wird, oder erst aus Anlaß des Taufstreits mit der Tragweite des römischen Primats in Konflikt geriet, bleibt immer eine offene Frage. Mag Irenäus auch von Apostelkirchen neben Rom sprechen, er wählt Rom nicht als irgendeine von diesen, sondern als jene Kirche, die nach seiner Formulierung für alle steht: ,,Mit dieser Kirche muß . . . jede Kirche übereinstimmen." Wo findet sich in der Überlieferung des nicht erhaltenen Originals ein Anhaltspunkt dafür, daß im Urtext anstelle von ,,πρὸς ταύην τὴν ἐκκλησίαν" eine andere Formulierung gestanden haben könnte?[76]

Schließlich gibt es in den Kirchen des Ostens Zeugnisse und Verhaltensweisen, die zwar nicht einen Vorrang, aber eine Primatsgewalt des

[74] *Tertullian*, De Praescr. Haer. 22, 36.

[75] In der Schrift De Pudicitia (18) interpretiert *Tertullian* die dem Petrus verliehene Binde- und Lösegewalt als eine rein persönliche Auszeichnung des Apostels. Vgl. *L. Ott*, Grundriß, 343.

[76] *Irenäus*, Adv. Haer. III 2 (Sources Chrétiennes 211, par A. Rousseau / L. Doutreleau, Paris 1974, 33).

Der Wunsch nach einer gedanklich und philologisch ,,besseren" Abhandlung über die Exemplifizierung der Unverfälschtheit der Lehre und der Einheit der Kirche durch bischöfliche Sukzession an den Apostelkirchen berechtigt nicht zu einer Textänderung. Zudem wird die gesamte Argumentation des *Irenäus* sinnlos, weil die aufgestellten Kriterien der ,,Rechtheit" wieder aufgegeben werden, wenn man mit *P. Nautin* die Pflicht der Übereinstimmung für alle Gemeinden auf die Universalkirche bezieht, anstatt auf Rom, dessen Vorrang mit den Attributen ,,älteste, größte und allbekannte Kirche" im voraufgehenden Text bei Irenäus vorbereitet ist. Vgl. *K. Baus*, Von der Urgemeinde zur frühchristlichen Großkirche (= Handbuch der Kirchengeschichte I, hrsg. v. H. Jedin), Freiburg/Basel/Wien ³1973, 399 f. Bei *Irenäus* ist der Gedanke einer quantitativen und qualitativen Rangordnung der Apostel und der auf sie zurückgehenden Kirchen nicht auszuschließen. Vgl. *C. Andresen*, Die Kirchen der alten Christenheit (= Die Religionen der Menschheit 29, 1/2) Stuttgart/Berlin/Köln/Mainz 1971, 138.

römischen Bischofs ausschließen. Bei dem Kirchenhistoriker Sozomenus werden die Kirchen von Jerusalem, Antiochien und Alexandrien vermutlich in demselben Sinn mit dem Titel „apostolischer Thron" umschrieben wie bei Athanasius und von seiten der orientalischen Bischöfe auf den Konzilien von Ephesus und Chalkedon die Kirche Roms.[77] Das Synodalschreiben des Konzils von Konstantinopel (381) ist an Papst Damasus, an eine Reihe namentlich genannter Bischöfe des Ostens und Westens sowie „an die andern heiligen Bischöfe, die in der großen Stadt Rom versammelt sind", gerichtet.[78] Die Appellationsbriefe des Chrysostomus und des Eutyches an Papst Innozenz I. beziehungsweise Leo I. setzen den Bischof von Rom zwar an den Kopf der Adressatenliste, gehen aber auch an die nachgenannten Bischöfe.[79] Die eusebianischen Bischöfe, die Rom als „Schule der Apostel und Metropole der Religion von Anfang an" um den Schiedsspruch über Athanasius angegangen hatten (338)[80], weigerten sich, nach Rom zu kommen, als Julius I. sie dorthin beorderte. Den Brief, in dem Julius mitteilt, daß das römische Konzil Athanasius und Marcellus in seine Gemeinschaft aufgenommen hat (340), resümieren der byzantinische Historiker Sokrates und der Kirchenhistoriker Sozomenus mit der Feststellung, es verstehe sich von selbst, daß „das Gesetz der Kirche anordnet, daß die Kirchen nichts gegen die Ansicht des Bischofs von Rom festsetzen (κανονίζειν) sollen"[81]. Einige Jahrzehnte später wird Papst Damasus vom Konzil zu Konstantinopel ferngehalten (381).

Zu diesem historischen Befund schreibt P.-Th. Camelot über die Haltung der orientalischen Bischöfe: „Wenn ihnen dies als notwendig erscheint, rekurrieren sie ohne Zögern an den Bischofssitz von Rom, an ›diesen Sitz, bei dem die Katholiken stets Hilfe gefunden haben‹. Es ist ihnen aber auch daran gelegen, ihre Unabhängigkeit zu behaupten."[82]

Wenn die Formel des Zweiten Vatikanum von dem Bestand der Gesamtkirche in und aus Ortskirchen, in der schon rein theoretisch bei aller

[77] *P.-Th. Camelot*, Die Lehre von der Kirche. Väterzeit bis ausschließlich Augustinus (= Handbuch der Dogmengeschichte, hrsg. v. M. Schmaus / A. Grillmeier / L. Scheffczyk, Bd. III, Fasz. 3b), Freiburg/Basel/Wien 1970, 43.

[78] AaO, 43.

[79] AaO, 43.

[80] AaO, 41.

[81] AaO, 44, 42. *K. Baus/E. Ewig*, Die Kirche von Nikaia bis Chalkedon (= Handbuch der Kirchengeschichte, Band II/1. Die Reichskirche nach Konstantin dem Großen), Freiburg/Basel/Wien 1973, 256.

[82] *P.-Th. Camelot*, Die Lehre von der Kirche, 44 f.

Verrechnung ein mystischer Rest bleibt, dogmatisch ernst zu nehmen ist, so kann es nicht verwundern, daß in der Geschichte auch schon vor den großen Schismen nicht immer das Gleichgewicht zwischen einer uniformen Papstkirche mit Verwaltungsbezirken und einem losen Verband von Orts-, Staats- und Nationalkirchen gefunden wurde. Die Grenze zwischen römischer Anmaßung, wie sie Basilius an Damasus verabscheut, und hochmütiger Ironie des Orients, wie sie aus der Antwort der Synode von Konstantinopel (382) an Damasus spricht, ist fließend.[83] Die Überziehung der Primatsidee durch Innozenz I. (402–417), der alle causae maiores zur Entscheidung an den apostolischen Stuhl zog (Ep. 2, 5), die damit angebahnte Aushöhlung des Rechts anderer Kirchen auf eigene, Liturgie und Disziplin regelnde Kirchenordnungen, die Übernahme kaiserlicher Kompetenzen, die Gestaltung der abendländischen Kirche als ein lateinisches Patriarchat, das Ansinnen, die schismatische Orthodoxie und die reformatorischen Glaubensgemeinschaften auf dieses Kirchenbild zu verpflichten und die heute notwendige Entflechtung der Funktionen des Papstes als Bischof von Rom, Erzbischof der römischen Metropolie, Patriarch des Abendlandes und Primas der Universalkirche brauchen hier nicht erörtert zu werden.

Hingegen trägt ein Vergleich zwischen der Entwicklung des römischen Primats und des Patriarchats von Konstantinopel zur Verdeutlichung der unterschiedlichen Faktoren und Rechtsgründe bei, die in der Rivalität der beiden Bischofssitze eine Rolle gespielt haben.

Da das zweite und dritte Jahrhundert einen blinden, die orthodoxe Auffassung, daß die Bischöfe wie die Apostel ein egalitäres Kollegium mit einem primus inter pares an der Spitze sind, einen ungeprüften Fleck im Gesichtskreis von D. Savramis bilden, gelangt der auf dem Feld der Theologie grasende Religionssoziologe zu dem sicher falschen Urteil, daß „die ersten Störfaktoren im Bereich der Kollegialität der Bischöfe erst durch das Entstehen der fünf Patriarchate" aufgetreten sind und daß im Rahmen der Pentarchie von Rom, Konstantinopel, Alexandrien, Antiochien und Jerusalem „die ganze Problematik des Primats" entstand.[84] Außerdem

[83] *Basilius* spricht von Damasus als einem „stolzen und hochfahrenden Menschen, der von oben herab richtet und nicht die auf Erden anzuhören versteht, die ihm die Wahrheit sagen" (Ep. 215 [PG 32, 792]). Vgl. *Camelot*, Die Lehre von der Kirche, 44, Anm. 23. Zu dem Schreiben der orientalischen Bischöfe der Synode von Konstantinopel (382) an Damasus siehe den Text in: *Theodoret*, Kirchengeschichte V, 9 (GCS, ^{2}1954, 289–294). Vgl. *Camelot*, Die Lehre von der Kirche, 44, Anm. 24.

[84] *D. Savramis*, Theologie und Gesellschaft, München 1971, 66.

bedarf die Behauptung, ,,daß die Primatsansprüche sowohl Roms als auch Konstantinopels nicht nur theologisch, sondern auch politisch begründet sind", der Spezifizierung, wenn sie nicht mißverständlich sein soll.[85] Der Text des Decretum Gelasianum, der wohl einer unter Damasus im Jahre 382 zu Rom abgehaltenen Synode entstammt, betont ausdrücklich, ,,daß der römische Stuhl seinen primatus nicht etwa Synodalbeschlüssen, sondern dem Herrenwort Mt 16, 18 verdankt und daß dieser Rang noch bekräftigt wurde durch das Doppelmartyrium des Petrus und des Paulus in Rom"[86]. Da ,,der Funke zwischen Cäsarea-Philippi und Rom" schon über ein Jahrhundert früher ,,gesprungen" ist, wäre es absurd, die Berufung auf Mt 16, 18 als sekundäre Überhöhung der politischen Begründung durch göttliches Recht zu deuten, um den Rivalen in der neuen Kaiserstadt niederzuhalten. Mag die Stellung Roms als Caput Mundi dem Ansehen der römischen Gemeinde schon früh, sicher nicht uranfänglich, wo die Gemeinde dort ,,in der Fremde", ,,in Babylon" wohnte[87], zugute gekommen sein[88], so erlangte der päpstliche Primat seine volle Ausprägung erst und gerade mit dem Niedergang der alten Hauptstadt und der Ohnmacht des westlichen Kaisertums. In der Zeit, als Alarich die Stadt eroberte (410), Attila vor den Toren stand (452) und die Plünderung durch Geiserichs Horden (455) hereinbrach, stieg das Papsttum zur vorrangigen Ordnungsmacht auf und verkörperte Leo d. Gr. (440–461), der erste, den die Römer Papa nannten, alle Dimensionen des Jurisdiktions- und Lehr-

[85] AaO, 67.

[86] *K. Baus/E. Ewig*, Die Kirche von Nikaia bis Chalkedon, 262. *E. Dobschütz*, Das Decretum Gelasianum (TU 38, 3, Leipzig 1912).

[87] 1 Petr 1, 1; 5, 13.

[88] *Optatus von Mileve* (gest. vor 400) leitet den hebräischen Namen Kephas (Fels) fälschlich von dem griechischen Wort Kephale (Haupt) ab, wo er den römischen Bischof gegen die Donatisten als Bürgen der kirchlichen Einheit anführt. Ob er dabei die antike Idee von der Stadt Rom als Caput Mundi (Haupt der Welt) auf den Primatsgedanken überträgt, bleibt auch angesichts seiner unkritischen Reichsfreundlichkeit unsicher, mit der er erklärt, daß nicht das Reich in die Kirche, sondern die Kirche in das Reich eingetreten sei (De Schismate Donatistarum 2, 2; 3, 3 [PL 11, 946 f., 999]). Auch die metropolitane Organisation der Kirche nach Maßgabe der Provinzen des Reiches und der Brauch der Päpste in der ausgehenden Antike, mit dem Titel Caput die Jurisdiktion Roms auch über die Kirche des Ostens zu beanspruchen, enthalten in sich nicht die Klärung des Verhältnisses zwischen sozio-kulturellen und theologischen Faktoren des Primats und seiner Entwicklung. Klar ist hingegen die Auffassung bei *Leo I.*: Das durch den Brudermord seines Gründers befleckte Rom wurde ,,durch den heiligen Stuhl des seligen Petrus zur Hauptstadt der Welt" (Sermo 82, 1 [PL 54, 422 f.]).

primats. Er annulliert die Räubersynode von Ephesus (449).[89] Einer seiner Legaten zu Chalkedon (451) verschafft ihm die Akklamation als „Erzbischof aller Kirchen". Nach Verlesung des Tomus Leonis attestieren die Konzilsväter: „Durch Leo hat Petrus gesprochen."[90] Die Geschichtstheologie dieser und der künftigen Entwicklung der Dinge entwirft Augustinus in seinem Spätwerk De Civitate Dei (426). Dort wird das Kommen des Gottesreiches entapokalyptisiert und vergeschichtlicht. Das Reich der Wiedergeburt neigt sich asymptotisch zur Koinzidenz mit der Kirche, in welcher der Kampf gegen die Mächte der Finsternis institutionalisiert ist.[91] Die Kirche selbst wird als Corpus Christi Mysticum und als sichtbares Heilszeichen, nicht als die mit dem Gottesstaat identische Gemeinschaft der Heiligen oder Prädestinierten verstanden.[92] Sie darf ohne Preisgabe ihrer Freiheit die Hilfe des Staates beanspruchen, der als Gemächte des Menschen und Sphäre der Macht und des Machtmißbrauchs zwar nicht allein, aber doch in besonderer Weise und in furchtbarem Ausmaß vom Satansstaat durchkreuzt ist, bis der jüngste Tag das universalgeschichtliche Ringen zwischen Ordnung und Sünde beendet und die endgültige Scheidung zwischen gut und bös vollzogen wird.[93] Auf dem Boden des Papsttums, das, nicht zuletzt durch Leo d. Gr. gefestigt, ohne Schwierigkeiten den Untergang des weströmischen Reiches (476) überstanden hatte, entwickelte Gelasius I. (492–496) die Zwei-Gewalten-Lehre, gemäß der die Eigenständigkeit der bischöflichen Autorität und der königlichen Gewalt ebenso selbstverständlich ist wie das Schwergewicht der Bischöfe, die „auch für die Könige der Menschen vor Gottes Gericht Rechenschaft ablegen müssen"[94].

[89] Acta Conciliorum Oecumenicorum (ed. E. Schwartz, Berlin 1914 ff.), II 4, 51.

[90] AaO, II 1, 2, 69–84.

[91] Art. „Reich Gottes": Die Religion in Geschichte und Gegenwart, Bd. V, ^{3}1961, 919. „In der Kirche sind wir im R. G., in der Vollendung das R. G. (De Civ. XX, 9)."

[92] *M. Seybold*, Sozialtheologische Aspekte der Sünde bei Augustinus, Regensburg 1963, 197–204. Vgl. Art. „Zwei-Reiche-Lehre": Die Religion in Geschichte und Gegenwart, Bd. VI, ^{3}1961, 1946. *W. Simonis,* Ecclesia visibilis et invisibilis (= Frankfurter Theol. Studien 5), Frankfurt 1970, 91 ff., 96 ff., 89. *J. Ratzinger,* Volk und Haus Gottes in Augustins Lehre von der Kirche (= Münchener Theol. Studien II/7), München 1954.

[93] Art. „Reich Gottes", aaO, 919. *F. Schnabel*, Deutsche Geschichte im neunzehnten Jahrhundert. Die Grundlagen der neueren Geschichte (Herderbücherei 201/2), Freiburg/Basel/Wien ^{2}1970, 23.

[94] Brief 12 an Kaiser Anastasius und 4. Traktat (*A. Thiel*, Epistolae Rom. pont. gen., Braunsberg 1868, 349–358, 567 f.). Vgl. *A. W. Ziegler*, Religion, Kirche und Staat in Geschichte und Gegenwart, 1. Bd. Geschichte, München 1969, 159.

Dagegen durchläuft das Patriarchat von Konstantinopel eine Entwicklung, die von Anfang an Tore in eine andere Welt der kirchlichen Verfassung und der Beziehungen zwischen Staat und Kirche öffnet. Der Vorrang Konstantinopels ist eine späte von der römischen Kirche nicht anerkannte Schöpfung ostkirchlichen und kaiserlichen Rechts. Kanon 3 des Konzils von Konstantinopel lautet: ,,Der Bischof von Konstantinopel soll das Vorrecht nach dem Bischof von Rom haben; denn diese Stadt ist das Neue Rom.“[95] Dieselbe Begründung wird im Kanon 28 des Konzils von Chalkedon (451) transparent. Der Bischofssitz von Neu-Rom soll die gleichen Vorrechte wie der von Alt-Rom genießen und nach ihm die zweite Stelle einnehmen.[96] H. Daniel-Rops spricht davon, daß hier ein Taschenspielerstück gelungen war, da Primat und Patriarchat nivelliert und die wahren Gründe für den Vorrang Roms unterdrückt wurden. Der Kanon unterstellt nämlich, daß dem Bischofssitz von Alt-Rom ,,billigerweise besondere Rechte eingeräumt werden, weil diese Stadt die Stadt des Kaisers war“, und daß aus demselben Grund ,,dem Neuen Rom, das durch die Anwesenheit des Kaisers und des Senates geehrt werde, dieselben Privilegien eingeräumt würden“[97].

[95] Conciliorum Oecumenicorum Documenta, ed. Centro di Documentazione Istituto per le Scienze Religiose - Bologna, Freiburg 1962, 28.

[96] Acta Conciliorum Oecumenicorum, II 1, 3, 87–99.

[97] *H. Daniel-Rops*, Die Kirche im Frühmittelalter, München 1953, 194. Das starre Festhalten Roms an der Dreizahl der Partriarchate ist aus der tragischen Situation zu verstehen, in der die Kirchen des Ostens die römischen Titel ,,Haupt“ und ,,Apostolischer Stuhl“ als Ausdruck des Vorrangs innerhalb kollegialer und synodaler Kirchenverbände betrachteten, die Bischöfe Roms aber von ihrem apostolischen Auftrag her die Partriarchate mehr und mehr als ausschließlich päpstlichen Rechts erachteten. W. de Vries stellt heraus, daß durch Kanon 6 des Nizänums Gewohnheitsrecht (Vorrang Roms, Alexandriens und Antiochiens, Ehrenvorrang Jerusalems) kanonisiert wurde, und daß mit den Katholikaten von Persien und Armenien christliche Glaubensgemeinschaften außerhalb des römischen Reiches, jedoch nicht außerhalb der Kirche existierten, was sich darin gezeigt hat, daß die persische Kirche sich das Recht der Appellation an die ,,westlichen Väter“ (Bischöfe Syriens und Nordmesopotamiens) erkämpfte und daß die Armenier, die sich von Cäsarea gelöst hatten, vorübergehend Verbindung mit Konstantinopel suchten (*W. de Vries*, Rom und die Patriarchate des Ostens, Freiburg/München 1963, 7 ff.). Er rührt damit an historische Tatbestände, die nicht aus sich selbst, sondern theologisch, das heißt biblisch-dogmatisch zu beurteilen sind. Es ist offenbar ein Gesetz der Geschichtlichkeit, dem die Kirche unterworfen ist, daß sie sich an vorgegebene sozio-kulturelle Strukturen der Völker und Reiche anpaßt, aber erst in der Abhebung zu sich selbst findet. Jesus Christus, der die Kirche im Zusammenhang mit Israel und in der Ablösung von ihm gestiftet hat, gewährt ihr durch den Geist, daß sie auf dem Weg durch die Zeit sich nicht verliert, sondern entfaltet. Natürlich scheitert die petrini-

In diesem Klima entsteht die Reichstheologie des Eusebius von Cäsarea (gest. 339), in der Kirche und Reich gleichwertige Abbilder des himmlischen Urbildes sind, zum Wohl der Menschheit zusammenarbeiten und die Eigenständigkeit der Bereiche kaiserlicher Gesetzgebung (νόμοι) und des kirchlichen Rechts (κάνονες) wahren. Dieses Gleichgewicht wie die Gliedschaft des Kaisers in der von den Bischöfen geleiteten Kirche werden aber theoretisch und praktisch illusorisch gemacht durch die übergeordnete Idee, daß es nur einen Stellvertreter Gottes auf Erden (ὕπαρχος) geben kann, wie das himmlische Reich nur einen Herrscher, den Vater kennt. Der Kaiser ist es, der vom Vater durch den Sohn die Herrschermacht und die Herrschertugenden empfängt[98] und so als eine Art von Gott eingesetzter Universalbischof zum Herrn auch über die Kirche aufsteigt.[99] Treffend urteilt D. Savramis, die politische Theologie habe die einfache Bekenntnisformel der ersten Christen „Jesus ist der Herr" zur Bekenntnisformel „Jesus und der Kaiser sind die Herren" erweitert.[100] Der politische Monotheismus, den Eusebius seiner Reichstheologie zugrundelegt, erinnert an den arianischen Subordinatianismus, der von Kaiser Konstantin d. Gr. (306–337) begünstigt wurde und nicht dem ortho-

sche Begründung der Patriarchate von Alexandrien und Jerusalem daran, daß die Markustradition Alexandriens zweifelhaft ist (erstes Zeugnis bei *Eusebius,* Hist. Eccl. II 16, 1 C, ed. Schwartz, 140) und daß Jerusalem, der erste Ort der Tätigkeit Petri, nicht von alters her Patriarchat war. Auch das Argument, daß Rom als definitiver Petrussitz einen universalen Vorrang hat, kann nicht ganz überzeugen, da nichts darüber bekannt ist, daß die Primatsfunktion kraft apostolischer Anordnung mit der Stadt Rom verbunden ist (zur Theorie der drei petrinischen Patriarchate vgl. *Damasus I.*: Acta Romanorum Pontificum, Bd. I, Vatikan 1943, 498, Nr. 268). Ist deswegen die Starrheit Roms ein Anachronismus (so *J. Ratzinger*, Das neue Volk Gottes, Düsseldorf ²1970, 130)? Dient die Errichtung von Patriarchaten schlechthin der Einheit der Kirche (dahin tendiert die Auffassung von *W. de Vries*, Die Entstehung der Patriarchate des Ostens und die päpstliche Vollgewalt: Scholastik 37 [1962] 341–369)? Die Patriarchate waren auch ganz entscheidende Störungsfaktoren der Kollegialität der Bischöfe und Kirchen, Ausgangspunkte schärfster Rivalität. Vom Standpunkt der gegenwärtigen Ekklesiologie und der ökumenischen Verantwortung aus kann man sagen, daß die Patriarchate kanonischen Rechts der Autonomie, Freiheit und Einheit der Teilkirchen in der Gesamtkirche nur in dem Maße dienen, wie sie in der tieferen und festeren Grundstruktur göttlichen Rechts verankert sind, in der Kollegialität der Hirten und ihres Hauptes, der Ortskirchen und der Mittelpunktskirche.

[98] *Eusebius*, Laudatio Constantini V; VII 13 u. 5; VII 12. Vgl. *K. Baus / E. Ewig*, Die Kirche von Nikaia bis Chalkedon, 83.

[99] *Eusebius*, Vita Constantini I; XLIV 1–2. Vgl. *K. Baus / E. Ewig*, aaO, 84.

[100] *D. Savramis*, Theologie und Gesellschaft, München 1971, 44.

doxen Trinitätsglauben der Kirche entspricht.[101] Das staatsmännische Genie hielt Konstantin zwar vor maßlosen Übergriffen zurück. Sein ausgeprägter Sinn für die römische Pietät gab der Kirche eine gewisse Autonomie in Fragen des Glaubens und des Kultes. Aber die Verschmelzung der kaiserlichen Prärogativen als Pontifex Maximus mit der christlichen Verantwortung für den rechten Kult und die Einheit der Kirche gaben ihm das Bewußtsein, nicht nur Schutzherr in der Kirche, sondern Priesterkönig über die Kirche (ἐπίσκοπος τῶν ἐκτός) zu sein.[102] Die politische und die theologische Grundlage für das System des Byzantinismus waren gelegt. Und die Kaiser Konstantius (337–361) und Valens (365–378) haben denn auch versucht, die Kirche dem Reich unterzuordnen. Justinian (527–565) benützt zwar die Herrschaft über Reich und Religion als Ausfluß seiner kaiserlichen Macht zu dem Werk der glanzvollen Erneuerung des Reiches, nicht aber zum besten der Einheit des Glaubens und der Freiheit der Kirche.[103] Die Urteile der Forscher über Justinian gehen weit auseinander.[104] Über die schon bei Origenes vorbereitete byzantinische

[101] Dieser ,,patriarchale" Monotheismus, der allein die Gottheit des Vaters zu voller Geltung bringt, hat nichttheologische und nichtchristliche Wurzeln und legitimiert die Herrschaft des Menschen über Menschen als Abbild des himmlischen Urbildes. Vgl. *D. Savramis*, aaO, 44, 48 f. *E. Peterson*, Der Monotheismus als theologisches Problem, Leipzig 1935, 78 ff., 94 ff. *K. Baus / E. Ewig*, Die Kirche von Nikaia bis Chalkedon, 82 ff.

[102] *Eusebius*, Vita Constantini IV 24. Vgl. *K. Baus / E. Ewig*, aaO, 15, Anm. 61.

[103] Vgl. *A. W. Ziegler*, Kirche und Staat in Geschichte und Gegenwart, Bd. 1 Geschichte, München 1969, 173.

[104] Überwiegend positiv urteilt *A. W. Ziegler* (Kirche und Staat, 172–176). Negativ urteilt A. Franzen, gestützt auf K. Baus (*A. Franzen*, Kleine Kirchengeschichte [Herderbücherei Nr. 237], Freiburg [4]1973, 88). Ein sehr differenziertes Bild von Persönlichkeit und Werk Justinians zeichnet *H. Daniel-Rops*, Die Kirche im Frühmittelalter, München 1953, 199–228: Tiefe Frömmigkeit und hohes Verantwortungsbewußtsein – Selbstüberschätzung und Ehe mit der zum Monophysitismus konvertierten Tänzerin Theodora; Bekenntnis zum ,,obersten Pontifikat . . . in Rom" (Codex Justinianius, Novellae) – Bezeichnung des Bischofs von Konstantinopel als ,,Haupt aller Kirchen des Ostens" wie Rom das Haupt des Westens ist; historisch fundierter und spekulativ durchdringender ,,Traktat" gegen den Monophysitismus – oberflächliches Machwerk des ,,Traktats" gegen Origenes; Ringen um die politische und religiöse Einheit des Reiches – Nachgiebigkeit gegenüber Theodora und den Kräften der Spaltung (Dreikapitelstreit); feierliche Definition seiner Sendung, ,,den reinen christlichen Glauben unversehrt zu bewahren und die heilige katholische und apostolische Kirche gegen jede Erschütterung zu schützen" (Novellae) – Gewalttätigkeit gegen die Päpste Silverius und Vigilius, Anmaßung der Kompetenz der kirchlichen Gesetzgebung, der Einberufung von Konzilien, der Erhebung und Absetzung von Bischöfen und der dogmatischen Entscheidung, Forderung nach Abschaffung der Papstwahl; glanzvolle Siege gegen die in das

Reichstheologie kann man neuerdings freundlichere Stimmen, über Augustins Geschichtstheologie und die Überhöhung des Nachfolgers Petri nach dem „Modell des imperialen Kosmos" Kritik und Skepsis vernehmen.[105] Dabei darf nicht übersehen werden, daß das mittelalterliche Kaisertum auf die orientalische Reichstheologie zurückgriff, bis zum Investiturstreit den Titel eines Vicarius Christi für sich beanspruchte und den Papst auf die Stufe eines Vicarius Petri drückte.[106] Läßt man die weltgeschichtlichen Schicksalsverflechtungen und das Verhältnis zwischen Kirche und Reich beziehungsweise Welt und Staat beiseite, um den Maßstab vom Bild der Kirche und den innerkirchlichen Verhältnissen zu nehmen, so gilt sicher das zusammenfassende Urteil Y. Congars: „Aber im Orient stand die religiöse Monarchie des Kaisers einer vollen und freien Anerkennung der Jurisdiktions-Autorität des Bischofs von Rom, des Nachfol-

Reich eingedrungenen Germanen, Vernichtung der Goten, Abwehr der Barbaren und feindlichen Reiche des Ostens, Bau der Hagia Sophia, Verchristlichung und Humanisierung der Gesetze (Corpus Iuris Civilis = Codex Justinianius) – Erschwerung der Integration der Germanen, Vertiefung der Gegensätze zwischen den Reichshälften und ihren Kirchen. „Byzanz war bestimmt, den Orient vor dem Sturm der Barbaren zu retten, es war ihm nicht bestimmt, die Romanitas zu retten" (*H. Daniel-Rops*, aaO, 228).

[105] *P. Stockmeier,* Das Petrusamt in der frühen Kirche: Zum Thema Petrusamt und Papsttum, Stuttgart 1970, 61–79, 78. *W. Pannenberg* distanziert sich von der heute üblichen „Verdammung der eusebianischen Reichstheologie, der an ihr orientierten Kaiseridee des Mittelalters und der Konzeption einer durch das Christentum . . . strukturell veränderten Gesellschaft, eines corpus Christianum" (Luthers Lehre von den zwei Reichen und ihre Stellung in der Geschichte der christlichen Reichsidee: Gottesreich und Menschenreich, Regensburg 1971, 73–96, 93). Augustin habe „anstelle des Staates allzu arglos die Kirche als die Gegenwartsgestalt der civitas Dei ausgegeben" und bringe die „positive Beziehung des politischen Lebens zum Inhalt der erhofften Gottesherrschaft, nämlich zu Frieden und Gerechtigkeit, nicht voll zu ihrem Recht" (aaO, 94). In dem gegenüber der Welt und ihrer Eigengesetzlichkeit aufgeschlossenen theologischen Schrifttum um das Zweite Vatikanum ist der „politische Augustinismus" ein abschätzig gebrauchter Begriff (vgl. *Y. Congar*, Situation und Aufgabe der Theologie heute, Paderborn 1971, 171, 156).

[106] *W. Pannenberg*, aaO, 83. *Innozenz III.* ist von dem Pathos erfüllt, die „plenitudo potestatis" des Papstes als Vikar des Petrus und des Christkönigs zu besitzen. Nie gebraucht er den Titel eines „successor" oder „vicarius" Petri. Er nennt sich stets „vicarius Christi". Wenn der Titel „vicarius Christi" auch Bischöfen und Presbytern zukam, so setzt das die Trennung zwischen Ordo und Jurisdiktion voraus. Aufgrund des Ordo handeln Presbyter, Bischof und Papst, die sich nach herrschender Lehre in der Weihestufe nicht unterschieden, in persona Christi. Der Titel „vicarius Petri" aber galt der durch päpstliche Nachfolge überlieferten und vom Papst an die Amtsträger delegierten Jurisdiktion. *Y. M.-J. Congar*, Die Lehre von der Kirche. Von Augustinus bis zum Abendländischen Schisma: HDG, hrsg. v. M. Schmaus / A. Grillmeier / L. Scheffczyk, Bd. III, Fasz. 3c, Freiburg/Basel/Wien 1971, 118 f., 125.

gers Petri im Wege"[107]. Daß die hervorragendsten Zeugen der orientalischen Kirchen, Athanasius von Alexandrien und Chrysostomus von Konstantinopel, gegen die griechische Kirche und den Kaiser stehen mußten und bei den lateinischen Patriarchen und gesamtkirchlichen Hirten Julius I. und Innozenz I. Zuflucht und Hilfe suchten, ergibt sich natürlich und unvermeidlich aus dem byzantinischen System.

Was bedeutet ein Vorrang der Gesamtkirche theoretisch und praktisch, wenn Kirche stets in der Ortskirche konkret erbaut und gelebt wird? Betreffs der Hirtenaufgabe der Bischöfe ist klar, daß sie vor allem in der Ortskirche wahrgenommen wird, auch wenn die gesamtkirchliche Verantwortung grundsätzlich einen gleichrangigen Faktor in ihr darstellt. Schwieriger stellt sich die Frage bezüglich des Petrusamtes. Der Papst ist Bischof von Rom und Bischof aller Diözesen. Es ist nicht bloße Spekulation, wenn man überlegt, welcher der beiden Funktionen das größere Gewicht beizumessen ist. Soll der Papst durch die Gesamtkirche oder durch das römische Bistum bestellt werden? Soll das römische Bistum sich von den Teilkirchen den Bischof oder soll die Gesamtkirche sich vom Bistum Rom den Papst bescheren lassen? Die Antwort auf dieses Dilemma ist ein Kompromiß, der nicht die Lösung, sondern eine praktische und vorläufige Annäherung an das Mysterium Kirche bedeutet. Einerseits wirkt der Papst bei der Besetzung aller Bischofssitze mit. Andererseits wird das Kardinalskollegium, das nach Idee und Ursprung das römische Presbyterium darstellt und dem seit dem Jahre 1059 das Recht der Papstwahl allein und ausschließlich zukommt, zunehmend übernational aus dem Episkopat der Weltkirche rekrutiert. Ein solches Kardinalskollegium vermag aber weder das römische Presbyterium noch das Bischofskollegium überzeugend zu repräsentieren. Gewiß kann man in der Debatte, ob die Ortskirchen göttlichen Rechts sind, den tieferen Sinn vermissen und bezweifeln, ob ihre Wortführer das erste und das zweite Vatikanum gebührend über ihre Schulmeinungen stellen.[108] Aber die Tradition und die Prärogativen des Papsttums, die hierarchische Verfassung der katholischen Kirche und ihr definierter dogmatischer Rang sowie ihr biblisches Fundament überschreiten ganz wesentlich eine einfache Gleichordnung von Gesamtkirche und Ortskirchen. Zumindest im logischen Sinn ist das Universale

[107] *Y. Congar*, Die Apostolische Kirche: Mysterium Salutis. Grundriß heilsgeschichtlicher Dogmatik, hrsg. v. J. Feiner / M. Löhrer, Bd. IV/1, Einsiedeln/Zürich/Köln 1972, 532–594, 586.

[108] Vgl. *G. Philips*, Utrum Ecclesiae particulares sint iuris divini: Periodica de re morali, canonica, liturgica 58 (1969) 143–154.

ein Singular und geht seiner Darstellung im Partikulären voraus.[109] Es ist ferner eine Grundtatsache der Offenbarung, daß Jesus Christus nur *eine* Kirche gestiftet hat. Der Herr sammelt das eine Volk Gottes. Er ist das Haupt der erlösten Menschheit. Außerdem kann die heilsgeschichtliche Rolle Jerusalems nicht ungeschehen gemacht werden, in welche die Kirche in einer freilich nicht von der alttestamentlichen Erwartung, sondern von der neutestamentlichen Erfüllung her bestimmten Weise einzutreten hat. Die Hypothese, daß die Gottesstadt von einer Vielzahl missionarischer Gemeinden erst relativ spät missioniert worden sei[110], beruht auf einer geringen Wahrscheinlichkeit. Ganz sicher folgt aus ihr nicht die These, daß die Gemeinde von Jerusalem nicht zur Urgemeinde aufgestiegen wäre. Im Gegenteil, wie Paulus nach Jerusalem ging, um den Kephas zu sehen (Gal 1, 18), so blieben seine Missionsgemeinden mit der Gemeinde der Tempelstadt wie mit der Muttergemeinde verbunden[111], deren Werk und Verdienst es ist, die Entsprechung zwischen der Messiasherrschaft und dem Kirchenbegriff geschaffen und dargestellt zu haben.[112] In Jerusalem fielen Ortsgemeinde und Gesamtkirche zusammen, so daß man in der Jerusalemer Gemeinde die Kirche schlechthin erblicken konnte (Apg 18, 22).[113] Jerusalems Stellung in der Kirche, so wie sie in der Apostelgeschichte beschrieben wird, kommentiert E. Haenchen mit Nachdruck: Jerusalem ist das ,,geistliche Haupt" des ,,corpus christianum" der ,,lose verbundenen Gemeinden", und zwar ,,als die sedes apostolica", ,,wo die Augenzeugen des Herrenlebens und der Auferstehung weilen"[114]. Und

[109] *Aristoteles*, Metaphysik IV 26, 1023b 26; 1024a 10. Vgl. *H. Vorgrimler*, Art. ,,katholisch": LThK, VI, 73.

[110] Gegen *G. Schille*, Die Anfänge der Kirche. Erwägungen zur apostolischen Frühgeschichte (= BEvTh 43), München 1966.

[111] *N. A. Dahl*, Das Volk Gottes, Darmstadt ²1963, 183, 185.

[112] AaO, 184. Es wäre nicht eine grundstürzende Erkenntnis, sondern die Aufhellung einer Strecke des historischen Weges zu der Communio der Kirchen und ihrer institutionellen Repräsentation, wenn die Thesen von J. Hainz durchschlagend sein sollten: ,,Paulus kennt keine Gesamt-›Kirche‹" (*J. Hainz*, Ekklesia [= Biblische Untersuchungen 9], Regensburg 1972, 251). In den Paulinen bezeichne Ekklesia durchwegs die Einzelgemeinde. Diese repräsentiere nicht die Hauptkirche, sondern Kirche Gottes. Nach *Hainz* konnte dies nicht der Endpunkt der Entwicklung sein (aaO, 254 f.; vgl. 236 ff., 245 ff.). Nach der heutigen Ekklesiologie repräsentiert auch Jerusalem beziehungsweise Rom nicht die Ortskirchen oder die Kirche Gottes im exklusiven Sinn, sondern stellt die Einheit der Ortskirchen und jene der Kirche Gottes dar.

[113] *O. Cullmann*, Petrus, Zürich/Stuttgart ²1960, 259.

[114] *E. Haenchen*, Die Apostelgeschichte (= Kritisch-exegetischer Kommentar über das Neue Testament, 3. Abtlg.), Göttingen ¹²1959, 403.

wo Jerusalem mit der fortschreitenden Heidenmission, mit dem Weggang des Petrus und schließlich mit der Zerstörung durch die Römer und der Auswanderung der Christen nach Pella seine Bedeutung als einigendes Band der Kirche verliert, sammeln die zerstreuten Gemeinden sich auf dem Fundament der Apostel und unter der kirchlich institutionalisierten Idee des vom Geist erfüllten theokratischen Gottesvolkes, die mit dem Namen des Petrus verbunden ist, während die auf die Autorität des leiblichen Herrenbruders Jakobus oder auf den Geist allein bauenden Gemeinden sich in Synkretismus verlieren und in das Judentum oder in das Heidentum zurücksinken.[115]

Die Auseinandersetzung darüber, ob das katholische Primatsverständnis biblisch abgeleitet werden kann, wird vielfach aus dem Gesamtzusammenhang frühchristlicher Geschichte herausgelöst. Dabei verwickelt die Exegese sich in ein solches Gewirr von Widersprüchen[116], daß man sich unwillkürlich fragt, was geschehen muß, wenn das Neue Testament

[115] *N. A. Dahl*, aaO, 186, 188–193.

[116] Die Rückprojektion aus der nachösterlichen Situation in das vorösterliche Leben der Jünger mit Jesus als hermeneutisches Prinzip verwischt die Grenzen zwischen Phantasie und Wirklichkeit. Außerdem gebiert das primum errans (Petrus habe seinen Vorrang als erster Auferstehungszeuge erlangt), nachdem es den biblischen Text selbst als Kriterium weitgehend ausgeschaltet hat, die gleichberechtigten, weil gleich unbegründeten Hypothesen: Das Triumvirat Simon, Jakobus und Johannes spiegelt die Anfangssituation der Kirche (*F. Christ*, Das Petrusamt im Neuen Testament: Zum Thema Petrusamt und Papsttum, Stuttgart 1970, 37) – es wurde erst von der markinischen Gemeinde in die Tradition eingeführt (*D. Gewalt*, Petrus, Heidelberg 1966); die petrinischen Texte der Synoptiker spiegeln das Auf und Ab der Glorifizierung und Nivellierung Petri (Verleugnung als legendarischer Reflex der wechselhaften Karriere Petri, Mt 18 als Bestreitung von Mt 16 nach *G. Klein*, Rekonstruktion und Interpretation, München 1969, 11–48; 49–98; 99–128); die petrusfeindlichen Kreise Kleinasiens (Eph 2, 20; Offb 21, 14) seien durch syrische (*W. Grundmann*, Das Evangelium nach Matthäus [= Theologischer Handkommentar zum NT 1], Berlin 1968) oder judäische (*G. Schille*, Die Anfänge der Kirche, München 1966) Gemeinden wieder in den auf Petrus hörenden Bereich einbezogen worden (1 Petr 2, 4–8); Mt 16 sei eine Schöpfung der Petrusanhänger gegen Tendenzen zur Bildung einer judenchristlichen Weltkirche unter einem christlichen Hohenpriester aus dem Hause David (*A. M. Ritter* / *G. Leich*, Wer ist die Kirche? Göttingen 1968, 42–52; vgl. *F. Christ*, Das Petrusamt, aaO, 44). Es erfordert einige Freiheit der Konstruktion, um Ort und Zeit der Entstehung sowie Tendenz und Inhalt der angeblich petrusfeindlichen (Eph 2, 20; Mt 18; Offb 21, 14) und der angeblich petrusfreundlichen (Mt 16; 1 Petr 2, 4–8; Joh 21) Überlieferungen zu einem Sinngefüge zu ordnen, wie es die Hypothesen jeweils voraussetzen. Theologisch normativ sind die Einheit des inspirierten Textes und die Absicht der Verfasser der kanonischen Schriften, die in den Überlieferungen keine exklusiven Alternativen erblickten.

noch in einem konstruktiven Sinn norma normans gegenüber dem kirchlichen Selbstverständnis bleiben soll. Müßte die Exegese nicht erstens die historisch gewachsene Kirche stärker als hermeneutischen Horizont akzeptieren, um das Übergewicht ahistorischer und subjektiver Leitbilder auszugleichen, wo es um die Scheidung sozio-kulturell bedingter und heilsgeschichtlich unüberholbarer Elemente kirchlicher Verfassung geht? Und müßte sie nicht zweitens sich in dem Sinn begrenzen, daß sie nicht unmittelbare Ableitungen und absolute Begründungen liefert, sondern ihr historisch-kritisches Instrumentar immer erst ansetzen kann, wo vernünftige Verständnisweisen und sinnvolle Verwirklichungen biblischer Inhalte vorliegen, die von kirchlichem Glauben und außerkirchlicher Gläubigkeit als unveräußerliche Leistung hervorgebracht werden. Diese Entwürfe bleiben so lange in Geltung und sind so lange nicht als Ideologie zu verwerfen, wie sie sich der wissenschaftlichen Kritik stellen und nicht der äußeren oder inneren Widersprüchlichkeit überführt sind. In seinem Kommentar zur Apostelgeschichte macht E. Haenchen darauf aufmerksam, daß „der Apostel an die Unbeschnittenen" in Gal 2, 7 die Sendung des Kephas wie auch seine eigene vereinfacht und überspitzt charakterisiert habe.[117] Kephas ist nach der Idee und dem Aufbau der Apostelgeschichte und nach indirekten Zeugnissen des Paulus selbst (1 Kor 1, 12; 3, 22; 9, 5) nicht allein das Haupt der Judenmission, sondern mit der Verantwortung für die gesamte Mission betraut. P. Gaechters zusammenfassende Umschreibung des Amtes, das Petrus in der frühen Kirche ausgeübt hat, ist im wesentlichen unwidersprochen: Petrus waren sämtliche Befugnisse zueigen, die sonst den Zwölfen, aber nicht einem einzelnen Mitglied dieses Kollegiums zukamen.[118] Nach K. Kertelge wirkte das Ansehen der Jerusalemer Urgemeinde nach, als gegen Ende des ersten Jahrhunderts in der heidnischen Ökumene ein neuer Schwerpunkt kirchlicher Einheit sich bilden mußte. Das zeigt sich daran, daß der erste Petrusbrief an teilweise sicher ursprünglich paulinische Gemeinden in Pontus, Galatien, Kappadozien, Asien und Bithynien (1 Petr 1, 1), der Jakobusbrief an die 12 Stämme in der Zerstreuung gerichtet ist (Jak 1, 1). Die petrinischen Texte in Mt 16, 1 Petr und Joh 21 versteht er als Ausdruck dessen, daß die Kirchen ihre Überlieferungen mit der Autorität des Petrus verbinden. Der Umstand, daß Mt 18, 18 parallel zu Mt 16, 19 formuliert ist, würde besa-

[117] *E. Haenchen*, Die Apostelgeschichte, 407 f.

[118] *P. Gaechter*, Das Matthäusevangelium, Innsbruck/Wien/München 1963, 539 f.

gen, daß die Gemeinde, in deren Ordnungen Mt 18 hineingestellt ist, die Autorität des Felsenapostels, nachdem dieser nicht mehr lebt, innehat.[119] Das Zugeständnis O. Cullmanns, „daß ein einzelner Mann die Urkirche wenigstens eine Zeitlang geführt hat", wird durch die Erklärung, daß das Einmannsystem der Gründungszeit angemessen ist, die Rolle des Felsen für die Gegenwart „Vorbild" und „nicht mehr als Vorbild" sein kann, zur Belanglosigkeit entwertet.[120] Ebenso uninteressant ist die Globalformel seines Schülers F. Christ, für den das Petrusamt als Dienst am Evangelium fortlebt.[121] Damit wird die Frage, wer denn in der Ortskirche mit bischöflicher Verfassung, die sich als Grundeinheit der kirchlichen Gemeinschaft herausgebildet hat, das verantwortliche Amt der Leitung, Verkündigung und Heiligung ausgeübt hat, dem Leser überlassen, der das Evangelium nicht nur als Medium geistiger Erweckung, sondern auch als Zankapfel der gespaltenen Christenheit kennt. Die Einheit der Kirche aber kommt nicht einmal als Frage zum Tragen. Erblickt man aber in dem ersten Brief des Clemens von Rom an die Gemeinde von Korinth ein Zeugnis dafür, daß die Gemeinde von Rom bereit war, der Christenheit anstelle von Jerusalem dort einen neuen Mittelpunktsort zu geben, wo auf die „Säulen" verwiesen werden kann, wie sie früher in Jerusalem waren[122], wo die Kinder Abrahams sich sammeln[123], der neue Tempeldienst dargebracht wird[124] und die für die religiöse Ordnung grundlegenden Fragen entschieden werden, und beurteilt man diese Bereitschaft mit J. Speigl in dem Sinne, daß „die römische Gemeinde die längst fällige Initiative" ergreift, „um die ausgefallene Führungsrolle Jerusalems subsidiär weiterzuführen", so schließt sich der Kreis von den biblischen Hinweisen auf den Vorrang des Petrus und die Bedeutung der Urgemeinde zu der historischen Entwicklung des Papsttums und der Einheitsfunktion des römischen Bistums.[125]
Im Blick auf die unterschiedliche Situation der Teilkirchen in den Ländern

[119] *K. Kertelge*, Gemeinde und Amt im Neuen Testament, München 1972, 135–140.

[120] *O. Cullmann*, Petrus, Zürich/Stuttgart ^{2}1960, 259; vgl. 261, 258.

[121] *F. Christ*, Das Petrusamt im Neuen Testament: Zum Thema Petrusamt und Papsttum, Stuttgart 1970, 49.

[122] 1 Clem 5, 2.

[123] 1 Clem 31, 2.

[124] 1 Clem 41, 2.

[125] *J. Speigl*, Ortskirche - Weltkirche. Einige Betrachtungen aus dem kirchlichen Altertum: Ortskirche - Weltkirche (Festgabe für Julius Kardinal Döpfner, hrsg. v. H. Fleckenstein / G. Gruber / G. Schwaiger / E. Tewes), Würzburg 1973, 75–86, 78.

und Kontinenten wie im Interesse der Gemeinschaft der Kirchen ist es nötig, das Verhältnis zwischen dem Universalepiskopat des Papstes und dem Episkopat der Ortsbischöfe zu klären und eine Form der Primatsausübung zu finden, die ein juridistisches Mißverständnis und ein absolutistisches Ärgernis ausschließt.

Mit Sicherheit dürfte feststehen, daß die Definition des päpstlichen Jurisdiktionsprimats als „potestas vere episcopalis" auf dem Ersten Vatikanum[126] nicht durch verbalistische Übersetzungskunst für Konfessionen mit synodaler oder episkopaler Verfassung ökumenisch hoffähig gemacht werden kann. Die Deutung „wahre Hirtengewalt" im Sinne einer allgemeinen, pastoralen Gewalt, etwa moralischer Art, scheidet aus.[127] Und der unsinnige Zustand, daß jedes Bistum in ein und derselben Weise zwei Hirten göttlichen Rechts hat, kann nicht durch die Lockerung der Bindungen an Rom oder durch eine stärkere Akzentuierung der bischöflichen Kollegialität vermieden werden; denn die Autonomie teilkirchlicher Verbände ändert nicht die grundsätzliche Stellung des Papstes als Bischof der Gesamtkirche, während die kollegialen Akte des Bischofskollegiums auf dem allgemeinen Konzil mehr den Charakter eines Ereignisses als einer Institution haben. Von Anfang an waren es Kirche und Bischof von Rom, wovon die Einheit der Kirchen ihren Ausgang nahm und wohin die Hirten der Kirchen im Osten und Westen sich in ihren Anliegen wandten.[128] Vorerst wird man sich mit der Erklärung begnügen müssen, daß der Papst seinen Episkopat über die einzelnen Bistümer subsidiär ausübt, sei es im Interesse hirtenlos gewordener Teilkirchen oder sei es zum Zweck der Verwirklichung und Darstellung der Einheit aller Kirchen als Glieder der Gesamtkirche. In beiden Fällen wird man mit Rücksicht auf die praktische Funktionsfähigkeit, die historischen Fakten und die dogmatischen Definitionen[129] davon ausgehen müssen, daß der päpstliche Universalepisko-

[126] DS 3060.

[127] Dieses Bedenken gilt dem Versuch W. Kaspers, der die potestas episcopalis des Papstes als eine Hirtengewalt zwischen der bischöflichen und der primatialen Autorität ansetzt (*W. Kasper*, Glaube und Geschichte, Mainz 1970, 424 f.).

[128] Vgl. *H. de Lubac*, Petrusamt und Partikularkirchen: Internat. kath. Zeitschrift „Communio" 1 (1972) 325–340, 333 ff.

[129] Dem unmittelbaren Prinzipat des Papstes sind verpflichtet „die Hirten und Gläubigen jedweden Ritus und Ranges, sowohl einzeln wie auch alle zugleich, nicht nur in den Dingen des Glaubens und der Sitte, sondern auch in jenen der Disziplin und Leitung der über den ganzen Erdkreis ausgebreiteten Kirche, so daß unter Wahrung der Einheit der Communio und des Glaubensbekenntnisses mit dem Römischen Pontifex die Kirche Christi eine Herde unter einem obersten Hirten ist" (DS 3060). „Der römische Bischof hat nämlich kraft

pat gegenüber den Bischöfen und ihren Kirchen kraft höheren Rechts tätig wird.

Theologisch ungeklärt ist das Verhältnis des obersten Hirtenamtes zu dem Amt des Bischofs von Rom. Rechtstechnisch ist das geltende Recht, wie es K. Mörsdorf kommentiert, die effektivste Lösung: Das oberste Hirtenamt des Papstes ist das primäre. ,,Als oberster Hirt der Kirche ist der Papst zugleich Bischof von Rom und nicht umgekehrt.“[130] Aber historisch und ekklesiologisch liegen die Dinge nicht so einfach. Im Bewußtsein der Väter (Clemens, Ignatius, Irenäus) steht der Vorrang der Kirche Roms in der Gemeinschaft der Kirchen im Vordergrund.[131] Vom dritten Jahrhundert an tritt die personale Sicht des Primats hervor, in der er sich voll entfalten sollte.[132] Beide Komponenten, die lokale und die personale, bilden aber eine Einheit. Es ist anzunehmen, daß Linus zum Nachfolger Petri dadurch geworden ist, daß er zum Bischof der Gemeinde von Rom bestellt wurde, welche die Nachfolge Jerusalems angetreten hat. Erst eine überspitzt individualrechtliche Auffassung konnte das Amt des Papstes einseitig oder primär an einen Akt wie die Wahl und deren Annahme knüpfen. Müßte dieses Amt nicht innerhalb der Communio Ecclesiarum als untrennbar mit der Mutter- oder Hauptkirche verbunden betrachtet werden? Die Communio Ecclesiarum ,,ist konkrete Ausformung der vorgegebenen kirchlichen Gemeinschaft des in hierarchischer Ordnung lebenden neuen Gottesvolkes“[133]. Abstrahiert man von dieser Konkretion in den Ortskirchen und setzt man, wenn auch unter Berufung auf das Herrenwort Mt 16, allein auf die personale Struktur des Petrusamtes, so erscheint der Papst nicht mehr als das sichtbare Haupt der Kirche, sondern als die Kirche selbst; er übt nicht mehr die Einheitsfunktion in der Kirche aus, sondern er ist die Kirche. Ein solcher Absolutismus wird stets das andere Extrem auf den Plan rufen, welches dem Papst nur die Repräsentation des Volkes und der Gesamtheit seiner Hirten zugesteht und in der Papstwahl eine Art Delegation durch die Weltkirche erblickt. Absoluti-

seines Amtes als Stellvertreter Christi und Hirt der ganzen Kirche volle, höchste und universale Gewalt über die Kirche und kann sie immer frei ausüben“ (Conc. Vat. II, De Eccl., Nr. 22).

[130] *K. Mörsdorf*, Kirchenrecht, Bd. I, Paderborn [11]1964, 347.

[131] Vgl. *P. Stockmeier*, Das Petrusamt, 64 f. *K. Baus*, Von der Urgemeinde zur frühchristlichen Großkirche (= Handbuch der Kirchengeschichte, hrsg. von H. Jedin, Bd. I), Freiburg/Basel/Wien [3]1973, 179.

[132] Vgl. *J. Ratzinger*, Das neue Volk Gottes, Düsseldorf [2]1970, 130.

[133] *W. Aymans*, Die Communio Ecclesiarum als Gestaltgesetz der einen Kirche: Archiv für Katholisches Kirchenrecht 139 (1970) 69–90, 90.

stisch verstanden wäre es auch um das Priestertum und das Hirtenamt des Papstes schlecht bestellt. Ist er nicht Bischof einer Ortskirche, so trägt er nicht unmittelbar zum tatsächlichen Aufbau der Kirche und zum lebendigen Vollzug des Mysteriums bei. Oberhirtliche Wache über die Einheit des Glaubens und der Disziplin sowie die Inanspruchnahme des Rechts, überall seinen Summepiskopat persönlich oder durch Legaten zu betätigen, machen ihn überall und nirgends zum Zeichen Christi, der sich den Brüdern eint, um sich mit ihnen im Geist dem Vater darzubringen. Wenn man in der Hauptkirche ein gewöhnliches Bistum sieht, wird man den zitierten Satz Mörsdorfs nicht umkehren können. Man wird aber neu durchdenken müssen, ob der oberste Hirte wirklich in Personalunion das Amt des Papstes und das Amt des Bischofs von Rom innehat, oder ob das Bischofsamt der Hauptkirche nicht zugleich das Amt des Papsttums ist. Historisch wäre diese Deutung näher am Phänomen. Rein verbal spricht dafür die Kollektiverklärung der Bischöfe Deutschlands (1875): ,,Nach dieser Lehre der katholischen Kirche ist der Papst Bischof von Rom . . . Aber als Bischof von Rom ist er zugleich Papst . . .“[134] Die Intentionalität des Papsttums auf die Hauptkirche in der Gemeinschaft der Kirchen und die Intentionalität der Hauptkirche auf das Papsttum wird als Wesensausfluß und aufgrund der Verfassung der Kirche auf jeden Fall angezeigt sein.

Daraus würde nicht folgen, daß das Petrusamt göttlichen Rechts mit dem römischen Bischofssitz verbunden ist, sondern lediglich, daß es in der Stiftung Christi stets eine lokale Verwirklichung der Gesamtkirche, eine primatiale Ortskirche gibt.[135] Obwohl der Übergang der Mittelpunktsfunktion von Jerusalem auf Rom analog zum Weg des Evangeliums von den Juden zu den Heiden als ein einmaliger und unwiederholbarer Vorgang betrachtet werden kann, bleibt zu beachten, daß für die tatsächliche Wahl Roms zum Ort der kirchlichen Mittelpunktsfunktion das außertheologische Motiv der Stellung Roms im römischen Erdkreis nicht von der Hand zu weisen ist, und daß es keine theologische oder heilsgeschichtliche Garantie dafür gibt, daß diese Stadt bis zum Ende der Geschichte Caput Mundi sein oder auch nur überleben werde.

[134] DS 3113.

[135] Diese Sicht fällt um so schwerer, als die Gemeinde von Rom aufgehört hat, vorbildlich die Catholica zu verkörpern, und wir uns bei dem mißlichen Zustand des Bistums Rom wie vieler anderer Bistümer daran gewöhnt haben, den Blick auf die Elite der Hirten zu konzentrieren. Wo aber bleibt die Fruchtbarkeit des Papsttums für die Ortskirche Rom?

V. Theologie des Kirchenrechts – Stand und Hoffnung

Wer den Fragen um die theologische Begründung des Rechts in der Kirche nachgeht, bewegt sich im Grenzgebiet zwischen Jurisprudenz, Philosophie, Ethik und Theologie. Er muß sich mit den verschiedensten Strömungen der Geistesgeschichte und Wissenschaftstheorie auseinandersetzen und zumindest indirekt an innerkirchliche, ökumenische und politische Konflikte rühren. Vor allem sollte er sich dessen bewußt sein, daß er für das Vermächtnis Christi und das Heil der Menschen an einer Stelle Verantwortung übernimmt, wo die tragische Ambivalenz menschlicher Existenz sich mit besonderer Härte auswirkt und die Grundsatzentscheidungen an Schuld und Leid der Kirchenglieder beträchtlichen Anteil haben. Bei der Fülle des von der Rechtsgeschichte zutage geförderten Materials, bei der Verworrenheit der Tagesdiskussion um die Stellung und Reform des Rechts in der Kirche und bei der komplexen, schwer durchschaubaren Struktur der einzelnen rechtstheologischen Systeme wird es nicht unnütz sein, einer Anregung von O. von Nell-Breuning zu folgen[1] und eine systematische Übersicht über einige der bedeutenden Konzeptionen zu geben, um ihre Ausgangspunkte, ihre Wege und Ziele, je ihre Reichweite und Grenze klarer zu erkennen und auf Probleme aufmerksam zu machen, die der Lösung, nicht der Verschiebung durch die Kirchen und ihre Theologien bedürfen.

Als Dreh- und Angelpunkt der Rechtstheologie jeder Provenienz erweist sich das Werk R. Sohms (gest. 1917).[2] Es bringt das kirchliche, rechtliche und politische Bewußtsein des deutschen Luthertums und Protestantismus in jene Krise, in welche es die historische Entwicklung von den Landeskirchen in den religiösen Monarchien bis zu der Kirche im weltanschaulich neutralen Verfassungsstaat notwendig führen mußte. Und es gibt den Anstoß zu einer umfassenden Neubesinnung und Vertiefung des rechtshistorischen, rechtstheologischen und ekklesiologischen

[1] Vgl. *O. von Nell-Breunings* Besprechung des Sammelbandes, Legge e Vangelo. Discussione su una legge fondamentale per la Chiesa (= Testi e ricerche di Scienze religiose 8), Brescia 1972: Theologie und Philosophie 49 (1974) 132–134, 133.

[2] *R. Sohm*, Kirchenrecht I. Systematisches Handbuch der deutschen Rechtswissenschaft, hrsg. von K. Binding, Leipzig 1892. *Ders.*, Kirchenrecht II, München und Leipzig 1923. *Ders.*, Wesen und Ursprung des Katholizismus (= Abhandlungen der philosophisch-historischen Klasse der königl. Sächsischen Gesellschaft der Wissenschaften 27), Leipzig 1909. *Ders.*, Kirchengeschichte im Grundriß, 1887, [19]1917.

Denkens sowohl im evangelischen Raum wie auch in der katholischen Kirche.

Die Verbindung mit der mittelalterlichen Ordnung, aus der man mit der Reformation herausgetreten war, und die Kraft christlichen Glaubens, die in den Bereichen des gesellschaftlichen und kulturellen Lebens im wesentlichen ungebrochen herrschte, waren bis in das 18. Jahrhundert hinein stark genug, um sich im Luthertum und Protestantismus mit Hilfe der augustinischen Idee von der Christenheit als einer den religiösen und den politischen Bereich umfassenden Gemeinschaft ein Bild der Selbstanschauung und eine Möglichkeit des Selbstverständnisses zu schaffen, worin die Einheit der Kirche, die ständische Gliederung (status religiosus, status oeconomicus, status politicus) und die doppelte landesherrliche Gewalt gleicherweise Platz finden konnten. Dem Landesherrn, in dem die deutschen reformatorischen Kirchen von Anfang an den Ersatz für die verlorene bischöflich-päpstliche Struktur suchten, wurde kraft eigenen Rechts nicht nur die volle Gewalt über die weltlich-sozialen Inhalte der 2. Tafel des Dekalogs zugeschrieben, sondern auch der äußere rechtliche Schutz über den religiösen Bereich der 1. Tafel des Dekalogs anvertraut (Episkopaltheorie).[3]

Die Aufklärung drängte die kanonistisch-theologischen Begründungen des Verhältnisses zwischen Kirche und Staat in den Hintergrund und verhalf dem weltlichen Arm zu einer scheinbar philosophisch-rechtlich legitimen Souveränität über die Kirche. Nun beanspruchte der Landesherr auf seinem Territorium die Kirchengewalt als Träger der Landeshoheit (Territorialtheorie), nicht mehr als oberstes Glied der Kirche (membrum principale Ecclesiae). Zwar entwickelten kirchliche Gegenkräfte die Auffassung, daß die Kirche als sichtbare soziologische Größe einen Teil der res publica darstelle und von ihrem eigenen Bereich aus dem Staat als Partner begegne (Kollegialtheorie), aber die fortschreitende Säkularisierung und Autonomisierung der Lebenswelt des Menschen konnte dadurch nicht aufgehalten werden.[4] Im Gegenteil, die Kirche als geschichtlich-so-

[3] Vgl. *A. M. Rouco Varela*, Evangelische Kirchenrechtstheologie heute. Möglichkeiten und Grenzen eines Dialogs: Archiv für Katholisches Kirchenrecht 140 (1971) 106–136, 111. *J. Heckel,* Cura religionis, ius in sacra, ius circa sacra: Festschrift für U. Stutz, Stuttgart 1938, 224–298 (Nachdruck Darmstadt 1962). *M. Heckel,* Staat und Kirche nach den Lehren der evangelischen Juristen Deutschlands in der ersten Hälfte des 17. Jahrhunderts, München 1968.

[4] Die drei staatskirchenrechtlichen Theorien, Episkopaltheorie, Territorialtheorie und Kollegialtheorie, spiegeln nach P. Hinschius die wahre kirchenpolitische Entwicklung, nach

ziales Phänomen, insbesondere ihr rechtlicher Status und ihre eigene Rechtsordnung, wurden mehr und mehr selbst nach Maßgabe des zeitgenössischen Denkens als rein menschlich-weltliche Größe verstanden.

Als darum die religiösen Monarchien im Lauf des 19. Jahrhunderts durch die ideologisch pluralistischen Parlamente ausgehöhlt, ja im Wesen schon überholt waren und so gearteten „Obrigkeiten" das Recht der Kirche nicht weiter anvertraut werden konnte, waren die Plädoyers der Berliner Schule und des liberalen Historikers A. von Harnack zugunsten einer kirchlichen Rechtsordnung im Grunde schon anachronistisch geworden, da sie die Notwendigkeit dieser Ordnung nur als historische Notwendigkeit, auf dem Boden des Rechtspositivismus und aus der Identität des Kirchenrechts mit jedem anderen Recht aufzeigten.[5] Insofern war es

R. Sohm die Erosion des theologischen Wesens der Kirche im deutschen Protestantismus (*P. Hinschius,* Staat und Kirche, Freiburg i. Br. 1883, 200–204; *R. Sohm,* Kirchenrecht I, 542–634 und Kirchenrecht II, 11–39). Im zeitgenössischen Protestantismus bestreitet man, daß diese Theorien den tatsächlichen Stand der Verhältnisse in den ersten drei Jahrhunderten der Reformationskirchen zum Ausdruck bringen und daß sie sich ekklosiologisch völlig negativ ausgewirkt haben, ohne jedoch das Gesamtgefälle der tatsächlichen politischen und theologischen Entwicklung in Abrede stellen zu können (*E. Wolf*, Ordnung der Kirche, Frankfurt 1961, 386–397; *M. Heckel*, Staat und Kirche, 1–13; 73–196; *M. Honecker*, Cura religionis Magistratus Christiani. Studien zum Kirchenrecht im Luthertum des 17. Jahrhunderts, insbesondere bei *Johann Gerhard*, München 1968; *K. Schlaich*, Kollegialtheorie. Kirche und Staat der Aufklärung, München 1969; *ders.*, Kirchenrecht und Vernunftrecht. Kirche und Staat in der Sicht der Kollegialtheorie: Zeitschrift für Evangelisches Kirchenrecht 14 (1969) 1–25. Vgl. *A. M. Rouco Varela*, Evangelische Kirchenrechtstheologie heute, 112 f., Anm. 16.

[5] Zur Berliner Schule im besonderen (*Acm. L. Richter, E. Friedberg, P. Hinschius, W. Kahl*) und zur protestantischen Kirchenrechtswissenschaft des 19. Jahrhunderts im allgemeinen vgl. *A. M. Rouco Varela* (Evangelische Kirchenrechtstheologie heute, 114 mit Anm. 18 und 19), der sich auf zahlreiche Literatur und die einschlägigen Quellen stützt und die Einreihung Sohms in den rechtshistorischen Positivismus, wie sie bei A. de la Hera vorgenommen wird, ablehnt (*A. de la Hera*, Introducción a la ciencia del derecho canónico, Madrid 1967, 81–88). Zur Auseinandersetzung zwischen A. von Harnack und R. Sohm vgl. *W. Maurer*, Die Auseinandersetzung zwischen Harnack und Sohm und die Begründung eines evangelischen Kirchenrechtes: Kerygma und Dogma 6 (1960) 194–213; *ders.*, Rudolph Sohms Ringen um den Zusammenhang zwischen Geist und Recht in der Geschichte des kirchlichen Rechts: Zeitschrift für Evangelisches Kirchenrecht 8 (1961/62) 26–60; *D. Stoodt*, Wort und Recht. Rudolph Sohm und das theologische Problem des Kirchenrechts, München 1962; *A. Bühler*, Kirche und Staat bei Rudolph Sohm, Zürich 1965; *E. Ruppel*, Kirche und Staat bei Rudolph Sohm (Literaturbericht): ZfevKR 14 (1969) 225–238; *A. von Harnack*, Entstehung und Entwicklung der Kirchenverfassung und des Kirchenrechts in den ersten drei Jahrhunderten, 1910. *Ders.*, Das Wesen des Christentums, Leipzig [2]1900, 65–71.

ihr Widerpart R. Sohm, der die längst vollzogene Spaltung des Kirchenbegriffs in eine Kirche des Glaubens und eine Kirche des Rechts aufdeckte und die Unvereinbarkeit des so verstandenen Rechts mit dem inneren Wesen der Kirche herausstellte. Gleichzeitig brachte er aber die historische Begrenztheit und die objektive Unrichtigkeit auch seines eigenen Standpunktes in der These zum Ausdruck, daß der Sündenfall der Kirche mit dem ersten Clemensbrief geschehen sei und darin bestanden habe, daß die Geistkirche zur Rechtskirche abgefallen sei.[6] Hier fanden die Kritiker den Anhaltspunkt, ohne in ihrer eigenen historischen Gebundenheit eine überzeugende Widerlegung oder gar Überbietung zu leisten.

So konnten nach dem Untergang des protestantischen deutschen Kaisertums, des landesherrlichen Regiments und damit des Zentrums evangelischer Kirchenverfassung im Jahre 1918 zwar U. Stutz die Verwundbarkeit des sohmschen Systems von dessen historisch-kanonistischen Voraussetzungen her aufzeigen und G. Holstein gegen einen ekklesiologischen Irrationalismus auf der Vereinbarkeit von Geistkirche und Rechtskirche bestehen, aber das äußere Kirchentum als nichts anderes in den Blick bekommen denn als geschichtlich-weltliches Korrelat zu der supranaturalen Geistkirche und als eine Funktion nicht des kirchlichen Wesens, sondern der soziologischen Ordnung und der sozialen Disziplin.[7]

Dieselbe ungenügende Antwort auf Sohm wird von R. Bultmann im Namen der historisch-kritischen Forschung und von E. Schlink aus evangelisch-lutherischem und ökumenischem Engagement bis zu diesem Augenblick gegeben. R. Bultmann wähnt über den Gegensatz Harnack-Sohm hinauszugelangen, indem er aufzeigt, daß es an der Wende von der apostolischen zu der frühkatholischen Zeit auch einen Übergang von dem gläubigen Selbstverständnis des Gottesvolkes als einer eschatologischen Gemeinschaft zu der Kirche als einem historisch-soziologischen Phänomen gegeben habe und daß die Stationen dieses Übergangs von der Autorität der Geistträger und der Diensttuenden in den Gemeinden zur Weisung, zum Amt, zur Ordnung und Disziplin geführt haben.[8] E. Schlink

[6] *R. Sohm*, Kirchenrecht I, X, 1, 4–28. *Ders.*, Kirchenrecht II, 1–63. *Ders.*, Wesen und Ursprung des Katholizismus, 335–390.

[7] *U. Stutz*, Besprechung über R. Sohms „Das altkatholische Kirchenrecht und das Dekret Gratians" (München und Leipzig 1918): Zeitschrift der Savigny-Stiftung für Rechtsgeschichte, Kanonistische Abtlg. 8 (1918) 238–246. *G. Holstein*, Die Grundlagen des evangelischen Kirchenrechts, Tübingen 1928, 210–228. Vgl. *A. M. Rouco Varela*, Evangelische Kirchenrechtstheologie heute, 116 f.

[8] *R. Bultmann*, Theologie des Neuen Testaments, Tübingen [6]1968, 447–452.

betont, daß nur der positivistische Rechtsbegriff, der einzige, der Sohm zu Gebote stand, mit dem Wesen der Kirche unvereinbar sei.[9] Die theologische Frage nach dem Grund und Ziel, der inneren Art und Beschaffenheit des Kirchenrechts bleibt aber damit auch dann noch offen, wenn man Bultmanns Thesen berücksichtigt, daß das Evangelium Tradition schafft, der Geist die Rechtskirche konstituiert, nicht umgekehrt.

Bei W. Pannenberg, der gegen den Rückfall in eine neue Form des Naturrechts bei H. Dombois polemisiert, gibt es nur *ein* Recht, das der menschlichen Gemeinschaft, und nur *einen* Grund dieses Rechts, die Liebe Gottes, auf die hin der Mensch eschatologisch ausgerichtet ist. Jesus Christus hat die theokratische Konzeption des jüdischen Rechts zerbrochen und nach Ostern das Kommen der Gottesherrschaft zu allen Völkern verkünden lassen. Was er geoffenbart hat, sei neben der Wahrheit, daß die Liebe die Schöpferin und Trägerin des Rechts ist, der provisorische und veränderliche Charakter der konkreten Rechtsordnungen im Horizont der Zukunft Gottes, die in jedem Augenblick der Geschichte das Neue heraufführt.[10] Etwas wenig, daß dieser Jesus verkündet, was in gewissen religionsgeschichtlichen Konstellationen Sache eines jeden guten und klugen Menschen ist, auch wenn er keine Kirche zu gründen beabsichtigt.[11]

Nun hatte sich aber schon im Jahre 1934 die Bekennende Kirche auf der Barmer Synode konstituiert. Sie hatte gegen die Deutschen Christen, die über die Synoden auf die Kirchenleitungen einwirkten und die Germani-

[9] *E. Schlink*, Zur Unterscheidung von Ius Divinum und Ius Humanum: Begegnung. Festschrift für H. Fries, hrsg. von M. Seckler / O. H. Pesch / J. Brosseder / W. Pannenberg, Graz 1972, 232–249, 236, Anm. 11. *R. Sohm*, Kirchenrecht I, 23.

[10] *W. Pannenberg*, Zur Theologie des Rechts: Zeitschrift für evangelische Ethik 7 (1963) 1–23.

[11] Diese Kritik richtet sich nicht gegen die Philosophie Pannenbergs, in der die Unterscheidung zwischen Wesen und Erscheinung eine wichtige Rolle spielt; auch nicht gegen Pannenbergs Auffassung von Sinn als Bedeutung der Dinge, des Kontextes der Geschichte und der Korrelation oder Überschneidung von beiden. Sie weigert sich aber, aus der Wahrheit, daß die Totalbedeutung des Wesens und der Totalsinn von Welt und Geschichte erst am Ende offenbar werden, den Schluß zu ziehen, daß die Kirche keine bleibende Grundgestalt und keinen bleibenden Ausdruck ihres Sinnes in der Geschichte besitze. Um im pannenbergschen Denkhorizont zu sprechen: wie in der Eucharistie eine neue Bedeutung von Brot und Wein in den bleibenden Gestalten offenbar und wirksam wird, so beläßt die fortschreitende Entbergung des Wesens der Kirche die von Christus festgelegte Grundgestalt oder Verfaßtheit des Gottesvolkes in der Geschichte. Vgl. *W. Pannenberg*, Die Problematik der Abendmahlsgemeinschaft, Regensburg 1971, 36 f. *Ders.*, Wissenschaftstheorie und Theologie, Frankfurt 1973, 98 ff., 211–221.

sierung der Kirchenverfassung durch das Führerprinzip und des Bekenntnisses durch den Mythos des 20. Jahrhunderts betrieben, den Weg des Widerstandes, das Schicksal der Verfolgung und des Martyriums gewählt und mit der „Theologischen Erklärung", der „Erklärung zur Rechtslage der DEK" und der „Erklärung zur praktischen Arbeit der Bekenntnissynode der DEK" das evangelische Kirchenbewußtsein wachgerüttelt. Zum theologischen und juristischen Kristallisationspunkt der Reform wurde vor allem die These, die auch nach dem Zusammenbruch des NS-Staates der Neuordnung der EKD, der ekklesiologischen Selbstbesinnung, dem im Jahre 1951 vom Rat der EKD veranlaßten Gespräch über Kirche und Recht und der evangelischen Rechtstheologie der Gegenwart entscheidende Impulse gab: „In der Kirche ist eine Scheidung der äußeren Ordnung vom Bekenntnis nicht möglich."[12]

Trotz der Vorbehalte einer Reihe von Theologen, die den Begriff des ius divinum als unreformatorisch ablehnten (H. Wehrhahn)[13] oder der theologischen Begründung des ius ecclesiasticum protestantium mit mehr oder weniger Skepsis begegneten (H. Liermann, S. Grundmann)[14], entwikkelte sich eine den Positivismus überwindende Rechtsphilosophie[15] und Rechtstheologie, verlor die Legende vom rechtsfeindlichen Luther, welche die Anhänger und Bewunderer Sohms weiter verbreiteten, ihre repräsentative Geltung[16] und erreichte die Begründung des Kirchenrechts

[12] *G. Niemöller*, Die erste Bekenntnissynode der Deutschen Evangelischen Kirche zu Barmen (2 Bde.) II, Text-Dokumente-Berichte, Göttingen 1959, 203. Vgl. *A. M. Rouco Varela*, Evangelische Kirchenrechtstheologie heute, 118.

[13] *H. Wehrhahn*, Die Grundlagenproblematik des deutschen evangelischen Kirchenrechts 1933–1945: Theologische Rundschau, Neue Folge 18 (1950) 69–90, 112–147; 19 (1951) 221–252. *Ders.*, Der Stand des Methodenproblems in der evangelischen Kirchenrechtslehre: ZevKR 1 (1951) 55–80.

[14] Liermann befürchtet eine Entleerung des Kirchenrechts, Grundmann den Verlust der Einheit des Rechts durch eine Theologisierung. *H. Liermann*, Die gegenwärtige Lage der Wissenschaft vom evangelischen Kirchenrecht: ZevKR 8 (1961/62) 290–302. *S. Grundmann*, „Kirchenrecht": Evangelisches Staatslexikon, Stuttgart/Berlin 1966, 965–983, 982 f.

[15] Vgl. *H. Schelauske*, Naturrechtsdiskussion in Deutschland. Ein Überblick über zwei Jahrzehnte: 1945–1965, Köln 1967. *A. Auer*, Naturrechtsdenken im heutigen Protestantismus: Salzburger Jahrbuch für Philosophie IV, Salzburg 1960.

[16] Nach Liermann haben die Gesten und Schmähungen Luthers über die Juristen mehr rhetorische als theologische Bedeutung (*H. Liermann,* Der „unjuristische" Luther: Luther-Jahrbuch 24 (1957) 69–85). Vgl. *H. Bornkamm / G. Ebeling,* „Luther": RGG IV, ³1960, 480–520; *E. Iserloh*, Reformation, Katholische Reform und Gegenreformation (= Handbuch der Kirchengeschichte, hrsg. v. H. Jedin, Bd. IV), Freiburg/Basel/Wien 1967, 118–145, 222–246.

von theologischen Wurzeln und Grundlagen aus einen Höhepunkt bei dem Dreigestirn J. Heckel, E. Wolf und H. Dombois.

Johannes Heckel beabsichtigt, die lutherische Form der heute verschütteten Zwei-Reiche-Lehre freizulegen und ihre Aktualität durch systematischen Ausbau zu vermehren.

Göttliches Recht ist für ihn die „Herrschaft Gottes in Christus und durch Christus über den gefallenen und erlösten Menschen"[17]. Es gliedert sich in das natürliche göttliche Recht (lex divina), das mit Gottes Freundschaft und Liebe, an denen dem Menschen Anteil geschenkt wird, zusammenfällt (lex spiritualis caritatis), und in das positive göttliche Recht, das in Christi kirchenstiftenden Handlungen des Wortes, des Sakramentes und der Übergabe der Schlüsselgewalt besteht. In diesen Handlungen Christi geschieht die Verkündigung und Feier der Wiederherstellung der Gottesherrschaft über den gefallenen Menschen, so daß das positive göttliche Recht christologisches Recht ist und im natürlichen göttlichen Recht wurzelt und gipfelt. Das natürliche göttliche Recht, das in der Beziehung zwischen der Gnade und dem Menschen herrscht, fügt den Menschen in das Fundament der christlichen Freiheit, Gleichheit und Brüderlichkeit ein. Es wird mittels des positiven göttlichen Rechts im Menschen existentiell gültig und wirksam, soweit dieser Glied der Geistkirche (ecclesia spiritualis) ist.[18]

[17] *A. M. Rouco Varela*, Evangelische Kirchenrechtstheologie heute, 123. Heckel schreibt über Luther programmatisch: „Als Rechtsphilosophen fragte man ihn aus. Er aber antwortet, wie es sein Stand gebietet, als Theologe" (*J. Heckel*, Lex charitatis. Eine juristische Untersuchung über das Recht in der Theologie Martin Luthers [= Abhandlungen der Bayerischen Akademie der Wissenschaften, Philosophisch-historische Klasse, Neue Folge 36] München 1953, 19). Vgl. *ders.*, Das blinde, undeutliche Wort „Kirche": *S. Grundmann (Hrsg.)*, Gesammelte Aufsätze, Köln/Graz 1964, 289 f. Zu Heckels Auseinandersetzung mit P. Althaus vgl. *J. Heckel*, Im Irrgarten der Zwei-Reiche-Lehre. Zwei Abhandlungen zum Reichs- und Kirchenbegriff Martin Luthers (= Theologische Existenz heute, Neue Folge 55), München 1957.

Da hier nicht eine neue Heckeldeutung versucht wird, genügt es, in der Darstellung seiner Gedanken auf die Arbeiten W. Steinmüllers (*W. Steinmüller*, Evangelische Rechtstheologie. Zwei-Reiche-Lehre – Christokratie – Gnadenrecht, 2 Bde., Köln/Graz 1968), *A. M. Rouco Varelas* (Evangelische Kirchenrechtstheologie heute, 106–136) und seines Schülers S. Grundmann (*S. Grundmann*, Kirchenrecht, I. Evangelisches Kirchenrecht: Ev. Staatslexikon, Stuttgart/Berlin 1966, 974–979) zurückzugreifen.

[18] „Die geistliche Kirche besteht auf Grund von positivem, lebt gemäß natürlichem, beide Male aber und ausschließlich nach göttlichem Recht" (*W. Steinmüller*, Evangelische Rechtstheologie I, 176). „Als ‚lex iustificans' verleiht die lex Christi dem bekehrten Sünder sogar die Rechtfertigung; denn sie ist im Wesen ‚Geist, nichts als göttlicher Geist'"

In der Welt und der Geschichte, an sich Bereiche des Teufels, worin der Christ als Gerechtfertigter und Sünder zugleich lebt (simul iustus et peccator), wird das göttliche Recht zweifach wirksam, und zwar 1) durch das profane Recht, sofern die Gerechtfertigten und vom Geist Erleuchteten an seiner Aufrichtung und Erhaltung mitarbeiten, und 2) durch das positive kirchliche Recht. Christliche Existenz und kirchliche Wirklichkeit können sich darum nicht in reine Innerlichkeit auflösen.

Das positive kirchliche Recht ist formal nach den juristischen Formen und Techniken des profanen Rechts strukturiert. Es hat seine historische Konkretion 1) in der Grundordnung der Gemeinde, die das positive göttliche Gesetz Christi, also die Geistkirche, das heißt den Vollzug des Wortes und des Sakramentes, widerspiegelt und somit heteronomes Recht der Gemeinde ist, und 2) in der Gemeindeordnung, die das natürliche göttliche Recht spiegelt, also das geistliche Gesetz der Liebe, das heißt den Geist der Freiheit, Gleichheit und Brüderlichkeit, und somit autonomes Recht der Gemeinde ist. Für die Universalkirche wirkt sich der weltimmanente, missionarische Impuls des göttlichen Rechts nicht in juristischer, sondern lediglich in soziologischer Form aus, sofern die durch das kirchliche Verfassungsrecht und die kirchliche Gemeindeordnung konstituierten Gemeinden sich in verschiedenen Formen zusammenschließen.

Erik Wolf zentriert seine Überlegungen auf das Problem der Dialektik von Liebe und Gerechtigkeit und des Übergangs vom göttlichen auf das menschliche Recht und benützt als Lösungsschlüssel eine bestimmte Konzeption von der christlichen Existenz.[19]

Christliche Existenz ist paradox strukturiert, für die Offenbarung des Heiles Gottes erschlossen, dem Gesetz der Geschichte und der Natur, der Sünde und dem Tod, unterworfen. Zu diesem Achsengesetz christlicher Existenz kommt ein drittes Moment hinzu. Christsein heißt durch Christus versammelt werden und in unaufhebbarer Gemeinschaftlichkeit le-

(*J. Heckel*, Lex charitatis, 56, 125). Vgl. *W. Steinmüller*, Rechtstheologie und Kirchenrecht als theologische Disziplinen mit juristischer Methode: Ius Sacrum. Festschrift für K. Mörsdorf, hrsg. v. A. Scheuermann / G. May, München/Paderborn/Wien 1969, 53–67, 59, Anm. 29.

[19] E. Wolf stimmt der Auffassung K. Mörsdorfs zu, daß Kirchenrechtswissenschaft eine theologische Disziplin mit juristischer Methode sei. *E. Wolf*, Ordnung der Kirche. Lehr- und Handbuch des Kirchenrechts auf ökumenischer Basis, Frankfurt 1961, 17 mit Anm. 3. *K. Mörsdorf*, Lehrbuch des Kirchenrechts, Bd. I, München/Paderborn/Wien [11]1964, 36. Was die Belege für die Darstellung im folgenden betrifft, vgl. Anmerkung 17.

ben. Das Heil begegnet dem Menschen als die brüderschaftliche Herrschaft Christi (brüderschaftliche Christokratie), deren Inhalt darin besteht, daß Gott in Christus der Bruder aller Menschen geworden ist und das Gebot der Bruderliebe als absolut verpflichtendes göttliches Recht aufgerichtet hat (ius divinum).

Ein besonderer, autoritativer Weg, auf dem dieser Imperativ der Liebe geoffenbart wird, ist die „biblische Weisung", auf deren Boden und aus deren Geist der Christ an der Schaffung einer gerechten sozialen Ordnung in Staat und Gesellschaft sowie an der Erstellung einer kirchlichen Rechtsordnung (ius ecclesiasticum) mitarbeitet. Von diesen beiden Weisen, wie das göttliche Recht in die menschliche Existenz innerhalb von Welt und Geschichte umgesetzt wird, setzt die letztgenannte voraus, daß Kirche stets aufs neue als Gemeinschaft jener erstellt und eingerichtet wird, die das Wort hören und in heiligen Zeichen feiern, dadurch das Reich der Liebe verkünden und in Verbindung mit Christus, mit der Urgemeinde und mit allen Gemeinden leben. Das je geltende kirchliche Recht (ius ecclesiasticum) muß in den Verfassungspartien das göttliche Recht der brüderlichen Christusherrschaft widerspiegeln, in der Regelung des kirchlichen Lebens gottesdienstliche Ordnung des Wortes und des Sakramentes sein und in der Durchführung dem Stil der Nächstenliebe folgen.[20] Dieses Recht gehört der weltlich-geschichtlichen Dimension der Existenz an und ist nach seinem formalen Wesen und nach seiner juristischen Technik menschliche Ordnung. Es bleibt dem göttlichen Recht äußerlich und findet an diesem, das seinen Sitz in der vertikalen Dimension, in der Gotterschlossenheit und Christuszugehörigkeit des Menschen hat, seine letzte Orientierung und äußerste Grenze.

Das Kirchenrecht und die Kirche selbst sind paradoxe Wirklichkeiten wie die christliche Existenz, worin die göttliche Vertikale und die menschliche Horizontale sich zwar schneiden, die göttliche Christokratie aber nicht in die menschliche Bruderschaft umgesetzt oder ein für allemal gültig in der menschlichen Ordnung reproduziert werden kann.[21]

Hans Dombois macht Anstrengungen, um ein geradezu titanisches Ziel zu erreichen, nämlich die Existenz, das Wesen und die Eigenart des Kirchenrechts aus einem streng theologischen Prinzip, noch mehr, aus der

[20] Vgl. *A. M. Rouco Varela*, Evangelische Kirchenrechtstheologie heute, 128.

[21] *E. Wolf*, Ordnung der Kirche, 17, 23. *Steinmüller*, Rechtstheologie und Kirchenrecht, 63 mit Anm. 47. *Ders.*, Evangelische Rechtstheologie I, 353–364.

das Christentum von allen anderen Religionen unterscheidenden Trinitätslehre abzuleiten, ferner die im Rahmen der lateinischen Tradition, wie er meint, verwandten Gegensätze des römischen Juridismus und der reformatorischen Rechtfertigungslehre aus tieferen, gemeinsamen Wurzeln der Wirklichkeit Gottes, seiner Offenbarung und der Kirche zu überbrücken und die Extreme eines Funktionalismus, der immergeltendes Recht nicht erklären kann, und einer metaphysischen oder thetischen Ordnungslehre, die dem Prozeß der Rechtfertigung entgegensteht, in einer Konzeption aufzuheben, die er das „Recht der Gnade" nennt.[22]

Nur angedeutet werden soll hier der Erkenntnisweg, auf dem Dombois von dem kirchlichen Phänomen des geistlichen Handelns über die Analyse der Struktur der personalen Relationen in der geschichtlichen Existenz des Menschen, über eine Institutionenlehre und über den barthschen Begriff des bekennenden und liturgischen Rechts zu dem Begriff des „Rechts der Gnade" gelangt, das die Rechtsformen des institutionalen (einsetzenden) Gnadenrechts und des normativen (Ordnungen bestimmenden) Gerechtigkeitsrechts umfaßt.[23] Worauf es hier ankommt, ist die Logik und Transparenz des Systembaues bei Dombois, in den weder Steinmüller noch sein Kritiker Rouco Varela noch Martini und Ippoliti völlig klaren Einblick vermitteln konnten.[24]

Der dreieinige Gott existiert in personalen Relationen, welche dadurch strukturiert sind, daß je die Zuwendung eines Subjekts und die Annahme durch das andere zugleich die Absonderung vom dritten bedeutet. Die Subjekte der personalen Beziehungen ordnen sich in ihrem Lebensvollzug der Struktur der Setzung und Annahme eines neuen Status ein.

Der menschgewordene Gottessohn gibt im Geist dem Menschen Anteil an seinem Bezug zum Vater. Als unser Bruder und Mittler stellt er unser Verhältnis zum Nächsten radikal dem Gottesverhältnis gleich. Er ist der Repräsentant des Neuen Bundes, in dem Gott dem Menschen seine Freundschaft anbietet und der Mensch diese Gabe annimmt, sich den

[22] *H. Dombois*, Das Recht der Gnade. Ökumenisches Kirchenrecht I, Witten 1961, 12 f., 94 f., 194 f., 894 f., 924 f., 921, 72, 931 f., 164 ff.

[23] *H. Dombois*, Das Recht der Gnade, 195, 197.

[24] *A. M. Rouco Varela*, Evangelische Kirchenrechtstheologie heute, 130. *L. Martini / A. Ippoliti*, Il dibattito sui fondamenti teologici del diritto canonico e sulla Lex fundamentalis: Legge e Vangelo. Discussione su una legge fondamentale per la Chiesa (= Testi e ricerche di Scienze religiose pubblicati a cura dell' Istituto per le Scienze religiose di Bologna 8) Brescia 1972, 265–340, 271 ff.

Ordnungen des so gesetzten (instituierten) Verhältnisses zu Gott und zum Nächsten unterwirft und den Heilsstand empfängt. Das Verhältnis des einzelnen zu Gott entspricht nun der immanenten Trinität, jenes zum Nächsten der ökonomischen Trinität, Gott richtet den Bund nicht mit der einzelnen Seele, sondern mit den Menschen auf, weshalb die Zuwendung des Heils nur als Rechtfertigung, das heißt in der Form und der Kraft des Rechts der Gnade geschieht.

Der Begriff von Recht, den Dombois aus dieser Trinitätslehre, Christologie und theologischen Anthropologie entwickelt, wird nun definiert: „... das Recht ist nicht die sekundäre Ordnung eines vorrechtlichen Geschehens, sondern die Verfassung und Erfassung dieses Geschehens selbst."[25] In transzendentaler Manier handelt Dombois vom Recht als der dynamischen Struktur der Grundbezüge zwischen Gott und Mensch, Mann und Frau, Mensch und Mensch, Mensch und Welt, von ihrer formal-ontologischen Struktur und ihren materialen Entsprechungen, den Institutionen der Kirche, der Ehe, des Staates und des Eigentums. Das Recht der Gnade umschließt das Moment der gnadenhaften Setzung eines neuen Status, der schon als Angebot rechtliche Konsequenzen mit sich bringt (institutionales Recht, Gnadenrecht), und das Moment der freien Annahme, deren Folgen in Begriffen der Gerechtigkeit und des Gesetzes ausdrückbar sind (normatives Recht, Gerechtigkeitsrecht).[26] Gnade und Gerechtigkeit bilden als komplementäre Größen die Einheit des göttlichen und des gott-menschlichen Heils.

Ursprünglich ist das Recht der Gnade die Doppelstruktur im Vollzug der interpersonalen Existenz Gottes und des Gottessohnes Jesus Christus. Es kommt nun entscheidend darauf an, ob und wie dieses Recht der Gnade auch in der innerweltlichen, geschichtlichen Existenz des Menschen wirksam wird, und zwar speziell im kirchlichen Leben des Christen.

Dombois antwortet: Jesus Christus, das „Substrat aller institutionalen Existenz"[27], überträgt das Recht der Gnade durch die kirchenstiftenden Akte des Missions- und Taufbefehls, des eucharistischen Wiederholungsbefehls und der Schlüsselübergabe in die Geschichte. Die Übertragung ist nicht als ein einmaliger historischer Vorgang, sondern als stets neu sich ereignender Impuls der Übergabe und der darin enthaltenen rechtlichen Konsequenzen zu verstehen (traditio). Seitens der Glaubenden entspricht

[25] *H. Dombois*, Das Recht der Gnade, 96.
[26] AaO, 178 f., 195, 197.
[27] AaO, 901.

dieser Übergabe die Annahme (receptio). Die durch Übergabe und Annahme in der gottesdienstlichen Versammlung konstituierte Gemeinde besitzt die Schlüsselgewalt (iurisdictio) und bestellt die Diener des Wortes und des Sakramentes (ordinatio), die fortan in ihrem Dienst den zum Gottesdienst Versammelten die Gabe Christi anbieten (traditio). Mit der Annahme durch die Gemeinde (receptio) beginnt der Viertakt der Kirchenkonstitution von neuem.[28]

Das Kirchenrecht ist in seinem ganzen Umfang, als institutionales Gnadenrecht und als normatives Gerechtigkeitsrecht, Reflex und Nachvollzug des Rechts der Gnade, durch das der dreieinige Gott existiert und das heile Gottes- und Nächstenverhältnis des Menschen in Christus wieder hergestellt wird. Die Kirche aber wäre demnach nicht ein Gegebenes, etwa eine societas perfecta gemäß einem gewissen katholischen Verständnis, auch nicht eine bloße Gemeinschaft gemäß protestantischer Auffassung, sondern ein ,,Vorgang der Einsetzung in die Gemeinschaft"[29].

In der positiven Würdigung kann man sich A. M. Rouco Varela anschließen, der aus den drei vorgestellten Konzeptionen evangelischer Begründung des Kirchenrechts Folgerungen zieht, die hier in verkürzter Form wiedergegeben werden sollen: 1. Das Kirchenrecht wurzelt für J. Heckel, E. Wolf und H. Dombois im göttlichen Recht[30] der Heilshandlungen Gottes in Christus und existiert daher im theologischen Wesen der Kirche. 2. Das Kirchenrecht als primär kerygmatisches und sakramentales Recht dient vor allem der Verkündigung des Wortes und der Feier der Sakramente. 3. Das Kirchenrecht ist wesensverschieden und innerlich unabhängig von jedem weltlichen Recht, hat aber diesem gegenüber die Funktion und die Verantwortung, ein vorbildliches Modellrecht zu sein. 4. Das Kirchenrecht kann nur im Glauben erkannt und angenommen werden.[31]

Eine ernsthafte Auseinandersetzung kann aber die Schattenseiten dieser großartigen und doch problematischen Versuche nicht übersehen. Die dualistische Systematik J. Heckels wirkt altertümlich, seine Lutherdeu-

[28] AaO, 94, 282 f., 287, 290, 293 ff., 364 f., 368 f., 752 ff., 506, bes. 815 ff., 825 ff., 850, 864 f.

[29] AaO, 894 f., 924 f.

[30] Dies gilt auch für *H. Dombois*, obwohl er den Begriff des göttlichen Rechts ablehnt; denn auch bei ihm sind Grund und Ziel des Rechts Gott und seine Heilsveranstaltungen, Grund und Ziel des Kirchenrechts Gott und das Heilsgeschehen in Christus.

[31] *A. M. Rouco Varela*, Evangelische Kirchenrechtstheologie heute, 132 f.

tung ist im evangelischen Raum umstritten. Die Frage, ob das profane Recht in einem göttlichen Naturrecht wurzelt und auch außerhalb des Mitwirkens der Christen normative Struktur und sittliche Qualität besitzt, bleibt offen, wie es kaum zu entscheiden ist, ob das Festhalten an der Integrität der Natur nach der Zerstörung ihres Gottbezugs und der Beeinträchtigung ihres mitmenschlichen Bezugs durch die Sünde für Luther definitiv und relevant ist[32] und ob Luthers wie Heckels Auffassung von der Welt als Reich des Widersachers und der Sündenknechtschaft nicht eher einen Mißklang denn einen Kontrapunkt zu der Autonomie des weltlichen Rechts bildet. Die Komplexität der Gedanken kann ebensogut Ausdruck eines Systemmangels wie Anpassung an die Wahrheit der Dinge sein.

Moderner und einfacher mutet E. Wolfs Systementwurf an, in dem die Einflüsse des badischen Neukantianismus und der Existenzphilosophie erkennbar sind, Calvins Lehre von der Schrift als dem Behälter von ius divinum, der Richtschnur für eine christliche Politik und der göttlichen Grundlage für ein reformatorisches Kirchenrecht fortlebt[33] und der Geist der bekennenden Kirche atmet. Er kann aber auch die Vorstellung erwekken, daß das Kirchenrecht wie das profane Recht nur eine Notordnung der Sünde darstellt, die durch Einstrahlung des göttlichen Rechts über Christusglaube und Schriftauslegung recht und schlecht brauchbar gemacht wird und dem Heilswirken Gottes den Widerstand der sündigen und todverfallenen Welt entgegensetzt.

Große Schwierigkeiten wirft nicht zuletzt das Werk des engagierten Liturgen und Mitglieds der Michaelsbruderschaft auf. H. Dombois trägt das Recht in das innergöttliche Leben hinein. Es sei dahingestellt, wieweit dafür gewisse Ansätze und Tendenzen der barthschen Trinitätstheologie mitverantwortlich sind. Man kann schwerlich die Zeugung des Sohnes durch den Vater als instituierendes Gnadenrecht, die Einigung des Sohnes mit dem Vater als normatives Gerechtigkeitsrecht und die Absonderung vom Geist als den Drittbezug verstehen, welche zusammen als Recht der Gnade das trinitarische Sein und Leben Gottes konstituieren und explizieren, ohne damit eine Subordination des Sohnes zu verbinden und in einen Anthropomorphismus des Gottesbildes zu verfallen. Die innere Aufspal-

[32] Vgl. *Luthers* Galaterbriefvorlesung (1531): „naturalia sunt integra, concedo" (WA XL 1, 293, 7). *W. Steinmüller*, Rechtstheologie und Kirchenrecht, 59 mit Anm. 32.

[33] *Calvin*, Conf. Gall. art. 29. Vgl. *E. Wolf*, Ius divinum: RGG III, ^{3}1959, 1074–1076, 1075.

tung des Rechts in Gnadenrecht und Gerechtigkeitsrecht stößt nicht nur auf rechtsphilosophische Bedenken, sondern rüttelt auch an dem Teil der Rechtfertigungstheologie, in dem die Lehre der christlichen Konfessionen grundsätzlich übereinstimmt und der beinhaltet, daß die Gnade die Gerechtigkeit Gottes ist, die den Sünder gerecht macht. Darüber hinaus schreibt diese Zweiteilung des Rechts bei Dombois einen seltsamen Gebrauch der chalkedonischen Christologie vor, indem sie den Bezug Christi zum Vater als einen solchen des Gerechtigkeitsrechts und den Bezug Christi zu den Glaubenden als einen solchen des Gnadenrechts bestimmt, als wäre der Sohn für den Vater der Untergeordnete, für den Menschen das göttliche Wesen.[34] Mit der Klassifizierung der geistlichen Handlungen der Christen im Lebensvollzug der Kirche setzt sich der doppelte Rechtsbegriff in die Anthropologie und die Ekklesiologie hinein dergestalt fort, daß Christi Bezug zum Vater in den Akten der Annahme des Wortes, des Sakramentes und der Schlüsselgewalt seitens der Gemeinde abgebildet wird, während sein Bezug zur Kirche in der gemeindlichen Betätigung der Schlüsselgewalt, in der Erteilung der Ordination und in der Ausübung des öffentlichen Wort- und Sakramentendienstes ein Gleichnis erhält. Dort liegt ein Sonderfall des in der receptio waltenden Gerechtigkeitsrechts vor, hier ein Sonderfall des in der traditio wirkenden Gnadenrechts.

Der Mut und die Unbeirrbarkeit, womit Heckel, Wolf und Dombois zwischen die Fronten treten, konnten die traditionellen Positionen nicht wesentlich verändern. Auf der einen Seite distanziert sich S. Grundmann nicht von dem Vorwurf des juristischen Dilettierens, den J. Klein gegen J. Heckel erhebt, da dieser die Grundordnung der Gemeinde in ihrem Gepräge und Wesen durch das positive göttliche Recht bestimmt sein läßt und nur ihre äußere Technik als identisch mit der profanen Rechtstechnik betrachtet.[35] Das bedeutet auch für E. Wolf eine Warnung davor, das Kirchenrecht von dem Verfassungsrecht im Schnitt der Gotterschlossenheit und der Weltzugehörigkeit des Menschen her wie aus seinem göttlichen Kern zu entfalten. Nicht anders wird damit H. Dombois an der Schwelle zu dogmatischen Konsequenzen rotes Licht gegeben, nachdem

[34] Steinmüllers Eindruck, daß Dombois Christus in der Trinitätslehre „ganz vom Chalkedonense her sieht“, wäre zu überprüfen (*W. Steinmüller*, Rechtstheologie und Kirchenrecht, 63).

[35] *S. Grundmann*, Kirchenrecht, I. Evangelisches Kirchenrecht: Evangelisches Staatslexikon, Stuttgart/Berlin 1966, 974–979, 977 f.

er das christologische und das kirchliche Recht der Gnade im liturgischen Lebensvollzug der Gemeinde verklammert hat. Auf der anderen Seite sind die Erwartungen nicht erfüllt. Welchen Grad und welche Art von Verbindlichkeit hat das Kirchenrecht, wenn die geschichtliche Umsetzung des rechtlichen Gehalts der Heilstat Gottes in Christus jederzeit das Werk der Gemeinde, das Werk von Menschen ist? Müssen nicht in der geschichtlichen Dimension, im zwischenmenschlichen Bereich der Kirche gewisse von Christus gesetzte Ordnungen und Befugnisse vorhanden sein, wenn das Kirchenrecht dem Gewissen des Einzelnen mit einem andern Anspruch als mit jenem begegnen soll, daß es wie das weltliche Recht ein menschlicher Versuch über göttliche Dinge ist? Solange in Gottes Heilshandeln nur die Tat am Menschen, der geschichtliche Einbruch als Vorgang, die Setzung des neuen Gottesverhältnisses als Akt und nicht auch das Werk, das unabänderliche Resultat der geschichtlichen Wirksamkeit, der Neue Bund als Inhalt zum Gegenstand des Glaubensgehorsams gemacht werden können, fehlt ein innerer Zusammenhang, fehlt jede auch nur partielle Identität von göttlichem und kirchlichem Recht. Die Dualismen von Gnade und Natur, Kirche des Glaubens und Kirche der Geschichte, göttlichem Recht und kirchlichem Recht bleiben bestehen.

Der Sprachgebrauch Sohms ist zwar überwunden. Es gibt keine Geistkirche, die als Liebeskirche kein Recht bräuchte, da sie allein aus der Gewalt des Wortes und aus der Verpflichtung der Liebe leben und Ordnung schaffen müsse. Das Recht wird durchaus nicht nur einseitig als positivierende und formalisierende, stets der Vergangenheit angehörende Setzung des Menschen betrachtet, die das aktuelle Leben des Geistes gefangen nimmt.[36] Tatsächlich erachten die Kirchen, die den Geist ihr letztes Kriterium nennen, das Recht auf dem Weg durch die Zeit als notwendig. Sie haben faktisch auch nie ohne Recht existiert. Aber sie praktizieren als pneumatische Kirchen jene Freiheit, die sich nicht an eine unveränderliche Verfassung, die sich in der Zeit einer normativen Offenbarung herauskristallisiert hätte, gebunden glaubt und in jedem Stadium ihrer Entwicklung „überkommene Wesensformen“ zerbrechen kann.[37]

[36] *R. Sohm*, Kirchenrecht I, 1 f., 27 f., 53–56.

[37] Der begriffliche Gegensatz zu einer Rechtskirche ist im evangelischen Lager heute nicht „die auf rechtliche Ordnungen ihres Gemeinschaftslebens verzichtende Liebeskirche, sondern die zu einer Zerbrechung überkommener Wesensformen fähige pneumatische Kirche“ (*H. Barion*, Kirchenrecht: RGG III, ^{3}1959, 1501–1505, 1505).

Für die katholischen Kollegen trifft die Feststellung von K. Mörsdorf nicht weniger zu, daß R. Sohm, „. . . der von den Fachgenossen oft tot Gesagte und tot Geglaubte“ „der Kirchenrechtswissenschaft einen Stachel eingepflanzt“ hat, „der sie nicht zur Ruhe kommen läßt“[38].

A. M. Rouco Varela gliedert seinen Überblick über die zeitgenössische Auseinandersetzung der katholischen Kanonistik mit R. Sohms „Kirchenrecht I“ in Besprechungen und systematische Abhandlungen.[39]

Die Besprechungen gehen rechtshistorisch vor und versuchen, das Quellenmaterial, auf das Sohm sich stützt, anders zu deuten. Dabei stößt J. B. Sägmüller auf die Prinzipien der Apostolizität und der Stiftung der Kirche durch Christus als Gesellschaft, die für die Problematik einer theologischen Begründung des Kirchenrechts zentral sind und der Durchführung bedurft hätten.[40] A. H. Blumenstock deckt Sohms Grundkategorien auf, den ideell-mystischen Kirchenbegriff, gegenüber dem er die Volkskirche verteidigt, und den angeblichen Bruch in der kirchlichen Verfassungsgeschichte um die erste Jahrhundertwende, den er als Anpassung der durch göttliches Recht grundgelegten Struktur der Kirche bewertet.[41] Der Vater der modernen französischen Kirchenrechtsgeschichte, P. Fournier, durchschaut Sohms „systematischen Konstruktionismus“, respektiert die Wahl der Urkirche als Erkenntnisgrund für die legitime Entwicklung des Kirchenrechts und führt einzelne psychologisierende Argumente an. Warum erhob sich nirgends ein Protest, als der Verfassungsbruch geschah, wo doch später schon die Verlegung des Ostertermins die Kirche in Aufruhr versetzte? Kann man Christus die Gründung einer gegen Irrealismus ungeschützten Kirche anlasten? Sohms Konzept komme L. Tolstois kirchenlosem Christentum nahe.[42]

[38] *K. Mörsdorf*, Altkanonisches „Sakramentsrecht“?: Studia Gratiana I, Bologna 1953, 483–502, 488.

[39] *A. M. Rouco Varela*, Die katholische Reaktion auf das „Kirchenrecht I“ Rudolph Sohms. Ein Beitrag zur Geschichte der katholischen theologischen Grundlegung des Kirchenrechts: Ius Sacrum. Klaus Mörsdorf zum 60. Geburtstag, hrsg. von A. Scheuermann / G. May, München/Paderborn/Wien 1969, 15–52.

[40] *J. B. Sägmüller*, Kirchenrecht von Rudolph Sohm. Erster Band: AfkKR 68 (1892) 445–461. Vgl. *A. M. Rouco Varela*, Die katholische Reaktion, 25–28.

[41] *A. H. Blumenstock*, Einige Bemerkungen über Sohms Kirchenrecht und den Mysticismus in der Canonistik: AfkKR 69 (1893) 253–268. Vgl. *A. M. Rouco Varela*, Die katholische Reaktion, 28–33.

[42] *P. Fournier*, Kirchenrecht von R. Sohm. Erster Band: Nouvelle Revue historique du droit 18 (1894) 286–295. Vgl. *A. M. Rouco Varela*, 33–35.

Dem Geist der neuscholastischen Sozialphilosophie verpflichtet, sozialen und kirchenpolitischen Aktivitäten hingegeben und um die Stellung der Kirche und ihres Rechts im öffentlichen Leben besorgt, wie es zu den Anliegen der Mainzer Schule gehörte, lehnte L. Bendix in seiner systematischen Abhandlung Sohms Begriffe vom Recht und von der charismatischen Urkirche ab. Er stuft Sohm als liberalen Theologen und theologischen Positivisten ein, führt dessen falschen Kirchenbegriff auf eine falsche Christologie zurück und läßt das Prinzip der Apostolizität als dem Ursprung der Kirchengewalt anklingen.[43] Doch das Schwergewicht legt er auf das Recht als ein wesentliches Element der sittlichen Weltordnung und auf die Kirche als Körperschaft (corpus) und Geist (anima), als vollkommene Gesellschaft und Lebensgemeinschaft mit Christus zugleich. Da die Ordnung der Gesellschaft auf der äußeren Grundlage der lex aeterna und auf der inneren Grundlage des Rechtsgefühls beziehungsweise des Gewissens erbaut wird, stellt das Recht niemals eine rein weltliche Größe dar. Es hat dem göttlichen Recht zu dienen. Darum kann es auch keinen Einwand gegen die Existenz einer Gesellschaft geben, die den höchsten Zweck im übernatürlichen Bereich, nämlich die Verherrlichung Gottes und das Heil des Menschen, verfolgt und somit vollkommene Gesellschaft ist. Im übrigen gibt über das Wesen und die rechtliche Struktur der Kirche nicht ein jungfräuliches Stadium ihrer Geschichte Aufschluß, sondern die Kirche selbst, die Trägerin der Wahrheit, die durch Leo XIII. sich zur Dolmetscherin einer Auffassung gemacht hat, die einem wachsenden Bedürfnis der Zeit und der Lehre der Schrift entspricht.[44]

Mit der speziellen Absicht, die kirchliche Strafgewalt zu rechtfertigen, wendet sich der Eichstätter Kanonist J. Hollweck gegen Sohms Grundthese, daß die Kirche geistlich, das Recht weltlich und beides unvereinbar sei. Er erklärt sie zur petitio principii, ohne jedoch seine eigene Position streng theologisch zu begründen und etwas anderes als eine andere Behauptung entgegensetzen zu können. Die Kirche ist, wie die Schrift und die Geschichte bezeugen, eine sichtbare, mit eigener Rechtsordnung ausgestattete Heilsanstalt.[45] Der Artikel, mit dem für ihn das Christentum steht und fällt, lautet: Wie Jesus Christus wahrer Mensch ist, so existiert

[43] *L. Bendix*, Kirche und Kirchenrecht. Eine Kritik moderner theologischer und juristischer Ansichten, Mainz 1895, 5, 19 f., 22, 37, 40, 122, 148, 184, 151–154, 168–170. Vgl. *A. M. Rouco Varela*, Die katholische Reaktion, 35–47.

[44] *L. Bendix*, aaO, 75 f., 79, 87 f., 95, 38, 106, 120, 37, 96, 42, 45 f.

[45] *J. Hollweck*, Die kirchlichen Strafgesetze, Mainz 1899, X, XV, XVIIf. Vgl. *A. M. Rouco Varela*, Die katholische Reaktion, 47–52.

die Kirche, der fortlebende Christus, als vollkommene Gesellschaft.[46] Der Einheit der Geistkirche und der Rechtskirche in ihren Existenzvollzügen wird Hollweck selbst nicht ganz gerecht, da er Wort und Sakrament, Lehr- und Weihegewalt dem inneren Leben, die Jurisdiktionsgewalt aber der gesellschaftlich-rechtlichen Wirklichkeit der Kirche zuordnet.[47] Die Art, wie bei ihm die rechts- und sozialphilosophische Lehre von der vollkommenen Gesellschaft zur Voraussetzung und zum Ziel gemacht wird, wonach das Geheimnis der Inkarnation sich richtet, bedeutet unabhängig davon, ob man seine Auffassung inhaltlich bejaht, eine Vertauschung von Beweis und Behauptung. Es ist zu fragen, ob er nicht zumindest methodisch das Heilshandeln Gottes in Christus von vornherein als Bestätigung eines bestimmten Bildes von der Gesellschaft und der Kirche benützt (theologischer Überbau), während doch aufzuzeigen wäre, welche bestimmte Struktur Christus der Kirche als seinem Heilsinstrument gegeben hat.[48]

Natürlich kann man von den katholischen Gesprächspartnern Sohms nicht mehr erwarten, als die katholische Kanonistik in Anbetracht des Standes der Forschung und der Lehre geben konnte. Ob der konservative Staatsrechtler F. J. von Buß der Kirche durch ein aus ihrem Wesen entwickeltes Recht mehr Selbständigkeit im gesellschaftlichen Leben vermitteln möchte und doch dem idealistischen Erkenntnis- und Wissenschaftsbegriff verhaftet bleibt[49], ob der Paderborner Kanonist H. Gerlach einem allzu harten Gewissenszwang durch Unterscheidung zwischen Recht und Moral vorbeugen oder abhelfen möchte und mit Hilfe der aristotelischen Kategorien des genus und der differentia specifica die Eigenständigkeit der Kanonistik innerhalb der Rechtswissenschaft und der theologischen Disziplinen zu begründen sucht[50], oder ob F. X. Wernz durch seine langjährige Tätigkeit an der Gregoriana über die Grenzen Deutschlands hinaus auch in Frankreich und Italien Einfluß gewinnt[51], immer ist es eine naturrechtlich-ekklesiologische Sicht, aus der das Kirchenrecht als ein Stück

[46] *J. Hollweck*, aaO, X, XIVf.

[47] *J. Hollweck*, aaO, XVII–XX.

[48] *J. Hollweck*, aaO, XIf., XIIIf., vgl. X, XIV.

[49] *F. J. von Buß*, Die Methodologie des Kirchenrechts, Freiburg/Brsg. 1842, IV, 79, 184, 7–73, 73–84. Vgl. *A. M. Rouco Varela*, Allgemeine Rechtslehre oder Theologie des kanonischen Rechtes?: AfkKR 138 (1969) 95–113.

[50] *H. Gerlach*, Logisch-juristische Abhandlung über die Definition des Kirchenrechts, Paderborn 1862, 26–30.

[51] *F. X. Wernz*, Ius Decretalium I, Romae 1898, 9–49.

gottgewollter Ordnung in einer hierarchisch verfaßten Gesellschaft erscheint. Die Lehrbücher des Kirchenrechts und die Handbücher der Apologetik weisen in der Zeit von der Mitte des 19. Jahrhunderts bis zum Erscheinen des Codex Iuris Canonici im wesentlichen den gleichen Befund auf.[52]

Die katholische Kirchenrechtstheologie war damit grundsätzlich über eine formal-logische allgemeine Rechtslehre hinausgelangt, die als Kind des Positivismus zwar die Rechtsphilosophie nicht ganz verdrängen konnte, aber zur Bildung des Begriffes und zum Aufbau des Systems in die Dogmatik beider Rechte Eingang gefunden hatte. Mit den ekklesiologischen Fragestellungen war auch die Ebene der Philosophie überschritten. Aber die Aufklärung wirkte insofern nach, als die Religion vornehmlich als kulturelles Phänomen und die Kirche als Gesellschaft betrachtet wurden.

Die Einführung des neuen kirchlichen Gesetzbuches und die Gebrauchsanweisung der Studienkongregation, die den Lehrern des Kirchenrechts die getreue Exegese des Codex einschärfte, konnten der Weiterentwicklung der Rechtstheologie im engeren Sinn naturgemäß nicht dienlich sein.[53] Die einführenden Teile der Lehrbücher, die nun erschienen, erschöpften sich zu sehr in der Erklärung der Normae Generales im Blick auf den Gesetzesbegriff, in historischen Ausführungen über die Quellen des Kirchenrechts, in einer Wesensbestimmung der Kirche hauptsächlich unter rechtlichem Aspekt und in einem Hinweis auf die Problematik um das Verhältnis zwischen Kirche und Staat.[54]

[52] Vgl. *G. Phillips*, Kirchenrecht I, Regensburg ³1855, 15–60; *J. F. von Schulte*, System des allgemeinen katholischen Kirchenrechts, Gießen 1856, 79–96; *R. R. von Scherer*, Handbuch des Kirchenrechts I, Graz 1886, 1–16, 110–128; *I. Silbernagel*, Lehrbuch des katholischen Kirchenrechts, Regensburg ³1895, 17–32; *F. Heiner*, Katholisches Kirchenrecht I, Paderborn 1893, 1–9, 11–23; *J. B. Haring*, Grundzüge des katholischen Kirchenrechts, Graz 1910, 1–26; *K. Groß*, Lehrbuch des katholischen Kirchenrechts, Wien ⁴1903, 1 f.

G. Gutberlet, Lehrbuch der Apologetik III, Münster ²1899, 7; *F. Hettinger*, Apologie des Christentums V, Freiburg/Brsg. ³1900, 462–468, 516, 566 f., 571, 590; *J. V. de Groot*, Summa apologetica de Ecclesia Catholica ad mentem S. Thomae Aquinatis, Ratisbona ³1906, 392; *P. Schanz*, Apologie des Christentums III, Freiburg/Brsg. ³1906, 63, 253, 542. Vgl. *A. M. Rouco Varela*, Allgemeine Rechtslehre, 98; *ders.*, Die katholische Reaktion, 51.

[53] Dekrete der Studienkongregation: AAS 9 (1917) 439; 11 (1919) 19.

[54] Z. B. *H. Cicognani*, Commentarium ad Librum I. Codicis, Romae 1925, 54–151; *H. Jone*, Commentarium in Codicem Iuris Canonici I, Paderborn 1950, 27–46; *F. M. Cappello*, Summa Iuris Canonici I, Romae ⁴1945; *R. Naz (Hrsg.)*, Traité de droit canonique I, Paris ²1954, 9–63; *E. Eichmann*, Lehrbuch des Kirchenrechts I, Paderborn 1934, 13–44;

Neben dieser kirchlich-theologischen Kanonistik gibt es in Italien seit der Errichtung der Lehrstühle für Staatskirchenrecht (Diritto Ecclesiastico) an den Universitäten gegen Ende des 19. Jahrhunderts auch eine Laienkanonistik, die eifrig bemüht ist, den rechtlichen Charakter des Kirchenrechts und die juristische Qualität der Kirchenrechtswissenschaft herauszustellen. Um ihre Existenzberechtigung und Anerkennungswürdigkeit innerhalb der juristischen Fakultäten nachzuweisen, pflegt sie den rechtssoziologischen Vergleich der Kirche und ihrer Rechtsordnung (ordinamento) mit dem Staat als dem Träger der ursprünglichen Rechtsordnung (ordinamento giuridico primario).[55] Die auf diesem Wege ermittelte allgemeine Theorie des Kirchenrechts (teoria generale) reißt eine Kluft zu der herrschenden Auffassung der kirchlichen Kanonistik auf, die mit Beteuerungen, daß das Kirchenrecht außerdem eine religiöse Eigenart besitze, nicht zu überbrücken ist.[56]

Vor ähnliche Probleme wie ihre italienischen Kollegen gestellt, nämlich den Verdacht der ideologisch bedingten Unwissenschaftlichkeit und den Vorwurf der beruflichen Nutzlosigkeit, wie sie positivistische Kollegen und erfolgsabhängige Studenten erhoben, zurückweisen zu müssen, bemühten sich die Vertreter der Kanonistik an der katholischen Universität von Navarra um eine Vermittlung zwischen der „kirchlichen" oder „kurialen" Kirchenrechtswissenschaft und der „Laienkanonistik"[57]. So legt A. de la Hera dar, daß die kirchliche Jurisdiktionsgewalt und das durch sie kanonisierte Recht nicht die Bezugspunkte des gesamten Kirchenrechts sind und daß das ius divinum vorgängig zu jeder tatsächlichen Kanonisation durch die kirchliche Autorität in die soziale Lebensordnung der Kirche integriert ist und daher in die Wissenschaft zu integrieren ist.[58] Er bewertet aber gleichzeitig das ius divinum als „theologische und sakramentale Wurzel", ja nur als „Quelle und Grenze" und als

A. Vermeersch / I. Creusen, Epitome Iuris Canonici I, Mechlinae/Romae ^{4}1929, 1–37, 39–53; *C. Holböck*, Handbuch des Kirchenrechts I, Innsbruck/Wien 1951, 23–120. Weitere Literatur siehe bei *A. M. Rouco Varela*, Allgemeine Rechtslehre, 100.

[55] *A. M. Rouco Varela*, Allgemeine Rechtslehre, 102 f.

[56] AaO, 103.

[57] So *P. Lombardía*, El derecho canónico en las Facultades de Derecho: Ius Canonicum 1 (1961) 177–213; *ders.*, Sobre las características peculiares del ordenamiento canónico: Temis 5 (1959) 67–94; *J. Hervada*, Fin y caracteristicas del ordenamiento canónico: Ius Canonicum 2 (1962) 5–110; *ders.*, El ordenamiento canónico, Pamplona 1966; *A. de la Hera*, Introducción al ciencia del derecho canónico, Madrid 1967.

[58] *A. de la Hera*, Introducción, 142–147; 178–189; 212–220.

Inspirationsprinzip des kanonischen Rechts[59], unterwirft die Kirche unter die Betrachtungsweise ,,sub specie iuris" und faßt die Kanonistik als eine von der Theologie verschiedene Wissenschaft auf[60], so daß A. M. Rouco Varela diese Konzeption für ,,unverändert problematisch" hält und davon spricht, daß ,,noch Rechtspositivismus und Rechtsidealismus auf dem Selbstverständnis eines großen Teiles der katholischen Kanonistik lastet"[61].

Daß die Jahre nach dem zweiten Weltkrieg keinen breitenwirksamen Durchbruch nach vorne brachten und die Rechtsbegründung überwiegend ,,in der Vorhalle" der theologischen Wirklichkeit des Kirchenrechts stehen blieb[62], braucht weniger zu verwundern als die Tatsache, daß die Diskussion nach dem Zweiten Vatikanischen Konzil nicht zielstrebig auf eine theologische Klärung und ihre Konsequenzen für die Reform des kanonischen Gesetzbuches ausgerichtet ist, sondern unvermittelt von der Kirche als dem Heilssakrament ausgeht und Motive einer soziologischen Auffassung von der Kirche oder gar einer Rechtsfeindlichkeit aufnimmt.

Um dem rechtlich-institutionellen Element in der Kirche einen Platz zu sichern, beruft W. Bertrams sich auf die Theologie von der Kirche als dem Heilssakrament und führt sie in so vollkommener Parallelität zu einer Metaphysik der Gesellschaft als der Verwirklichung des Menschen in Raum und Zeit durch, daß man sich fragt, ob hier Licht von der Offenbarung auf die Gesellschaft fällt oder von der Kenntnis der sozialen Natur des Menschen Inspirationen auf die Ekklesiologie ausgehen. Die zu Beginn des Jahrhunderts moderne, bei F. Tönnies gebrauchte Unterscheidung zwischen einer auf Affekte gebauten Gemeinschaft und einer rational konstruierten Gesellschaft lehnt er mit der bezeichnenden Bemerkung ab, daß die Unterscheidung zwischen der Liebeskirche und der Rechtskirche nicht nur auf einer irrigen theologischen Konzeption, sondern auf der Anwendung einer unkorrekten Sozialmetaphysik beruht.[63] Das geistige

[59] AaO, 54, 72, 220, 225, 244–248.

[60] AaO, 107, 108, 150, 226–232, 243–248.

[61] *A. M. Rouco Varela*, Allgemeine Rechtslehre, 107 (vgl. auch 104–108).

[62] *A. M. Stickler*, Das Mysterium der Kirche im Kirchenrecht: Mysterium Kirche, hrsg. von F. Holböck und Th. Sartory, II, Salzburg 1962, 571–647. *Y. Congar*, Dogme christologique et Ecclésiologie. Vérité et limite d'une parallèle: Das Konzil von Chalkedon III, hrsg. von A. Grillmeier / H. Bacht, Würzburg 1954, 239–268.

[63] *W. Bertrams*, De constitutione ecclesiae simul charismatica et institutionali: Periodica de re morali, canonica, liturgica 57 (1968) 280–330, 282. Vgl. *ders.*, De praemissis et principiis Legis Fundamentalis Ecclesiae: Periodica de re morali, canonica, liturgica 60 (1971)

Sein des Menschen manifestiert und aktualisiert sich im Leib. Analog findet jeder interpersonale Bezug unter Menschen, der eine bestimmte und bleibende Bedeutung hat, seinen Ausdruck und seine Verwirklichung in der Gesellschaft. Die menschlichen Güter der Religion, der Wissenschaft, der Kunst und der Wirtschaft sind intentional auf rechtlich-institutionelle Gestaltwerdung, auf einen sozialen Komplex, mittels dessen innerhalb einer sozialen Vereinigung „die auf das zu erreichende Ziel ausgerichteten Akte der einzelnen durch Regeln und Normen geordnet werden“[64]. Die durchgehende Entsprechung zwischen der inneren und der äußeren Struktur des Menschen und der Gesellschaft ist von solcher Homogenität, daß das Recht nicht bloß eine instrumentale und disziplinäre, sondern sogar eine konstitutive Funktion für das natürliche Ziel des Menschen und der Gesellschaft hat. Das Kirchenrecht aber übt die entsprechende Funktion für die übernatürliche Bestimmung der Kirche. Kirche erbaut sich durch eine innere Struktur, die „durch die intentionale Vereinigung der Glaubenden, das heißt jener erstellt wird, die dem Herrn nachfolgen ... sein Wort als Norm vor Augen haben“ und „auf die Aktualisierung der unermeßlichen Fülle des Wortes Gottes“, auf die Verwirklichung der Güter des übernatürlichen Lebens ausgerichtet sind.[65] Durch ihre äußere Struktur aber wächst die Kirche in Raum und Zeit hinein und bringt die Einheit des charismatischen Lebens und der Institutionen zum Ausdruck. Recht und Institution dienen der Verwirklichung und Darstellung des Glaubens, der Hoffnung und der Liebe, das heißt des pneumatischen Lebens.[66]

Mit einigem Recht schreiben Rouco Varela und Corecco, daß „der Irrtum Bertrams nicht auf der Ebene der These ..., sondern der Verifikation der These liegt“[67]. In Anbetracht dessen, daß Bertrams selbst von der

511–547, 546: „ ... alle gegen die Möglichkeit eines Grundgesetzes vorgetragenen Gründe lassen sich auf die – nicht immer klar eingestandene, sondern oft verborgengehaltene – Verneinung des institutionellen, juridischen, hierarchischen Elements sowie der Möglichkeit zurückführen, daß es in der kirchlichen Gemeinschaft ein nach außen ausgedrücktes oder manifestiertes geistiges Element gibt ...“ Vgl. W. Bertrams, Quaestiones Fundamentales Iuris Canonici, Roma 1969.

[64] *W. Bertrams*, De Constitutione, 288–295.

[65] AaO, 288–295.

[66] AaO, 324. „Die Kirche ist eine juristische Institution, weil sie Sakrament des Heiles ist“ (aaO, 321).

[67] *A. M. Rouco Varela / E. Corecco*, Sacramento e diritto: antinomia nella chiesa?, Milano 1971, 37.

Notwendigkeit einer ständigen Aktualisierung der Polarität zwischen innerer und äußerer Struktur der Kirche spricht, über Herkunft und Eigenart, Norm und Trägerschaft dieser Aktualisierung aber schweigt[68], wird man es nicht ganz unlogisch finden, wenn L. Martini und A. Ippoliti ihm das Argument entwinden und folgern: Ein Grundgesetz der Kirche hat nicht sehr lange Zeit Geltung und gibt in Krisen der Disziplin und des Glaubens keine Gewähr der Identität; der Parallelismus zwischen juridischen Normen und Erfordernissen charismatischer Kommunion ist nicht adäquat; der Fixismus der juristischen Norm und der Dynamismus der Kommunion und Gegenwart des Geistes stehen zueinander in Spannung und fordern legitime und notwendige Kritik an der Institution.[69]

L. Martini und A. Ippoliti fühlen sich mehr dem Denken P. Huizings verwandt[70], der ein Programm der Enttheologisierung des Kirchenrechts verkündet, das kanonische Recht als rein menschliche Ordnung umschreibt, als eine Art Verkehrsordnung, die das äußere Verhalten der Kirchenglieder regelt.[71] Wie Martini und Ippoliti berichten, soll Huizing auf der Versammlung der Kanonisten im Jahre 1970 zur Präzisierung seiner Position mitgeteilt haben: Es gehe ihm um eine größere pastorale Öffnung sowie um die wesentliche Relativität und Dienstbarkeit des kanonischen Rechts. Zwar bleibe „die sakramentale Ordnung" stets „der Kern und das Fundament" „der gesamten kanonischen Ordnung", er gestehe ihr aber nur einen solchen Eigencharakter zu, „der von jedem streng juristi-

[68] *L. Martini / A. Ippoliti*, Il dibattito sui fondamenti teologici del diritto canonico e sulla Lex fundamentalis: Legge e Vangelo. Discussione su una legge fondamentale per la Chiesa (= Testi e ricerche di Scienze religiose pubblicati a cura dell' Istituto per le Scienze religiose di Bologna 8), Brescia 1972, 265–340, 280.

[69] AaO, 280 f.

[70] AaO, 271.

[71] *P. Huizing*, Delikte und Strafen: Concilium 3 (1967) 657–664. *Ders.*, Um eine neue Kirchenordnung: Vom Kirchenrecht zur Kirchenordnung?, hrsg. von A. Müller / F. Elsener / P. Huizing, Einsiedeln/Zürich/Köln 1968, 55–83. Definition und Begründung des Kirchenrechts sind bei Huizing nicht einheitlich. Es liege zwischen „modernen Vorstellungen über Gemeinschaftsorganisation und im besonderen über die Ordnung des Rechts" einerseits und erkennbarem Ausdruck kirchlicher Inspiration aus dem Evangelium und aus der Sendung in die Welt andererseits (*P. Huizing*, Bemerkungen zur Revision des kirchlichen Gesetzbuches: Concilium 8 [1972] 201–206, 201 f.). Als Ausdruck des Gesetzes der Liebe und der Gnade, wenn auch als menschlicher (aaO, 201), und als eine Ordnung, in der die ratio legis zur Norm selbst gehört (*P. Huizing*, Reform des kirchlichen Rechts: Concilium 1 [1965] 670–685, 678), könnte es doch gerade das sein, was Huizing verneint: Definition und Wahrung von Rechten (aaO, 677).

schen System substantiell verschieden ist". Während für den weltlichen Richter das Gesetz die letzte unanfechtbare Norm sei, ausgenommen in den Fällen, wo er überzeugt ist, daß seine Anwendung ungerecht wäre, bilde im Leben der Kirche „die letzte Norm nicht das Recht, sondern die Inspiration des Geistes. Und selbst in der Beobachtung der Rechtsnormen" seien „die Weisheit und die Freiheit des Geistes nicht an den kanonischen Normen zu messen". Da die kanonische Ordnung in der Vereinigung aller mit Christus gründe, hätten die Gläubigen „ein wahres und eigenes Recht, der Norm nicht unterworfen zu werden, sobald diese ihrem geistigen Leben schadet"[72].

Es fragt sich, welchen Sinn eine Rechtsordnung hat, die unverbindlich sein muß, um das Recht nicht zu verhindern. Wird das Kirchenrecht dadurch geistlich, daß es weniger Gerechtigkeit enthält? Gibt Gott dem Menschen Gnade durch die kerygmatische, sakramentale und existentielle Ordnung der Kirche, oder obwohl diese und die Gemeinschaft der Glaubenden dem Heil des einzelnen im Wege stehen?

Zuletzt muß auch die immer wieder geäußerte Meinung, daß das Kirchenamt wegen der Herrschaft des Bösen notwendig sei[73], als unzutreffend zurückgewiesen werden. Die Existenz des kanonischen Rechts kann nicht damit theologisch motiviert werden, daß die Sünde in einer Gemeinschaft fortdauert, die schon anfänglich, aber noch nicht vollendet Reich Gottes ist und daher den absehbaren sozialen Folgen der Konkupiszenz zuvorkommen, sie korrigieren und eliminieren muß. Das Recht ist ein Konstitutiv der Bezüge zwischen endlichen, leiblich-geistigen Wesen. Die Liebe wacht über ihm und seiner gesetzlichen Aussprache. Der rechtfertigende Gott setzt den Menschen in den Stand und in die Bewahrung der Rechte aller ein. Die Sünde aber verweigert dem Menschen, was ihm zukommt, und sucht auch das positive Gesetz als Instrument dieser Verweigerung zu mißbrauchen.

Die entscheidende Übersteigung nicht nur der rechtslogischen, sondern auch der naturrechtlich-ekklesiologischen Ebene der Rechtsbegründung ist mit dem Namen K. Mörsdorf verbunden. Mit der Überarbeitung des Lehrbuches von E. Eichmann im Jahre 1946 betrat er streng theologisches Niveau, verfolgte sein hochgestecktes Ziel bis zur elften Auflage[74] im

[72] *L. Martini / A. Ippoliti*, Il dibattito, 282.

[73] *L. Lombardi Vallauri*, Amicizia, carità, diritto, Milano 1969, 157–159. *L. Martini / A. Ippoliti*, Il dibattito, 290.

[74] *K. Mörsdorf*, Lehrbuch des Kirchenrechts auf Grund des Codex Iuris Canonici I, München/Paderborn/Wien [11]1964, 8–26.

Jahre 1964, erläuterte es in verschiedenen Artikeln und Beiträgen[75] und gab der Münchener Schule ein Gepräge, dem die Mehrzahl seiner Schüler verpflichtet blieb. War bis dahin das Höchste, was katholische Begründung des Kirchenrechts hervorgebracht hatte, der Aufweis, daß ein Zusammenhang zwischen der Kirche als vollkommener Gesellschaft und der Existenz einer entsprechenden Rechtsordnung besteht, so zeigt er den Zusammenhang zwischen der Kirche als Heilssakrament und ihrem Recht auf. Und nicht genug damit, er läßt auch W. Bertrams, der so weit in etwa noch parallel gelaufen war, hinter sich und verankert das Kirchenrecht, um jeden Anschein eines nur äußeren oder logischen Zusammenhangs zu beseitigen, im Wort und im Sakrament als den Elementen, die die Kirche konstituieren. Das Recht wird also aus dem theologischen Wesen der Kirche und seiner Konstitution selbst entwickelt; es wird auf das Heilshandeln Gottes im menschgewordenen Sohn und auf das Heilswerk der eschatologischen Offenbarung in Jesus Christus zurückgeführt. Mit dieser Position, die in prinzipieller theologischer Einheit den Ursprung, das ontologische Wesen und das Ziel des Kirchenrechts herausstellt, ist das vorläufig Mögliche des typisch katholischen Vorgehens erreicht. Zugleich bildet dieses System der christologischen, kerygmatisch-sakramentalen und apostolischen Rechtstheologie den unbequemsten und doch unumgänglichen Gegenpol zu den außerkatholischen Versuchen.

„Heiliger Ursprung“ des Kirchenrechts ist der Gott-Mensch Jesus Christus, der die Menschen jenseits aller völkischen und rassischen Schranken in das Gottesvolk beruft, als das unsichtbare Haupt die Kirche, seinen Leib, durchherrscht und als Ursakrament die mit ihm vereinten und gleichgestalteten Jünger in die Lebensgemeinschaft mit dem Vater und dem Geist aufnimmt. Sitz und Manifestation des Kirchenrechts ist die sakramentale Zeichenhaftigkeit der Kirche, Sinn und Ziel der kanonischen Ordnung der Dienst an der Fortsetzung des Heilshandelns Christi. Der Herr selbst hat die Grundlinien der Verfassung des neuen Gottesvolkes ebenso wie die Art und Weise bestimmt, auf welche die Kirche ihre Sendung zu erfüllen hat. Eine besondere Funktion zur Repräsentation des unsichtbaren Hauptes und entsprechend zum konkreten Heilsdienst in der

[75] *K. Mörsdorf*, Zur Grundlegung des Rechts in der Kirche: Münchener Theologische Zeitschrift 3 (1952) 329–348. *Ders.*, Art. „Kirchenrecht“: Handbuch theologischer Grundbegriffe, hrsg. von H. Fries ([1]1962), vom Verfasser durchgesehene und ergänzte Ausgabe München 1970 (= dtv wissenschaftliche Reihe 4056) Bd. 2, 479–489. *Ders.*, Wort und Sakrament als Bauelemente der Kirchenverfassung: AfkKR 134 (1965) 72–79.

Verkündigung des Wortes und in der Spendung der Sakramente hat er den Trägern der Weihe- und Hirtengewalt in den kirchlichen Teilgemeinschaften übertragen.[76] Christus hat die Botschaft vom Reich Gottes in der Vollmacht des Vaters verkündet (Joh 8, 12–20) und den Aposteln und deren Nachfolgern aufgetragen, seine Sendung fortzusetzen (Mt 28, 18 f.; Joh 20, 21). „Rechtlichen Charakter hat die Wortverkündigung der Kirche dadurch, daß sie *in der Vollmacht des Herrn* geschieht. Der Herr hat den Anspruch Gottes in einer Weise gestellt, daß der Angesprochene nicht nur kraft der Einsicht in die innere Macht des Wortes, sondern auch aus dem formalen Grunde, daß der Künder des Wortes der Sohn Gottes ist, zum Gehorsam verpflichtet ist."[77] „In der gleichen Mächtigkeit, mit welcher der Herr das Wort verkündet hat, lebt dieses fort in der Kirche ... Der Apostel ist Stellvertreter des Herrn, nicht bloß im Zeugnisgeben, sondern auch im verbindlichen Handeln für den Herrn."[78]

Der Herr erbaut die Kirche auch mittels des Sakraments, in dessen sichtbarem Zeichen – symbolischen Handlungen und Dingen – das Wort sich verleiblicht, das unsichtbare Heil gewirkt und ein Analogon zum Rechtssymbol in den Lebensvollzug der Kirche aufgenommen wird. „Die rechtliche Struktur des Sakramentes beruht indessen nicht darauf, daß die Gemeinschaft der Kirche in ein bestimmtes Zeichenverständnis hineingewachsen ist und dieses als verbindlich und wirksam anerkennt, sondern darauf, daß der *Herr* den von ihm auserwählten Zeichen ihre sakramentale Sinnbildlichkeit und Wirkmächtigkeit *eingestiftet* hat."[79]

Vom positiven göttlichen Recht als ihrem unmittelbaren Ursprung und ihrer Mitte empfängt die gesamte kanonische Ordnung eine innere Ökonomie und einen organischen Zusammenhang. Das durch die Offenbarung gesetzte Recht eröffnet und umgrenzt den Raum des göttlichen Naturrechts in der Kirche, erhellt und erfüllt es in seinem ursprünglichen Sinn. Das hinzukommende rein kirchliche Recht wird von den Formen und Zielen des göttlichen Rechts in Dienst genommen.[80]

[76] *K. Mörsdorf*, Wort und Sakrament, 75 f.

[77] *K. Mörsdorf*, Wort und Sakrament, 76 f.

[78] AaO, 77.

[79] AaO, 78.

[80] AaO, 78 f. *K. Mörsdorf*, Kirchenrecht, 480 f. Ganz auf dieser Linie schreibt *E. Corecco*: „Alle Sektoren der kirchlichen Rechtsordnung, von den Normen über Sakramente bis zum Verfassungs-, Ehe-, Straf- und Prozeßrecht, haben einen inneren, strukturellen Bezug zu den Sakramenten, in deren Mitte die Eucharistie steht" (Il rinnovo metodologico del diritto canonico: La Scuola Cattolica 94 [1966] 3–35, 14, vgl. 25–29.

Die Gesamtheit der kanonischen Normen ist Werkzeug für die Sendung der Kirche zum Heil des Menschen. Da die Kirche als geistliche Gemeinschaft ,,auf der Überzeugungstreue ihrer Glieder beruht", kann sie sich nicht mit einem ,,bloß äußeren Rechtsverhalten" begnügen.[81] Die durch Definition oder durch das allgemeine und ordentliche Lehramt der Kirche zu Handlungs- und Überzeugungsformen gemachten Glaubenssätze sind im Glauben, die auf das natürliche Sittengesetz gestützten Normen mittels des Glaubens an die Kirche, die des veränderlichen rein kirchlichen Rechts mit Pietät festzuhalten.[82] Von der Heilsinstrumentalität des Rechts und dem Heilsgehorsam der Kirchenglieder leiten sich die Prinzipien ab, nach denen die Zwangs- und Strafmittel sowie die kanonische Billigkeit und die auf Gewissensentscheid begründete Epikie anzuwenden sind.[83]

Das Kirchenrecht ist ,,heiliges Recht", das ,,sich vom weltlichen Recht entscheidend abhebt, aber gleichwohl den allgemeinen Charakter des Rechts besitzt"[84]. ,,Die Kanonistik ist eine theologische Disziplin mit juristischer Methode."[85]

Wer eine so profilierte Position einnimmt und ein so geschlossenes System aufstellt, braucht für die Kritik nicht zu sorgen. Es wurde unter anderem eingewendet, daß die einzelnen Aussagen nicht durch die historische und exegetische Forschung abgedeckt sind, daß ein Extrinsezismus des Stils ,,weil Christus es so gewollt hat" nicht vermieden sei, daß ein sakramentaler Mechanismus und Heilstotalitarismus drohe und daß eine Sakralisierung allemal den repressiven Effekt und den entwicklungshemmenden Charakter des Rechts verstärke.[86]

Es ist historisch-exegetisch sehr schwierig zu verifizieren, welche Worte des Herrn juristische Bedeutung haben und wie weit sie kodifizierbar sind. Mühsam ist auch jeder Versuch, die Herkunft und die Bedeutung der rechtsanalogen Symbole und den genauen Sinn festzustellen, den etwa Jesus mit der Taufe, dem Abendmahl und den in der Sendung der Zwölf benützten Elementen des jüdisch-rabbinischen Stellvertretungsinstituts (schaliach), später die Jünger mit der Taufe auf den Dreieinigen Gott, mit

[81] *K. Mörsdorf*, Kirchenrecht, 483.
[82] AaO, 482.
[83] AaO, 482 f.
[84] AaO, 480.
[85] *K. Mörsdorf*, Lehrbuch des Kirchenrechts I, [11]1964, 36.
[86] *L. Martini / A. Ippoliti*, Il dibattito, 268, 270, 284 f., 283.

dem Herrenmahl und mit der Handauflegung verbunden haben. Hinzu kommt die kritische Stellung Jesu und des Apostels Paulus gegenüber kultischen und rechtlichen Institutionen des Judentums und des Griechentums. Die Phasen christlichen Werdens vom Auftreten Jesu über das Osterereignis bis zum Tod der Apostel und die Plastizität der Gemeindestrukturen und gesamtkirchlichen Bande bedürfen, um als eine Einheit und Ganzheit erkannt und angenommen zu werden, des breiten Schirmes einer Offenbarung, die erst mit der Generation der Apostel und Apostelschüler abschließt, und einer Kirche, die im Ursprung Offenbarung empfängt und in der Überlieferung entfaltet.

Jede Art von Extrinsezismus zu vermeiden und das Kirchenrecht nicht ,,als zufälliges Ergebnis eines mehr oder weniger willkürlichen Willensaktes Christi" hinzustellen, sondern ,,als ein inneres Resultat seines ganzen heilsgeschichtlichen Handelns und als eine strukturelle Forderung seines Heilswerkes" anzusehen, gehört zu den Ansprüchen, die die Vertreter des ,,ius sacrum" selbst erheben.[87] K. Mörsdorf streut in die Darstellung seiner Rechtsbegründung Aussagen ein, deren Sinn und Aktualität durch die besondere Zielsetzung und durch die dagegen erhobenen Einwände deutlich werden. ,,In der Kirche herrscht der Wille ihres Stifters nicht als der Wille eines Außenstehenden, sondern als der Wille des Hauptes, durch das die Gläubigen zur Gemeinschaft des neuen Gottesvolkes verbunden sind." ,,Als lebendiges Christuszeugnis der kirchlichen Gemeinschaft läßt die Wortverkündigung die Glieder der Kirche zu tieferem Verstehen und Ergreifen des Wortes heranreifen und ruft jene, die draußen sind, auf zu gläubiger Entscheidung und zur Nachfolge des Herrn in der Kirche. Der Wortverkündigung eignet damit eine gemeinschaftsbildende und gemeinschaftserhaltende Kraft . . ."[88] Als ,,wirksames Sinnbild einer unsichtbaren Heilswirklichkeit ist das Sakrament mit dem *Rechtssymbol* verwandt", das ,,in gemeinschaftsbezogener Weise auf eine unsichtbare Wirklichkeit" hinweist, ,,durch die Art seines Werdens mitten in der Gemeinschaft" steht und ,,durch sie die Kraft, im Sinnbild Rechtsverbindliches auszusagen oder zu bewirken", erlangt.[89] Sind Ursprung und Wesen der Kirche aus der Offenbarung erkannt, so kann in einem zweiten Schritt gezeigt werden, daß die Gnade die Natur nicht zerstört, sondern voraussetzt und vervollkommnet, daß die Gotteskinder

[87] *A. M. Rouco Varela*, Allgemeine Rechtslehre, 110.
[88] *K. Mörsdorf*, Wort und Sakrament, 76.
[89] AaO, 77 f.

Menschen bleiben und der Mensch nach Gemeinschaft strebt, um sein individuales Sein zu ergänzen und zu entfalten, und daß die Gemeinschaft die Freiheit des Individuums beschränkt und bindet, und zwar durch die Ordnungsfunktion des Rechts.[90]

Da das kerygmatische Wort und das sakramentale Symbol als Formen menschlicher Kommunikation angesprochen werden, die aufgrund ihrer ontologischen Struktur die Fähigkeit haben, Träger von rechtlich verbindlichen Mitteilungen zu sein, erhebt sich die Frage, ob vom christlichen Kerygma und Sakrament auch tatsächlich ein Weg zum Glaubensgesetz und zum Kirchenrecht führt.[91] Sofern die Sprache das Hauptinstrument aller Kommunikation ist und alle anderen symbolischen Systeme nur zu ihr hinzukommen oder sich von ihr herleiten, wird jede Theologie des Kerygmas und damit auch des Sakraments durch eine vorgängige Sprachphilosophie mitbestimmt. Der Weg vom Kerygma zum Recht wird verbaut, wenn die christliche Botschaft, wie es in der Existentialtheologie von R. Bultmann, E. Fuchs und G. Ebeling geschieht, nach ihrem Inhalt und ihrer Bedeutung auf die Erfüllung dessen reduziert wird, was der frühe Heidegger für das Wesen der Sprache hält. Wird nämlich die Aussage als ,,abkünftiger Modus" gegenüber der ,,Mitteilung", dem ,,Erschließen von Existenz" und dem ,,verstehenden Miteinandersein" abqualifiziert[92], so entleert sich die Sprache zum Geschehen, das Wesen des Menschen zur Existenz und das christliche Kerygma zur Ermöglichung rechten Seinsvollzugs, auch wenn man erklärt, daß Heideggers Kategorien im Grunde ethischer Qualität seien, daß die Sprache inhaltlich konstitutiv für die Geschichtlichkeit des Menschen sei, daß sie also mehr denn ein Informationsträger, das Kerygma folglich mehr denn ein Imperativ sei.[93]

[90] AaO, 78 f.

[91] *A. M. Rouco Varela / E. Corecco,* Sacramento e diritto: antinomia nella chiesa?, Milano 1971, 44–46.

[92] *M. Heidegger*, Sein und Zeit, 10. unveränderte Auflage, Tübingen 1963, 162. Vgl. W. *Pannenberg*, Wissenschaftstheorie und Theologie, Frankfurt 1973, 169–177.

[93] Unter dem hier gewählten Gesichtspunkt sind die Unterschiede der einzelnen hermeneutischen Konzeptionen unerheblich, ob nun *Bultmann* die Auffassung *Heideggers*, daß das Dasein als ein ,,entschlossenes" die Frage nach seinem ,,Ganzseinkönnen" selbst beantwortet (Sein und Zeit, 309), umstürzt und den Menschen die Eigentlichkeit seiner Existenz durch Gehorsam gegenüber der Kreuzesbotschaft finden läßt (Glauben und Verstehen I, Tübingen ^{5}1964, 41; II, Tübingen ^{4}1965, 27 f., 156 f.; IV, Tübingen ^{2}1967, 134), ob *Fuchs* von *Heideggers* Analyse des Gewissenrufes ausgeht und den Ursinn von Sprache in der Ver-

Mit der These, daß dem Menschen die Dinge seiner eigenen Welt wie Werkzeuge in einer „Bewandtnisganzheit“ zuhanden sind, beschreibt Heidegger eher die Umweltangepaßtheit des Tieres als das spezifische Weltverhältnis des Menschen, der nicht durch Triebmechanismen einer Umwelt angepaßt ist, sondern aufgrund einer offenen Triebstruktur, durch Distanz und Intelligenz sich seine Welt als Kultur je erst erschafft.[94] Die Sprechweise der Aussage wird besser nicht als ein Abschneiden von den „Verweisungsbezügen“ und von der „Bewandtnisganzheit“ verstanden, sondern als Ausdruck zweier Wesensmomente der Sprache, nämlich ihrer sozialen Natur, durch die sie Distanz und Einigung unter den Sprechenden und zu den Dingen und dadurch erst Kommunikation vermittelt, und ihres Verlaufs in einem Sinnhorizont, in dem sie stets Gesagtes und Ungesagtes, Bestimmtes und Unbestimmtes zusammenhält.[95]

Nichts gewonnen wäre mit der bloßen Umkehrung der existentialhermeneutischen Sprachphilosophie, mit einer Formalisierung der Sprache im Sinne des logischen Positivismus. Das Programm des frühen Wittgenstein, das den Behauptungssatz als die Grundform der Sprache bewertet und die Entwicklung einer weltabbildenden Einheitssprache zum Ziel hat, scheitert daran, daß es die Umgangssprache als Ausgangspunkt voraussetzt.[96] So macht der späte Wittgenstein die Umgangssprache zum Gegenstand seiner philosophischen Untersuchungen und kommt zu dem Resultat: „Die Bedeutung eines Wortes ist sein Gebrauch in der Sprache.“[97] Das Sprechen ist Teil einer Tätigkeit oder einer Lebensform[98], die in der alltäglichen Lebenspraxis Sitz und Regeln hat, so daß die Umgangssprache

mittlung der christlichen Erfahrung von Schuld und Vergebung erblickt (Hermeneutik, Bad Cannstatt ^{2}1958, 56, 64, 117, 133, 137. Zum hermeneutischen Problem in der Theologie, Tübingen ^{2}1965, 56 f., 64, 68, 137) oder ob *Ebeling* die altisraelische Auffassung miteinbringt, daß „die Fragen nach Inhalt und Macht des Wortes identisch sind“, und das Wortgeschehen als Ereignis der Erschließung von Existenz und Zukunft durch Gottes Selbstzusage und Mitteilung versteht (Wort und Glaube, Tübingen ^{3}1967, 342 f., 347 f.).

[94] *M. Landmann*, Philosophische Anthropologie, Berlin 1955, 215 f. *Ders.*, De homine, Freiburg/München 1962, 539–542. *M. Heidegger*, Sein und Zeit, 158.

[95] *W. Pannenberg*, Wissenschaftstheorie und Theologie, 177 ff.

[96] *L. Wittgenstein*, Tractatus logico-philosophicus, London ^{7}1958, 2. 221, 3. 21, 3. 202.

[97] *L. Wittgenstein*, Philosophische Untersuchungen, New York 1953, 343.

[98] Z. B.: Benennen und Erklären, Befehlen und nach Befehlen handeln, Beschreiben eines Gegenstandes nach dem Aussehen, oder nach Messungen, Herstellen eines Gegenstandes nach einer Beschreibung, Berichten eines Hergangs, Theater spielen, Rätsel raten, Übersetzen, Bitten, Danken, Fluchen, Grüßen, Beten (*L. Wittgenstein*, Philosophische Untersuchungen, 11).

durch eine Pluralität von Sprachspielen konstituiert wird.[99] In der Abkunft dieser Definition von Sprache aus dem mathematischen Kalkül, in der antimetaphysischen Voreingenommenheit Wittgensteins und in der pragmatistischen Hinnahme der Umgangssprache als letzter Gegebenheit liegen Hindernisse, die das hermeneutische Problem der Sprachspiele, die Frage nach der Bildung der Kulturwelten, nach der Einstimmung in die jeweilige Tätigkeit, nach der Transzendierung und Umwandlung der Lebensformen abblenden und mit dem Pragmatismus des frühen Heidegger sowie mit der Tendenz zur Hypostasierung der Sprache beim späten Heidegger[100] und bei E. Fuchs konvergieren[101], einer Tendenz, die in der strukturalen Linguistik gipfelt.

Es ist hier vor allem an die „Strukturalisten der ersten Stunde"[102] gedacht, deren Interesse allein der Ebene der Signale gilt. Ihr erstes Postulat, das den hypostasierten Tausch, die absolute Kommunikation zum Wesen der Sprache erklärt, wird von Lévi-Strauss zum Prinzip jeder menschlichen Tätigkeit und jeder sozio-kulturellen Wirklichkeit erhoben.[103] Ihr zweites Postulat, das die formale Geschlossenheit des Sprachsystems fordert, wird von F. de Saussure auf die klassische Form gebracht: „Die Sprache an und für sich selbst betrachtet ist der einzige wirkliche Gegenstand der Sprachwissenschaft."[104] Beide Postulate schneiden die Sprache auf das Modell der Übersetzungsmaschine zu, für die nur das objektivierte Diktum eine Rolle spielt. Sie kommen aus dem Geist des Merkantilismus, aus der Philosophie der Leere des cartesischen cogito und der tabula rasa des Empirismus und führen zum Sprachskeptizismus und Agnostizismus. Hat die existentiale Hermeneutik das christliche Kerygma auf ein menschliches Selbstverständnis, auf die Vergebung der Sünden und die Verpflich-

[99] *L. Wittgenstein*, Philosophische Untersuchungen, 39. *W. Pannenberg*, aaO, 181.

[100] *M. Heidegger*, Unterwegs zur Sprache, Pfullingen ^{4}1971, 11–16.

[101] *E. Fuchs*, Hermeneutik, 137. *Ders.*, Zum hermeneutischen Problem in der Theologie, 116–137. Vgl. *G. Ebeling*, Wort und Glaube, 114.

[102] *G. Schiwy*, Neue Aspekte des Strukturalismus, München 1971, 88 f.

[103] *C. Lévi-Strauss*, Strukturale Anthropologie, Frankfurt 1967, 97: „Man kann diese kopernikanische Wende . . ., die darin besteht, die Gesellschaft als Ganze durch eine Kommunikationstheorie zu interpretieren, einleiten . . . Von nun an ist dieser Versuch auf drei Ebenen möglich: die Verwandtschafts- und Heiratsregeln dienen dazu, den Austausch der Frauen zwischen den Gruppen zu sichern, wie die ökonomischen Regeln den Austausch von Gütern und Dienstleistungen und die Sprachregeln die Nachrichtenübermittlung garantieren."

[104] *F. de Saussure*, Grundfragen der allgemeinen Sprachwissenschaft, Berlin ^{2}1967, 279.

tung zur Liebe verengt, so übermittelt das von den Bedeutungszusammenhängen gelöste Diktum der Strukturalisten dem Menschen nur noch die Vibrationen wohlklingender Wörter. Es isoliert ihn von den mit ihm existierenden Subjekten und Gegenständen und läßt keine Einbruchstelle für göttliche und menschliche Offenbarung, für Seins- und Sinnmitteilung durch das Wort offen.

Einen Ausgang aus dem Gefängnis des Sprachsystems zeigt P. Ricoeur, indem er zu bedenken gibt, daß das Sprachsystem selbst z. B. durch die Pronomina auf den sprechenden und angesprochenen Menschen und auf die Welt der Gegenstände hin geöffnet ist und als Instrument zu gebrauchen ist, durch das der sprechende und hörende Mensch in eine geschichtliche Situation eintritt, um Sinn mitzuteilen und zu empfangen.[105] Im Gegensatz zum mathematischen Symbol ist die Sprache durch einen „doppelten Sinn" charakterisiert, der nicht bloß irgendwelche Dinge bezeichnet, sondern immer auch „einen anderen Sinn, der nicht erreicht werden kann, es sei denn innerhalb und mittels seiner Absicht". „Es gibt kein Symbol ohne den Vorgang einer Interpretation; dort, wo ein Mensch träumt, prophezeit oder dichtet, erhebt sich ein anderer, um auszulegen; die Auslegung gehört organisch zum Symbol und hat ihren doppelten Sinn."[106]

Diese Hermeneutik ist offen für die inhaltliche Spannweite des christlichen Kerygmas und für die Einzigartigkeit und Allgemeingültigkeit der eschatologischen Offenbarung, bedarf aber eines fundierenden Wirklichkeitsverständnisses, wie es der Anthropologe G. Durand in Anlehnung an Strukturalisten „der jetzigen Generation" wie A. J. Greimas, R. Barthes und N. Chomsky, mit Hilfe der Umweltlehre von J. v. Uexküll, durch Weiterentwicklung der komplexen Psychologie C. G. Jungs und durch Anregungen aus der shîitischen Mystik des Islam zu gewinnen versucht. Er stellt die beiden antistrukturalistischen Postulate auf, daß der Sinn der Sprache sich nach dem Gebrauch richtet und daß der Gebrauch durch eine Tiefenöffnung der Sprache hin zu der Kompetenz des sprechenden Subjekts ermöglicht wird, das Sprach- und Literaturfähigkeit besitzt und jede Grammatik verstehen kann.[107] Die Rangfolge der philologi-

[105] *P. Ricoeur*, Hermeneutik und Strukturalismus, München 1973, 159.

[106] *P. Ricoeur*, De l'Interprétation. Essai sur Freud, Paris 1965, 25, 27 (deutsch: Die Interpretation. Ein Versuch über Freud, Frankfurt 1969).

[107] *G. Durand*, Linguistique et Métalangage: Mensch und Wort, hrsg. von A. Portmann / R. Ritsema (= Eranos Jahrbuch 1970), Leiden 1973, 341–393, 362, 366.

schen Ebenen ist nach Durand umzukehren. Die Lehre von den Zeichen (Semiologie) ist der Satzlehre (Syntax) und der Bedeutungslehre (Semantik) nachzuordnen.[108] Er überschreitet die Linguistik nicht nur in Richtung auf die Psychologie der Sprache und ,,die denkerischen Prozesse an der Basis der grammatikalischen Bildungen"[109], sondern beansprucht sie für eine ,,Poetik der Projektierung menschlicher Bedeutung" als Teil einer ,,allgemeinen Anthropologie", in der ,,alles vom Sinn der Berufung der menschlichen Art gezeichnet ist"[110].

Aus dem genetischen Potential der Natur sprießen die Formen der Organismen. Wie Motiv und Kontrapunkt treffen das Netz der Spinne und die Fliege aufeinander, und in dem Gebrauch, den die Spinne davon macht, liegt der Sinn dieser Gestaltungen der Natur und dieser Verhaltensweisen der Organismen. Die Dinge existieren in der dreifachen Dimension des Raumes, der Zeit und des Milieus, dem Hohlraum potentieller Gestaltungen, in dem sie sich ,,in immer neuen Formen wiederholen"[111]. Der semantische Zentralbegriff ist jener des Milieus, der mit der artgemäßen Fleischwerdung, mit der Leiblichkeit beginnt und die sinnbenützenden Wesen hervorbringt.[112] ,,Es ist eine radikal transzendente Subjektivität, die über den Sinn entscheidet" und allen Dingen Logoscharakter verleiht.[113] Auch die sprachlichen Gebilde, in ihrer Zahl biologisch und zoologisch für die menschliche Art begrenzt, werden geformt, informiert und transformiert auf den Ebenen menschlicher Einkleidung und Verkleidung: auf der Ebene der Ontogenese als getarnter Ausdruck des Affekts (Freuds homo infans), als Ausdruck des Spieltriebs (Huizingas homo ludens) und als Ausdruck der sich entwickelnden Sprachfähigkeit (Wallons und Piagets homo loquens); auf der Ebene des Lebenskampfes des Erwachsenen als Medium der Tätigkeiten und Schöpfungen des homo faber, oeconomicus und politicus.[114] Sprache wurzelt in einer ,,universa-

[108] *G. Durand*, Linguistique et Métalangage, 368 f.

[109] Vgl. *G. Schiwy*, Neue Aspekte des Strukturalismus, 89.

[110] *G. Durand*, Linguistique et Métalangage, 392. Schluß mit dem Mißbrauch des Kopernikus und zurück zu Ptolemäus! Das heißt: Der Strukturalismus ,,muß ›figurativ‹ anthropologisch werden" (ebd.).

[111] AaO, 390. Vgl. *J. von Uexküll*, Streifzüge durch die Umwelten von Tieren und Menschen. Bedeutungslehre, Hamburg 1956, 159.

[112] *G. Durand*, Linguistique et Métalangage, 391.

[113] AaO, 390.

[114] *G. Durand*, aaO, 391. *N. Chomsky*, Sprache und Geist, Frankfurt 1970, 155: ,,Es besteht wenig Grund, daran zu zweifeln, daß das, was für niedere Organismen gilt, auch für

len Grammatik". Der Mensch begreift sich und die Dinge, weil alle in Gott sind, in Gott leben und sich bewegen. Durch die Entsprechung zwischen der Struktur der Ereignisse und Dinge in Natur und Geschichte einerseits und den Symbolen der imaginierenden Seele andererseits, durch diese Synchronizität der Subjektivität und der Objektivität, offenbart sich das Sein, leuchten seine Imperative auf in den sich individuierenden Subjekten. Das Wort Gottes verbindet sich an dieser Stelle mit der menschlichen Sprache. Der Mensch wird dadurch zum Statthalter Gottes. Und allen, die diese Bedeutung des Menschseins akzeptieren, wird die Macht gegeben, Kinder Gottes zu werden.[115]

Nun wendet allerdings Durand selbst diese Philosophie eines universalen Symbolismus gegen die kerygmatische Hermeneutik P. Ricoeurs, weil er meint, daß der Anspruch der jüdisch-christlichen Heilsgeschichte, eschatologischen Sinn zu vermitteln, für den geistigen Kolonialismus des Okzidents verantwortlich sei. Der Rassismus des auserwählten Volkes, getragen von einer privilegierten Geschichte, verewige sich in der Intoleranz der Kirche, inkarniere sich in laisierter Form in den furchtbaren Imperialismen, die zur Heiligsprechung der Macht führten.[116] Doch steckt in Durands Bekenntnis gegen Ricoeurs „Historizismus" und für einen „Doketismus" der geistigen und sinnhaften Epiphanie der Wirklichkeit in der imaginierenden Seele des sich individuierenden Subjekts ebensoviel Unrecht wie auf seiten seines Bekenntnisses gegen den „Agnostizismus" von Lévi-Strauss und für einen „Gnostizismus" Recht und Wahrheit liegen.[117] Denn der ganze „Mundus Imaginalis"[118] wird zu einer Angelegenheit der einsamen Seele, erreicht nur die Bedeutung einer Idylle, bleibt der Statik der Archetypen, dem Nicht-Reifen-Können im Bannkreis der „Großen Mutter" verhaftet und versinkt in einen irrationalen Mystizismus, wenn die Individuation als Alternative zur Dynamik interpersonaler Existenz, zur sozialen Anstrengung und zu dem dialektischen Gesetz der

Menschen gilt. Besonders im Fall der Sprache ist es natürlich, eine enge Beziehung zwischen angeborenen Eigenschaften des Geistes und Merkmalen sprachlicher Struktur zu erwarten; denn die Sprache hat schließlich keine eigene Existenz unabhängig von ihrer mentalen Repräsentation." Vgl. *ders.*, Cartesianische Linguistik, Tübingen 1971, 6 f., 93 f.

[115] *G. Durand*, aaO, 392 f. *G. Durand*, Tâches de l'Esprit et Impératifs de l'Être. Pour un Structuralisme Gnostique et une Herméneutique Docétiste: Form als Aufgabe des Geistes, hrsg. v. A. Portmann (= Eranos Jahrbuch 1965), Zürich 1966, 303–360, 350.

[116] *G. Durand*, Tâches de l'Esprit et Impératifs de l'Être, 338.

[117] AaO, 340.

[118] AaO, 347.

Selbstwerdung des Geistes durch Selbstverzicht und Sich-Wieder-Finden im andern verstanden wird. Was sind individuierte Seelen, wenn sie nicht durch den Logos miteinander kommunizieren, und worauf gründen sie ihre Hoffnung auf Dauer, wenn das reale Geschehen von Natur und Geschichte der Faktizität des Zerfalls, der Zerstörung und des Nichts ausgeliefert ist und die im Gegenstrom zum Tod und zur Verzweiflung aufgebaute symbolische Welt der sinnhaften Gebilde nur innerseelische Realität besitzt?[119] Was in Durands Weltschau eingeführt werden kann und muß, um ihr den Charakter des Traumhaften und Unwirklichen zu nehmen, ist erstens der Anteil der tätigen Vernunft an der Imagination der Seele und der Individuation des Menschen, die Erkenntnis und der schöpferische Gebrauch der Logoshaftigkeit des Seins durch den subjektiven Geist in seiner Teilhabe am Logos[120] und zweitens die Bereitung der Stelle, an welcher jene Macht in die Welt des Raumes, der Zeit und der Milieus eintritt, welche die Kluft zwischen Denken und Sein, zwischen Lebenswille und Todesschicksal, zwischen Nichtigkeit und Sinnerfüllung aufschüttet.[121]

[119] Die Grenzen ihrer Geltung überschreitend spielt Durand die Religionsphänomenologie Eliades und die Sympathie de Corbins für die shîitische Sekte des Islam gegen den heilsgeschichtlichen Realismus des Christentums aus. ,, . . . das Reich ist *eine* Welt, die nicht aus der Welt der Geschichte ist.“ Das ,,in illo tempore“ der Bibel bezeichne den ,,entzeitlichten Augenblick“ der ,,ewigen Gegenwart“, ,,a-chronische“ Ereignisse der Theophanie. ,,Das Leiden Christi zu datieren, seine Geburt zu sehen, bedeutet nicht mehr als die Vision vom Sinai oder den Jakobskampf zu datieren.“ In der mystischen Ungeschichtlichkeit sind alle religiösen Phänomene gleich. ,,Die Stifter der Religionen sind nichts als Reformatoren der Bedeutungen, Auferwecker von Erkenntnissen (gnoses) . . .“ ,,Für die Juden wäre es ein Skandal, daß der Gottessohn Menschensohn sein sollte; für den Christen ist der Messias schon gekommen ,,in illo tempore“, in der unvordenklichen Zeit der Gleichnisse; für einen Muselmanen sind die Theophanien außerhalb der Zeit, an diesen Stellen und Zeitläufen, die die Mystiker beschreiben.“ *G. Durand*, Tâches de l'Esprit et Impératifs de l'Être, 334.

[120] Die Zeichenfunktion der Dinge und die schöpferische Gestaltungskraft des Menschen sind durch jenen und auf jenen hin, dessen Wesen Ausdruck, Bild und Wort des Vaters ist. Vgl. *L. Scheffczyk*, Die Heilsbedeutung des Wortes in der Kirche: Ius Sacrum. K. Mörsdorf zum 60. Geburtstag, hrsg. v. A. Scheuermann / G. May, München/Paderborn/Wien 1969, 327–347, 329 f.

[121] Aus der Freiheit und Endlichkeit des Menschen folgt, daß die Geschichte der mögliche Raum, das Wort das mögliche Medium einer Offenbarung des radikal Transzendenten ist, da Fraglichkeit das Wissen um das andere impliziert, das Wort als Zeichen auf das je andere verweist und stets zwischen diesem und dem anderen vermittelt. Vgl. *H. Fries*, Vom Hören des Wortes. Eine fundamentaltheologische Überlegung: Einsicht und Glaube. G. Söhngen zum 70. Geburtstag, hrsg. v. J. Ratzinger / H. Fries, Freiburg/Basel/Wien 1962, 15–27, 16 f.

Entsprechendes gilt auch, wenn K.-O. Apel mit J. Habermas im Zuge einer „sprachlich orientierten Transformation der Transzendentalphilosophie"[122] der syntaktisch-semantischen Tiefenstruktur im Sinne Chomskys noch eine pragmatische Tiefenstruktur der Sprache hinzufügt und den grammatisch generativen Sprachinstinkt durch die kommunikative Kompetenz ergänzt[123], die über die dialogkonstituierenden phonologischen und semantischen Universalien verfügt[124] und in der Fähigkeit des Geistes besteht, sich dialektisch mit jedem Gegenüber zu identifizieren und sich wieder zu distanzieren.[125] Denn der Geist als Träger des dialektischen Seinsvollzugs, des Symbolgebrauchs und der Sprachkompetenz kann nur gegen alle Regeln der Logik als Produkt der vorsprachlichen und sprachlichen Kommunikation erklärt, die ideale Kommunikationsgemeinschaft aber nicht als der Sinn, sondern als der Moloch der Person erkannt werden, sobald der die reale Kommunikationsgemeinschaft mittragende Mensch keinen anderen ethischen und ontologischen Bezugsrahmen hat als die Gattungsgeschichte und die Antizipation ihrer Vollendung durch den Psychoanalytiker und Ideologiekritiker, der über Rechte und Pflichten der in der Emanzipation nachhinkenden Zeitgenossen entscheidet. Mit anderen Worten, die Sprachphilosophie und der Begriff von Sinn werden korrumpiert, wenn ihnen ein dialektischer Materialismus übergestülpt wird, der sich als Versöhnung der hegelschen und der marxschen Konzeption des Weltprozesses versteht.[126]

In Jesus Christus aber tritt für den Glaubenden die Bedeutung der imaginativen Welt und der Sinn der Geschichte in den realen Weltzusammenhang ein. Er bedient sich der Sprache und der Zeichen, Bilder seiner selbst, ihm zugleich ähnlich und unähnlich, um durch ihren Gebrauch den Menschen zu beanspruchen, ihn zu informieren und mit ihm zu kommunizieren. Der erstgeborene der Brüder offenbart die „Imperative des Seins" mittels der Zeichen und gibt das Wollen und Vollbringen des „Projektes menschlicher Bedeutung" durch den Geist: die Aufnahme in die Kommunikationsgemeinschaft Gottes. Dieses Ereignis löst das Versprechen

[122] *K.-O. Apel,* Transformation der Philosophie, Bd. II, Das Apriori der Kommunikationsgemeinschaft, Frankfurt 1973, 353.

[123] AaO, 305.

[124] AaO, 352 f.

[125] AaO, 307.

[126] AaO, 434 f., 430 f.

einer ,,kybernetischen Hermeneutik" ein.[127] Es ist die Einwurzelung des Sinnes in das fundierende Sein und die Aktivierung der Wahrheit durch das Leben. Sprachphilosophisch gesehen ist es also grundsätzlich möglich, ja sinnvoll, daß Wort, Tat und Zeichen, wenn Gott sich ihrer in der christlichen Offenbarung bedient und die Gemeinschaft der Glaubenden sie auf dem Weg durch die Geschichte je neu hört und versteht, erstens Bedeutungen enthalten, die in der Kirche als Glaubens- und Heilsgesetz zum Tragen kommen, und zweitens zum Ausgangspunkt für eine Entwicklung des Glaubensbewußtseins und eine Entfaltung des Glaubensgesetzes werden, die im Rahmen des depositum fidei beziehungsweise der dem Gottesvolk eingestifteten Verfassung verlaufen.

So wird die Frage, ob tatsächlich ein Weg von der inneren Wirklichkeit des christlichen Kerygmas und Sakraments zum Dogma und zum Kirchenrecht als positivem göttlichem Recht führt, an die Theologie zurückgegeben.

Das Kerygma ist als Struktur und Inhalt, als Ereignis und Wesen in seiner schwer faßbaren Komplexität möglichst vollständig zu beschreiben.[128] Es ist die autorisierte Verkündigung der Botschaft von Gottes

[127] *G. Durand*, Tâches de l'Esprit et Impératifs de l'Être, 350, 357, Anm. 144. *Ders.*, Linguistique et Métalangage, 392.

Im Bereich der Heilsgeschichte hören die großen Worte von der Inkarnation des Logos, von der ,,Communicatio idiomatum durch Gottes Werk" und von dem Abstieg ,,des Schöpferwortes in die natürliche Sprache" auf, bloße Metaphern zu sein (vgl. *G. Durand*, Linguistique et Métalangage, 391, 392, 393). In der Verwendung der symbolischen Welt durch Gott wird das Letztmögliche der grammatisch-semantisch-kommunikativen Sprachkompetenz verwirklicht (vgl. aaO, 369). Durch Christus und auf ihn hin vermag die symbolische Struktur und Dynamik die bildschöpferischen, die Offenbarung des Seins tätig gewahrenden Seele, diese Neuentdeckung und Abwandlung der Geist und Materie verbindenden Energeia platonischer Ideen und philonisch-gnostisch-plotinischer Mittelwesen, das zu sein, was Durand als ,,Währung des Absoluten" bezeichnet, und entgeht so der Abwertung in das Imaginäre. Sie bildet Elemente der ,,totalisierenden höchsten Individuation", des zu vollendenden ,,harmonischen Pleromas der Symbole und Konfigurationen" (*G. Durand*, Tâches de l'Esprit et Impératifs de l'Être, 314, 317–325, 347, 351).

[128] Wenn im Neuen Testament, häufig das Verbum κηρύσσειν, selten das Substantiv κήρυγμα gebraucht wird, so begründet dieser Befund nicht die Streichung des Historischen und Inhaltlichen und die Reduktion des Kerygmas auf das Ereignishafte, den subjektiven Vollzug und die mystische Identität des Glaubensbewußtseins. Die profane Parallele, daß im klassischen Griechisch κῆρυξ den amtlich bevollmächtigten Boten bezeichnet, der nicht aus sich, sondern gemäß Auftrag eine öffentliche und allgemein verpflichtende Botschaft proklamiert, kann einzelne Momente des Kerygmas illustrieren, nicht das spezifisch Christliche verständlich machen. Vgl. *K. Rahner* / *K. Lehmann*, Kerygma und Dogma: Mysterium Sa-

Heilstat und Heilswerk, die bewirkt, was sie bezeichnet. Der absolute Ursprung des Kerygmas liegt bei Gott dem Vater, der den Sohn gesandt hat. Sein Ziel ist die universale Heilsgemeinschaft, um derentwillen Jesus Christus die Fortsetzung und Vermittlung seiner Sendung den berufenen und bevollmächtigten Zeugen übertragen hat. In der Ausrichtung und in der Auswirkung des Kerygmas sind Christus und die Glaubenden durch die Kraft des Geistes zusammengeschlossen und auf die Verherrlichung des Vaters ausgerichtet. Deswegen ist es nicht allein Gottes Wort der Heilsmitteilung, sondern auch die Antwort des Menschen, die Gehorsam und Hingabe, Lobpreis, Dank und Bekenntnis umfaßt und in der Feier der Eucharistie ihre höchste und wirksamste Form hat. Nach Herkunft und Entstehung, Gehalt und Gestalt ist zu unterscheiden, daß das Kerygma zuerst unmittelbar als Offenbarung konstituiert wird, die an die „Zwölf" als den Augen- und Ohrenzeugen des Christusgeschehens von Kreuz und Auferstehung ergeht, daß es sich bei Paulus als empfangene Überlieferung (1 Kor 15, 1 f.) mit den Offenbarungen verbindet, die er selbst vom Herrn erhält, und daß es bei den Apostelschülern als kirchliche Verkündigung der „gesunden Lehre" (1 Tim 1, 10; 2 Tim 4, 2) von dem grundlegenden apostolischen Kerygma als dem Ereignis der Offenbarung und dem überlieferten Glaubensgut (1 Tim 3, 16; 1 Tim 1, 11) abgehoben wird. Da zu dem Kerygma der erste Empfänger des Offenbarungswortes, der autorisierte Verkündiger der Überlieferung und die übrigen Hörer des Wortes gehören, setzt es Befugnisse und Ordnungen, die der Gemeinschaft der Glaubenden eine bleibende Grundstruktur geben. Der bevollmächtigte Verkündiger und alle Hörer sind je auf ihre Weise gehalten, in der Rechtmäßigkeit und Wahrheit des Kerygmas zu bleiben und dieses in den historischen Situationen der Kirche zu aktualisieren. So kann kein begründeter theologischer Zweifel darüber bestehen, daß das Kerygma zum einen schon bei seiner ersten Übernahme durch die Apostel Glaubensgehorsam und Glaubensreflexion voraussetzt, wie es in der Vielzahl und Verschiedenartigkeit der neutestamentlichen Theologien zum Ausdruck kommt, und daß es zum andern den Charakter öffentlicher und universaler Verbindlichkeit hat.

Man wird daher zwar Vorbehalte haben gegenüber der Art, wie H. Schlier vor Jahren das kirchliche Dogma unmittelbar aus dem Kerygma entnahm und dieses logisch nicht überzeugend als „Norm des

lutis, hrsg. v. J. Feiner / M. Löhrer, Bd. I Die Grundlagen der heilsgeschichtlichen Dogmatik, Einsiedeln/Zürich/Köln 1965, 622–707, 622 ff.

Evangeliums", dann wieder als ,,Inbegriff und Summe der christlichen Verkündigung" betrachtete[129], aber man wird sich nicht vor der Erkenntnis verschließen können, daß im Kerygma wesentliche Ansätze und Elemente, Hinweise und Maßstäbe für jene kirchliche Praxis enthalten sind, welche Vorlage der Offenbarung durch die Kirche heißt und darin besteht, daß Glaubenssätze durch den Papst oder ein allgemeines Konzil feierlich definiert oder durch das allgemeine und ordentliche Lehramt verkündet, als Inhalte der Offenbarung durch Schrift und Tradition ausgewiesen und als verbindliches Glaubensgesetz erlassen werden. Dieser katholischen Auffassung vom Dogma als einem seinshaften Lehrgesetz werden andere Begriffe von Dogma entgegengestellt, deren gemeinsamer Nenner der Ausfall gewisser Elemente in der Beziehungseinheit von Offenbarung, Kerygma, Kirche, Schrift und Dogma ist, so daß man sie als defiziente Bestimmungen im Ganzen des christlichen Mysteriums bezeichnen kann. Warum beschränken sich E. Schlink auf die ,,doxologische Wurzel" und G. Gloege auf die ,,Grundaussage der Kirche über Gottes universales Handeln an der Welt"[130]? Warum spricht für K. Barth das Dogma die Übereinstimmung der kirchlichen Verkündigung mit einer Offenbarung aus, die durch die Schrift bezeugt ist, ohne daß er Rechenschaft von den schriftüberschreitenden Gründen, Mitteln und Trägern dogmatischer Erkenntnis gibt?[131] Warum verschärft H. Ott das Prekäre dieser Position, indem er einem durchaus nicht vollständig definierten Begriff von Dogma die Funktion zuschreibt, ,,die kirchliche Verkündigung (materiell) hinsichtlich ihrer Schriftgemäßheit und (formell) hinsichtlich ihrer Verständlichkeit" zu überwachen?[132] Und zu welchem Zweck

[129] *H. Schlier*, Kerygma und Sophia (Erstveröffentlichung: Evangelische Theologie 1938): *ders.*, Die Zeit der Kirche, Freiburg 1956, 206–232, 216. Hier fungiert die Botschaft von Kreuz und Auferstehung als Kanon des Kanons und zieht als solcher die reformatorischen Schriftprädikate der Autorität, der Klarheit, der Suffizienz und der Wirksamkeit an sich. Später fügt Schlier dem einmal gesprochenen oder geschriebenen Urwort die neue Erkenntnis im Fortgang der Geschichte und den Glaubenskonsens der Kirche hinzu, wodurch der von der Schrift eröffnete Raum genutzt und die Offenbarung als die intendierte Sache selbst tiefer erkannt und diese Erkenntnis im Dogma ausgesprochen wird. *H. Schlier*, Biblische und dogmatische Theologie: *ders.*, Besinnung auf das Neue Testament, Freiburg 1964, 25–34, 27, 31 f.

[130] Vgl. *E. Schlink*, Die Struktur der dogmatischen Aussage als ökumenisches Problem: Kerygma und Dogma 3 (1957) 251–306, 253 ff. *G. Gloege*, Dogma: Die Religion in Geschichte und Gegenwart II, ³1958, 221–225, 224.

[131] *K. Barth*, Kirchliche Dogmatik I/1, Zürich ⁸1964, 280.

[132] *H. Ott*, Kerygma: RGG III, ³1959, 1250–1254, 1253.

stempelt O. Weber das Dogma zur akthaften, keine Tradition begründenden und weiterführenden Lehrentscheidung?[133] Sagt das Dogma dasselbe, was in der Schrift steht, so ist es unnötig. Sagt es den Inhalt der Schrift auch nur in anderer Weise aus, so bedarf es schon der gesamten dogmatischen Tradition, um einer situationsverhafteten und widersprüchlichen Schriftauslegung einen Riegel vorzuschieben. Die Zuhilfenahme der vier ersten ökumenischen Konzilien und der reformatorischen Bekenntnisschriften würde unter diesen Umständen nur bedeuten, daß in der Kirchengeschichte zueinander unvermittelte und ohne vorgängige dogmatische Tradition unbegründbare Fixpunkte angenommen werden und könnte darum das Problem des Glaubensgesetzes nicht einer Lösung näher bringen.

Um nach diesen Exkursen über das Kerygma im Lichte sprachphilosophischer und theologischer Theorien auf die restlichen gegen das Ius Sacrum erhobenen Einwände zurückzukommen: es ist ein ganz bestimmtes Verständnis von Dogma vorauszusetzen, wenn in der kanonischen Ordnung das normative göttliche Recht von dem dezisionistischen rein kirchlichen Recht unterschieden und der sakramentale Charakter des Kirchenrechts nicht zum Vorwand für eine unselige Sakralisierung des je bestehenden gesetzlichen Zustandes genommen werden soll, und wenn es sich darum handelt, die Anmaßung einer rechtlichen Verfügung über das Heil abzuwehren und der Entwicklung des Glaubensbewußtseins im Gottesvolk Raum zu geben.

Grundsätzlich sind alle definierbaren Realitäten des Ereignisses der Offenbarung und des kerygmatischen Geschehens von dogmatisch-rechtlicher Relevanz und können von der Kirche auch tatsächlich als Glaubensgesetz vorgelegt werden, ganz gleich ob es sich dabei um jene Glaubenssätze handelt, die G. May als Rechtsgebote und in Anlehnung an K. Rahner als „göttliches Recht im strengen Sinn“ bezeichnet, oder ob man die übrigen Glaubenssätze in Betracht zieht, die nicht weniger und nicht anders als göttlichen Rechts zum Glaubensgehorsam verpflichten.[134] Erstere betreffen unmittelbar das Handeln der Kirchenglieder und legen die

[133] Vgl. *G. Gloege*, aaO, 224. Ähnlich *G. Ebeling*, Wort Gottes und Tradition, Göttingen 1964, 167 f.

[134] *G. May*, Das Glaubensgesetz: Ius Sacrum. K. Mörsdorf zum 60. Geburtstag, hrsg. v. A. Scheuermann / G. May, München/Paderborn/Wien 1969, 349–372, 350 f. *K. Rahner*, Über den Begriff des „Ius divinum“ im katholischen Verständnis: Schriften zur Theologie V. Neuere Schriften, Einsiedeln/Zürich/Köln 1962, 249–277.

kirchlichen Verfassungsgrundlagen (Unterschied zwischen Laien und Ordinierten, Primat, Episkopat, Konzil). Letztere ordnen das Handeln der Kirchenglieder mittelbar durch ihren Gemeinschaftsbezug und schaffen Strukturen der kirchlichen Lebensvollzüge, und sei es auch nur als Bedingung der Zugehörigkeit zur Gemeinschaft der Glaubenden. Sie bilden zusammen den metakanonistischen Bereich, den rechtlichen Aspekt des Dogmas, an dessen Erforschung und Bestimmung die theologischen Disziplinen gemeinsam arbeiten. Er muß durch juristische Transformation in die Gestalt von Rechtssätzen überführt werden, um als Kirchenrecht kodifiziert werden zu können.[135]

Das Zueinander und Miteinander der göttlichen und der menschlichen Faktoren in dem kirchlichen Dienst der Vorlage von Offenbarungswahrheiten als Glaubensgesetze bereitet der theologischen Durchdringung erhebliche Schwierigkeiten. Man wird wohl kaum sagen können, daß die Kirche in diesem Dienst über das geoffenbarte göttliche Gebot hinausgeht, indem sie die Glieder der Kirche „zur Annahme der geoffenbarten Wahrheit und zum Festhalten an ihr in rechtlicher Weise“ verpflichtet, und daß das Dogma „die Verbindung von göttlichem und menschlichem Recht“ ist[136]; denn der Ort des Dogmas ist nicht die Addition von göttlicher Offenbarung und naturrechtlichem Gesellschaftscharakter der Kirche, sondern die offenbarungstheologische, näherhin christologisch-kerygmatisch-sakramentale Struktur der Kirche. Sowohl die Befugnis der Kirche zur Vorlage als auch das vorgelegte Glaubensgesetz nach seinem ganzen Inhalt sind göttlichen Rechts. Das irdische Gefäß, durch das Gottes Offenbarung den Glaubenden erreicht, die Träger der Befugnis zur Vorlage, die Tätigkeit der Kirche in der Findung und Vorlage des geoffenbarten Gutes, die theologische und juristische Formulierung der Glaubenssätze, sind davon zu unterscheiden. Besonders zu beachten ist sodann die einlinige Ökonomie, das unumkehrbare Verhältnis (relatio non mutua), in dem das überragende Geheimnis der Offenbarung, die begrenzte

[135] Vgl. dazu die umfassende Zuständigkeit, die der evangelische Kanonist *H. Dombois* seinem Metier in dieser Aufgabe zuschreibt: Juristische Reflexion und Prüfung alles dessen, was in der Kirche sich ereignet; Übernahme der Funktion einer Oberrechenkammer und einer Pathologie des Geistes und des Lebens der Kirche; der Theologie durch die Systematik und Geschichte des Rechts zu einer bestimmten, anders nicht erreichbaren Erkenntnis der Kirche und ihrer Probleme zu verhelfen (Das Recht der Gnade, Ökumenisches Kirchenrecht I, Witten 1961, 14).

[136] *G. May*, aaO, 352 f.

Fassungskraft menschlicher Sprache und die noch einmal verengte Kapazität juristischer Definitionen zueinander stehen.[137] Der Rechtssatz verbleibt im Raum des Dogmas, schöpft aber das Wort und das Sakrament nicht aus, die Kommunikationsträger auch der Liebe und der Gnade sind, und das Dogma verbleibt in der Wirklichkeit der Offenbarung, kann aber das Geheimnis Gottes und der in seine Lebensgemeinschaft aufgenommenen Schöpfung nicht einholen. Darum geht der Kodifizierung des Glaubensgesetzes die Dogmatisierung des Glaubenssatzes voraus, der die Grundlage der rechtlichen Reform ist, ähnlich wie das Dogma die Frucht je tieferer Erkenntnis der Offenbarung ist und das weitere Eindringen in das Geheimnis nicht hemmen, sondern fördern sollte.[138]

So wird eine klare Grenzlinie gezogen zwischen dem positiven göttlichen Recht, dem die Kirche eine eindeutige Fassung gibt, und dem positiven kirchlichen Recht, das aus dem Auftrag und dem Wesen der Kirche dienend hinzukommt und zusammen mit ersterem die Kirche als Rechtskirche konstituiert.[139] So wird auch verständlich, wie das göttliche Naturrecht in die Kirche einbezogen wird. Die Gemeinschaft der Glaubenden wird durch die eingegossene Gnade als dem Gesetz der Wiederherstellung und Überhöhung der Schöpfungsordnung verpflichtet und befähigt, das durch die Sünde verletzte und verdeckte Naturgesetz zu erkennen, in dem vom positiven göttlichen Recht umschriebenen Raum innerkirchlich zu verwirklichen und darüber hinaus an seiner positiven Bestimmung und Verwirklichung im soziokulturellen Bereich der Menschheit mitzuwirken und es ,,ratione peccati" verbindlich auszulegen.[140]

Die Frage nach der Beziehung zwischen dem Kirchenrecht und dem Heil wird gemäß der oben beschriebenen einlinigen Ökonomie am besten im Anschluß an die Frage nach der Heilsrelevanz des Glaubensmotivs, des

[137] Vgl. *G. Söhngen*, Grundfragen einer Rechtstheologie, München 1962, 81 f.

[138] Konstitution des Kanons durch das Dogma und Veränderungen als Ausdruck des Verlangens, das Geheimnis der Kirche vollkommener zum Ausdruck zu bringen, das sind Prinzipien auch der orthodoxen Theologie, die jedoch bislang keine gemeinsame kanonische Ordnung für die lokalen Kirchen zu schaffen vermochten. Vgl. *N. Afanassieff*, I canoni e la coscienza canonica: Idoc intern. 12/13 (1971) 53–58 (Erstveröffentlichung in der Diskussion um die Veränderbarkeit der kanonischen Ordnung, in Zusammenhang mit der Panorthodoxen Konferenz auf dem Athos 1932 und im Blick auf ein Konzil über das Problem der kanonischen Kodifikation: Put 39 (1933). Vgl. *P. Evdokimov*, L'Ortodossia, Bologna 1965, 267–269.

[139] Vgl. *H. Barion*, Kirchenrecht: RGG III, ^{3}1959, 1501–1506, 1504 f.

[140] Vgl. Ansprache *Pius' XII.* v. 1. 6. 1941 (AAS 33 (1941) 239 f.).

dogmatischen Glaubens, des Sakraments und der Kirche als Universalsakrament behandelt. Selbstverständlich ist und bleibt das Motiv des Glaubens (Formalobjekt) der sich mitteilende Gott selbst, dem der Mensch den vernünftig-freien Gehorsam leistet. Aber zum Gegenstand dieser Unterwerfung des Verstandes, des Willens und der Existenz (Materialobjekt) gehören die Dekrete, die Taten und Werke Gottes. In diesem Materialobjekt des Glaubens sind die Kirche, ihre Befugnis zur Vorlage des Dogmas, ihre Verfassung göttlichen Rechts und ihre Aufgabe, eine entsprechende Rechts- und Lebensordnung zu schaffen, als bleibende Bestandteile enthalten. Wer das glaubt und weiß, für den ist die Vorlage der Offenbarung nicht nur eine äußere Bedingung der Zustimmung zu Glaubenswahrheiten, sondern vor allem das Zeichen und der Maßstab für die Richtigkeit der Glaubenserkenntnisse und Überzeugungen des einzelnen. Da die Gemeinschaft der Glaubenden, der Papst in den Kathedralentscheidungen und das Allgemeine Konzil das Charisma des Bleibens in der Wahrheit des geoffenbarten Gutes haben, tritt die kirchliche Vorlage nicht als ein irdisches Hindernis zwischen Gott und die Seele, sondern als das Medium der Erkenntnis, und bezeichnet die Formel ,,fide divina et catholica credenda sunt" nicht die Hinzufügung des menschlichen zum göttlichen Glauben, sondern die wirkhafte und geistgeschenkte Lenkung und Bestätigung des individuellen, dem Irrtum ausgesetzten Glaubens.[141]

Die Tendenz, den Glauben auf das Glaubensmotiv zu reduzieren und das Heil als Beziehung des einzelnen zu Gott zu individualisieren und zu spiritualisieren, läßt nur die vertikale Dimension des Heils gelten, die unsichtbaren Einstrahlungen Gottes in die Herzen und deren unhörbare Antwort, und unterschlägt die horizontale Dimension, nämlich Gott, der den einzelnen in der menschlichen Welt, deren Teil er ist, sucht.[142] Unter Voraussetzung der doppelten Dimension des Heiles aber kann erst eine innere Zuordnung des heilwirkenden Glaubensaktes, der um Gottes

[141] Die Kontroverse zwischen Thomisten und Skotisten, ob auch eine mittels natürlicher Wahrheiten durch die Vernunft aus der Offenbarung erschlossene Wahrheit mit göttlichem und katholischem Glauben anzunehmen sei, dürfte deswegen zugunsten der Thomisten entscheidbar sein, weil die Kirche die Verheißung des Geistes nicht für natürliche Erkenntnisse, sondern für das depositum fidei hat. Doch schließt das nicht aus, daß die Kirche in einem geschichtlichen Prozeß erkennt, was zum geoffenbarten Gut gehört und wie dieses fortschreitend zu verstehen ist. Vgl. *L. Ott*, Grundriß der Dogmatik, Freiburg/Basel/Wien [8]1970, 5 f.

[142] *L. Lombardi Vallauri*, Amicizia, carità, diritto, Milano 1969, 157–159. Vgl. *L. Martini / A. Ippoliti*, Il dibattito sui fondamenti teologici del diritto canonico e sulla Lex fundamentalis: Legge e Vangelo, Brescia 1972, 265–340, 290.

selbst willen gesetzt wird, der Heilsmittel im engeren Sinn wie Kerygma und Sakrament, und der Heilsmittel im weiteren Sinn wie Dogma und Kirchenrecht gefunden werden. Die kirchliche Rechtsordnung, auch in ihren rein kirchlichen Elementen, dient dem rechten Gebrauch der Sakramente und der Setzung des Glaubensaktes. Sie ist außerdem nicht allein als Dienst am Heil und als unterste Grenze der Glaubensforderungen und der Kirchengliedschaft zu betrachten, sondern vor allem als positiver Ausdruck der christlichen Lebensordnung, als Frucht und Auswirkung des Heils in der Welt und als Werk des in der Liebe tätigen Glaubens.[143] Es gibt keinen theologischen Grund, das Kirchenrecht aus dem Universalsakrament Kirche zu entfernen. Es steht in organischem Zusammenhang mit dem Heilscharakter und der Heilsnotwendigkeit der Kirche. Eine rechtliche Verfügung über das Heil wäre erst dann gegeben, wenn die Kirche sich mit der Exkommunikation die Vollmacht anmaßen würde, den Ausgeschlossenen oder den Außenstehenden unter Leugnung von Konfliktsmöglichkeiten und ohne Rücksicht auf die subjektive Wissens- und Gewissenslage absolut von Gott trennen zu können, der in Wahrheit seine Gnade nicht an die Sakramente bindet und den schuldlos Ungläubigen um Christi und der Kirche willen zu retten vermag.[144]

Man ist versucht, geteilten Herzens zu sein und zu zögern, wenn schließlich auch die Einwürfe zurückgewiesen werden sollen, daß das Recht wie überall, so auch in der Kirche notwendig seinen statischen und repressiven Charakter erweise. Es braucht hier nicht erörtert zu werden, ob nur der Mißbrauch des Rechts oder doch auch das eigene Schwergewicht des Rechts, seine Verwiesenheit auf das äußere Verhalten, seine Erzwingbarkeit und Nähe zur Macht entscheidenden Anteil an Heuchelei und Mißtrauen, Denuntiation und Inquisition, Despotie und Menschenknechtung in der Kirche hatte. Eine Reihe von Forderungen zur Re-

[143] Die Darstellung des Verhältnisses zwischen Glaube und kirchlicher Vorlage der Offenbarung, zwischen Heil und Recht wäre in der theologischen Literatur um diese Aspekte zu ergänzen. Bei ausschließlicher Konzentration auf das Glaubensmotiv und die Gnade als Beziehung zu Gott gehen Zeichen und Werk der Gnade in diesem Äon verloren. Vgl. *G. May*, Kirchenrecht: Sacramentum Mundi II, 1226–1251, 1242, 1235 f., 1238 f. *G. Söhngen*, Gesetz und Evangelium, Freiburg/München 1957, 70–75. *Ders.*, Grundfragen einer Rechtstheologie, 70, 79–82.

[144] Zu undifferenziert ist die Formulierung: Wer die Normen des kanonischen Rechts nicht akzeptiert, „stellt sich automatisch außerhalb der Gemeinschaft des Wortes und des Sakramentes Christi, und folglich außerhalb der Gemeinschaft des Heiles". *A. M. Rouco Varela / E. Corecco*, Sacramento e diritto: antinomia nella chiesa?, Milano 1971, 69.

form des kanonischen Rechts, wie J. Neumann unter anderen sie erhebt, kann man jedenfalls nur unterstreichen: Ausbau der synodalen Elemente im Verfassungsrecht, Ergänzung der anstaltsrechtlichen Züge durch stärkere Entwicklung des Personenrechts, Schaffung eines zweiseitigen Gefüges von Rechten und Pflichten zwischen Untergebenen, Vorgesetzten und höheren Vorgesetzten, Nutzung der Errungenschaften des modernen Rechtswesens wie Rechtsgleichheit, Rechtssicherheit, Rechtswahrung, Technik der Gewaltenteilung.[145] Da es leichter ist, das Leben des Geistes und die Freiheit der Kinder Gottes gesetzlich zu beschneiden als sie zu fördern und zu schützen, darf man nicht voraussetzen, daß das Mögliche schon getan ist, um die Würde jedes Getauften an der Basis des Kirchenrechts gebührend zur Geltung zu bringen.

Auf der anderen Seite wird jedoch das Gelingen einer Reform wieder in Frage gestellt, wo eine Humanisierung des Rechts auf Kosten des göttlichen Rechts versucht wird. Wenn J. Neumann als göttliches Recht im eigentlichen Sinn nur die göttlichen Rechtssätze (Sendung der Jünger, Übergabe der Schlüsselgewalt an Petrus, der Binde- und Lösegewalt an die Jünger) versteht, kirchliche Verfassung und Glaubensgesetze aber nur in dem Sinn als göttlichen Rechts erklärt, daß sie von ,,besonderer Gewichtigkeit und Wesensgemäßheit" für die ,,Gemeinde Jesu Christi" sind, so darf man keine große Hoffnung hegen, daß aufgrund dieses Prinzips in der Kirche mehr ,,richtiges Recht" gefunden wird.[146] Die Auffassung, daß der kirchliche Gesetzgeber göttliches Recht in menschliche Rechtssätze ,,transformiert", wo er Weisungen der Offenbarung in Gesetze gießt, und der unsicher erteilte Rat, vielleicht besser kein sehr großes Überlappen des theologischen und des juristischen Bereichs zu tolerieren[147], haben mit Sicherheit zur Folge, daß die Bindung des positiven

[145] Vgl. *J. Neumann*, Über die Notwendigkeit eines gesamtkirchlichen Grundgesetzes: Theologie im Wandel. Festschrift zum 150-jährigen Bestehen der Kath.-Theol. Fakultät an der Universität Tübingen 1817–1967 (= Tübinger theol. Reihe 1), München/Freiburg 1967, 415–448, hier 427 ff., 436 ff., 439–446 f. *Ders.*, Das Kirchenrecht – Chance und Versuchung, Graz 1972, 13 ff., 18 ff., 23 ff., 45 ff.

[146] *J. Neumann / I. Hermann*, Braucht die Kirche ein Recht?, Düsseldorf 1970, 40 f. Verengt man den Begriff der Einsetzung göttlichen Rechts nicht historizistisch und biblizistisch auf einen ,,Jesus legislator", so wäre Kanon 100 (katholische Kirche und Apostolischer Stuhl sind juristische Personen kraft göttlichen Rechts) mittelbar göttlicher Einsetzung, was Neumann aufgrund seiner Voraussetzungen verneint (aaO, 39–41).

[147] *J. Neumann / I. Hermann*, Braucht die Kirche ein Recht?, 41, 48.

kirchlichen Rechts an das positive und natürliche Gottesrecht gelockert und die Spannung zwischen Glaubenssymbolen und Kirchenrecht erhöht wird.

Angesichts der Tatsache, daß in den modernen Staaten die Grundwert- und Wertentscheidungen immer mehr durch formalisierte Entscheidungsprozesse und Mehrheitsbeschlüsse umgangen und dadurch teils Leerräume aufgerissen werden, die nach ideologischer Auffüllung rufen, teils über religiös-sittliche Belange unvermeidlich rein pragmatisch befunden wird, kann man auch nicht dem Optimismus I. Hermanns zustimmen, der unterstellt, daß das Recht in der Kirche dann ,,richtiges Recht" sein wird, wenn es analog die Funktion ausübt, ,,die das Recht in entwickelten und aufgeklärten Gesellschaften inzwischen hat"[148]. Die Technik der Gewaltenteilung und der demokratischen Mehrheitsbeschlüsse liefert nicht auch die Normen der Legislative mit.

Hier darf ferner gesagt werden, daß Thielickes ,,Destruktion" des göttlichen Rechts zum Bumerang werden kann.[149] Zieht man nämlich aus der Wahrheit, daß die Kirche nicht eine Körperschaft ohne ein sie transzendierendes Haupt ist, den Schluß, daß sie also weder Sachwalterin göttlichen Rechts noch Rechtssubjekt ist, aber dennoch Recht als ein notwendiges Übel setzen muß, so kann das Evangelium allenfalls zum idealen Prinzip, zur transjuristischen Präambel erhoben werden, seine Interpretation und Realisierung wird damit aber ungeschützter in die Hand des Menschen gelegt als es in W. Elerts Konzeption einer bleibenden Grundordnung göttlichen Rechts geschieht, gegen welche Thielicke polemisiert.[150]

Mit äußerster Behutsamkeit sind die theologischen und kanonistischen Implikationen des Gesetzes zu prüfen, das L. Lombardi Vallauri in seiner Typologie der Freundschaft, der Liebe und des Rechts formuliert: ,, . . . in einer christlichen Kirche wird es um so mehr Recht geben, je mehr die Offenbarung als ein Erbgut von wahren Sätzen und die Gnade als ein auszuschöpfendes objektives Kapital begriffen werden, das heißt, je weniger die Offenbarung und die Gnade als personale Selbstmitteilung (Liebe)

[148] AaO, 90.

[149] *H. Thielicke*, Ius divinum und ius humanum. Zur Grundlagenproblematik des Kirchenrechts: Ecclesia und Res Publica. Kurt Dietrich Schmidt zum 65. Geburtstag, hrsg. v. G. Kretschmar / B. Lohse, Göttingen 1961, 162–175, 171.

[150] AaO, 165, 166, 164, 170, 171 f. Thielicke ordnet das Kirchenrecht dem Reich zur Linken zu, sein Gebrauch ist ,,tertius usus legis", seine Funktion dem Evangelium nachfolgend und dem Wort antwortend, nicht aber im ,,konstituierenden Zentrum der Kirche" wirksam (aaO, 164, 170). *W. Elert*, Der christliche Glaube, Hamburg ³1956, 509 ff.

Gottes begriffen werden, der auf die personale Erlösung des Menschen drängt . . ."[151]; denn die Gnade beansprucht und formt den Menschen in allen seinen Bezügen; „richtiges Recht" ist Werk und Werkzeug des Geistes; Willkürherrschaft und Machtstrukturen werden nicht durch „pneumatische Anarchie", sondern durch die unvertauschbare Aufgabenverteilung zwischen Geist und Gesetz überwunden.

Damit soll allerdings nicht einer Polarisierung des hierarchischen Amtes und des pneumatisch-synodalen Elements in der Kirche das Wort geredet werden, wie es A. M. Rouco Varela zu tun in Gefahr ist, indem er allein die apostolische Sukzession im Sinne der Amtsnachfolge als Garantie und unmanipulierbares Organ betrachtet, wodurch der „rechtlich bindende Anspruch des Wortes und des Sakramentes Christi" gewahrt, die „metahistorischen, heilsgeschichtlichen und soziologischen Elemente der Kirche" „theologisch und existentiell" integriert und die Schriftinhalte objektiv und gültig interpretiert werden.[152] Die Stiftung Christi und die Freiheit des Geistes gleichzeitig zu bewahren und zu entfalten, erfordert, daß das höchste Amt selbst an die Kirchenverfassung und an die Lehrtradition gebunden und an diesen Kriterien zu messen ist.[153] Sofern das Wort und das Sakrament die Einheit der Kirche begründen, das Amt sie aber bezeugt[154], folgen die Hirten und die Laien, in der Gemeinschaft des Gottesvolkes einander zugeordnet und je auf ihre Weise für das Ganze verantwortlich, dem einen Herrn auf einem Weg nach, dessen Etappen prinzipiell für jeden Glaubenden als die Entwicklung einer Offenbarung, einer Kirche, eines anvertrauten Gutes und eines erteilten Auftrages erkennbar sind, deren geschichtliche Urgestalt menschlicher Verfügung entzogen ist.

Aus dem Vergleich der evangelischen und der katholischen Kirchen-

[151] *L. Lombardi Vallauri*, Amicizia, carità, diritto, Milano 1969, 157. Vgl. *L. Martini / A. Ippoliti*, Il dibattito sui fondamenti, 289.

[152] *A. M. Rouco Varela / E. Corecco*, Sacramento e diritto, 52 f. A. M. Rouco Varela argumentiert nicht ganz zu Unrecht, aber einseitig im Blick auf das formalrechtlich legitime Eindringen nationalsozialistischer Mehrheiten in die evangelischen Synoden und im Blick auf die Unmöglichkeit, durch freie Schriftinterpretation die Kontinuität und Identität der Überlieferung zu wahren. Er hebt zu sehr auf das Amt als solches und zu wenig auf die Gesamtstruktur der Kirche ab (aaO, 52 f.; *A. M. Rouco Varela*, Evangelische Kirchenrechtstheologie heute: AfkKR 140 [1971] 106–136, 117 f.).

[153] Vgl. *G. May*, Das Glaubensgesetz: Ius Sacrum. K. Mörsdorf zum 60. Geburtstag, hrsg. v. A. Scheuermann / G. May, München/Paderborn/Wien 1969, 349–372, 356 f.

[154] *J. Ratzinger*, Das geistliche Amt und die Einheit der Kirche: Catholica 17 (1963) 165–179, 177 ff.

rechtstheologie könnte man den Eindruck gewinnen, daß das Kirchenrecht zwar nicht schlechthin als Überfremdung des christlichen Lebens durch ein weltliches Element abgetan werden kann, daß aber der ausdrücklich erst spät eingeführte[155] und im einzelnen sehr umstrittene Begriff des ius divinum im Zuge einer Entrümpelung aus dem theologischen Vokabular entfernt werden sollte. Doch dagegen sprechen wichtige, von E. Schlink geltend gemachte Gründe. Die gemeinte Sache taucht nicht erst in der Landschaft späterer Jahrhunderte auf, sondern gehört durchaus zu den apostolischen Anfängen der Kirche. Die Gegner der Unterscheidung zwischen ius divinum und ius humanum kommen selbst nicht ohne analoge Unterscheidungen aus. Und die Worte, die von den Konfessionen in verschiedener Bedeutung gebraucht werden, entwickeln, wo sie verdrängt werden, erfahrungsgemäß eine überdimensionale trennende Wirksamkeit. Sie müssen daher mit dem Ziel einer historischen und systematischen Klärung diskutiert werden.[156] Für das „Wie" der Auseinandersetzung und für eine mögliche Beilegung der Differenzen dürfte der Vorschlag von E. Wolf von Bedeutung sein: nicht nur das „divinum", sondern auch das „ius" sollte dogmatisch neu durchdacht werden, und zwar in einer Weise, die „von jedem nur kontroverstheologischen, reformationsgeschichtlichen und konfessionalistischen Aspekt" befreit ist.[157]

Solches Durchdenken müßte die Fragen nach dem Ort des Rechts in der Welt des Menschen, nach dem Verhältnis zwischen kanonischem und weltlichem Recht und nach der Instanz der Feststellung, Bekanntmachung und Sanktion des göttlichen Rechts in der Kirche aufgreifen.

Soll das positive Gottesrecht als Recht im strengen Sinn verstanden werden, so muß es als eine zwischenmenschliche Ordnung ausgewiesen werden, die primär die Lebensäußerungen der Kirche regelt.[158] Es würde

[155] Der Begriff des ius divinum findet sich nach U. A. Wolf zuerst bei Arnobius und Laktanz (*U. A. Wolf*, Ius divinum. Erwägungen zur Rechtsgeschichte und Rechtsgestaltung [= Ius ecclesiasticum 11], München 1970, 47 ff.), jener des ius ecclesiasticum nach A. v. Harnack zuerst beim Ambrosiaster (*A. v. Harnack,* Die Mission und Ausbreitung des Christentums in den ersten drei Jahrhunderten I, Leipzig ^{4}1923, 489 ff.).

[156] *E. Schlink*, Zur Unterscheidung von Ius Divinum und Ius Humanum: Begegnung. Beiträge zu einer Hermeneutik des theologischen Gesprächs. Heinrich Fries gewidmet von Freunden, Schülern und Kollegen, Graz/Wien/Köln 1972, 233–249, 236 ff.

[157] *E. Wolf*, Ius divinum: RGG III, ^{3}1959, 1074–1076, 1075.

[158] Auch für das Kirchenrecht gelten die Grundsätze „de internis non iudicat praetor" und „in foro externo nihil est, quod non apparet", und zwar unbeschadet seiner besonderen Affinität zum Sittlichen und zum Heil, unbeschadet auch des Versuchs, durch einen inneren Rechtsbereich (forum internum) dieser besonderen Affinität besser gerecht zu werden.

nicht genügen, zu bekennen, daß Gott den Glaubenden rechtfertigt und Christus den Auftrag erteilt, eine dem Heilsstand entsprechende Rechtsordnung zu schaffen. Der Offenbarer müßte vielmehr als Christus legislator in den zwischenmenschlichen Bereich eintreten und unmittelbar oder mittelbar die bleibenden Verfassungselemente, Verhaltensnormen und Rechtsbefugnisse erlassen. Damit wäre nicht behauptet, daß das Recht nur äußeres Wohlverhalten verlangt, daß es nicht mit der sittlichen Ordnung teilweise identisch wäre und die sittliche Persönlichkeit einfordere. Das Gesetz muß sittlich gut, gerecht und möglich sein und verpflichtet den Menschen vor Gott. Aber es deckt weder die sittliche noch die religiöse Ordnung vollständig ab. Auch der Bundesgedanke ändert daran nichts. Das Verhältnis von Schöpfer und Geschöpf, von Sünder und Erlöser kann mit rechtlichen Kategorien nicht adäquat erfaßt werden. Im Neuen Bund teilt Gott sich selbst mit und fordert den Menschen rückhaltlos, so daß nicht von dem die Rede sein kann, was beiden zukommt und der Gerechtigkeit entspricht. Die personale und existentielle Kommunikation, die man Gnade nennt und des Menschen Teilnahme am inneren Leben Gottes ist, beginnt für den Glaubenden schon im Hier und Jetzt und wird in der Vollendung nicht nur alle rechtlichen Kategorien, sondern jede Art von Vermittlung hinter sich lassen.[159]

Es ist bezeichnend, daß die Gegner des Begriffes ius divinum den Ort des Rechts in die Vertikale, in die Dimension des Verhältnisses zwischen Gott und dem Menschen verschieben. Da für R. Bultmann Offenbarung und Glaube wesentlich Angebot und Ergreifen eines neuen Selbstverständnisses, also Vorgänge in der Sphäre des Geistes sind, kommt er gar nicht auf den Gedanken, von göttlichem Recht zu sprechen und für die geschichtliche Kirche anderes als eben (menschliches) Recht in Betracht zu ziehen.[160] Nach H. Thielicke bleibt Gottes Heilshandeln im Wort und im Sakrament der Kirche dem Recht selbst transzendent, setzt die Rechtfertigung den Menschen in den Stand der Gerechtigkeit ein und verlangt das Evangelium die Errichtung einer kirchlichen Rechtsordnung nach Maßgabe des Bekenntnisses (konsekutives Recht).[161] Bei H. Dombois werden die Bezeichnungen ius divinum und ius humanum vermieden, ,,weil sie unvermeidlich auseinanderreißen, was unterschieden, aber nicht geschie-

[159] Selbstentäußerung und Erhöhung als Wirklichkeit der Liebe Gottes, das Dogma von der visio beatifica und die radikal übernatürliche Bestimmung der Schöpfung können nicht in eine spezifisch innerweltliche und zwischenmenschliche Ordnung gepreßt werden.

[160] *R. Bultmann*, Theologie des Neuen Testaments, Tübingen [6]1958, 446–452.

[161] *H. Thielicke*, Ius divinum und ius humanum, 164.

den werden kann". Das einsetzende Gnadenrecht Gottes und das normative Gerechtigkeitsrecht des Menschen zusammen konstituieren das Recht der Gnade, den Neuen Bund und die Einheit der immanenten und ökonomischen Trinität. Ihre Übertragung in die Geschichte durch das geistliche Handeln der Kirche, durch die Akte der receptio und traditio, verwischt die Grenze zwischen Göttlichem und Menschlichem.[162]

Das Gespräch über „Kirche und Recht" (veröffentlicht 1950), das vom Rat der EKD 1949 in Göttingen begonnen, 1950 in zwei Tagungen zu Treysa fortgesetzt und 1955 von der Forschungsakademie Christophorusstift in eigener Verantwortung zu einem gewissen Abschluß gebracht wurde, hat gezeigt, daß evangelisches Rechtsdenken nicht zuerst nach dem Wesen und dem Ziel des Rechts fragt, sondern im Licht der Rechtfertigung auf den rechten Gebrauch von Recht und auf eine Rechtsgleichheit zentriert ist, die jede Form von Klassenjustiz und ihrer Begründung durch die schöpfungsmäßige Ungleichheit der Menschen kontrapunktiert.[163] Dieses Rechtsdenken weiß aber dennoch zwischen dem „Menschen vor Gott" und dem Recht als einem seiner gottbezogenen Lebensräume zu unterscheiden. Auch wenn es primär um die „Frage nach dem Verhältnis von göttlicher und menschlicher Gerechtigkeit im Licht der Rechtfertigungslehre und ihrer ethischen Konsequenzen" kreist, sollte es darum den Ort des Rechts thematisieren können.[164]

Das Verhältnis zwischen kirchlichem und staatlichem Recht wird in der Hauptsache durch die Zweigewaltenlehre und durch die Theorie der rechtlichen Autonomie der Kirche umschrieben. Die erste, die in der Theologie der lateinischen Väter wurzelt und von Gelasius I. gegen Kaiser Anastasius I. geltend gemacht wurde, räumt der Kirche und dem Staat je in ihren Bereichen die höchste Souveränität ein. Da sie die Frage nach dem Recht der Kirche als gesellschaftlicher Größe offen läßt, umgeht sie den genauen Streitpunkt. Die zweite, die der Reichstheologie des Eusebius von Cäsarea, dem neuzeitlichen Absolutismus und der modernen Auffassung vom weltanschaulich neutralen Staat gemein ist, erklärt den Staat

[162] *H. Dombois*, Das Recht der Gnade, 1008 f.

[163] *Ernst Wolf*, Recht: Evangelisches Staatslexikon, 1640–1651. Die Thematik der Gespräche umfaßte: die schöpfungstheologische, die christologische und die anthropologische Grundlage des Rechts (Göttingen 1949), die verfängliche Alternative zwischen trinitarischer und christologischer Rechtsbegründung (Treysa 1950) und „Rechtfertigung und Recht" (1955. Vgl. dazu *H. Dombois* [*Hrsg.*], Recht und Institution [= Glaube und Forschung 9], Witten 1956).

[164] *E. Wolf*, aaO, 1643, 1647.

zum eigenständigen Träger des Rechts, die Kirche zur Trägerin autonomen, vom Staat anerkannten Rechts. Sie kann mit dem kantschen Beispiel kommentiert werden, daß hundert potentielle und hundert wirkliche Taler dem Begriff nach nicht zu unterscheiden sind, so daß das kirchliche Recht seinem Wesen nach eine besondere Seinsweise des staatlichen Rechts wäre.[165] Der Begriff des positiven göttlichen Rechts, das den Kern des katholischen Kirchenrechts bildet, schließt aber den Begriff der Eigenständigkeit notwendig ein. Die konkreten Beziehungen der beiden Partner, die Bereiche der jeweiligen Zuständigkeit und die Gesichtspunkte der jeweiligen Gleichordnung oder Über- und Unterordnung wären demnach von einem unaufhebbaren Dualismus des positiven Rechts und von dessen Verhältnis zum Naturrecht aus zu regeln.

Soweit evangelische Theologie das Kirchenrecht als menschliches Recht qualifiziert, kann sie eine volle Eigenständigkeit der Kirche nur für den Gewissensbereich, für die pneumatische Dimension des Christseins beanspruchen und muß daher der Theorie von der Autonomie der Kirche in Dingen des Bekenntnisses und des Kultes entgegenkommen. Von der Rechtfertigungslehre ausgehend tendiert das evangelische Rechtsdenken dazu, die Kirche als Rechtssubjekt und die Kirchenverfassung als Gottesrecht zu überspringen und unmittelbar auf die Gemeinschaft umfassender Mitmenschlichkeit zu zielen, in die der Glaubende versetzt wird. Vielleicht rührt von daher die Versuchung, die kirchliche und die staatliche Gemeinschaft gleicherweise nach einer durch das innere Gnadengesetz wiederhergestellten Naturordnung aufbauen zu wollen. Diese Versuchung ist um so größer, je weniger ein Positivismus und sein sakrales Gegenstück, ein alles Recht an sich ziehender „Christomonismus", endgültig befriedigen. Sie könnte einen Teil jener Verwundbarkeit anzeigen, der man durch die bekannte Allergie gegen jede Form von Naturrechtsdenken vorbeugt.[166] Eine in der Praxis entscheidende Gemeinsamkeit der Positionen gegenüber dem Staat ergibt sich für die christlichen Konfessionen daraus, daß ein breiter theologischer und kirchenpolitischer Konsens dem Kirchenrecht die Aufgabe zuerkennt, für jede menschliche Gemein-

[165] Vgl. *H. Barion*, Kirchenrecht: RGG III, ^{3}1959, 1505 f.

[166] *Ernst Wolf*, aaO, 1648. *H. Thielicke*, Ius divinum und ius humanum, 164, Anm. 7. Thielicke perhorresziert die Thesen von H. Holstein, daß das Recht Bestandteil der allen Menschen gemeinsamen Offenbarung und die Kirche als „geschichtliche Gemeinschaft und soziale Erscheinung" der Schöpfungsordnung und damit „der ordnenden und zwingenden Macht des Rechtes unterworfen" seien (*H. Holstein*, Die Rechtsgrundlagen der kirchlichen Neugestaltung (Göttingen 1937): Zeugnisse der Bekennenden Kirche II, 1946, 85 f., 222).

schaftsordnung vorbildlich zu sein, eine Aufgabe, die dem Staat weder von Natur aus zukommt noch von der Kirche übertragen werden kann.[167]

Zur Frage nach der Instanz kirchlicher Rechtssetzung sollen hier nur einige erste Orientierungen skizziert werden. Da schon die Umsetzung evangelischer Weisungen in gemeinschaftliche Ordnungen eine verbindliche Interpretation voraussetzt und die Vorlage göttlicher Rechtssätze eminent dogmatischen Charakter hat, sind die hoheitlichen Akte des Amtes wie jedes geistliche Handeln in der Kirche der Glaubensnorm zu unterwerfen. Die Karikaturen konfessioneller Standpunkte sind aus der Unterweisung und Diskussion zu entfernen. Auf evangelischer Seite können die synodalen Gremien nicht von dem Zeugnis der Gemeinden und von dem Dienst des ordinierten Amtes losgelöst werden. Auf katholischer Seite muß betont werden, daß in der äußeren Reihe der apostolischen Amtsnachfolge zwar hoheitliche Gewalt übertragen, die Richtigkeit der einzelnen Amtshandlungen aber nicht mitgeliefert wird. Darum ist jede kirchliche Instanz wie jede theologische Reflexion letztlich auf die Glaubensnorm verwiesen, die für die evangelische Praxis in der Dreiheit von Schrift, Bekenntnisschriften und Geist besteht, nach katholischer Auffassung aber mit dem Lehramt in der Bindung an Schrift und Überlieferung identisch ist. Daß Schrift und Geist, von dem Leben der Glaubensgemeinschaft, vom Bekenntnis und Gottesdienst der Kirche getrennt, die Funktion der Glaubensregel verlieren, ist eine Erfahrung der zeitgenössischen evangelischen Theologie, die mit der Suche nach der Mitte des Evangeliums beginnt und zur Ausscheidung immer größerer Teile aus dem Kanon der Schrift fortschreitet. Luthers treffendes Kriterium für die Einheit der Schrift – Heilige Schrift ist, was Christum treibt[168] – braucht nur aus dem Gefüge von Offenbarung und Überlieferung herausgenommen und zum Prinzip des individuellen Schriftgebrauchs gemacht zu werden, um an die Spitze der Kanones gestellt werden zu können, die gegenwärtig als Maßstäbe der Sachkritik an das Schriftwort angelegt werden: existentiale Interpretation[169], Glaube an die Rechtfertigung[170], die vom zeitbedingten

[167] *Ernst Wolf*, Recht, 1648. *H. Thielicke*, Theologische Ethik II/2, Tübingen ^{2}1966, 712 f.

[168] Vgl. WA 39 f.; 47, 3 f.; 39, 1; 47, 19 f.; 47, 23 f.

[169] *R. Bultmann,* Glauben und Verstehen I (Tübingen ^{5}1964), 291–293; II (^{4}1965), 232 f.; III (^{3}1965), 21–34; IV (^{2}1967), 134 ff.

[170] *E. Käsemann*, Paulinische Perspektiven, Tübingen 1969, 281–284. *Ders.*, Exegetische Versuche und Besinnungen. Erster und zweiter Band, Göttingen 1964, 232.

Schriftzeugnis verschiedene Sache der Offenbarung[171], die Klarheit des Evangeliums als Frucht je selbständiger Prüfung und traditionsfreier Aktualisierung des reformatorischen Bekenntnisses, durch welches in einer Ausnahmesituation der Entscheidung das, was Kirche zur Kirche macht und konkrete Kirchengemeinschaft erscheinen läßt, neu laut geworden ist.[172] Völlig ungeschützt erklärt H. Thielicke, daß der Abschluß des Schriftkanons und die Anerkennung symbolischer Schriften bekennende Akte kirchlicher Entscheidung sind, und zwar keineswegs unfehlbare und unrevidierbare Akte. Die prophetische Persönlichkeit und die geisterfüllte Gemeinschaft können Kanon und Bekenntnis neu bestimmen. Das Wort Gottes setze sich im Ereignis der Verkündigung durch.[173] Diese These erlaubt aber keine Unterscheidung zwischen Wort Gottes und faktischer Verkündigung und deckt die praktische Umkehrbarkeit der evangelisch-lutherischen Maxime auf, daß Gottes Wort die Bindung an die bischöfliche Sukzession sprengen könne.[174] Die faktische Verkündigung, die zudem als fehlbar erklärt wird, bestimmt, was Gottes Wort ist.

Demgegenüber stellt die katholische Auffassung über das Verhältnis zwischen Amt und Glaubensnorm den Versuch dar, die kirchliche Verkündigung durch eine bestimmte, zeichenhafte Struktur zu identifizieren und zum Gotteswort in Wechselwirkung zu setzen. Offenbarung ist auf die geschichtliche Vermittlung des Christusgeschehens durch Verkündigung angelegt. Verkündigung aber geschieht in dem unlösbaren Geflecht von Wort, Sakrament, Sendung und Dienst, durch welches die Einheit der Kirche konstituiert und bezeugt wird. In diesem Beziehungsgeflecht bringt die Kirche des Ursprungs durch das Charisma der Inspiration die Schrift hervor und unterwirft sich die Kirche der Überlieferung dem Anspruch der Schrift. Der Geist der Inspiration ist derselbe wie jener der Kanonbildung und der Schriftinterpretation. In der Kirche der Überlieferung ist nun die Glaubensregel nicht das Lehramt an und für sich, sondern die Funktion des Lehramts in einem Gefüge, wo den amtlichen Zeugen die anvertraute Botschaft gegenübersteht und der Glaube der Kirche, auf den der Glaubenssinn des Gottesvolkes, die Theologie und das Lehramt selbst bezogen sind, mit jedem Akt definitiver lehramtlicher Entscheidung wei-

[171] *W. Marxsen*, Der Exeget als Theologe, Gütersloh ^{2}1969, 101 f., 195.

[172] *G. Ebeling*, Wort Gottes und Tradition (= Kirche und Konfession 7), Göttingen 1964, 151 f., 166–170.

[173] *H. Thielicke*, Ius divinum und ius humanum, 172 f.

[174] *K. E. Skydsgaard*, Kirche: LThK VI (1961) 183–186, 185.

ter entfaltet wird und als objektive Größe hervortritt. Aufgrund der Lehre, daß das Amt sowohl in seinem ordentlichen und allgemeinen Vollzug wie auch in den Kathedral- und Konzilsentscheidungen seinen Gegenstand nach Umfang und Bedeutung selbst kennt, kann der Eindruck entstehen, daß auch so die amtliche Verkündigung und das Wort Gottes austauschbar sind.[175] Doch wird dieser Identifizierung dadurch gewehrt, daß der Offenbarer selbst den Unterschied zwischen der Botschaft und der amtlichen Bezeugung gesetzt hat und daß dieser Unterschied eine unaufhebbare Struktur der Überlieferung bildet. Allerdings schlägt dieser Begriff von Offenbarung einen umfassenden Zirkel, in den nur jener Glaube eintreten kann, der die Struktur des Leibes der Kirche erkennt und darauf vertraut, daß die Einheit des Leibes und des Geistes in der Geschichte der Kirche nicht zerbricht, so daß er die unversehrte Struktur des Leibes der Kirche als Zeichen des rechten Geistes betrachten darf.

Katholischer Theologie des Kirchenrechts stellt sich zweifellos die Aufgabe, das menschliche Element in der Vorlage der Offenbarung und in der juristischen Transformation der Glaubenssätze nicht herunterzuspielen, zumal die Formulierung der Dogmen und der Begriff des Dogmas selbst ihre Geschichte haben.[176] Evangelischer Theologie darf man wünschen, daß sie sich nicht an das Ungenügen menschlicher Zuständigkeit für die Grundordnung der Kirche und den Inhalt des Kirchenrechts gewöhnt. Da die Kontroverse nicht bloß um zwei unvereinbare Phänomene, sondern auch über ein und denselben Gegenstand geführt wird, kann man bei dem Fortbestehen der Differenzen sich nicht auf einen legitimen Pluralismus berufen und die gegenseitige Respektierung der Standpunkte nicht im Namen der Komplementarität als das endgültige Verhältnis der Konfessionen bezeichnen. Was bleibt, ist die Hoffnung, daß die Reflexion über die Elemente kirchlicher Grundordnung beziehungsweise Verfassung und der Austausch der Perspektiven und Ergebnisse sich als verbindende Kräfte erweisen werden.

[175] Vgl. *J. H. Newman*, Apologia pro vita sua (= I. Band der ausgewählten Werke von J. H. Newman, hrsg. v. M. Laros / W. Becker), Mainz o. J., 288. *Ders.*, Polemische Schriften (= IV Band der ausgewählten Werke), Mainz 1959, 218. Vgl. DS 3074: „. . . ideoque eiusmodi Romani Pontificis definitiones ex sese, non autem ex consensu Ecclesiae irreformabiles esse."

[176] Vgl. *K. Rahner / K. Lehmann*, Kerygma und Dogma: Mysterium Salutis, hrsg. v. J. Feiner / M. Löhrer, Bd. I Die Grundlagen heilsgeschichtlicher Dogmatik, Einsiedeln/Zürich/Köln 1965, 622–707, 639 ff.

VI. Kirche und Welt

In der Überschrift zu diesem Kapitel wurden gängige Formulierungen wie „Die Kirche in der Welt von heute", „Kirche und moderne Gesellschaft", „Die Kirche im Prozeß der Säkularisierung" bewußt vermieden, da sie ganze Kataloge von Theorien über den Begriff, die Entwicklung und das Verhältnis der Kirche und der Gesellschaft unbesehen voraussetzen oder ungenügend reflektieren. Unerläßliche Bedingung sinnvoller Rede über das Thema Kirche und Welt ist eine theologische Betrachtungsweise, die beide Größen in den gemeinsamen Horizont der kommenden Gottesherrschaft und der für sie bestimmten Schöpfung stellt. Diese Betrachtungsweise setzt ihrerseits voraus, daß jedes Seiende und damit jede Aussage über Seiendes, außertheologische und theologische Relevanz hat, wobei erstere sich aus der Eigengesetzlichkeit und dem immanenten Wert der Dinge ergibt, und letztere im Licht des Glaubens an Jesus Christus, den eschatologischen Offenbarer Gottes, aktualisiert wird.[1]

Den Thesen K. Müllers, daß eine Kirche, die sich auf den Willen Jesu von Nazareth beruft, das „fundamentale Kriterium ihrer Glaubwürdigkeit sowie ihrer Berechtigung innerhalb der säkularen Welt" in der zukünftigen Gottesherrschaft hat, daß sie die „eschatologische Zukunft von Gottes Herrschaft und Reich als die eigentliche Zukunft und Bestimmung auch der säkularen Gesellschaft glaubwürdig zu repräsentieren und anzubieten" hat, und daß „der von der Vorläufigkeit kirchlicher Institutionen verschiedene Zweck der Kirche", nämlich die eschatologische Gottesherrschaft, auf dem Terrain von Gesellschaft schlechthin „dargestellt und artikuliert" werden muß, kann man zustimmen, vorausgesetzt, daß der Wille des vorösterlichen Jesus nicht vom Willen des auferstandenen Herrn losgelöst oder in Gegensatz zu ihm gestellt wird.[2] Auch dem Gedanken seines Gewährsmannes W. Pannenberg, daß Kirche und Staat durch das kommende Gottesreich der Notwendigkeit ständiger Veränderungen unterworfen sind, kann man beipflichten, vorausgesetzt, daß die Kirche in der Verflochtenheit mit der Welt ihre Eigenart und Selbständigkeit wahrt

[1] Vgl. *F. Konrad*, Aspekte einer fundamentaltheologischen Ekklesiologie?: Münchener Theologische Zeitschrift 23 (1972) 18–52, 44 ff. *M.-D. Chenu*, L'Église face aux exigences de ce monde: Pour une Nouvelle Image de l'Église (= Mise en Question 3, Collection dirigée par Philippe Delhaye et Claude Troisfontaines), Gembloux 1970, 175–218, bes. 191 ff.

[2] *K. Müller*, Die Kirche in der modernen Gesellschaft: Die Aktion Jesu und die Reaktion der Kirche, Würzburg 1972, 151–168, 153 f.

und nicht ,,in den umgreifenden Lebenszusammenhang der gesellschaftlichen Welt" eingeebnet wird.[3] Für die Einlösung dieser Bedingung gibt Pannenberg selbst keine sichere Gewähr, indem er an Augustins Gottesstaat vermißt, ,,daß das künftige Gottesreich der politischen Gemeinschaft des Staates und nicht der Kirche korrespondiert, daß die Kirche und nicht das politische Leben den Charakter einer göttlichen Interimsordnung hat"[4]. Hegel war nicht der letzte, der die Kirche unterschätzte und vor dem Staat die Fassung verlor. Der Vorgang wiederholt sich, wo Pannenberg verkennt, daß in der menschlichen Geschichte, soweit der Blick der Wissenschaften reicht, von Anfang an die Ordnungen des Sakralen und des Profanen einander durchdringen, daß die Ausgrenzung und Institutionalisierung des Religiösen, deren eschatologische Form die Kirche ist, zusammen mit der sozialen und politischen Gestalt dieser Welt nur Interimscharakter besitzt, und daß die neutestamentliche Botschaft und Lehre vom vollendeten Gottesreich, von der Bergpredigt über das paulinische ,,Gott alles in allem" und das johanneische Innesein der Jünger im Vater und Sohn bis zu dem kirchlichen Dogma der visio beatifica, eine Partizipation des Menschen an dem Wesen Gottes, eine Transparenz zwischen der Schöpfung und ihrem Grund und Ziel vorsieht, die jede Vermittlung durch soziale Institutionen kirchlicher und staatlicher Art ausschließt.

Aber das Entgegenkommen, das L. A. Geusau gegenüber der Welt zeigt, um ihr die Kirche zur gnädigen Aufnahme zu empfehlen, liegt von vornherein schon jenseits dessen, was als Solidarität und Wahlverwandtschaft des Geistes zu respektieren wäre. Es gibt die Erfahrung, daß der Klerikalismus ,,einen viel breiteren Graben zwischen Kirche und Welt aufgerissen hat als die neue Diaspora", und es ist Tatsache, daß auch ,,Christen, die aus kommunistischen Ländern kommen", ,,die heutige Situation als Befreiung empfinden"[5]. Doch die beiden folgenden Aussagen ziehen daraus nicht eine sachliche Berechtigung: ,,Die Kirche ist das Zeichen dessen, was sich in der ganzen Menschheit vollendet und in der Kirche offenbar geworden ist. Die Kirche existiert nur dazu, um der Welt das in jedem Augenblick ihrer Geschichte kundzumachen." ,,Der Wille der Kirche, das Ganze der Menschheit in sich zu vereinigen", ist ,,gegen das

[3] *W. Pannenberg*, Theologie und Reich Gottes, Gütersloh 1971, 32.

[4] *W. Pannenberg*, Luthers Lehre von den zwei Reichen: Gottesreich und Menschenreich, Regensburg 1971, 71–96, 94.

[5] *L. A. von Geusau*, L'Église dans le Monde: Pour une Nouvelle Image de l'Église (= Mise en Question 3), Gembloux 1970, 219–266, 263 f.

Evangelium"[6]. Denn die Kirche ist auch dann, wenn ihr äußeres Erscheinungsbild an den jeweiligen Entwicklungsstand der Menschheit gebunden ist, das wirksame Heilssakrament für die ganze Welt, oder aber sie ist nur das der Welt von Gott vor Augen geführte Symbol ihrer eigenen Wachstumskräfte. Dazwischen gibt es kein Mittleres. Und es ist nicht die Aufgabe der Theologie, für das Versagen der Kirche in der Ausrichtung ihrer Sendung und für die Verhärtung einer Welt, die in jeder Hinsicht bleiben will, was und wie sie ohne Gottes Selbstmitteilung sein kann, Entschuldigungsgründe in Form von theologischen Konzeptionen zu liefern, die wesentliche Teile der Offenbarung ausklammern und die Ökonomie der Heilsvermittlung auf den Kopf stellen.

Das von E. Schillebeeckx und B. Willems aus der Legitimität der Säkularisierung abgeleitete und dem Christen gestellte Dilemma, ,,entweder ist die Offenbarung ein von außen kommendes göttliches Wort, oder sie ist Ausdruck und Erhellung des Verständnisses, das der Mensch von sich selbst hat"[7], scheint lange Schatten zu werfen. Es würde sich auflösen, wenn man in Wahrheit das statische Denken und den anthropomorphen Synergismus überwunden hätte und das Verhältnis zwischen Gott und Welt, Natur und Übernatur mit Hilfe einer Dialektik verstehen würde, die das Geschöpfsein und seine Entfaltung, das Erlöstsein und seine Auswirkung radikal als Gaben und Aufgaben begreifbar macht, die in der Grundlegung, Ausführung und Vollendung der Werke Gottes eine Einheit bilden. Dann nämlich würde deutlich, daß ,,Gott und Mensch keine Konkurrenten" sind, und daß die Offenbarung ,,Gabe für den Menschen zu seiner eigenen Vollendung" ,,und zugleich göttliches Wort ›von außen‹ sein kann"[8].

Wie sehr das moderne Denken theoretisch zwar die Analyse als ideale Erkenntnismethode fordert, praktisch aber mit doppelsinnigen Begriffen seine Interessen verfolgt, zeigt sich in der radikalen Kritik, die G. Vahanian an dem Christentum übt. Der Vorwurf, daß die ,,sakralistische Tendenz im allgemeinen die übernaturalisierende Verirrung des Katholizismus darstellt und die spiritualisierende Tendenz die Verirrung des Protestantismus", ist leicht zu erheben. Das Programm des Vertreters der amerikanischen Gott-ist-tot-Theologie muß aber letztlich enttäuschen.

[6] AaO, 256, 263.

[7] *E. Schillebeeckx / B. Willems* im Vorwort zu Concilium 3 (1967) 1. Vgl. *Y. Congar*, Situation und Aufgabe der Theologie heute, Paderborn 1971 (französische Ausgabe: Situation et Tâches Présentes de la Théologie, Paris 1967), 165.

[8] *Y. Congar*, Situation und Aufgabe, 165.

Die Manifestation der „eschatologischen Berufung innerhalb der Welt mit Hilfe der gegenwärtigen sozio-kulturellen Strukturen der Welt" und der Aufweis allein solcher kirchlicher Strukturen, „die im Dienst der Strukturen der Welt stehen, und nicht vice versa"[9], sind ungeeignet, das zu sein, was Vahanian von ihnen erwartet. Sie sind weder eine allgemeine Maxime kirchlicher Aktivitäten noch eine konkrete Anweisung in den Konflikten und Leiden der welthistorischen Situation und einzelmenschlichen Existenz. Die konkreten sozio-kulturellen Strukturen der Welt sind nicht das Werk reiner Gerechtigkeit und Liebe, ebensowenig der Raum oder gar das Werkzeug des Glücks und des Friedens. Die Menschheit hat an ihnen genug. Die Kirche kann und darf nicht, wie sie es allzuoft getan hat, das Unrecht und Ungenügen segnen oder in ihrem eigenen Bereich verdoppeln. Denkt aber Vahanian an die idealen Strukturen einer urständlichen oder endgeschichtlichen Utopie, die es zu erforschen und zu verwirklichen gilt, so müßte er billigerweise sondieren, was der heutige Stand menschlichen Wissens und Könnens und was die Mittel göttlicher Offenbarung und christlichen Glaubens dazu beitragen können.

Der Ausfall des Dominikaners J. Cardonnel gegen das Schema XIII des Zweiten Vatikanischen Konzils, die Benützung des Schlagwortes von der Additionstheologie als dem größten Hindernis für die Ausbreitung des Evangeliums in der Welt und die Definition der Kirche als dem „Katalysator zur Einigung der Welt" und des Volkes Gottes als der „Gemeinschaft der Menschen" liegen im Spektrum menschlicher Ideengeschichte, haben aber den Umkreis dessen, was Ekklesiologie heißt, verlassen. Sein Bekenntnis zu Jesus Christus ist Humanismus: „Um es klar zu sagen, Jesus Christus bringt mir nichts, aber ich glaube, daß er mir meine menschliche Weite offenbart, die göttliche Weite dessen, was ich bin; in diesem Sinne bringt er mir alles." „Menschwerdung" bedeutet ihm – eine Art Umkehrung des klassischen Monophysitismus – soviel wie eine „Verwirrung" und „Artenvermischung", von der die vorbehaltlos zu verwirklichende Vermischung der Kirche und der Welt ihr unpassendes Maß und ihren provozierenden Charakter erhält. Allein die Aussage, „Die Leidenschaft Jesu Christi besteht ganz darin, bis ans Ende Mensch zu sein. In Wirklichkeit ist es für den Menschen nicht natürlich, menschlich zu leben . . .", bietet den Schimmer eines Ansatzpunktes zu tieferer Reflexion über Natur und Gnade, um eine Basis zu gewinnen, auf der Christentum

[9] *G. Vahanian*, Die Rede vom Ende des religiösen Zeitalters in ihrer theologischen Bedeutung: Concilium 2 (1966) 449–454, 452.

und Kirche sich von Marxismus und Humanismus unterscheiden und in den Dialog mit ihnen eintreten können.[10]

Es wird die Mühe lohnen, zuerst die beiden Größen Welt und Kirche in ihrer Besonderheit zu umschreiben und dann ihr gegenseitiges Verhältnis zu untersuchen, um klarer zu sehen, welches die Situation des Christen als Kind der Welt und als Glied der Kirche ist, und welche Aufgaben ihm durch das Schicksal seiner Geburt und durch das Geheimnis seiner Wiedergeburt gestellt sind.

Gestützt auf R. Schnackenburgs Buch „Die Kirche im Neuen Testament"[11] schlägt Y. Congar eine Aufstellung über den Inhalt des biblischen Begriffs Welt vor, die in bezug auf das hier gesteckte Ziel zweckmäßig ist. Er unterscheidet „Welt" in einem vierfachen Sinn:

1. Die Schöpfung als die geordnete Gesamtheit dessen, was durch Gott existiert. Das Neue Testament spricht kaum davon, streift den Schöpfungsakt oder die Tatsache der Schöpfung in der Zeit nur flüchtig[12] und befaßt sich sehr selten mit der Ordnung und Güte dieser Schöpfung[13], so daß die Bedeutung der Schöpfung nicht allein aus diesen kurzen Erwähnungen, sondern vor allem aus der Botschaft vom Heil und vom Reich Gottes zu würdigen ist.

2. Bei Johannes bezeichnet „Welt" oft den Bereich, in dem die Menschen wohnen. Der präexistente Christus, später die Jünger, kommen in die Welt, sind in sie gesandt[14]; deshalb sollen die Jünger sie nicht verlassen[15]; Gott offenbart sich der Welt in Jesus Christus[16]; die Welt, die diese oder jene Stimme hören kann[17], hat die Möglichkeit, die Offenbarung des Heils anzunehmen.[18]

3. Das große Thema der Schrift ist „diese Welt" (Joh 13, 1), die konkrete, geschichtliche Welt des Menschen. Nach der Lehre des Paulus steht

[10] *Y. Congar*, Le Schéma 13: Une Déception (Gespräch mit J. Cardonnel OP): Frères du Monde, Nr. 37 (1965) 105–111, 106 ff. Vgl. *Y. Congar*, Situation und Aufgabe, 163 f.

[11] Freiburg 1961, 156 f. *Y. Congar*, Situation und Aufgabe, 180–184.

[12] Mk 13, 19; Mt 25, 34; Lk 11, 50; Joh 17, 5.24; Eph 1, 4; 2 Petr 3, 4; Offb 3, 14.

[13] Mk 10, 4 f. und Par.; Apg 17, 24; Röm 1, 20; Joh 1, 10; 11, 9.

[14] Joh 1, 9.10a; 3, 17a.19; 6, 14; 8, 26; 9, 39; 10, 36; 11, 27; 12, 46 f.; 13, 1; 16, 21.28.33; 17, 11.13.15.18; 21, 25; 1 Joh 4, 1.4; 2 Joh 7.

[15] Joh 17, 15. Vgl. 1 Kor 5, 9 f.

[16] Joh 7, 4; 8, 26; 18, 20. Vgl. Joh 14, 19.22.31.

[17] 1 Joh 4, 5.

[18] Joh 12, 19; 17, 21.23.

sie unter dem Zeichen des Bösen[19], da die Sünde in sie eingetreten ist.[20] Gottfeindliche Mächte, die Fürsten[21] (der Gott[22]) dieser Welt bearbeiten sie und machen ihre bewegte und belebte Vielfalt sich nutzbar. Sie herrschen mit einer nicht absoluten, sondern durch den Sieg Christi gebrochenen Macht.[23] Diese von den dem Reich Gottes feindlichen Mächten bewohnte und beeinflußte Welt fasziniert selbst die Christen und hindert sie daran, Gott zu suchen und ihm zu dienen.[24] Man muß sich vor ihr hüten, ja sogar von ihr abwenden[25], um nicht an sie versklavt zu werden und um die durch Christus gewirkte Befreiung von den „Elementen der Welt" durch sittliche Anstrengung an sich zu reißen.[26]

Der Gegensatz zwischen „dieser Welt" und der Gefolgschaft Jesu kommt in der dualistischen Symbolik des johanneischen Schrifttums zum Ausdruck: Licht-Finsternis, Leben-Tod, Wahrheit-Lüge oder auch von oben – von unten, alte und neue Geburt, Leben „unten" – Leben nach Gott.[27] Fast äquivalent dazu spricht Paulus von den Dualismen: Fleisch-Geist, alter Mensch – neuer Mensch.[28] Der Radikalität dieses Gegensatzes entsprechen eine radikale Entscheidung[29] und zwei radikal entgegengesetzte Gesinnungen: man ist von Gott (für Gott) oder von der Welt (für die Welt).[30] Die Welt, die Jesus nicht erkannt hat, ist in der Gewalt des Bösen[31], sie vergeht.[32] Jesus, der sie besiegt hat[33], bittet nicht für sie.[34]

Dieselbe Welt, von der so dramatisch gesprochen wird, ist dennoch das konkrete Subjekt, das von Gott geliebt wird[35], das in Jesus seinen Ret-

[19] Röm 12, 2; 1 Kor 2, 6.12 (vgl. 1, 20); 3, 18 f.; Gal 1, 4 (vgl. Gal 6, 14).

[20] Röm 5, 12 f.

[21] 1 Kor 2, 6.8; Eph 6, 12; Joh 12, 31; 14, 30; 16, 21; 1 Joh 5, 19.

[22] 2 Kor 4, 4; Eph 2, 2. Vgl. Lk 4, 6.

[23] Röm 8, 38; 1 Kor 15, 24 f.; Eph 1, 21; 3, 10; Kol 1, 16; 2, 10.15.

[24] 1 Kor 7, 33; 2 Tim 4, 10; Tit 2, 12.

[25] Jak 1, 27; 4, 4; 1 Joh 2, 15–17; 2 Petr 1, 4; 2, 20.

[26] Gal 4, 3.9; Kol 2, 8.20.

[27] Joh 3, 31; 8, 23; 15, 18 f.; 17, 14.16; 18, 36; 1 Joh 4, 5 f.; 5, 4 f. 19.

[28] Röm 12, 1; 1 Kor 2, 12; 6, 14 f.; Jak 4, 4.

[29] Joh 12, 25–31.

[30] Joh 16, 20; 1 Joh 4, 5 f.

[31] Joh 14, 17.19; 1 Joh 3, 1.13; 1 Joh 5, 19.

[32] Joh 2, 17.

[33] Joh 16, 8; 16, 33; 1 Joh 4, 5 f.

[34] Joh 17, 9.

[35] Joh 3, 16.

ter[36], sein Licht und Leben[37] hat. Die Schöpfung, der Bereich des Menschen, sie sind nicht unheilbar schlecht und verloren. Es gibt in ihnen etwas, das auf das Heil ausgerichtet, in Richtung auf eine Vollendung hin wirksam ist (Röm. 8, 19 f.).

4. Vor allem bei Paulus findet sich ein Begriff, der den Sinn von Schöpfung aufnimmt und überschreitet. Es ist nicht der Begriff Kosmos (mundus), sondern das All (τὰ πάντα), das Universum, die Gesamtheit der Dinge und Menschen, die durch das Erlösungswerk Christi vollendet wird.[38] Dies ist das von Anfang an vorbereitete, alles tragende und bestimmende Ziel.[39] In diesem Begriff von Welt sind die christliche Kosmologie, Christologie und Eschatologie grundgelegt, umschrieben und verbunden.

In dieser Aufstellung fehlt eine weitere Bedeutung von Welt, die schon deswegen hier angefügt werden muß, weil sie für das Verständnis und die Umsetzung des Glaubens in das Leben innerhalb der Kirche und der Welt überaus problematisch und bedeutsam ist. Congar spricht von ihr in anderen Zusammenhängen und hat sie nicht im Griff, wo er von dem konkreten Verhältnis zwischen Kirche und Welt spricht. Es handelt sich hierbei um (5) die in die biblische Botschaft und Lehre vom Heil verwobene Kosmologie und Anthropologie, Voraussetzungen und Implikate des christlichen und menschlichen Selbstverständnisses, die in der Geschichte epochalen Wandlungen unterworfen sind. Für die Autoren des Neuen Testaments und die Theologen der Väterzeit fügen sich die kosmischen, biologischen und geistigen Perspektiven sowie die instrumentellen und technischen Mittel des Orients und der Antike zu einer geschlossenen Ganzheit des sozio-kulturellen Weltentwurfs und seiner Verwirklichung zusammen. Kirche und Welt sind nach dem himmlischen Urbild hierarchisch geordnet im Rahmen einer natürlichen Welt, die ein paar Jahrtausende vor Christus geschaffen worden und wie eine mittlere Etage mit der Unterwelt und dem Himmel in einem dreistöckigen Gebäude des Wirklichen verbunden war. In dieser Welt und Menschheit hatte jedes Glied seinen festen Platz, seine Rechte und Pflichten, in Abhängigkeit von über- und unterirdischen Mächten. „Der Stern der Weisen, die Erscheinung der Engel, die

[36] Joh 3, 17 b; 4, 42; 12, 47; 1 Joh 4, 14.

[37] Joh 8, 12; 9, 5; vgl. 12, 46; 6, 33.51.

[38] Apg 3, 21; Offb 21, 1.5; Röm 8, 19–22.

[39] Röm 11, 36; 1 Kor 8, 6; 15, 27 f.; 2 Kor 5, 18; Eph 1, 1 of. 23; 3, 9; 4, 10.15; Kol 1, 20; Phil 3, 21; 1 Tim 6, 13; Hebr 1, 3; 2, 8; Offb 4, 11; 1 Joh 1,3.

Wunder im Leben der Heiligen – nichts machte Schwierigkeiten."[40] Letztes Gericht und Ausstrahlung von Ostern waren Kategorien, welche die kosmische und geschichtliche Eschatologie anscheinend mühelos erschöpften. Die kulturelle, wissenschaftliche und kosmische Welt war fast ausschließlich durch Geistliche beherrscht und auf theologische Aspekte eingeengt, die Kenntnis darüber und das entsprechend gestaltete individuelle und soziale Leben von oben geregelt.

Durch das, was man den „Naturalismus des 11. Jahrhunderts" und die „albertino-thomistische Revolution" des 13. Jahrhunderts genannt hat[41], setzte sich langsam eine Laisierung der Bereiche der Politik, der Kultur und des Gemeinwohls durch, und wurden mit Hilfe aristotelischen Denkens der Mensch auf Vervollkommnung durch Erkenntnis (Kontemplation), die Philosophie auf Urteile über Wesenheiten und Naturen, der Geist des Menschen auf Anpassung an das Reale ausgerichtet.

In der modernen Sicht und Konstruktion des Wirklichen können ebenso typische Merkmale festgestellt werden. Der einem ins Ungeheure ausgedehnten kosmischen, biologischen und geschichtlichen Werden ausgelieferte Mensch sucht in und durch diesen Prozeß sich selbst zu gestalten und zu vollenden. Unsere Zeit entdeckt die in Liebe, Freiheit und Verantwortung bestehende Ordnung des Personalen. Die Philosophie der Gegenwart will das Reale als ein Ganzes erfassen, in dem die Objektivität

[40] Vgl. *E. R. Curtius*, Europäische Literatur und lateinisches Mittelalter, Bern 1948, 48 f. *Adam von St. Viktor*, Mundi renovatio (Hymne) (PL 196, 1435–1437). Vgl. *Isidor von Sevilla* (gest. 636). Etymol. (PL 82, 73–728, bes. 313); De ordine creaturarum (PL 83, 913–955); Chronicon (PL 83, 1017–1058); De natura rerum, bes. IX–XII (PL 83, 977–985). *Y. Congar*, Situation und Aufgabe, 153 f.

[41] AaO, 155–157. Fürsten fordern die Unabhängigkeit ihrer Macht und Funktion vom Priestertum: Heinrich IV. und Petrus Crassus gegenüber Gregor VII. (vgl. *W. Ullmann*, The Growth of Papal Government in the Middle Ages, London 1955, 382–412), Friedrich II. in dem Liber Augustalis (Petrus de Vinea) (*E. H. Kantorowicz*, The King's two Bodies. A Study in Mediaeval Political Thought, Princeton 1957, 97–143) und Philipp der Schöne gegen Bonifaz VIII. Zur Laisierung der sozialen Bereiche vgl. *G. de Lagarde*, La Naissance de l'Esprit Laique au Déclin du Moyen Age, 6 Bde., 1934–1946, 5 Bde., 1956 ff. *J. R. Strayer*, Laicization of French an English Society in the Thirteenth Century: Speculum 15 (1940) 876–886. Zu einer nicht-augustinischen, positiv würdigenden Theologie der irdischen Wirklichkeiten oder deren Ansatz vgl. *E. Gilson*, Pourquoi S. Thomas a Critiqué S. Augustin: Archives d'Histoire Doctrinaire et Littéraire 1 (1926) 6–127. *M.-D. Chenu*, Albert le Grand et la Révolution Intellectuelle du XIIIe Siècle: Blackfriars Jan. 1938, 5–15. *J. Leclercq*, Jean de Paris et l'Ecclésiologie du XIIIe Siècle, Paris 1942.

und die Subjektivität durch das Bewußtsein und die Verwirklichung des Menschen zusammengeschlossen sind.[42]

Die von der Welt in diesem fünffachen Sinn abzuhebende Kirche braucht hier nicht vollständig dargestellt zu werden. Es genügt, daß das Besondere, das sie unterscheidet, hervorgehoben wird. Sie empfängt von Gott ihr eigenstes Leben und ihre eigenste Existenz und tritt mit diesen Vorgegebenheiten in die Welt und in das Gegenüber zur Welt. Ihr Wesen und ihr Auftrag sind die Frucht der Heilsinitiativen Gottes, die in der zweifachen Sendung des Wortes und des Geistes gipfeln. Jesus Christus ist der Menschensohn und der Gottessohn. Durch ihn stellt der Erlöser, der derselbe ist wie der Schöpfer, die durch die Sünde zerbrochene Gottebenbildlichkeit der Kreatur wieder her und vollendet sie in der Sohnschaft. Wird der Mensch zur Nachfolge, Gleichgestaltung und Gemeinschaft mit dem Menschensohn und Gottessohn berufen, so erfüllt er, wonach seine innerste Natur und die tiefste Dynamik der Geschichte trotz der Entwürdigung durch die Sünde und trotz der Verderbnis der Strukturen streben. Die Kirche hat als Volk Gottes und Leib Christi dieses Mysterium darzustellen und seine Vollendung als Heilssakrament in den Äußerungen ihres inneren Lebens zeichenhaft vorwegzunehmen.

Die Dualität der Kirche und der Welt ist nicht als ein Dualismus der Trennung und beziehungslosen Koexistenz zu verstehen, darf aber auch nicht etwa aufgehoben werden, weil die beiden Größen überlappen, eine Beziehungseinheit und partielle Koinzidenz bilden. Gerade weil der Kirche und der Welt im Verhältnis zueinander eine relative Autonomie zukommt, weil eine hierokratische und juridische Überordnung der Kirche, eine totalitäre höchste Souveränität des Staates, eine Abhängigkeit der Kulturbereiche vom geistlichen Stand und konfessionelle oder weltanschauliche Vorurteile gegen soziale Strukturen abzulehnen sind, und weil schließlich die Kirche nicht nur aus der Körperschaft der Kleriker und dem geistlichen Regiment, die Welt nicht nur aus dezidierter Antichristlichkeit und obrigkeitlicher Gewalt besteht, sind beide Wirklichkeiten von ihrer besonderen Struktur und Dynamik, von ihrem eigenen Wert und Wesen her aufeinander zu beziehen. Relative Autonomie kommt je der Kirche und der Welt auch angesichts des Sinnes und Zieles ihrer Wechselbezüge zu. Kirche und Welt müssen jede auf ihre Art und Weise durch

[42] *R. Johann*, Experience and Philosophy: Experience, Existence, and the Good. Essays in Honour of P. Weiss, hrsg. von I. C. Lieb, Carbondale 1961, 25–38. Vgl. *Y. Congar*, Situation und Aufgabe, 93.

eine Umkehr, welche Selbstfindung durch Selbstpreisgabe ist, durch Kreuz und Auferstehung, durch Tod und Neuschöpfung in das Reich Gottes eingehen. Auf diese zweite Art einer relativen Autonomie im Verhältnis zu Gott, auf den gemeinsamen Horizont des kommenden Gottesreiches und auf eine Christologie, die das Ganze der Menschheit und des Universums deckt, wird man stets zurückkommen müssen, wo nach dem Grund und Ziel, dem Maßstab und Medium der Realisation des Zueinander, Füreinander und Miteinander von Kirche und Welt gefragt wird. Dabei öffnen die Glaubenden der Welt die Wege, stellen ihr die Mittel zur Verfügung und verhelfen ihr zu den Heilsakten. In diesem Sinne will die Kirche ganz Kirche für die Menschen sein (Welt in der ersten und vierten Bedeutung der oben versuchten Klassifizierung). Umgekehrt bereitet die Welt, wie die Kirche selbst sie mitformt und mitbewohnt, den Christen Wohnung und Kleidung. Sie ist nicht ein Objekt, das wie ein ferner Kontinent außerhalb der Kirche läge, sondern sie ist für die Kirche und ihre Geschichte konstitutiv (Welt in der ersten und fünften Bedeutung).

In den konkreten Ordnungen der Kirche und der Welt wie im existentiellen Handeln der Christen und der übrigen Menschen gibt es Stufen des Übergangs, die vor allem durch das Leben und die Tätigkeit des christlichen Laien in der Welt geschaffen werden. Ihre Funktion wird von Pius XII. gewürdigt: Die Kirche ist das Lebensprinzip der menschlichen Gesellschaft.[43] Sie heiligen die Welt, so daß sie Gottes Antlitz besser widerspiegelt. Sie entreißen sie der reinen Profanität, ohne sie deswegen Stück für Stück abzusondern, zu sakralisieren und in innerkirchliche oder liturgische Institutionen umzubilden. Mit einem programmatischen Begriff J. Maritains könnte man das Werk, an dem sie arbeiten, als integralen Humanismus bezeichnen.[44]

Eine vollständige Unterbrechung dieser Stufen und Übergänge zwischen der Kirche und der Welt geschieht durch das Geheimnis des Bösen.

[43] Ansprache am 20. Februar 1946, AAS 37/38 (1945/46) 141–151, 149. Conc. Vat. II, Const. Dogm. de Eccl., Nr. 36. Die Äußerung Pius' XII. ist nicht unter die abzulehnenden, weil aspekthaft verkürzenden Definitionen von Kirche einzureihen wie etwa „Kirche ist nur die Welt, die Gott in Jesus Christus kennt" oder „Das ganze Wesen der Kirche besteht in ihrem Missionsauftrag", Definitionen die im Anschluß an Bonhoeffer beziehungsweise Hoekendijk gebraucht werden und die Kirche einmal nur als ecclesia congregata ohne Rücksicht auf ihre Sendung, das andere Mal nur als ecclesia congregans ohne Rücksicht auf ihr Sein und ihre Verfaßtheit begreifen. Vgl. *Y. Congar*, Situation und Aufgabe, 161.

[44] *Y. Congar*, aaO, 178. Conc. Vat. II, Decr. de Ap. Laic., Nr. 4, 7, 31. Const. Past. de Eccl. in Mndo. h. Temp., Nr. 36, 41, 56, 76.

Solange wir nicht auf die Ablehnung des Evangeliums aus klarer Erkenntnis und in voller Freiheit stoßen, wissen wir jedoch, daß Jesus Jünger und Brüder unter denen zählt, die ihn nicht kennen, daß das Heil keimhaft existiert und die Kirche überall im Werden ist, so daß Y. Congar mit P. Evdokimov feststellt: ,,Man kann sagen, wo Kirche ist, aber man kann nicht sagen, wo sie nicht ist."[45]

Das komplizierte Koordinatensystem der konkreten Beziehungen zwischen der Kirche und der Welt kann man nicht vernachlässigen, es sei denn um den Preis, unkorrekt oder mißverständlich zu werden. Selbst Y. Congar, der sich um die sorgfältige Unterscheidung der Ordnungen bemüht, vermag nicht in jeder Hinsicht Klarheit zu schaffen, wo er in fünf Ansätzen das Vorgehen und das Ergebnis des Zweiten Vatikanischen Konzils zu diesem Thema darstellt. Wird unter ,,1. Die Kirche anerkennt die Welt und akzeptiert sie so, wie sie heute ist" das Zeitliche nicht nur metaphorisch als das Feldbett des Geistlichen (Ch. Péguy) bezeichnet, sondern die geschichtliche Erfahrung als theologischer Ort, das heißt als partielle Quelle theologischer Erkenntnis verstanden, so kann uneingeschränkt nur von der Welt im Sinne von Schöpfung (1), Weltbild und menschlichem Selbstverständnis (5) die Rede sein. Die Geschichte, sofern sie die sozio-kulturellen Mißbildungen und Fehlleistungen mitumschließt, liefert nicht schlechthin die ,,Grundlagen" kirchlichen ,,Zeugnisses" und die ,,Mittel" kirchlicher ,,Aktualität im Heute Gottes", sondern bildet auch das Feld der Versuchungen, Täuschungen und Niederlagen des Gottesvolkes ((3) ,,diese Welt")[46]. Unter ,,2. Ein neues Verständnis des Zeitlichen" wird gesagt, daß der Bezug zum übernatürlichen Ziel nicht mit dem Eigenwert und der Eigengesetzlichkeit des Zeitlichen zusammenprallt, ,,wie es vielleicht in einem juristisch-hierokratischen Christentum hätte geschehen können". Sodann wird erläutert, daß dieser Bezug sich ,,nicht notwendigerweise über die sozialen und politischen Strukturen" ereignet, ,,deren Autonomie und Weltlichkeit man anerkennt, sondern über das Gewissen und die Aktivität der Menschen. Er bezieht sich nicht auf die Kirche als solche, sondern auf die Eschatologie."[47] Der Kampf gegen eine hierokratische und klerikale Verengung der Kirche und der Welt rechtfertigt nicht neuerliche Verzeichnungen der Dinge . Hier dürfte sich die Spur eines Strukturalismus abzeichnen, der einem geschlossenen und ver-

[45] *Y. Congar*, Situation und Aufgabe, 160.
[46] AaO, 167, 168, 169.
[47] AaO, 170 f.

schlossenen ,,an sich" der Strukturen vertraut, die von dem menschlichen Subjekt und dem realen und geschichtlichen Objekt losgelöst sind. Man hat dieses Denken nicht ganz zu Unrecht als Symptom einer spätkulturellen Erschlaffung der schöpferischen Kraft und als Ausdruck eines spätbürgerlichen Bedürfnisses nach Entlastung des Menschen und nach Rechtfertigung des Zustandes seiner Welt beurteilt.[48] Die Formulierung ,,3. Kirche und Welt suchen dasselbe: die Vollendung und den Erfolg des Menschen" ist irreführend. Sie löst Assoziationen aus, die durch den folgenden Text nicht genügend richtiggestellt werden. Der Hinweis auf eine ,,optimistische Sicht", ,,die aber die unwandelbaren Themen Sünde und Kreuz in sich schließen würde", bedarf der Ergänzung, daß das Kreuz der Verfolgten und der Märtyrer durchaus nicht das Kreuz der ,,Welt" ist. Die Erklärung, daß Erlösung und Kreuz ,,nur Mittel" sind, ,,ein übernatürliches Leben" aber das Ziel ist, ,,Leben des *Menschen*, Vollendung des Subjekts", trifft für die Welt als Schöpfung (1) und Neuschöpfung (4), nicht aber gleicherweise für die Menschen und ihre konkrete Lebenswelt zu.[49] Ob sie dieses übernatürliche Ziel wollen, ob es genügt, ihnen die Tiefe ihrer innersten Struktur und Dynamik bewußt zu machen, damit sie die Vollendung und den Erfolg, die Jesus verheißt, bejahen? Christliche Hochschätzung des Menschen gibt dafür keine Gewähr. Korrekt wird der nächste Gedankenkreis ausgeführt: ,,4. Die Kirche öffnet sich der Welt, um ihr zu dienen." Der erste Dienst der Kirche an der Welt ist es, ,,ihr die Möglichkeit zu geben, das Evangelium anzunehmen und Volk Gottes zu werden." Der ,,Dienst an der Welt, sofern sie Welt ist und Welt bleiben muß, bis im eschatologischen Gottesreich Kirche und Welt ein Ganzes bilden", gehört in zweiter Linie zum Sendungsauftrag der Kirche und gilt nicht jedem Vorhaben und allen Bereichen der Welt, sondern der ,,Wirk-

[48] *G. Durand*, Tâches de l'Esprit et Impératifs de l'Être: Form als Aufgabe des Geistes, hrsg. v. A. Portmann (= Eranos Jahrbuch 1965), Zürich 1966, 303–360, 328 (zum ,,an sich" der Strukturen). *Ders.*, Linguistique et Métalangage: Mensch und Wort, hrsg. v. A. Portmann / R. Ritsema (= Eranos Jahrbuch 1970), Leiden 1973, 341–393, 342, 350, 353 (über den Merkantilismus, Solipsismus und Skeptizismus der Ideologie des Strukturalismus). *G. Schiwy*, Der französische Strukturalismus, Reinbek 1969, 90 (der Strukturalismus als Ideologie des status quo nach *H. Lefèbvre*), 91, 182 ff. (*L. Goldmann* über agenetisches Denken und unhistorische Soziologie), 92 f. (*L. Sebag* über die Verwechslung der Ideologie mit Wissenschaft), 76 f., 94 f. (Entlastung des Menschen durch Ausschaltung des Subjekts bei *L. Althusser* und *M. Foucault*). *Ders.*, Strukturalismus und Christentum, Freiburg 1969, 15 ff., 101 ff. (Die Strukturalisten als Elite des Kulturpessimismus und der Resignation).

[49] *Y. Congar*, Situation und Aufgabe, 172.

lichkeit des *Menschen*" (Welt in der Bedeutung 1).[50] Aber schon im letzten Anlauf „5. Zusammenarbeit mit den anderen" wird nicht mehr daran erinnert, daß der Dienst, „den Gott selbst zuerst in Jesus Christus ausgeübt hat und den die Jünger dieses Jesus Christus in seiner Nachfolge ausüben sollen", zumindest gleichrangig die Verkündigung des Evangeliums, der Kampf gegen die Sünde und die Erlösung von „dieser Welt" ist. Die „mächtige Flut des Ökumenismus" macht diesen Dienst nicht weniger dringlich als die Zusammenarbeit mit „allen Menschen guten Willens", mit den „Experten der Menschlichkeit". Die Warnung vor dem Versuch, den eliminierten „konfessionellen Klerikalismus" durch einen „ökumenischen Klerikalismus" zu ersetzen, ist angesichts der fortgeschrittenen Säkularisierung und des sich verschärfenden Konflikts zwischen christlicher und humanistischer Interpretation des Menschseins anachronistisch geworden.[51]

Abschließend darf bemerkt werden, daß es in den Fragen der vielfältigen Bedeutungen von Welt und kirchlichem Weltbezug nicht genügt, die Aussagen des Konzils zu wiederholen, da dieses selbst Neuland betritt. Es schließt nicht eine Entwicklung ab, sondern setzt einen neuen Anfang. Die Bereitschaft, die Fragen in Begriffen der Gegenwart zu stellen, verlangt ein eingehendes Studium der Kultur- und Humanwissenschaften. Der Entschluß, nicht von „Gewalten", sondern von apostolischer Verantwortung zu reden[52], basiert auf dem zweifachen Verzicht, das Lehramt als solches, die rechtlich-moralische Qualität der kirchlichen Zuständigkeit ins Spiel zu bringen und das politische Verhältnis zwischen Kirche und Staat zu behandeln. Die etwas abstrakte Anerkennung der Autonomie und Eigengesetzlichkeit der Kulturbereiche[53] und die Beteuerung, sich nicht in die Leitung der Staatswesen einmischen zu wollen, sind Good-Will-Erklärungen und das Eingeständnis einer alten Schuld.[54] Die Impulse des Konzils sind zu kanalisieren, Ausgangslage, Ziele und Wege kirchlicher Weltzuwendung weiter zu klären, um den Hirten und Laien in ihrer Tätigkeit nicht nur pastorale Ermunterungen zu erteilen, sondern

[50] *Y. Congar*, Situation und Aufgabe, 173.

[51] AaO, 178 f.

[52] AaO, 165 f.

[53] Conc. Vat. II, Decr. de Ap. Laic., Nr. 4, 7, 31. Const. Past. de Eccl. in Mndo. h. Temp., Nr. 36, 41, 42, 44, 56, 76.

[54] Const. Past., Nr. 42, 76. Decr. de Act. Miss. Eccl., Nr. 12. Vgl. Y. Congar, Situation und Aufgabe, 166.

auch theologisch verantwortete Definitionen der Grundlagen und Grenzen ihrer Aufgaben an die Hand zu geben.

Der Blick auf den gesellschaftlichen Lebenszusammenhang stößt womöglich auf eine noch gesteigerte Komplexität der Fragen um den Weltbezug der Kirche und gewahrt die Unerbittlichkeit seiner Praxisrelevanz. Jeder Fehler im „Mischungsverhältnis" zwischen Bewahrung und Veränderung, Umgestaltung des Milieus und Anpassung an die Umwelt kann in das Getto führen. Ein weltlos sektenhaftes, ein diasporamäßig apartes und ein prophetisch exklusives „Entscheidungs-, Gemeinde- und Gruppenchristentum", eine vollständige Integration des Christentums in einem „Einzelappartement des Wolkenkratzers der pluralistischen Gesellschaft" und die Konzeption einer Kultur- und Volkskirche können unter den gegenwärtigen Umständen alle diesen selben Effekt haben. So reflektiert K. Hemmerle die Situation der Kirche in der Bundesrepublik Deutschland.[55] Aber muß man zu der Folgerung gelangen, die er zieht? Theologie und Christologie sollen wieder den Vorrang vor der Ekklesiologie erhalten. Er plädiert dafür, daß nicht allgemein der Weltauftrag und die gesellschaftliche Funktion der Kirche beredet, sondern konkrete Fragen und Nöte des Lebens angepackt werden, daß die Kirche nicht Selbstzweck und Verdunkelung der Liebe Gottes sein darf, daß das unterscheidend Christliche eingebracht und der Mensch in die Spannung zwischen unheiler Welt und Gottes Heil gestellt werden soll, und daß in Gebet, in Nachfolge, in gelebter Hoffnung und Liebe das unbedingte Sich-Einlassen auf Jesus Christus glaubhaft gemacht wird. Doch dies alles unterstreicht, daß es keine Konkurrenz zwischen Theologie, Christologie und Ekklesiologie gibt und daß keine Alternative für die Kirche und ihren Weltauftrag erfindlich ist. Die aktuellen Probleme ihrer Sendung können auf die Dauer nur auf dem Boden des grundsätzlich Gültigen angegangen werden, sofern eine wetterwendische Pragmatik und eine indifferente Gleichgültigkeit gegenüber den Ordnungen des sich offenbarenden Gottes vermieden werden sollen. Der Zeichencharakter der Kirche hängt in hohem Maße von ihrer äußeren Gestalt und ihrer konkreten Existenz ab. Die Differenz zwischen dem Heil Gottes und dem Unheil der Welt wird dadurch augenfällig, daß die Gemeinschaft derer, die Erlösung erfahren, als Kirche nicht schlechthin Teil der ohne Glaube lebenden Welt ist. Wie soll die Kirche den vielberufenen eschatologischen Vorbehalt geltend ma-

[55] *K. Hemmerle*, Viele Wege führen ins Getto: Marsch ins Getto?, hrsg. v. K. Lehmann / K. Rahner, München 1973, 70–78, 74.

chen, als ,,honest institution" ,,die Schranken der gegenwärtigen Formen des gesellschaftlichen und politischen Lebens aufdecken und die Menschen vorausweisen zu der letzten Wirklichkeit, die ihre eigene letzte Bestimmung mitumgreift"[56]? Genügt es, daß sie das Evangelium gelegen oder ungelegen verkündet und den einzelnen zum Martyrium gegenüber dem Druck der säkularisierten Gesellschaft und der Macht der oft militant atheistischen Staaten auffordert? Auch darin kann Inhumanität stecken, wenn die Kirche nicht das Mögliche tut, um ihren Gläubigen durch Organisation und Institutionalisierung einer umfassenden Solidarität und durch Entwicklung einer sozialen und politischen Autorität einen ihnen gemäßen Lebensraum zu schaffen.

Es handelt sich hierbei um die Frage, wie die Kirche sich selbst im Material der Welt darstellt, um in die Welt hinein zu wirken. Man hat mit Hilfe der soziologischen Betrachtungsweise die beiden Grundtypen der Verwirklichung des Christlichen, seine Institutionalisierung in der Kirche und seine Organisation in der Sekte, zu charakterisieren versucht.[57]

Dem kirchlichen Typus der Verwirklichung des Christlichen ist es eigen, daß er die Prinzipien der Weltbejahung und der Weltdistanz, der Objektivität und der Subjektivität in einer dialektischen Einheit verbindet. Klerus und Laien, asketische Eliten und weltzugewandte Gruppen in ihrer Polarisierung arbeiten zusammen in der Formung und Heiligung der Welt, in Aktivitäten, die grundsätzlich auf das Fortwirken Christi durch die Kirche hingeordnet und auf das vollendete Gottesreich ausgerichtet sind. Die Eingliederung, Verlebendigung und Entfaltung des einzelnen geschieht auf der institutionellen Basis. Dem entspricht es, daß die Sicherung des Grunddogmas, des Sakraments und der Verfassung, die als die tragenden Elemente erachtet werden, wenn nicht den Vorrang in der Wertordnung, so doch eine logische und zeitliche Vorordnung vor den subjektiven Lebensvollzügen innehat. Es kann kaum bestritten werden, daß dieser Typus der Verwirklichung des Christlichen im Ganzen des Neuen Testaments wurzelt und den anthropologischen, psychologischen und soziologischen Gegebenheiten des Menschseins entspricht.

Der Gegentyp der Verwirklichung des Christlichen, die Sekte, stützt sich auf die Prinzipien der Subjektivität und der Freiwilligkeit, der Weltdistanz und der Weltverneinung. Sie stellt die Kontakte von Mensch zu

[56] *W. Pannenberg*, Theologie und Reich Gottes, Gütersloh 1971, 41.

[57] So z. B. *E. Troeltsch* (Die Soziallehren der christlichen Kirchen und Gruppen, Tübingen 1912, 362–375: *F. Fürstenberg* [*Hrsg.*], Religionssoziologie, Neuwied/Berlin ²1970, 299–309).

Mensch an den Anfang und konstituiert sich durch die Konversion von einzelnen. Sie errichtet ihr religiöses Reich mehr oder weniger nach Art eines Liebeskommunismus neben oder außerhalb der Welt, deren Ablehnung in der Verwerfung des Rechts, der Macht, des Besitzes, des Eides und des Krieges exemplarisch zum Ausdruck gebracht wird. Diese undialektische Weltdistanz verlangt eine unbedingte, weltlose oder weltfeindliche Askese, die jedoch nicht durchgehalten werden kann und zur Spaltung der Existenz treibt, so daß theoretische Welt- und Staatsverneinung oft mit naiver Sinnenfreude, praktischem Lebensgenuß und unreflektiertem Gebrauch der säkularen Errungenschaften wie Wissenschaft, Technik und Wirtschaft einhergeht. In einer gewissen Interpretation der Bergpredigt und anderer radikaler Jesusworte, in der Tatsache, daß die soziale Natur des Menschen, seine Wir-Gefühle und Werturteile vor allem in der Primärgruppe sich formen[58], und im Ärgernis des ungenügend christlich normierten Denkens und Lebens weiter Kreise des Kirchenvolkes suchen die Sekten ihre theologische Begründung und existentielle Berechtigung. Die Privatisierung der Religion in den westlichen Großdemokratien und die Unterdrückung in den kommunistischen Ländern drängen religiöse Vergemeinschaftungen in das Getto ab und geben den Sekten größere Virulenz und Überlebenschancen als in der christlichen Antike, in dem mittelalterlichen Reich und in den neuzeitlichen Staatskirchentümern.

Wie die Kirche auf alle gesellschaftlichen Ebenen, auf Menschheit schlechthin bezogen und in Sekundärgruppen sowohl wie in Primärgruppen konstituiert ist, so muß sie sich auch in ihren Lebensvollzügen als Volkskirche und als Bruderschaftskirche entfalten. Die Sekte aber stellt ein Rumpfchristentum und eine Restform von Kirche dar. Und da für eine Spaltung der von ihrem Wesen her unteilbaren Kirche keine theologische Rechtfertigung gefunden werden kann, sind die legitimen Elemente und Anliegen der Sekten im Raum der Kirche selbst aufzugreifen und zu entwickeln.

Damit stellt sich die Aufgabe, die Ortsgemeinde der institutionell erfaßten Mitglieder durch die Kerngemeinde der praktizierenden Mitglieder

[58] Der Begriff ,,primary group", von *Ch. H. Cooley* (Human Nature and the Social Order, New York ^{1}1902, ^{2}1922) in die Sozialpsychologie eingeführt, bezeichnet eine Gruppe, die auf intimer Gesellung und Zusammenwirkung beruht wie Familie, Spielgruppe, Nachbarschaft, Verbandsgruppen, kleine Gemeinden. Sekundärgruppen dagegen sind die größeren Gruppen, die nach abstrakteren Prinzipien gebildet werden und nur eine bedingte und mittelbare Partizipation der Person ermöglichen oder erfordern. Vgl. *W. E. Mühlmann*, Geschichte der Anthropologie, Frankfurt/Bonn ^{2}1968, 169.

und durch die Basisgruppen wie Hausgemeinden, Schulgemeinden und Verbände zu differenzieren und zu beleben.

Dieses Programm scheint jedoch zunächst an einem Dilemma zu scheitern. Die Mehrheit des Kirchenvolkes wird zwar institutionell erfaßt durch Taufe, Religionsunterricht, kirchliche Eheschließung und Beerdigung, sie lebt aber kaum noch eine darüber hinausgehende religiöse Praxis und ist immer weniger durch die Erfahrung der kirchlichen Gemeinschaft geformt. Ihr Wertsystem und ihre Lebensformen werden nicht mehr kirchlich normiert. Die Religion erfährt für sie einen tiefgreifenden Funktionswandel. Sie vermittelt nicht mehr ein umfassendes Selbstverständnis, stabilisiert die Persönlichkeit nicht mehr in den Krisen und Belastungen des Lebens, fällt als Faktor sozialer Integration aus und sinkt zu einem privaten und nebensächlichen Bedürfnis herab. Der sich verschärfende Konflikt zwischen Zugehörigkeit zur Gesellschaft und Kirchengliedschaft wird häufig durch Lockerung der Bindungen und durch zunehmende Beziehungslosigkeit zur Kirche gelöst.[59]

So übernimmt die Kerngemeinde der Praktizierenden, die sich noch aus allen sozialen Schichten und natürlichen Ständen rekrutiert und durchaus Züge der Primär- und der Sekundärgruppe trägt, die Repräsentation der Ortsgemeinde. Sie kann aber nicht Kirche Gottes am Ort schlechthin sein, obwohl sie aus dem Glauben lebt und ihr Leben als Weg zu Gott und zum Mitmenschen kultisch darstellt und begründet, von den kirchlichen Medien, die sie mitträgt, erreicht wird, sich kirchlicher Normierung des religiös-sittlichen Bewußtseins öffnet und ein Gemeindebewußtsein pflegt. Zum einen sind in ihr die gesellschaftlich wenig integrierten Gruppen (Kinder, Frauen und Greise) überrepräsentiert[60] – was übrigens nicht nur als Minderqualifizierung der Kerngemeinde und der sozialen Rolle der Kirche zu verstehen ist, sondern mindestens ebensosehr als Symptom einer Gesellschaft, die den Menschen total vereinnahmt, ohne das Menschsein im ganzen lösen zu können. Zum andern hat sie auch nicht die Kraft, die Anonymität und Passivität der Ortsgemeinde aufzubrechen und der Welt durch missionarische Ausstrahlung christliche Impulse zu geben.[61]

[59] *J. Matthes*, Religion und Gesellschaft, Reinbek 1967, 99 f. Zu der Schwierigkeit, das Phänomen der ,,Entkirchlichung" strukturell und genetisch im Rahmen der Gesamtgesellschaft und im Blick auf die institutionell-kirchliche Überlieferung der christlichen Religion zu verstehen, vgl. aaO, 100–105.

[60] *G. Kehrer*, Religionssoziologie (= Sammlung Göschen 1228), Berlin 1968, 77 f.

[61] *T. Rendtorff*, Kirchengemeinde und Kerngemeinde: *F. Fürstenberg (Hrsg.)*, Religionssoziologie, 267–279, 273 ff.

In dieser Situation – Diskrepanz zwischen Ortsgemeinde und Kerngemeinde, Standort der Kerngemeinde am Rande der Gesellschaft – erheben die Primärgruppen und speziellen Interessengruppen in der Pfarrei immer mehr den Anspruch, die Aktivposten spiritueller Erneuerung und gesellschaftlicher Effektivität der Kirche, ja selbst die Kirche zu sein. Dieser Anspruch kommt deutlich in dem Ruf nach dem je eigenen Gottesdienst zum Ausdruck. Nun zeichnen sich die Familien-, Haus-, Heim- und Schulgemeinden wie die Verbände, Meditations- und Aktionsgruppen, sozialen und kulturellen Interessengemeinschaften in der Tat durch Lebendigkeit, Kommunikationsdichte und soziale Integrität ihrer Mitglieder aus. Sie erweisen sich im gewissem Maße als Multiplikatoren der Bildung und Aktivierung eines kirchlichen Bewußtseins und als die Zwischenbereiche, in denen intersubjektive Erfahrung von Heil geschieht und die personale Vermittlung zwischen der institutionellen Kirche und den Bereichen der Gesellschaft bewerkstelligt wird. Dem steht aber eine unaufhebbare soziale Ambivalenz der Primärgruppen gegenüber, die es verbietet, ihre Autonomie und ihren kirchenähnlichen Status zu überdehnen. Sie neigen zur sozialen Versäulung[62], zur Exklusivität des Lebens- und Weltgefühls, zur Ausbildung einer eigenen Symbolik, Sinnwelt und Identität. Sie sind stets kritisch zu prüfen, inwieweit sie Gemeinde entgliedern oder aufbauen, und sind so zu steuern, daß sie eine integrierende Funktion in Richtung auf die Ortsgemeinde, Ortskirche und Universalkirche und auf die verschiedenen Ebenen der Gesellschaft ausüben.[63]

Die Feststellung F.-X. Kaufmanns, daß „das Begriffspaar Kirche und Sekte" sich „gerade an der Analyse des evangelischen Christentums als ungenügend erwiesen" hat[64], könnte in dem Sinne verstanden werden, daß die Typisierungen Kirche und Sekte in ihrer reinsten Form weder praktisch durchführbare noch theoretisch legitimierbare Verwirklichungen des Christlichen sind. Dabei soll aber nicht übersehen werden, daß die Äußerung bei Kaufmann in einer religions-soziologischen Konzeption steht, die ähnlich jener von T. Rendtorff eine Dualität von Kirche und Welt auszuschließen und die Kirche in die moderne Gesellschaft zu integrieren sucht. Was aber diese Konzeption der Einheit betrifft, so kann

[62] Zum Begriff der sozialen Versäulung, der die Sammlung und Integration der sozialen Schichten in je einer Denomination und damit ihre Absonderung und zum Teil kastenartige Undurchlässigkeit bezeichnet, vgl. *J. Matthes*, Kirche und Gesellschaft, Reinbek 1968, 132 ff.

[63] Vgl. *T. Rendtorff*, Kirchengemeinde und Kerngemeinde, 277 ff.

[64] *F.-X. Kaufmann*, Kirche als religiöse Organisation: Concilium 10 (1944) 30–36, 33 f.

man sich des Eindrucks nicht erwehren, daß die historisch gewachsene und unumgängliche Dualität von Kirche und Welt um den Preis zum Verschwinden gebracht wird, daß abstrakte theorie- oder ideologiegeborene Dualismen auf den Plan treten, um das künstlich geschaffene Vakuum nachträglich wieder zu strukturieren. Es sind die folgenden Begriffspaare, von denen je das erste Glied das dem Menschen Äußerliche, das Zweckbedingte und Sachzwängen Unterworfene, das in der Ontogenese und Phylogenese des Menschen Sekundäre bezeichnen will, während das zweite umschreibt, was dem Subjekt primär, intim und privat zukomme und zur Selbstbestimmung und freien Entfaltung von Individuen und Gruppen gehöre: Institution (Organisation) – Wirklichkeit der Primärgruppe, formalisierte Elemente – informelle Elemente, gesellschaftlich – gemeinschaftlich. Der hohe Anspruch, daß die an diese Klassifizierungen gebundenen Urteile aus der Sozialgeschichte des Christentums abgeleitet und mit Hilfe der von M. Weber und E. Troeltsch angewandten wissenssoziologischen Methode richtig gefällt sind[65], findet aber durch die Belege, auf die verwiesen wird, keine Bestätigung; denn diese sind unter historischen und sachlichen Gesichtspunkten wohl nicht stichhaltig.

Die einfache Gegenüberstellung von Amt und Charisma wird dem Begriff der Ordination und des Ordo nicht gerecht, da dieser nicht eine Rechtsfiktion in Kraft setzt, sondern Dienstvollmacht unter wirksamer Verheißung des Geistes überträgt.[66] Gegen die Behauptungen, daß das Amt seit Irenäus und Tertullian sekundär verrechtlicht[67], in nachtridentinischer Zeit sakralisiert wurde[68], stehen der biblische Begriff der apostolischen Sendung und das theologisch-mystische Amtsverständnis der apostolischen Väter. Die Professionalisierung des Priesterberufes hat verschiedene Ursachen: Sie ist Ausdruck der Anpassung an die Ausdifferenzierung der Gesellschaft, aber auch des Bestrebens, die natürlichen Voraussetzungen zu erfüllen, um den Amtsträger zu einem wirksamen Instrument des Geistes zu machen. Wenn die Kirche sich in der Neuzeit, vor

[65] AaO, 32.

[66] Gegen *M. Weber*, Wirtschaft und Gesellschaft (Studienausgabe) Köln/Berlin 1964, 2. Halbbd., 880 und E. Troeltsch, Die Soziallehren der christlichen Kirchen und Gruppen, Tübingen [3]1923, 368 ff. Vgl. *F.-X. Kaufmann*, aaO, 33, Anm. 3.

[67] Gegen *R. Hernegger*, Macht ohne Auftrag. Die Entstehung der Staats- und Volkskirche, Olten/Freiburg 1963, 81 ff. *Kaufmann*, aaO, 33, Anm. 4.

[68] Gegen *K. Gabriel*, Die Entwicklung der Organisations- und Führungsstruktur der katholischen Kirche in der Neuzeit in wissens- und organisationssoziologischer Perspektive, unveröff. soziol. Diplomarbeit, Univ. Bielefeld 1973. *Kaufmann*, aaO, 35, Anm. 8.

allem im 19. und 20. Jahrhundert als Kirche schärfer von der Welt abzuheben beginnt, ähnlich wie es in der Frühgeschichte des Christentums der Fall war[69], so kann das als Reaktion auf die reformatorischen Angriffe gegen Amt und Verfassung der Kirche, auf die Reformbedürftigkeit der verweltlichten und überfremdeten Amtsstruktur, auf den Zerfall des mittelalterlichen Corpus Christianum und auf die Säkularisierung der Gesellschaft plausibel gemacht werden, ohne daß man das dualistische Schema und seinen theoretischen Hintergrund für die Verfassung der Kirche zur Norm erhebt.

Insbesondere ist es fraglich, ob man die institutionelle Dimension der Kirche unter dem Stichwort der bürokratischen Organisation verrechnen kann.[70] Hat sie nicht eine natürliche Entsprechung in der Elternschaft, der Familie, der Sprach- und Volksgemeinschaft, Institutionen, die anthropologischen Urgegebenheiten des Menschseins zugeordnet sind? Sie geben den stützungs- und formungsbedürftigen Strukturen des Leibes, der Seele und des Geistes den ersten Anhalt, an dem das Leben sich emporrankt, um sie später durch Vernunft und freien Willen zu reflektieren und teilweise zu überschreiten. Institutionelle Indifferenz, Verzicht auf Autorität und auf objektive Prägung der subjektiven Dynamik würde nicht Freiheit, sondern Entscheidungsunfähigkeit hervorbringen, so wie das Ergebnis einer institutionellen Dressur, einer autoritären Unterdrückung, einer Überforderung oder Ausschaltung der subjektiven Potenzen der Zwangscharakter ist. Die Verfassungselemente der Kirche sind auf die Zeugung des neuen Lebens, die Eingliederung in das Gottesvolk, die Vermittlung des Christusgeschehens und den Lebensvollzug in der Pfarrei, der Ortskirche und der Universalkirche ausgerichtet. Mißbrauch der Vollmacht und periodische Erstarrung der Amtsstruktur sind eine Sache. Eine andere Sache ist der Versuch, die Institutionen der Kirche als Funktion des Gesellschaftsprozesses zu erklären und zu Instrumenten individueller Selbstverwirklichung zu machen. Die Notwendigkeit von Zweckorganisationen, die durch den sozio-kulturellen Entwicklungsstand bedingt sind, schließt die Notwendigkeit von Institutionen nicht aus, die trotz der Wandelbarkeit ihrer geschichtlichen Ausprägungen überzeitliche Bedeutung haben und auf die Naturkonstanten menschlicher Konstitution und das bleibende Wesen christlicher Neukonstitution bezogen

[69] *Kaufmann*, aaO, 34 mit Verweis auf *T. Rendtorff*, Kirche und Theologie. Die systematische Funktion des Kirchenbegriffs in der neueren Theologie, Gütersloh 1966, und auf *J. Matthes*, Die Emigration der Kirche aus der Gesellschaft, Hamburg 1964.

[70] *Kaufmann*, aaO, 33.

sind. Wird die kirchliche Grundstruktur in einem solchen Ausmaß durch zeitbedingte Zweckorganisationen überformt und entfremdet, daß die Hirten nicht mehr als Diener Christi und Ausspender der Geheimnisse Gottes, sondern als „hierokratische Führer" einer weltweiten Zweckorganisation empfunden werden[71], so kann man das nur dann als Folge der Auflösung der katholischen Subkultur erklären, wenn man zugleich einräumt, daß an deren Stelle Bürokratie und Technologie getreten sind, daß der Geist der Machbarkeit der Dinge die Aufgeschlossenheit für die Wege des sich offenbarenden Gottes verdrängt hat und daß die Autorität des Individuums aufgerichtet wurde, das über religiöse Symbolisierungen und Organisationen verfügt wie über den Ausdruck subjektiver Erfahrung und die Mittel zur Befriedigung spezieller Bedürfnisse. Es ist sicher richtig, daß religiöse Inhalte, Gefühle und Einstellungen am wirksamsten durch die Primärgruppen übertragen werden.[72] Daß letztere im Prozeß der religiösen Eingliederung auf die Existenz und die Hilfe von Institutionen und Organisationen angewiesen sind, ist aber nicht weniger gewiß.

Personales Sein und Existieren ist darum der Ort, wo Institution und Freiheit, Objektivität und Subjektivität, Wirhaftigkeit und Individualität, Gesellschaft und Gemeinschaft zusammentreffen und zur Ganzheit der menschlichen Lebenswelt verbunden werden.[73] Wenn darin ein wahrer Kern steckt, so stellt sich die Aufgabe, die Schwierigkeiten, die in der Institutionalisierung christlicher Religion liegen, nicht durch die Konstruktion einer anderen Kirche auszuräumen, sondern sie so zu akzeptieren und zu bestehen, wie sie in der Natur der Sache begründet sind.[74] Auch in

[71] *F.-X. Kaufmann*, aaO, 35.

[72] AaO, 35.

[73] Untersuchungen über die Genese und den Wandel kirchlicher Organisationsformen, die mit Recht die wenn auch noch so verfeinerten Typisierungen zwischen Kirche und Sekte ablösen, sind daran zu messen, ob sie die Vielheit und Verschiedenheit der anthropologischen, historischen, soziologischen und theologischen Faktoren vollständig berücksichtigen und erklären. Vgl. *F.-X. Kaufmann*, Kirche als religiöse Organisation, 33, Anm. 5 (*J. Matthes*, Kirche und Gesellschaft, Reinbek 1969, 110 ff.). Will „eine sich wandelnde Ekklesiologie" den „historischen und gesellschaftlichen Charakter von ›Kirche‹ systematisch" reflektieren, so muß sie vor allem ihre Theologie und soziologische Theorie als hermeneutischen Horizont kenntlich machen und zur Diskussion stellen, wie N. Luhmann es mit seinem system-theoretischen Ansatz getan hat. Dies ist eine an Dullaart und Spiegel zu richtende kritische Forderung. Vgl. *Kaufmann*, aaO, 35; *Leo Dullaart*, Kirche und Ekklesiologie, unveröff. theol. Diss. Univ. Münster 1972 (kath.); *Y. Spiegel*, Kirche als bürokratische Organisation, München 1969 (ev.); *N. Luhmann*, Die Organisierbarkeit von Religionen und Kirchen: *J. Wössner (Hrsg.)*, Religion im Umbruch, Stuttgart 1972, 245–285.

[74] Zu den polaren Spannungen in der Natur der soziologischen Vorgänge, denen die In-

der modernen Gesellschaft und unter dem Gesichtspunkt der sozialen Diakonie bleibt es ein unumgängliches Ziel, der Kirche in der Treue zu ihrem Ursprung und zu ihrer Sendung, zu ihrem Wesen und zu ihrer Überlieferung eine Form zu geben, die der Dialektik ihrer Funktion dienlich ist und das Verhältnis zwischen Gestaltung der Gesellschaft und Anpassung an sie regelt.[75]

stitutionalisierung von Religion ausgesetzt ist, vgl. *Th. F. O'Dea*, Die fünf Dilemmas der Institutionalisierung von Religion: *F. Fürstenberg (Hrsg.)*, Religionssoziologie, Neuwied/Berlin ²1970, 231–237.

[75] Den Typ einer hierarchiefreien, akatholischen Verbandskirche, die bruderschaftliche Elemente mitumfaßt und der pluralistischen Gesellschaft eingepaßt ist, versucht *F. Fürstenberg* zu umschreiben (Kirchenform und Gesellschaftsstruktur: *ders.*, Religionssoziologie, 281–296.

VII. Zeittypische Probleme der Gesellschaft

Sofern die Kirche auf ihrem Weg durch die Geschichte die Anwesenheit des Heils in der Welt bezeugen muß, sind die zeittypischen Probleme der Gesellschaft und die sich dahinter verbergenden Nöte der Menschen ein ekklesiologisches Thema. Unabhängig davon, ob man eine statische oder eine evolutionistische Weltauffassung, ein optimistisches oder ein pessimistisches Geschichtsbild bevorzugt, bilden Kirche und Welt im Sein und Leben eine dialektische Gegensatzeinheit, so daß noch im Amtsträger, der hauptberuflich geistlichen Dienst leistet, Welt und Zeit in die Kirche hereindrängen und noch im Laien, der hauptberuflich in den sozio-kulturellen Bereichen tätig ist, die Kirche zur Form und zur Seele der Welt wird. Versucht man in dieser Wechselwirkung die Funktionalität der Kirche methodisch zu isolieren, so können ihr Weltdienst und ihre gesellschaftliche Bedeutung um so deutlicher herausgestellt werden.

Ohne Zweifel überschreiten die Botschaft, der Kult und die priesterliche Gemeinschaft des Gottesvolkes den Bereich des Funktionalen und Zweckrationalen. Die Kirche sollte darum dem Sog des Wirbels von Produktion und Konsum widerstehen und den anthropologischen Sinn von Anbetung und Gottesdienst auch darin offenbaren können, daß dem Menschen einer säkularisierten Welt ein „letzter Daseinsort" bewahrt wird, „darin er eine wirklich freie, nicht manipulierte Erfahrung der vollen Dimension seiner Freiheit machen kann". Nach einer Anregung von K. Lehmann sind Wege der kirchlichen Aktivitäten zu suchen, auf denen vermieden werden kann, daß kirchliche Relevanz-Unternehmungen und Angebote nichtreligiöser Waren (politischen, psychotherapeutischen und sonstigen Inhalts) einerseits das traditionsgebundene Kirchenvolk befremden und in die innere Emigration treiben, andererseits die in die säkularisierte Gesellschaft integrierten Menschen in ihren spezifisch religiösen Bindungen weiter schwächen.[1] Zugleich würde man dabei auch auf den Grund stoßen, auf dem Theologie innerhalb einer säkularisierten, zweckrationalen und pluralistischen Gesellschaft legitimiert werden kann, nämlich auf die Notwendigkeit des Nicht-Funktionalen. Doch darf das nicht gegen jede Art von Anpassung und Funktionalität der Kirche in der Gesellschaft verstanden werden; denn nur eine solche Dienstfertigkeit ge-

[1] *K. Lehmann*, Prolegomena zur theologischen Bewältigung der Säkularisierungsproblematik: Liturgisches Jahrbuch 22 (1972) 70–84, 83 f., 79.

genüber der Gesellschaft wäre doppelt dysfunktional, welche die Kirche zum Segment oder Spiegelbild der Gesellschaft macht, so daß sie auf deren Ungenügen und auf die Miterzeugung ihrer Nöte reduziert würde. Die Botschaft vom Heil, von der transzendenten Bestimmung und Vollendung der Schöpfung, hat stets auch eine funktionale Bedeutung für das individuelle und soziale Leben des Menschen. Daher muß die Theologie von ihrer anthropologischen und sozio-kulturellen Funktionalität Rechenschaft geben, und zwar in Entsprechung zu der Wahrheit, daß die Welt als Schöpfung eine transzendentale Relation zu Gott hat und daß Menschheit und Gesellschaft sich selbst in einer Weise überschreiten, daß sie ihre eigensten und tiefsten Aspirationen nur durch die Gnade einer transzendenten Synthese des Erkennens, Wollens und Existierens einholen können.

Es ist die säkularisierte, pluralistische und zweckrationale Gesellschaft, in der die Kirche nach ihrer Funktionalität fragt und sich befragen lassen muß. Und es besteht kein Zweifel darüber, daß wesentliche Momente des weltweiten sozialen Wandels heute nicht einfach zur Emanzipation und Freiheit führen, sondern für die Evolution des Humanen durchaus ambivalent sind. Es sind dies zum einen der Übergang vom vorwissenschaftlichen zum wissenschaftlich-technischen Wirklichkeitsverständnis und von der Agrarkultur zur Industriegesellschaft, zum andern der Übergang von der Durchsetzung dogmatischer Weltanschauungen und Wertsysteme durch die weltliche Autorität zur Toleranz, Privatisierung und Pluralisierung der Fragen des Glaubens und der Moral. Hat das erste Moment den Menschen von manchen Formen fatalistischer Ergebenheit und magischer Befangenheit gegenüber der Natur und sich selbst befreit, so hat es gleichzeitig den Zauberlehrling einem nur über Strecken rationalen, letztlich irrationalen Zauber der Machbarkeit, einer neuen Magie der Wissenschaft und Technik unterworfen und ihm die Manipulierbarkeit seiner leiblichen und geistigen Bedürfnisse, seiner individuellen Impulse und intimsten Regungen gezeigt. Ähnlich verhält es sich mit dem zweiten Moment des gegenwärtigen sozialen Wandels. Hat es dem Menschen die Gewissens- und Religionsfreiheit gebracht, so stürzt es ihn gleichzeitig in eine uferlose Subjektivierung der Werte, der Normen und der Sinnfrage und damit in eine Unsicherheit und Einsamkeit der geistigen und personalen Existenz.

Verschiedene Vertreter der Humanwissenschaften erheben denn auch vielstimmige Klage und signalisieren gewisse Gefährdungen des Menschseins in der säkularisierten und pluralistischen Gesellschaft. Der Neoanalytiker und Sozialpsychologe E. Fromm diagnostiziert als Krankheit des Menschen in der kommerzialisierten Welt ,,Entfremdung, Angst, Vereinsamung, die Furcht vor tiefen Empfindungen, den Mangel an Freude"[2]. Der Religionssoziologe Th. Luckmann schreibt im Blick auf die Verhältnisse in den USA, wo die Zerlegung der sozialen Welt in eine wertneutrale öffentliche und eine weltanschaulich private Sphäre am weitesten fortgeschritten ist: „Die Veränderungen im modernen Gesellschaftsgefüge führen typisch nicht zu einer Stärkung der Person und der individuellen Freiheit, sondern zunächst zur Ausbreitung der privaten Sphäre für den einzelnen. Bildlich gesprochen entstehen im Gefüge der Gesellschaft Leerstellen. Es mögen darin historisch einzigartige Möglichkeiten zur Individuation verborgen sein. Man muß sich aber darüber im klaren sein, daß in der gegenwärtigen Gesellschaft und in der modernen Weltanschauung keine dauernden und breit angelegten Formungsprinzipien gegeben sind, durch die diese Möglichkeit zur vollen Entfaltung kommen könnte. Die Kultur ist zwar reich, aber vor allem im Sinn eines reichhaltigen Warenlagers. Der einzelne bleibt in seiner Wahl mehr als je zuvor dem ‚Angebot' gegenüber ratlos."[3] Der Anthropologe A. Gehlen ist der Meinung, daß die weltweite technologische und bürokratische Gleichmacherei und Verödung dem Individuum und den Gruppen die Findung der eigenen menschlichen Identität und die Bildung von mitmenschlicher Solidarität erschwert. Er rechnet deshalb mit der Zunahme der Weltanschauungskämpfe und der Aggressivität auf ideologischer Ebene.[4] Der Philosoph J. Habermas stellt den Preis zusammen, der nach Ansicht des Systemtheoretikers und Sozialkybernetikers N. Luhmann für das Modell der differenzierten demokratischen Gesellschaft zu zahlen ist. Er umschließt ein immer rascheres Tempo struktureller Veränderungen, die zunehmende Abstraktion und Variabilität der Sinngrundlagen des Erlebens mit entsprechendem Alternativreichtum und daraus folgender größerer Belastung des Menschen in den Entscheidungsprozessen; ferner den Verlust der angstregulierenden Funktion der normativen Moralen und die Folge, daß selbst erlaubtes, strukturell vorgesehenes Handeln gefährlich wird, daß die angsterzeugenden Unsicherheiten sich differenzieren und für die einzelnen Menschen nicht mehr dieselben sind.[5]

[2] *E. Fromm*, Analytische Sozialpsychologie und Gesellschaftstheorie, Frankfurt ^{2}1970, 227, 223.

[3] *Th. Luckmann*, Das Problem der Religion in der modernen Gesellschaft, Freiburg 1963, 58.

[4] *A. Gehlen*, Urmensch und Spätkultur, Frankfurt/Bonn ^{2}1964, 260–264.

[5] *J. Habermas / N. Luhmann*, Theorie der Gesellschaft oder Sozialtechnologie, Frankfurt ^{2}1972, 275 f., Anm. 6. *N. Luhmann*, Soziologische Aufklärung, Opladen ^{3}1972, 253–267.

Man muß nicht in allem die kritische Theorie Th. Adornos, seinen Pessimismus und die Totalverwerfung der spätkapitalistischen Gesellschaft mitvollziehen. Die Charakteristik, die er entwirft, ist mehr Übertreibung als Typisierung. Er hebt hervor: eine verborgene totalitäre Tendenz, die Irrationalität von Produktion und Konsum, die Subjektlosigkeit der Technokratie und die daraus folgende Geschichtslosigkeit unserer Epoche, die Unmöglichkeit, durch befreiende Initiativen das System zu ändern, die Nutzlosigkeit der Mühen, die für Teilreformen aufgewendet werden, da das Ganze dieser Gesellschaft das Unwahre ist.[6] Wer diesen Eindrücken unterliegt, dem bleibt nur die Wahl zwischen völliger Resignation und Anwendung von brutaler Gewalt. Ein kulturdynamisches Gesetz, das schon von A. Comte erkannt und durch die anthropologische Feldforschung empirisch bekräftigt wurde, besagt, daß eine Kultur um so weniger innere Integration des Menschen zu leisten vermag, je höher der Grad ihrer äußeren Differenzierung ist.[7] Die Belastungen, die sich daraus ergeben, können nicht einfach durch Wissenschaft und Technik, Sozialreform oder Rückschritt auf einfachere Kulturstufen aus der Welt geschafft werden. Der Religion im allgemeinen und der durch die Kirche überlieferten christlichen Religion im besonderen erwachsen daraus dringende Aufgaben und eine aktuelle „raison d'être" auch und gerade in der modernen Gesellschaft.

Das christliche Grunddogma von der Schöpfung, Erlösung und Vollendung, das in schlichter, mitteilbarer und verbindlicher Form den Grund und das Ziel alles Seins in Gott bestimmt und durch Christus im Geist als erreichbar verkündet, das den Sinn jeglicher Existenz in der durch Gottes Selbstmitteilung ermöglichten Liebe erschließt, das alles Dasein in der Welt auf die umfassende Ganzheit von Gott und Mensch hin überschreitet und reduziert, stellt eine in der Menschheit einmalige Hilfe zur Selbstfindung der Individuen und Gruppen, der Kulturen und Gesellschaften dar. Es ist ein unübertroffenes Medium gemeinsamen Bewußtseins, verbindender Erfahrung und übergreifender Solidarität. Dieser soziale Dienst wird im Gegenstrom zu einer maßlosen Pluralisierung und Relativierung der Weltdeutungen geleistet. Er setzt die grundsätzlich unbegrenzte Mitteilbarkeit des geistigen Reichtums einer Kultur als Komplement zur

[6] *Th. Adorno,* Negative Dialektik, wissenschaftliche Sonderausgabe Frankfurt 1970, 215 ff., 275, 277 f., 279 ff., 292, 338 ff., 389. *G. Rohrmoser,* Das Elend der kritischen Theorie, Freiburg ²1970, 31 ff., passim.

[7] *W. E. Mühlmann,* Geschichte der Anthropologie, Frankfurt/Bonn ²1968, 75, 221 f.

grundsätzlich begrenzten Mitteilbarkeit der materiellen Güter ein, um die Gesellschaft zu befrieden.

Im Kult der Kirche wird das Dogma nicht nur geglaubt, sondern zeichenhaft vollzogen, der Sinn von Existenz in der Selbstüberschreitung auf Gott und den Mitmenschen hin erfüllt, die Solidarität der feiernden Gemeinde durch die Kommunion mit Christus bis zur Identifizierung der Brüder und Schwestern im Erstgeborenen gesteigert, die Herrlichkeit Gottes und das Heil des Menschen durch die Vorwegnahme des Todes und der Auferstehung jeglicher Kreatur verkündet. Eine solche Wirksamkeit des Kultes setzt ein Eucharistieverständnis voraus, wie es oben dargestellt und vertreten wurde. Die Elemente des inneren Geschehens, Opfer und Mahl, Opfer Christi und Selbstdarbringung der Gemeinde, Versöhnung mit Gott und christliche Kommunion, sakramentale Repräsentation und existentielle Aneignung des eschatologischen Geschehens von Kreuz und Auferstehung sind nicht gegeneinander auszuspielen, sondern in der Einheit der Struktur und der Dynamik der Zeichenhandlung zu verbinden. Damit der eucharistische Kult seine ganze Wirksamkeit entfalten kann, ist ferner vorausgesetzt, daß er unter Einhaltung eines Grundritus vollzogen wird, der den Einklang von Wort und Zeichen, Gestus und Aktion, Haltung und Bewegung regelt. Von seiten der anthropologischen Forschung wurde verschiedentlich darauf hingewiesen, wie Individuen in Gruppen ihr Wir- und Ichbewußtsein gewinnen, indem sie sich gemeinsam bestimmten Ton-, Bild- und Bewegungsgestalten überlassen und sich wieder von ihnen abheben, sich stützen und erheben, sich identifizieren und wieder distanzieren.[8] Daß es dabei nicht nur um Fragen des Geschmacks und der Ästhetik geht, sondern um die Ausprägung und Erfahrung der eigenen psychophysischen Identität, zeigen auch die Gehässigkeit und Engstirnigkeit, mit der die verschiedenen Auffassungen und Erwartungen betreffs der Gestaltung der Liturgie aufeinanderstoßen. Die Kluft, die sich zwischen objektivem Vollzug des Ritus und innerem Geschehen in den Teilnehmern auftut, wird nicht dadurch überbrückt, daß man die objektive Seite aufgibt und die gottesdienstliche Gemeinde in informelle Gruppen auflöst. Solange christliche Zielsetzung des Gesellschaftsprozesses nicht bei der Individualisierung und Vereinzelung der Menschen stehenbleibt, sondern zur Personalisierung und Gemeinschaft fortschreitet, ist die Kirche verpflichtet, die ihr von Christus anvertrauten

[8] *A. Gehlen*, Urmensch und Spätkultur, Frankfurt/Bonn [2]1964, 145 ff., 156 ff., 217 ff., 228 ff.

Mittel zu nutzen und die individualisierten Gruppen zumindest in ihrem eigenen Lebensvollzug zu integrieren.

Der brüderliche Geist christlicher Gemeinschaft sollte schließlich in den Bereichen der Arbeit und der Freizeit, des privaten und des öffentlichen Lebens herrschen und sie mit einer Atmosphäre grundmenschlicher Sympathie und Solidarität umgeben.

Es ist den Erben der soziologischen und kulturwissenschaftlichen Forschung nicht mehr möglich, den optimistischen Glauben ihrer Väter an die Zukunft des Menschen zu teilen und in den enthusiastischen Lobpreis auf die strukturell-funktionelle Differenzierung und auf die fortschreitende Arbeitsteilung[9] einzustimmen. Dieser Optimismus und dieser Enthusiasmus verlieren ihre Berechtigung, wo die Faktoren der personalen Integration des Menschen und des „inneren Wachstums" der Gesellschaft vernachlässigt werden. Wenn aber H. Spencer in auffälliger Inkonsequenz zu seiner eigenen Lehre von der organismischen Natur der Gesellschaft die größtmögliche individuelle Freiheit als das Ziel des Fortschritts angibt und E. Durkheim die Spezialisierung und Entgliederung der Gesellschaft unter Berufung auf sozial wirksame Kollektivvorstellungen als „organische Solidarität" feiert, so liegt ein geistesgeschichtlich bedingtes Wunschdenken vor, das in Verkehrung eines sinnvollen wissenschaftlichen Sprachgebrauchs die atomistische Auflösung der alteuropäischen Ordnung mit deren positiver Überbietung verwechselt.[10] Dabei braucht nicht bestritten zu werden, daß sich strukturelle und funktionelle Veränderungen der Gesellschaft vollziehen, in deren Gesetzmäßigkeit Spencer und Durkheim mit vielen anderen neue Einblicke getan haben. Aber sie denken noch zu abstrakt und statisch, auch zu sehr an die Sternstunde des Wissenschaftsaberglaubens gebunden, um zu erkennen, daß der Fortschritt einer Gesellschaft nicht in der Zerstörung der „Kollektivideen" besteht, deren bindende Kraft die organische Solidarität begründet, sondern allenfalls in der neuerlichen Synthese der emanzipierten Individuen durch die Weiterentwicklung oder Ersetzung der tragenden und bindenden Formen. Es mag auch richtig sein, daß die Organisation von hochkomplexen Gesellschaften bis zu einem gewissen Grad nach systemtheoretischen Modellen gesteuert werden kann und daß wirtschaftliche und

[9] Zu *H. Spencer* vgl. *W. E. Mühlmann*, Geschichte der Anthropologie, 109 f. Zu *E. Durkheim* vgl. *M. Harris*, The Rise of Anthropological Theory, London 1968, 468 f., 474–476.

[10] *W. E. Mühlmann*, Geschichte der Anthropologie, 168. *M. Harris*, The Rise of Anthropological Theory, 125 ff., 130 f. (Spencer), 468 f., 472, 474, 475 f. (Durkheim).

politische Entwicklungen nicht mehr an Prozesse der Auflösung und Neugründung von Organisationstypen gebunden sind, sondern nur noch an systeminterne Flexibilität.[11] Aber den Eindruck, daß dem Kirchensystem diese Möglichkeit, „die von der reinen Größe her naheläge", verschlossen bleibt, scheint Luhmann nicht so sehr aus der Natur der christlichen Religion und Kirche gewonnen zu haben, als vielmehr angesichts einer Theologie und Kirchenverwaltung, die zwar historische Geltung in Anspruch nehmen, aber keine systemsteuernden Instrumente entwickeln, welche die Variationsgrenzen des historisch Überlieferten zu identifizieren und zu operationalisieren vermögen.[12] Darum erwartet Luhmann auch von der Kirche als Anpassungsleistung nicht einfach die Abblassung eines aus gesichertem Heilsbesitz kommenden normativen und präskriptiven Erwartungsstils zur Toleranz, sondern religiös experimentelle Einstellungen. So wünscht er für die evangelische Theologie, daß ihr tat- und erkenntnisbezogener Stil, der lediglich den Streit über im Grunde unentscheidbare Fragen übt, der den kognitiven Realitätsbezug verliert und an ein Leben mit unbequemen, nie in die Kirchenpraxis umgesetzten Texten gewöhnt, durch eine programmatische Anleitung ersetzt wird, welche die „Erzeugung religiös bestimmten Erlebens und Handelns" vorsieht, bindend darüber entscheiden kann und eine bewußte geistliche Steuerung des Kirchensystems ermöglicht.[13] Diese kritische Anregung hat auch der katholischen Theologie, in der eine Polarisierung zwischen starrer Traditionsgebundenheit und traditionslosem Progressismus vor sich geht, etwas zu sagen, wovon ihre Erneuerung und ihr Wert abhängen.

[11] *N. Luhmann*, Die Organisierbarkeit von Religionen und Kirchen: *J. Wössner (Hrsg.)*, Religion im Umbruch, Stuttgart 1972, 245–285, 262.

[12] AaO, 262.

[13] AaO, 284 f.

VIII. Fragen der Soziologie an die Theologie

Im Zusammenhang mit der funktionalen Bedeutung kirchlichen Glaubens, Betens und Lebens für die Gesellschaft liegt es nahe, auch der Frage nachzugehen, ob die Kontinuität des Glaubens und die Einheit der Kirche nicht durch den Pluralismus der Gesamtgesellschaft zu Leerformeln geworden und als Faktoren der sozialen Integration von Individuen und Gruppen überholt sind. Die Frage ist theologisch um so brisanter als auf und seit dem Zweiten Vatikanischen Konzil die Kirche als das Sakrament der Einheit der Menschen mit Gott und untereinander definiert wird und die nichtchristlichen Religionen als heilsrelevante Institutionen betrachtet werden.[1] Alles Heil ist sozial vermittelt durch Christus das Haupt der Kirche, der auch das Haupt des auf Kirche hin erschaffenen Universums und der Herr der auf Kirche hin orientierten Geschichte ist.[2]

Der Pluralismus der Glaubensweisen in der Kirche und der Weltanschauungen in der Gesellschaft steht in Wechselwirkung mit dem sozialen Wandel. Er ist Folge und Ursache der strukturell-funktionalen Differenzierung der Gesellschaft. Lebt der Mensch seine soziale Existenz nicht mehr in den konzentrischen Bereichen wie Familie, Verwandtschaft und Dorfgemeinschaft, führt ihn der Prozeß der Sozialisation vielmehr in Kreise, die sich kreuzen, wie Gemeinde, Pfarrei, Schule, Betrieb, bandenartige Gruppen von Gleichaltrigen, Massenmedien, Vergnügungsindustrie, Kulturbetrieb, Partei, Gewerkschaft und bedarfsdeckende Organisationen aller Art, so werden die Institutionen zunehmend in Organisationen umgebildet.[3] Die allgemein-verbindlichen Wertvorstellungen nehmen abstraktere Gestalt an. Und die einzelnen Bereiche im Lebenszusammenhang der Gesamtgesellschaft verselbständigen sich. In den Massenmedien wie im Bewußtsein der Kirchenglieder und der Außenstehenden rückt das Bild der Kirche in die Nähe anonymer Großorganisationen wie Staat, übernationale Behörden, Universitäten und Kongresse. Keinen

[1] *S. Anneser*, Glaube im Ungläubigen – Unglaube im Gläubigen, Kevelaer 1972, 120 ff.

[2] Conc. Vat. II, Const. Dogm. de Eccl., Nr. 1.

[3] Unter Institution im soziologischen Sinn wird hier die für eine Gesellschaft im ganzen gründende und unersetzliche Koordination von Individuen und Gruppen zur Sicherung der dauerhaftesten Erfordernisse und Bedürfnisse des Lebens verstanden. Der Begriff Organisation bezeichnet hingegen Koordinationen von Personen und menschlichen Teilaktivitäten, die der Deckung spezieller und wechselnder Bedürfnisse und Interessen dienen. Vgl. *F.-X. Kaufmann,* Theologie in soziologischer Sicht, Freiburg/Basel/Wien 1973, 67 ff.

geringen Anteil an dieser Entwicklung hat die starke Betonung der zentralen Institutionen des Papsttums, der Konzilien, Synoden, Katholiken- und Kirchentage und die organisatorisch, wirtschaftlich und pastoral steigende Abhängigkeit der Pfarreien von den Generalvikariaten und Ordinariaten. Der Status der Pfarrer als Beamte einer überregionalen Organisation trägt ein übriges zu der Veränderung des Wahrnehmungsbildes und der Wirklichkeit der Kirche bei.[4] Nachdem die Handlungs- und Verhaltensnormen formalisiert sind, können und müssen sie nach Maßgabe der privaten, öffentlichen und halböffentlichen Lebensbereiche mit einer Vielzahl und Vielartigkeit von konkreten Inhalten ausgefüllt werden, so daß der einzelne durch partielle Identifizierung mit einer Vielheit von Segmenten der Gesellschaft eine Bewußtseinsstruktur von zunehmender Komplexität, Instabilität und Überreflexivität aufbaut. Es wird Subjektivität freigesetzt und ein Strom von Dauerreflexion als Faktor der Selbstfindung und Ichstabilisierung in Bewegung gehalten. Aus diesen soziologischen Analysen zieht F.-X. Kaufmann theologische und pastorale Konsequenzen. „Kirchliche Religiosität kann nicht mehr dadurch erhalten werden, Glaubenschancen können nicht mehr dadurch erhöht werden, daß man Menschen von nicht durch die Kirche kontrollierten Einflüssen fernhält." Die Chancen für die Entwicklung einer „von der sichtbaren Kirche distanzierten Religiosität" sind heute wesentlich größer als unter den sozialen Verhältnissen der vorausgehenden Epochen der Geschichte.[5] Auch die außerkirchliche Religiosität ist kirchenbezogen zu definieren, solange man den Begriff Kirche für alle organisierten Formen christlicher Religion anwendet, da nur über die Existenz solcher Organisationen die Kontinuität christlicher Sinngehalte hergestellt wird.[6] „Der Modus der Sozialisation religiöser Sinngehalte wandelt sich grundsätzlich", je nachdem sie mittels einer Bezugsgruppe geschieht, die die wesentlichen Lebensbezüge einer herrschenden Kultur sichert, oder ob sie von dem Individuum „inmitten einer Vielzahl ›sich kreuzender sozialer Kreise‹ (G. Simmel)" im wesentlichen selbst geleistet wird durch den Aufbau einer Religiosität im Zuge einer Selbstfindung, die als ein subjektiver Prozeß

[4] *F.-X. Kaufmann*, aaO, 107–110.

[5] *F.-X. Kaufmann*, aaO, 118.

[6] AaO, 120, 121: Außerkirchliche Religiosität wäre demnach die subjektive Sinnkonstitution durch mittelbare, dem Individuum unbewußte kirchliche Sozialisationseinflüsse (Bücher, Kunst, Massenmedien, Sekten). Sie kann von Anfang an ohne direkten Kontakt mit der Kirche geschehen oder die Spätfolge einer verdrängten kirchlichen Sozialisation sein. In einem fundamentaleren Sinn versteht man unter außerkirchlicher Religiosität die Aktualisierung des unmittelbaren Gottbezugs ohne organisierte Religion (K. Rahner).

erlebt wird.[7] Und schließlich, die elementaren Leistungen der Religion, nämlich die Reduktion von Komplexität der sozialen Welt, die Bannung von Angst und die Konstitution von Sinn, verlagern sich von der Institution in das Subjekt, in die intrapsychische Erlebnisverarbeitung und in den Aufbau einer komplexen Bewußtseinsstruktur.[8]

Sollen die theologische Forschung und die pastorale Aktivität sich diesen Einsichten öffnen und eine Problemlösung versuchen, so können sie sich nicht einfach an der Institution und Organisation der Kirche und der Gesellschaft vorbei auf Information und Kommunikation, auf Bildungsarbeit und Glaubenshilfe am Individuum konzentrieren und die historische Gestalt des Christentums in ein System der Dienstleistungen umbilden. Sie müssen jedenfalls die Aporien bedenken, mit denen F.-X. Kaufmann seine Überlegungen abschließt. 1. In den Sozialbezügen der modernen Welt erfährt das Individuum bewußt, daß seine eigenen Möglichkeiten begrenzt sind und die Komplexität seiner Umwelt die eigene Fähigkeit zur Erlebnisverarbeitung weit übersteigt.[9] 2. Was berechtigt den Menschen, der aus der Transzendentalität seines Geistes die Gesellschaft überschreitet und nach dem Sinn des Ganzen fragt, für seine unmittelbare Erfahrung die Chiffre Gott einzusetzen?[10] Und 3. Ist es nicht eine kleine Elite, die den Bedingungen der Entfaltung des Menschseins und der Gewinnung von Identität in der modernen Gesellschaft gewachsen ist, so daß die Pastoral an dem Durchschnittsgläubigen und die Mission an den Durchschnittsmenschen zum praktizierten Zynismus werden, der das Heilssakrament Kirche als Notbehelf für die Unterentwickelten mißbraucht?[11]

Die erste der Aporien schwächt Kaufmann durch die Mutmaßung ab, daß der moderne Mensch vielleicht imstande ist, die als Grundbefindlichkeit durch die hochdifferenzierte Gesellschaft thematisierbare Angst reflektierend zu verarbeiten.[12] Diese Möglichkeit schrumpft aber bis zur Unwahrscheinlichkeit, wenn man bedenkt, daß heute wie an der Wende von der Aufklärung zur Romantik eine Phase der Vernunftgläubigkeit, der einseitig rationalen Erziehungs-, Bildungs- und Kulturprogramme abgelöst wird durch eine Phase gesteigerter Emotionalität, erhöhter Sen-

7 AaO, 122.
8 AaO, 124 f.
9 AaO, 124.
10 AaO, 125.
11 AaO, 123 f., 126.
12 AaO, 124.

sibilisierung für Partizipation und Gemeinschaft und damit auch verstärkter Neigung zu kollektiven Verhaltensmustern. Eine Überflußgesellschaft, die eine Konsumhaltung fördert, künstliche Bedürfnisse weckt und spannungslose Befriedigung einplant, erschwert ihren Gliedern das Erwachsenwerden, begünstigt infantile Elterngebundenheit und Übertragung der Erwartungshaltung auf den Versorgungsstaat. Das bedeutet aber zweifellos auch die aktuelle Gefahr der Außensteuerung und Manipulation. Bloße Reflexivität des Individuums wird so zum privaten, wesenlosen subjektiven Vollzug, und er verfügt über wenig Kraft und Mittel, die objektiven Strukturen der sozialen Welt und des öffentlichen Lebens zu verändern, es sei denn in Richtung auf sozialistische Zwangsgesellschaft oder faschistische Diktatur.

Die zweite Aporie ist der unauflösliche Rest des Geheimnisses menschlicher Selbst-, Welt- und Gotteserfahrung, um deren Aufhellung Anthropologie und Philosophie sich bemühen. K. Rahner veranschlagt die allgemeinmenschliche Möglichkeit der Gotteserfahrung so hoch, daß er die Rolle kirchlicher Religiosität der Bedeutung außerkirchlicher Frömmigkeit, das heißt der Frage, ob überhaupt Religiosität besteht, unterordnet. Seine Bewertung der ursprünglichen Gotteserfahrung, die in den geistigen Vollzügen menschlicher Existenz wie Freude, Liebe, Angst geschieht und in der Reflexion verbal objektiviert wird, kann im Licht der Humanwissenschaften und der Theologie untersucht werden. Es geht dabei um einen Komplex von Problemen: kann die „persönlich frei angenommene Bezogenheit des Menschen auf Gott"[13] als Akt des rechtfertigenden Glaubens[14], die transzendentale Gotteserkenntnis entsprechend als heilsermöglichende Offenbarung[15] verstanden werden? Ist es erheblich, daß solche Gotteserkenntnis zweifach aposteriorisch ist, erstens, sofern sie der Akt eines geschichtlich bedingten Individuums ist, und zweitens, sofern sie unter historischen Bedingungen verbalisiert und objektiviert wird[16], wo doch die reine Transzendentalität gegenüber der reinen Kategorialität gerade indifferent ist? Hat es irgendeine Berechtigung, wenn man deswegen, weil es das Phänomen der unfrommen Kirchlichkeit und der from-

[13] *K. Rahner*, Kirchliche und außerkirchliche Religiosität (Arbeitspapier der Sachkommission I der Gemeins. Syn. der Bist. i. d. Bdsrpblk. Dtschld.), unveröff.

[14] *H. Reiners*, Grundintention und sittliches Tun (= Quaestiones Disputatae 30), Freiburg/Basel/Wien 1966, 188.

[15] *S. Anneser*, Glaube im Ungläubigen – Unglaube im Gläubigen, Kevelaer 1972, 80.

[16] *K. Rahner*, Zur Lehre des Zweiten Vatikanischen Konzils über den Atheismus. Versuch einer Interpretation: Concilium 3 (1967) 171–180, 176.

men Unkirchlichkeit gibt, die Institution Kirche aus dem Radius der Reform und Aktualisierung von Christlichkeit heute herausfallen läßt?

Vorsichtig, doch eine bejahende Antwort einschließend, fragt Kaufmann, ob Rahners These von der Transzendentalität des Menschen und ihrem Vorrang vor der Kategorialität nicht die Annahme verlange, daß die „Kategorie" Gott dem Menschen angeboren ist.[17] Er beruft sich dabei auf die unter Psychologen weit verbreitete Aktivationstheorie. Durch Versuche konnte gezeigt werden, daß die vom Menschen empfundenen Affekte zwar unabhängig von bewußter Reflexion bestehen, aber dennoch bereits ein Moment subjektiver Deutung enthalten. Die unterschiedlichen Grade neurovegetativer Erregungen (Aktivationen), die auf der physiologischen Ebene festzustellen sind, werden vom nichtreflexiven Bewußtsein aufgrund „situativer Momente" des Subjekts in der Umgebung gedeutet. Diese Deutung der Sinneseindrücke geschieht nun nicht ausschließlich aufgrund unmittelbarer Wahrnehmung, sondern primär aufgrund kognitiver Strukturen, das heißt aufgrund der im Gehirn gespeicherten Erwartungen über Umwelt und mögliche Situationen. „‚Gefühle' entstehen erst durch die Verbindung des körperlich Wahrgenommenen mit kognitiven Inhalten"[18]. Schon der Hinweis auf die Speicherung von Information im Gehirn lenkt die Aufmerksamkeit des Forschers zuerst nicht in die Richtung angeborener kognitiver Inhalte. Für den Naturwissenschaftler ist die Übereinstimmung von Strukturen der Umwelt und des Bewußtseins das Ergebnis der Naturgeschichte. Wahrnehmung und Erkenntnis des Menschen mußten das Sieb der Selektion passieren und die Bedingungen des Überlebens erfüllen. Der genetische Code der Keimzellen und die Funktion des Zentralnervensystems, die in der Entstehung und Entwicklung der menschlichen Art (Genese) verbunden sind, verhalten sich in der Entwicklung des Individuums (Epigenese) wie das Programm und das Erlernen der Wahrnehmung, der Sprache, des Denkens und der schöpferischen Kombination von Wahrnehmungen und Gedanken (Simulation, Experimente der Phantasie und der Gedanken). Die reine Alternative von Angeborenem und Erworbenem stellt sich auf dieser Ebene der Untersuchung nicht. Angeboren ist das Programm, erworben sind die programmierten Fähigkeiten des Individuums.[19] Zurückhaltung in der Frage nach einer angeborenen Gotteserkenntnis gebietet auch die psychologische

[17] *F.-X. Kaufmann*, aaO, 123.

[18] AaO, 122 f.

[19] *J. Monod*, Zufall und Notwendigkeit. Philosophische Fragen der modernen Biologie, München ^{2}1971, 165–168, 176 ff., 182 f., 184 f., 186 ff., 189 ff.

Deutung des Wirklichkeitsverhältnisses des archaischen Menschen. Er erfährt sich als eine Lebenseinheit mit der Gruppe und diese als vitale Einheit mit dem Numinosen. Die Scheidung zwischen reiner Transzendentalität und reiner Kategorialität setzt die ganze phylogenetische und soziokulturelle Entwicklung zum modernen Menschen und dessen Sozialisation in der individuellen Ontogenese voraus.[20]

Die Frage H. R. Schlettes, auf die Kaufmann rekurriert, ist nicht gut gestellt: „Gibt es überhaupt spezifisch religiöse Energien, Gefühle, Intentionen im Menschen – oder gibt es nur die eine fundamentale menschliche Grundkraft, die sich bald auf ein religiöses, bald auf ein nicht religiöses Objekt richtet?" Richtig ist, daß der Mensch nur eine Grundkraft des Seinsvollzugs als Person hat und daß angesichts dieser sich entscheidet, „was überhaupt ‚human' ist, was die mögliche Basis eines gemeinsamen kommunikativen ‚Humanismus' ist"[21]. Aber die Folgen für die Beurteilung, was Religion, Ersatzreligion oder säkulare Religion ist, werden anders aussehen als Schlette denkt. Denn die eine Grundkraft richtet sich, wie die Analyse ihrer Struktur zeigt, gegenüber jedem Objekt in einer Hinsicht auf das Säkulare, in anderer Hinsicht aber auf das Heilige.

Dies wird deutlicher, wenn man gewisse Elemente der soziologischen Anthropologie von D. Claessens bedenkt, auf die Kaufmann ebenfalls zurückgreift. Claessens vermutet, daß die Anziehungskraft des religiösen Gegenstandes, des Heiligen, wie R. Otto es beschrieben hat[22], durch formale Prinzipien und offene Instinktsysteme im Menschen begründet ist. Das „Ganz Andere", auf das der religiöse Akt sich richtet, ist die Kontrasteinheit des mysterium tremendum et fascinosum, die erschreckt und den Fluchttrieb auslöst, zugleich aber bezaubert und die Aufmerksamkeit gefangen hält.[23] Da Claessens das Heilige nicht schlechthin mit geeigne-

[20] *A. Gehlen*, Urmensch und Spätkultur, Bonn ²1964, 14 ff. Gehlen spricht von der „Transzendenz ins Diesseits". Die „Transzendenz ins Jenseits" kann bewußt erst konzipiert werden, wenn der eine, der geistige Gott erkannt ist.

E. Neumann, Kulturentwicklung und Religion, Zürich 1953, 197 ff. Das menschliche Selbst muß zuerst konstituiert sein und über das Unbekannte, das in ihm lebt und ihn über den Tod hinausführt, reflektieren, ehe es seine Existenz vom Ursprung zum Ziel erkennt und anerkennt.

[21] *H. R. Schlette*, Einführung in das Studium der Religionen, Freiburg 1971, 165. *F.-X. Kaufmann*, Theologie in der Sicht der Soziologie, 125.

[22] *R. Otto*, Das Heilige, Breslau ³1919, 13–34, 35–46. Vgl. *Augustinus*, Confessiones XI, 9 (inhorresco . . .exardesco).

[23] *D. Claessens*, Instinkt Psyche Geltung. Zur Legitimation menschlichen Verhaltens. Eine soziologische Anthropologie, Köln/Opladen ²1970, 114 ff., 135 ff.

ten Auslöserschemen für die psychophysische Struktur des menschlichen Zentralnervensystems identifizieren will, lehnt er es ab, mit N. O. Brown von einer „Verpflichtung zum überflüssigen Sakralen“[24], oder mit A. Gehlen von einem „ontologisierten Überschuß“[25] zu sprechen. Er verbleibt jedoch im Umkreis der bloß empirischen Erklärung und des ethischen Pragmatismus, indem er das Heilige als die geistige Gestalt der Sicherheit deutet, die in der menschlichen Stammesgeschichte einst durch das inhaltlich gefüllte und funktional geschlossene Instinktsystem und die entsprechende Umwelt realisiert war, und indem er im Hinblick auf die notwendige psychische Hygiene fragt, „ob ungestraft tiefe Bedürfnisse kupiert werden dürfen“[26]. Er deutet an dieser Stelle nur interessante Zusammenhänge mit Hegels Dialektik und Freuds Prinzipien der Seelendynamik an. Der Übergang von der Suche zum Besitz der geistigen Gestalt der Sicherheit könne zur Erstarrung des Menschen in der Langeweile führen[27] und müsse daher mit dem Prinzip der Perfektibilität und der zum Gesetz gewordenen Veränderung versöhnt werden. Das Heilige sei der Organisator der Institutionen und verstecke sich vielleicht auch hinter Freuds Libido und Thanatos.[28] In der Theorie über die menschlichen Kommunikationsniveaus berührt er stärker die transempirische Seite des Phänomens. Wo er die Reflexivität des menschlichen Bewußtseins auf die Interiorisierung des Mutter-Kind-Verhältnisses in zwei kybernetisch rückgekoppelte Bewußtseinspole zurückführt, die Fähigkeit des Menschen zum inneren Dialog mit sich selbst also durch das Modell zweier neurophysiologischer Zentren im Gehirn erklärt, kann er die Frage nicht ganz übergehen, ob nicht unter anderem Aspekt jenseits der cerebralen Bipolarität noch eine weitere Instanz der Integration in der Psyche notwendig ist.[29] Personale Subsistenz, Willensfreiheit und geistige Selbstbestimmung des Menschen wären ohne eine solche Instanz illusorisch. Will man nicht in die Banalität von Tautologien verfallen, so gilt besonders hier, daß man keine positive Untersuchung zu Ende führen, keine empirische Theorie zu Ende denken kann, ohne auch philosophische und theo-

[24] *Norman O. Brown*, Zukunft im Zeichen des Eros, Pfullingen 1962, 323. *Claessens*, aaO, 138.

[25] *K. Dörner*, Natur, Geschichte und Entfremdung bei Arnold Gehlen: Archiv für Rechts- und Sozialphilosophie 51 (1965) 109–129, 125. *Claessens*, aaO, 138.

[26] *Claessens*, 138.

[27] *Th. Litt*, Mensch und Welt, Heidelberg ^{2}1962, 20: Totalität schlägt in Selbstgenügsamkeit um.

[28] *Claessens*, 140.

[29] *Claessens*, 157.

logische Bemühungen herauszufordern. Auf die Dienste der phänomenologischen Reduktion und der ontologischen Bestimmung der Geistigkeit und Personalität des Menschen kann nicht verzichtet werden. Claessens selbst verweist auf H. U. Asemissen, der die letzte Identität des menschlichen Ichs nicht in der Bipolarität, sondern in der „Dreifaltigkeit des Ichs" erblickt, da das erste Ich das reflektierte, das zweite das reflektierende und das dritte dasjenige ist, dem beide als solche thematisch werden.[30] Und tritt auch die Reflexion in unbeendbarer Wiederholung auf, so kommt sie doch jedesmal nicht in einem beliebigen, sondern im dritten Ich zum Abschluß.[31] Die Frage des Menschen nach dem transzendentalen Ich, nach dem Sinn seiner exzentrischen Position (H. Plessner) und nach dem rechten Gebrauch seiner Weltoffenheit (A. Portmann) kann darum nicht verstummen. Es ist immer die Frage nach dem Wesen von Personalität und personaler Existenz des Menschen, der in Freiheit und Verantwortung vor sich selbst und dem anderen sein Leben zu führen hat, angesichts jeder Sache und in jeder Situation den Aufruf zur Grundentscheidung vernehmen kann, in dem offenen Horizont seiner Existenz, in der Wir-Sphäre des Geistes[32] sein letztes Gegenüber sucht, dieses, sofern Gott selbst als personales Du sich nicht schon geoffenbart hat, gemäß der Transzendentalität seiner eigenen Konstitution und seines eigenen Existenzvollzugs chiffrieren muß, und selbst nach geschehener Offenbarung Gottes, ob in der Natur, in der Geschichte Israels oder in der Person und dem Werk Jesu, gezwungen ist, diese Chiffrierung inhaltlich nach dem Bild der Welt und der Dinge in ihr aufzufüllen.

Um den Sprung von der Primitivität der Instinktresiduen im Menschen in die wesenlose Formalität der Transzendenz zu vermeiden, empfiehlt es sich, die Religionspsychologie zu befragen und die Komplexität der psychophysischen Wirklichkeit des Menschen zu beachten. So zeigt A. Vergote einen erstaunlichen Reichtum der religiösen Erfahrung, Motivation und Einstellung auf. 1. Religiöse Erfahrung umfaßt in einer differenzierten Einheit rationale und irrationale, kognitive und affektive Elemente. Sie ist imprägniert von der Konstitution und Individualität, von der Le-

[30] *H. U. Asemissen,* Egologische Reflexion (H. Plessner zum 65. Geburtstag): Kant-Studien 50 (1959) 268 f. *Claessens,* 156 f.

[31] Argument Asemissens, Th. Litts und D. Claessens gegen J. P. Sartre. Vgl. *Th. Litt,* Einleitung in die Philosophie, Leipzig/Berlin 1933.

[32] *H. Plessner,* Die Stufen des Organischen und der Mensch, Berlin ^{2}1965, 291 f., 296–299, 302–308.

bensgeschichte und der aktuellen Situation eines Menschen in einer bestimmten Kultur.[33] 2. Die Motivationspsychologie durchforscht die Problemfelder, wo sich die Beziehungen zwischen der Lebenssituation und den religiösen Absichten verknoten: Religion als Antwort auf Frustrationen; Glaube an die Vorsehung und erlittene Not; soziale Entfremdung und Glaube an eine andere Welt; moralische Not und der Gott des Trostes; Tod und Unsterblichkeit; die Religion als Stütze der Moral und der Gesellschaft; die Religion als Antwort auf intellektuelle Neugier; Angst und religiöse Sicherheit.[34] Sie deutet dabei die ,,besonderen Ausgestaltungen und, in gewissem Maß, auch die Intensitätskurve der religiösen Praxis"[35]. 3. Die religiöse Einstellung ist eine umfassende Seinsweise des Menschen, die sich in bleibender Intentionalität zu Gott hält und als eine Verhaltensform beobachtet werden kann.[36] ,,Die verschiedenen Prozesse des Gefühls-, Verstandes- und Willenslebens fügen sich in ihr zu einer komplexen Struktur zusammen. Es sind dies alle die konkreten Erkenntnis- und Gemütsbeziehungen, die der Mensch im Lauf seiner Geschichte mit den Personen und Dingen seiner Umgebung geknüpft hat, und die nun seine eigene Persönlichkeit prägen." Die wahre religiöse Einstellung ,,verlangt, daß man sich konkret am Werk der werdenden Menschheit beteiligt und selbstkritisch einem Gott zustimmt, der ein Ganz-Anderer und doch mitten in der menschlichen Geschichte präsent ist"[37]. 4. Außerdem spürt eine an Freud geschulte genetische Psychologie die Windungen des Weges von der Erfahrung über die Motivation bis zur Einstellung auf. ,,Durch Konflikte, Identifikationen und Sublimationen hindurch entfaltet sich die menschliche Person, das sich selbst verwirklichende Ich bildet sich aus unpersönlichen Kräften: ,,Wo ›Es‹ war, soll ›Ich‹ werden."[38] Die grundlegenden Kräfte und Strukturen, ,,über die der Mensch sich von der triebbestimmten Natur her in ein eigentlich menschliches Wesen verwandelt", sind die zwei oder drei elementaren Triebe (Libido, Selbsterhaltung, Todestrieb)."[39] Sie setzen die Vielfalt der menschlichen Motive und Interessen zueinander in Beziehung und wandeln sie um. Sie tragen die Motive und

[33] *A. Vergote*, Religionspsychologie, Olten 1970, 47, 64 ff., 129 f.
[34] AaO, 132 ff.
[35] AaO, 182.
[36] AaO, 264 f.
[37] AaO, 325.
[38] AaO, 130.
[39] AaO, 129 f.

ändern sie und damit die Gefühle, Wünsche und Tendenzen des Menschen gemäß den wechselseitigen Beziehungen und den Konstellationen der Konflikte im Hindurchgehen durch die wechselnden Situationen. Die fundamentalen religiösen Erfahrungen, Motive und Einstellungen zentrieren sich für jeden Menschen um sein Verhältnis zu Mutter und Vater in einer Weise, daß die religiöse Sehnsucht durch das Muttersymbol, die zu bestehenden Konflikte und die zu nutzenden Entwicklungsmöglichkeiten durch das Vatersymbol chiffriert werden.[40] 5. Man kann zusammenfassen: Indem die Motivationspsychologie aufdeckt, was für den Menschen in der konkreten Situation der Sinn des Lebens ist, zeigt sie, daß der Gott der Religion mit jenem identisch ist, den der Mensch auch verstandesmäßig anerkennt, und der seiner Existenz Sinn verleiht.[41] Die Psychologie der religiösen Einstellung gibt den Blick auf die Religion als Phänomen der Begegnung frei. ,,Der religiöse Mensch wendet sich an Gott, daß er seine Erwartung nach Schutz, Unsterblichkeit und Glück . . . erfülle.“ Er geht auch auf Gott zu, ,,weil sich dessen Gegenwart aufdrängt und ihn verpflichtet. Ehrfurcht und Bitte, Kult und Wunsch – dies sind die zwei Seiten der religiösen Einstellung.“ Der religiöse Akt geht aus dem Individuum hervor und richtet sich auf einen Gegenstand. Was ist das Bestimmende? Das Individuum oder der Gegenstand? Könnte es nicht sein, ,,daß Gott im Menschen die aktiven Intentionen weckt, und die Bitten und Wünsche des Menschen zugleich einer gewissen Anwesenheit Gottes Raum geben?“[42] Einsicht in die elementaren Triebe und ihre Beziehungen zu Erfahrung, Situation und Zielen des Menschen zu vermitteln und genetische Erklärungen menschlicher Verwirklichung aus eigener Leistung und empfangener Gnade zu liefern, ist Sache der Tiefenpsychologie.

Daß und warum es Religion gibt, ob und wie der religiöse Gegenstand jenseits des Subjekts Realität besitzt, die Frage nach der Wahrheit der Religion, vermögen weder die soziologische Anthropologie noch die Religionspsychologie noch auch die Anthropologie zu beantworten.

Gotteserkenntnis gibt es konkret nur als das Geschehen personaler Begegnung zwischen dem zur Transzendenz offenen Menschen und dem sich mitteilenden Gott. Dieses intersubjektive Innewerden, auf dessen natürliche und gnadenhafte Komponenten hier nicht erschöpfend eingegangen werden muß, ist ein Ereignis, das sich in der Seins- und Sinnsphäre des

[40] AaO, 194–247.
[41] AaO, 118.
[42] AaO, 130 f.

Personalen abspielt und aus seinen empirischen Elementen physiologischer oder psychologischer Art nicht ableitbar ist. Daß der Mensch in diesem Geschehen zu Erfahrung und Erkenntnis kommt, verdankt er einer zweifachen Vermittlung. Durch Anschauung und Kombination der psychischen Bilder, die aus der Umwelt stammen und in die psycho-physiologische Struktur übernommen wurden, entwirft der Mensch symbolische Welten, Sinnbilder der Außenwelt[43], und überträgt sie auch auf Gott. Andererseits benützt Gott selbst solche Sinngebilde als Objektivierungen seiner Mitteilungen an den Menschen. Mit der Personalität Gottes und des Menschen und mit dem symbolischen Gebrauch der transsubjektiven Realität sind die transzendentalen und die kategorialen Bedingungen sowohl für Gottes Offenbarung als auch für des Menschen Gotteserkenntnis erfüllt.

Es ist also die Fähigkeit des Menschen, Gott zu erkennen, durch seine eigene Konstitution und durch die Wirklichkeit, in der er sich vorfindet, „programmiert". Das heißt jedoch nicht, daß das tatsächlich durchgeführte Programm ererbt oder angeboren ist. Eine solche Vorstellung entspricht nicht nur nicht dem Stand der Humanwissenschaften, sondern würde auch die philosophischen und theologischen Unzulänglichkeiten des Ontologismus, des Idealismus und der pantheistischen Mystik erneuern. Eine angeborene kategoriale Gotteserkenntnis würde zum engen Kerker des fragenden Menschen und des antwortenden Gottes. Sie würde Gottes Offenbarung in der Erkenntnis des Menschen aufheben[44] und in letzter Konsequenz die Identität oder Kongruenz des Menschen und Gottes, soweit er vom Menschen erkannt ist, nahelegen.[45]

Wo der Mensch sein letztes Gegenüber sucht, nach dem Grund dessen, was ihn unbedingt angeht, fragt, auf seine und der Welt Konstitution, auf das Dasein in der Welt im ganzen, auf Struktur und Dynamik personaler

[43] Vgl. *E. Neumann*, Der schöpferische Mensch, Zürich 1959, 61 f.

[44] Dabei bleibt es gleich, ob man mit den Ontologisten die Übereinstimmung der logischen und der ontologischen Ordnung fordert, an den Anfang aller Erkenntnis eine unmittelbare Gotteserkenntnis setzt und nur in ihr die Erkenntnis der außergöttlichen Dinge für möglich hält (Malebranche, Gioberti, Rosmini), oder ob man den menschlichen Denkvollzug wie Hegel und den Widerstreit zwischen Denkvollzug und Willensvollzug im Menschen wie Schelling als Moment der Selbstwerdung Gottes versteht. Vgl. *J. Hirschberger*, Geschichte der Philosophie II, Freiburg 1952, 116–118, 508, 372, 354 f.

[45] Zu den gnostischen und shîitischen (islamischen) Formen des Pantheismus vgl. *G. Quispel*, Das ewige Ebenbild des Menschen. Zur Begegnung mit dem Selbst in der Gnosis: Polarität des Lebens (= Eranos-Jahrbuch 1967 Bd. 36), Zürich 1968, 9–30, 29. *H. Corbin*, Face de Dieu et Face de l'Homme: Polarität des Lebens, 165–228, 173.

Existenz reflektiert, da wird er auch überzeugt sein, daß er die Fähigkeit zu vernünftiger Erkenntnis über das Dasein und über gewisse Wesenszüge Gottes hat. Er wird diese Fähigkeit betätigen und in den sogenannten Gottesbeweisen die Wege und Weisen dieser Erkenntnis ordnen. Wo der Mensch aber ein transsubjektives und die Welt schlechthin überschreitendes Gegenüber ablehnt, sein Ich nur sich selbst und dem Ich des Mitmenschen gegenüberstellt und die Aktivität der Vernunft auf die Weltgegenstände begrenzt, da wird er auch die Schlüssigkeit von Gottesbeweisen leugnen. Wie man die Existenz Gottes und die Kenntnis davon zu den Präambeln der Offenbarung Gottes und des Glaubens an Jesus Christus und ihrer Annahme durch den Menschen zählt, so könnte man die konkrete sittliche Verfassung des Menschen, in der sich Verstand und Wille gegenseitig durchdringen, als personale Präambeln sowohl des Vernunftgebrauchs als auch des Glaubens bezeichnen.

Die Konsequenzen für das konkrete Verhältnis zwischen dem Transzendentalen und dem Kategorialen, für die Beurteilung des Atheismus und für Chancen und Effektivität außerkirchlicher Frömmigkeit richten sich gegen jede Form humanistischer Euphorie und sollten als hermeneutischer Schlüssel des Gangs der gegenwärtigen Menschheitsgeschichte wenigstens probiert werden. Das Transzendentale hat für den Menschen nur im Spiegel des Kategorialen konkrete Realität. Und das Kategoriale birgt in sich die Ingredienzen des Transzendentalen. Kommt der menschlichen Grundkraft (Schlette) und der menschlichen Grundentscheidung (Rahner) wirklich überragende Bedeutung zu, was zweifellos richtig ist, was ist dann von jenen zu halten, die ihr Menschsein auf Empirie und Immanenz beschränken? Natürlich muß man das moralische Urteil für solche Menschen unter Berücksichtigung ihrer geschichtlichen Befindlichkeit, ihrer angeborenen Art, ihres Milieus und der Kette ihrer Akte genutzter und verspielter Freiheit bilden. Aber objektiv gilt die Parabel Augustins: sie verlieben sich in den Ring und vergessen den Bräutigam. Ist die evolutive und geschichtliche Welt wirklich das Werk der Selbstdarstellung Gottes im werdenden Abbild, zu dem Vernunft und Freiheit des Menschen unwiderruflich gehören und das in Jesus Christus und der Gemeinschaft der Menschheit mit ihm sein Ziel erreicht, was ist dann von jenen zu halten, die ihre Grundentscheidung nicht angesichts Jesu treffen oder sich gegen die Bindung an ihn und gegen die Fortsetzung des Christusereignisses in der Kirche entscheiden? Man kann nicht hoffen, daß sie ein höheres Mensch- und Christsein auf Erden vorantreiben, sondern nur, daß sie nicht vollständig und nicht definitiv die innersten Intentionen der Schöpfung und der Botschaft Jesu verfehlen und dem, was P. Ricoeur die anthropologische Illusion des Atheismus nennt, verfallen.[46] Das Gewicht menschlicher Entscheidungen bemißt sich nie allein von der Intensität des subjektiven Vollzugs her, sondern stets zugleich nach der Motivation, das heißt nach den Gegenständen und Werten, für oder gegen welche man sich entscheidet. Der Umstand, daß kein Objekt Gott vollständig repräsentiert, begründet nicht die Möglichkeit, die Humanität und Moralität leerer Vollzüge durch die Steigerung des subjektiven Einsatzes zu retten. Und wird um geringer Objekte willen der Totaleinsatz des Subjekts geleistet, so erhält dieser seinen Wert von der subjektiven und objektiven Hinordnung des geringeren Motivs auf die höheren, durch den Zusammenhang personaler Selbstverwirklichung des Menschen mit dem Dienst an den Mitmenschen und für eine bessere Welt, letztlich durch den Zusammenhang jedes menschlichen Aktes mit der religiösen Berufung des Menschen und der transzendenten Bestimmung der Schöpfung.[47] Die Vision von einer kategorialen Evolution und Geschichte, die sich einem transzendenten Ziel nähern, es aber im Rahmen ihrer eigenen Möglichkeiten nicht erreichen können, und die Idee von einer Verwirklichung, in welcher der Mensch mit jedem sittlich guten Akt auf die Einheit des Transzendentalen und des Kategorialen zielt, im unvermeidlichen Zurückbleiben hinter diesem Ziel aber den Zwiespalt zwischen Glück und Vollkommenheit entweder als Leid des Gewissens oder als Leid des leibhaftigen Ichs erfährt, kommen der Wahrheit über die Welt und die Situation des Menschen in ihr am nächsten. Daher fragt der Mensch immer, was er hoffen darf, wenn er das, was er wissen kann, ausschöpft, und das, was er tun soll, ernst nimmt. Bleibend gültig hat I. Kant gesehen, daß die tiefste Hoffnung des Menschen auf Vollendung nur eine „transzendente Synthesis" zum Ge-

[46] *P. Ricoeur*, Hermeneutik und Strukturalismus, München 1973, 215.

[47] Vgl. *S. Anneser*, Glaube im Ungläubigen – Unglaube im Gläubigen, Kevelaer 1972, 64 ff., 78 ff., bes. 83. Es scheint, daß Anneser die Dialektik des Transzendentalen und des Kategorialen noch stärker im Sinne eines teilweisen Überlappens fassen müßte, um die Sinn- und Struktureinheit von Gotteserkenntnis, Offenbarung und sittlichem Akt herauszustellen, die Subjektivität als formalen Vollzug nicht zum dominanten Kriterium von Moral, Religion und Glaube zu machen und an die Stelle einer Moral der guten Tat nicht eine solche des guten Willens zu setzen. Kann es einen humanen Grundentscheid geben, ohne daß subjektiv Vernunft und Wille sich durchringen und objektiv „materia gravis", und sei es auch nur mittelbar, gegeben ist? Bloßer Vollzug von Existenz ist eine Abstraktion, Sittlichkeit nicht der Grenz- oder Notfall menschlicher Existenz. Existenzphilosophische Abstraktionen sind bei Verwendung auf dem Gebiet der Transzendentalphilosophie, der Ethik und der Theologie auf ihren Sinn zu prüfen.

genstand haben und ihrer ganzen Natur nach nur eine religiöse Hoffnung sein kann[48], die allerdings im Rahmen bloßer Moralität und irdischer Existenz, worauf Kant den Blick konzentriert, zur ,,transzendentalen Illusion" herabsinkt.[49]

Die Schranke der dritten Aporie könnte durchbrochen, Zynismus vom Steuer der gesellschaftlichen Prozesse ferngehalten werden, so scheint es zunächst, wenn Dauerreflexion grundsätzlich institutionalisierbar wäre, so daß nicht der Höhenflug einer Kaste von Eingeweihten, sondern der Dienst am Denken und Bewußtsein aller organisiert, und nicht die Anmaßung einer Minderheit, sondern die religiöse Kapazität der Gemeinschaft zur Erfahrungsgrundlage, Wertungsinstanz und Handlungsnorm gemacht werden könnte.

H. Schelsky beurteilt die Chancen dazu günstig. Da er aber letztlich nicht der Reflexion des Ichs, sondern der Begegnung mit dem Du, letztlich nicht dem Geschwätz der Menschen, sondern dem schweigenden Einssein mit Gott die Rettung aus Illusion, Unstetigkeit und Nihilismus zuschreibt[50], radikalisiert er die Aporie unter einem neuen Gesichtspunkt, der in die Zuständigkeit der Philosophie und der Theologie fällt. Als Soziologe will er nicht eine gleichgültige Faktenwissenschaft betreiben, sondern sich für die gegenwärtigen Aufgaben engagieren, hier für das Anliegen der Kirche, wie sie die ,,Emanzipation der Welt" in ihre eigene Sozialgestalt hineinnehmen kann, ohne ihre Ziele, Werte und Leitideen aufzugeben, wie das Christentum unter radikal veränderten Umweltbedingungen seine eigene Lebensgesetzlichkeit zu dauerhafter und wirksamer Existenz bringen kann.[51] Das nach seiner Meinung Entscheidende ist

[48] Vgl. *P. Ricoeur*, Hermeneutik und Strukturalismus, 209 ff., bes. 216 f. und 223: ,,Nach diesem Karfreitag der spekulativen und praktischen Vernunft kann die *reale* Freiheit nur als Hoffnung wiederauferstehen. Nirgendwo sonst kommen wir dem christlichen Kerygma näher: Die Hoffnung ist eine Hoffnung auf die Auferstehung, die Auferstehung der Toten." Ricoeur wendet Kants Kritik an der theoretischen Vernunft auch auf die praktische Vernunft an und versteht unter dem ,,radikalen Bösen", dem ,,knechtischen Glauben", ,,Afterdienst" und ,,Pfaffentum" bei Kant die ,,verfehlten Synthesen in der politischen und religiösen Sphäre" (aaO, 223, 225). Religion muß auch noch über die Ethik hinaus konstituiert und in ihrer philosophischen Bedeutung gewürdigt werden (aaO, 222), da unser Vermögen, gut zu handeln, die Freiheit selbst, kontingent ist und als solche immer das Böse einschließt (aaO, 223).

[49] AaO, 215.

[50] *H. Schelsky*, Ist die Dauerreflexion institutionalisierbar?: *ders.*, Auf der Suche nach Wirklichkeit. Gesammelte Aufsätze, Düsseldorf/Köln 1965, 250–275, 273.

[51] AaO, 252.

dabei nicht die soziofaktische Anpassung der Form und der Methode christlichen Heilsvollzugs und kirchlicher Heilsvermittlung, auch nicht die wachsende Distanz von der Welt der Bibel und der Versuch, sie durch symbolische Interpretationen zu überbrücken, ja nicht einmal die Einarbeitung neuer Wirklichkeitsdaten in die überlieferte Glaubenswelt, sondern die Veränderung des Glaubens als Form des bewußten Lebens im Sinne modernen Bewußtseins.[52]

Er skizziert zuerst die Genealogie der gegenwärtigen Bewußtseinsform. Die seit der Reformation notwendig gewordene Glaubensentscheidung zwischen unterschiedlichen Bekenntnissen; der Vernunftglaube der Aufklärung; die idealistische Relativierung einfacher Satzwahrheiten im Ganzen der Wahrheit, die der denkende Geist nur in unbeendbarer Bewegung erstreben könne; die Überwindung des Gegenstandes in der Kunst (Kandinski); das ,,schattenlose Licht" der ,,musikalischen Poetik" (Strawinski); die leere Transzendenz der Dichtung (Baudelaire, Rimbaud); die existentielle Angst (Kierkegaard); die Richtung des Glaubens, in der er von seinen gegenständlichen, welthaften Selbstauslegungen her der dauernden unmittelbaren Begegnung mit Christus sich nähert (Bonhoeffer); die konfessionell nicht mehr ortbare Gläubigkeit (Simone Weil), die jeden Glauben abweist, ,,»der die Leerräume ausfüllen, die Bitternisse lindern soll. Den an die Unsterblichkeit. Den an die Nützlichkeit der Sünden: etiam peccata. Den an eine durch die Vorsehung bestimmte Ordnung des Geschehens – kurz: die ›Tröstungen‹, die man gewöhnlich in der Religion sucht«, und »Das Übernatürliche ist das Licht, macht man es zu einem Gegenstand, so erniedrigt man es«"[53]: stufenweise werden alle Lebensgebiete, die Religion nicht ausgenommen, von dem einen und gemeinsamen Stilmerkmal beherrscht: absolute Innerlichkeit, Dauerwachheit des Bewußtseins, Unruhe nach immer anderem.

Sodann folgt Schelsky ein Stück weit Gehlens Philosophie der Institution. Nach ihr sind Institutionen verselbständigte, überpersönliche Weltdaten und Kräfte, in denen dem Menschen seine eigenen Zwecke gegenübertreten. Der Zweck der Lebenssicherheit und der Lebenserfüllung ist samt der Rationalität der Mittel und Motive, die diesem Zweck dienen, von der subjektiven in die objektive Ebene verlagert. Die Institution entlastet von individueller Handlungssteuerung und subjektiver Bewußtheit

[52] AaO, 254–256.

[53] AaO, 261. Vgl. Glaube, Hoffnung, Liebe ohne Gott und Teufel, Himmel und Hölle bei *D. Sölle*.

der Mittel und Motive. Sie leistet außerdem eine Hintergrundserfüllung, das heißt eine Entlastung von den Bedürfnissen selbst, da diese durch die Selbstverständlichkeit, Banalität und Trivialisierung ihrer Erfüllung ihre drängende Aktualität verlieren.[54]

In der Beurteilung der heutigen Bewußtseinslage setzt Schelsky sich jedoch von Gehlen ab. Gehlen hält die moderne Bewußtseinsform der Dauerreflexion nicht für institutionalisierbar. Die psychische Unruhe und Selbstbespiegelung, die auf Dauerbewegung zielende Innerlichkeit, die im Wechselverhältnis mit dem Abbau der alten Institutionen entstand, könne nicht an den Gegenständen der Außenwelt festgemacht werden, während die Institutionen ihrerseits die veränderten Grundbedürfnisse und Weltverhältnisse nicht mehr abdecken könnten. Für Schelsky ist aber Gehlen nur Zeuge eines Skeptizismus und Konservativismus, der als Spätform eines sozio-kulturellen Übergangsbewußtseins auftritt und angesichts der durchexperimentierten Notstände der Moderne und der möglichen Zukunft in die Utopie einer archaischen Gesellschaft flüchtet. Es sei dies das Pendant zur optimistischen Frühform eines Übergangsbewußtseins, das voller Hoffnung aus dem Abbau des Alten in das Neue vorstößt, von dem es die Befreiung von den Trivialitäten und Leiden in der versagenden alten Ordnung erwartet.[55] Schelsky selbst plädiert für einen Realismus, der die moderne Welt als „autonome, in sich selbst ruhende Tatsache" nimmt, „deren Eigengesetzlichkeit und brutal-dauerhaftes alltägliches Vorhandensein weder durch pessimistische oder optimistische Zukunftsspekulationen noch durch historische Ableitungen oder konservative Bewahrungssehnsüchte und -Bemühungen erfaßt oder berührt werden"[56].

[54] AaO, 262–265.

[55] AaO, 265 f.

[56] AaO, 250 f. In Schelskys jüngstem Buch (Die Arbeit tun die andern. Klassenkampf und Priesterherrschaft der Intellektuellen, Opladen 1975) ist von diesem souveränen Realismus wenig geblieben. Die Trennung zwischen gesellschaftlich-politischer Autonomie und moralischer Innerlichkeit der Person (S. 297) ist ja gerade eine Ursache der Pluralisierung und Säkularisierung und damit der Nostalgie nach einer neuen Heimat in der modernen Lebenswelt. Wenn unter formal brillanten und inhaltlich oberflächlichen Gesichtspunkten dem Kantianer mißliebige Züge des Christentums und einer neuen Sozialreligion aufgedeckt und gegeißelt werden (alte und neue Priesterherrschaft), so dient das nicht einem tieferen Verstehen des Bewußtseins- und Gesellschaftsprozesses. Eine wissenssoziologische Theoriebildung, die sich um den Zusammenhang zwischen Verhalten und Bewußtseinselementen (Sozialpsychologie), um die Erhellung der Motivation im Gefüge der Kultur und der Persönlichkeit (Kulturanthropologie) und um Bedeutungen und Strukturen des inneren Bewußtseins einerseits und der objektiven institutionellen Prozesse andererseits (P. L. Berger)

Schelskys These lautet: Die moderne Bewußtseinsform der Dauerreflexion sei nicht nur institutionalisierbar, sondern in Gesellschaft und Kirche schon weithin institutionalisiert. Kulturbetrieb, Massenkommunikationsmittel, Unterhaltungs- und Bildungswesen in der Gesellschaft, Einrichtungen wie Kirchen- und Katholikentage, Betriebs- und Jugendarbeit, Gesprächsgruppen aller Art in der Kirche nähren und tragen den Bewußtseinsstrom und halten Dauerreflexion im allgemeinen und religiöse Reflexion im besonderen in Gang. Sie haben die Ambivalenz jeder Institution oder Organisation an sich, den „Appell nach oben", das heißt die Ermöglichung des individuellen Aufschwungs und Tiefgangs in der Elitegemeinde ebenso wie den „Sog nach unten", das heißt die Banalisierung, Standardisierung und Veräußerlichung der Erfahrungs-, Wertungs- und Verhaltensmuster in der Geschwätz-Gemeinde. Sie treten zu den alten Institutionen der Predigt und der Eucharistiefeier, zu den Ritualen der Taufe, Trauung und Beerdigung in Konkurrenz, bauen diese in sich ein, nämlich Predigt und Eucharistie in den Kongreß, den Betrieb, die Gesprächsgruppe, oder erzwingen einen Funktionswandel der traditionellen Einrichtungen, zum Beispiel der Dogmen und Sakramente, indem sie diese zur Provokation der Reflexion, zum Anreiz der Selbstdeutung und zum Medium des Selbstverständnisses moderner Spiritualität machen, oder degradieren die Institutionskirche zur Versorgungseinrichtung des eventuell an ihr hängenden Bedürfnisses nach dem Gewohnten und nach Sozialprestige, nehmen ihr den Ernst der Verpflichtung und neutralisieren sie zur bloßen Feier-Kirche.[57]

In einer kritischen Stellungnahme soll hier nur bemerkt werden, daß Gehlens Behaviorismus nur die Plastizität und passive Bildbarkeit des Menschen durch Übung, Gewohnheit und Dressur, nicht aber die aktive Selbstgestaltung befriedigend erklären kann. Er macht die Funktion von Institutionen plausibel, nicht aber deren Aufbau und Umbildung durch den Menschen, der mit seinen vitalen Impulsen, psycho-physiologischen Strukturen und personalen Lebensvollzügen der Schöpfer, Träger und Benutzer der Institutionen ist. Auch darauf, daß Schelsky die Unterscheidung von Institution und Organisation zwar einführt[58], aber nicht durchhält, soll nur hingewiesen werden.

bemüht, ist unerläßlich und unersetzbar. Vgl. P. L. Berger/B. Berger/H. Kellner, Das Unbehagen in der Modernität, Frankfurt/New York 1975, 21 ff.

[57] AaO, 266 ff.

[58] AaO, 262.

Daß aber Schelskys gekonnte Analyse und abgegebene Beurteilung einer Fehlanzeige über ganz wesentliche Probleme des Verhältnisses zwischen Kirche und Gesellschaft gleichkommen, das muß ausdrücklich festgestellt und eingehender dargelegt werden.

1. Schelsky bekommt nur die Anpassung der kirchlichen Organisation in den Griff, nicht die Grenzen und Nöte der Gesellschaft, auch nicht die Erwartungen und Ansprüche der Welt gegenüber der Kirche.

2. Es wird anscheinend übersehen, daß die Parallelisierung von Dauerreflexion in der Gesellschaft und in der Kirche stillschweigend ein beziehungsloses Nebeneinander beider Bereiche auf dem Boden der Gesamtgesellschaft voraussetzt.

3. Die Hintergrundserfüllung, die die alten kirchlichen Institutionen heute leisten, die Freisetzung von Aufmerksamkeit und Energie für die Probleme an der Front der neuen Erfordernisse und Bedürfnisse, dürften in Schelskys Ausführungen unterschätzt sein.

4. Der formal mit den gesellschaftlichen Strukturen übereinstimmend organisierte Dialog ist nicht schon das Medium der Erlösung. Er heilt als solcher nicht die unheile Kondition des Menschen und der Welt und vermag weder die Kirche an ihren Ursprung zu binden noch diesen zu vergegenwärtigen. Werden die kirchlichen Institutionen als Reizmittel und Provokationen menschlicher Selbstdeutung benützt, so ist das solange beunruhigend, wie der Mensch unter allen Autonomien nur jene der Sünde und des Todes vollkommen besitzt, und seine Selbstreflexion nicht Quelle einer heilen Welt und Menschheit ist. Über die Bedingungen, unter denen kirchliche Institutionen zwischen menschlicher Verfaßtheit und göttlichem Heil vermitteln, denkt Schelsky nicht nach. Er spricht nur im Vorbeigehen davon, daß die Institution auf die Kontinuität des Geistes und der religiösen Erfahrung drängt, den Anspruch geschichtlicher Tiefe des Glaubens geltend macht und das Sakrale mit seiner Affinität zum Altüberlieferten verlebendigt.[59]

5. Der Selbsttäuschung oder wenigstens Zweideutigkeit subjektiver Ichhaftigkeit entgeht der Mensch nicht durch die Flucht in das menschliche Du. Wenn irgendwo die Rede von Projektion berechtigt ist, dann hier, wo man transzendentale Wahrheit, Gutheit und Schönheit zu finden oder zu verwirklichen meint, während man einem mit den gleichen Unzulänglichkeiten gezeichneten Ich begegnet. Es ist philosophisch und theologisch unstatthaft, das Gebot der Nächstenliebe von dem Maßstab der

[59] AaO, 272.

Selbstliebe zu lösen. Geschieht es dennoch, so werden unbewußt die Vergötzung des Menschen und die Übertragung der eigenen Absolutheitsansprüche auf den anderen zu Kriterien für Ethos und Ethik und zu Vorstellungen von Heil und Unheil. Schelsky weiß um diese Schwierigkeiten. Er kontrapunktiert die organisierte Dauerreflexion durch die Notwendigkeit des Handelns unter Menschen gleichen Glaubens, des Weltsachverhaltens und des Zurückgestoßenwerdens in die mitmenschliche Gemeinsamkeit. Aber er weiß, daß diese Polarität noch nicht zu Gott führt. Er zitiert Simone Weil: „Das Ich und das Soziale sind die beiden Götzen."[60] Wenn er aber das Verhältnis des Ich zum Du als etwas versteht, was die Sozialbeziehungen übersteigt, „der Einsamkeit der Dauerreflexion am konkreten Gegenüber Einhalt gebietet" und als „obligatorisches Grundmodell der religiösen Erfahrung" den Christen zu Christus führt, so bedeutet das, daß nicht in der Ich-Du-Begegnung von Menschen als solchen, sondern in der besonderen Begegnung mit Christus die Polarität der Götzen überschritten wird.[61] Die Fragen nach dem Grund dieser Hoffnung auf Christus, nach der Authentizität christlichen Lebensvollzuges und der Medien seiner Vermittlung, nach dem Verhältnis dieses Lebensvollzugs und seiner Medien zur modernen Gesellschaft und ihrer Organisation bleiben offen.

N. Luhmann geht einen Schritt weiter, indem er es ablehnt, Religion und ihr Sinnangebot nur auf die innerreligiöse oder innerkirchliche Ebene zu beziehen. Sie bleibt ihrer Natur nach der Ebene der Gesamtgesellschaft zugeordnet[62] und hat dieser gegenüber vor allem eine zweifache Funktion zu leisten: 1. Sie hat die „kontingente Selektivität gesellschaftlicher Strukturen und Weltentwürfe tragbar zu machen, das heißt ihre Kontingenz zu chiffrieren und motivfähig zu interpretieren". 2. Sie muß die Fragwürdigkeit bestimmter gesellschaftlicher Selektionsleistungen, gewisser Resultate des Gesellschaftssystems, „in Richtung auf Motive des Erlebens und des Handelns" überbrücken.[63] Nun überspannt aber Luhmann die Kontingenz, das stets mögliche Anderssein, und die Komplexität, die grenzenlose Differenzierbarkeit, der Großgesellschaften und der Menschheitsgesellschaft, wenn er schreibt: „Gesellschaftssysteme sind ins sozial Voraussetzungslose gebaut."[64] Es ist kein Zufall, daß solche Sy-

[60] AaO, 273.
[61] AaO, 272 f.
[62] *N. Luhmann*, Die Organisierbarkeit von Religionen und Kirchen: *J. Wössner (Hrsg.)*, Religion im Umbruch, Stuttgart 1972, 245–285, 250 f.
[63] Ebd.
[64] AaO, 246 f.

steme nur noch durch den Seinsbegriff und den Gottesbegriff des spätmittelalterlichen Nominalismus chiffriert und legitimiert werden können.[65] Die nominalistische Trennung von Sprache und Sein, die Begrenzung der Realität auf das Individuelle im Bereich der kontingenten Welt und die Konzentration des Eindeutigen und Einsinnigen allein auf Gottes Absolutheit eröffnen die Welt in ihrem Dasein und Sosein als Feld radikaler Kontingenz und erwecken den Anschein der Möglichkeit und der Berechtigung zum Aufbau geradezu beliebiger sozialer Systeme, individueller Sinnwelten und privater oder öffentlicher Verhaltensmuster. Tatsache ist, daß die gesellschaftliche Differenzierung in den Großdemokratien einen Grad erreicht hat, bei dem eine religiöse Chiffrierung des Ganzen schwierig ist. Sie scheint vielen auch gar nicht mehr nötig, da bei der Aufspaltung des modernen Lebens in einen öffentlichen und einen privaten Bereich die Religion zunehmend in den privaten Lebensraum abgedrängt wird. Jedenfalls steht Luhmann, selbst ein wenig verwundert, vor der Tatsache, daß dieser Verzicht auf religiöse Chiffrierung nicht durchgehalten wird, und stellt Überlegungen darüber an, wie heute das Unbehagen an den Mängeln der Gesellschaft religiös überbrückt werden kann.

Es könne nicht überbrückt werden durch eine Dogmatik, die nur in einer historischen Form festgehalten wird und nur in einer klerikalen Subkultur Geltung hat, da die Religion vor ihr in die Innerlichkeit und Privatheit fliehe, die annehmbaren Glaubensangebote pluralisiert und die kirchlichen Aktivitäten umweltabhängig auf Sonderprobleme bezogen würden.[66]

Vielmehr müßten die Mängel der Gesellschaft und die Gesamtheit des Gesellschaftsprozesses durch eine funktional mit ihnen verbundene und auf sie antwortende Entwicklung des religiösen Deutungssystems sinnvoll chiffriert, tragbar gemacht und legitimiert werden. Die entsprechenden Formeln der Dogmatik müßten außerdem institutionalisiert, das heißt „auf der Ebene der Verhaltensprogramme, der Rollen und der kollektiv bindenden konkreten Handlungen" durchgeführt werden.[67] Ist ein Deutungssystem wie die jüdisch-christliche Religion einmal in einer Gesellschaft institutionalisiert und will es nicht wieder aus dem „Gesellschaftsverband ausscheren"[68], so ändern sich die Bedingungen seiner Funktiona-

[65] AaO, 253.

[66] AaO, 277 ff.

[67] *N. Luhmann*, Institutionalisierte Religion gemäß funktionaler Soziologie: Concilium 10 (1974) 17–22, 21.

[68] Mit dem Ausscheren, der Autarkie und sozialen Beziehungslosigkeit wäre entschie-

lität mit der Ausdifferenzierung der Gesellschaft in die Teilsysteme der Politik, der Wirtschaft, des Rechts- und des Militärwesens sowie des Familienlebens. Es gibt also ,,gesamtgesellschaftliche Beschränkungen religiöser Spekulation und Indoktrination – so wie man sich ja auch vorzugsweise in der eigenen Gesellschaftsschicht verliebt, so wie ökonomische Beschränkungen der Forschung, politische Beschränkungen der Wirtschaft usw. unvermeidlich sind"[69]. Das stets mögliche Anderssein des Gegenwärtigen und Zukünftigen und die damit verbundene Unsicherheit (Kontingenz) wird zum Beispiel im Glauben an Gottes weise und gütige Vorsehung, an seinen unerforschlichen Ratschluß geborgen.[70] Die Gewißheit des einen Gottes, das Dogma von der Erbsünde und die eschatologische Verzögerung der vollen Erlösung heben das Untragbare politischer und ökonomischer Katastrophen im Willen des Weltgottes auf, motivieren zur Toleranz gegenüber Glaubensbrüdern und Außenstehenden und vertagen die Trennung von den Bösen, die das Sakrament mit den Guten teilen, bis zum jüngsten Tag. Das sind Beispiele, wie die religiöse Dogmatik einen erweiterten gesellschaftlichen Möglichkeitshorizont eröffnet (Komplexität) und sinnvoll macht (Reduktion). Daß die zunehmende Vereinbarkeit des Deutungssystems mit den unterschiedlichen gesellschaftlichen Gegebenheiten nicht schließlich die Identität der Religion selbst zerstört, wird durch Paradoxien (Defensivsymbole) verhindert, die logische und soziale Kontrollen abwehren: die äußerlichste Glaubensbegründung durch die Schrift ist zugleich die innerlichste und steigert die Kompatibilität des Glaubens mit der Gesellschaft. Heil wird vermittelt durch das Vertrauen auf den gnädigen Gott gerade inmitten der größten Angst und Unsicherheit.[71] An anderer Stelle hat Luhmann versucht, die Entwicklung der Wesenselemente der jüdisch-christlichen Religion sowie hinduistische und buddhistische Entsprechungen in systemtheoretischer

den, daß eine Religion den Gliedern der Gesellschaft nur die Möglichkeit zum Erwerb von jenseitigen Verdiensten und Heilsgütern geben, im Höchstfall subsidiäre Dienstleistungen organisieren, keineswegs aber gesellschaftliches Leben normieren könnte. Vgl. aaO, 19.

[69] AaO, 20.

[70] Dazu sei die Ergebung des Hindu in das Karma, in das physisch-moralische Weltgesetz, das die Weltmechanik nach Verdienst und Schuld regelt, aber nicht einsichtig ist, da Geburt und Tod in der Seelenwanderung das Gedächtnis löschen, ein funktionales Äquivalent. Doch gilt dieses Äquivalent, wie Luhmann selbst andeutet, nur auf einer sehr abstrakten Stufe; denn die Folgen für das Abstraktionspotential, die Motivation und Trostfähigkeit, die zentrale Institution und, was hinzuzufügen wäre, das Weltverhältnis samt allen sozialen Aktivitäten sind sehr verschieden. Vgl. aaO, 20.

[71] AaO, 19 f.

Sicht aufzuzeigen. Er behandelt dort im einzelnen die Kontingenzformel Gott, das ihr zugeordnete Kommunikationsmedium Glaube, die Abgrenzung des Religionssystems von der Gesamtgesellschaft, die Thematik institutionalisierter Religion in der Kirche, die Ausdifferenzierung kirchlicher Organisation, die Funktion der Religion für die Glieder der Gesellschaft in den Übergangs- und Grenzsituationen wie Statusänderungen, individuelle und kollektive Schicksalsschläge, Geburt und Tod[72], die Bedeutung des Übergangs vom zyklischen zum linearen und geschichtlichen Zeitbegriff, die Aufrechterhaltung der Possibilität ständigen Übergangs von unbestimmbarem zu bestimmbarem Erleben und Handeln in dem Bezugsrahmen Himmel – Hölle – Reich Gottes – Gnade – existentielle und gesellschaftliche Situation, schließlich die Verbindung der Kontingenzformel Gott und des Kommunikationsmediums Glaube in einer historischen Offenbarung, so daß eine konkret fixierbare und doch universal ausgeweitete Mitgliedschaft, eine Rückbindung aller Dogmen an eine Grundtatsache und ein unübersteigbarer Horizont und hermeneutischer Zirkel jeder möglichen Fragestellung grundgelegt werden.[73]

N. Luhmann vermag weit über den Vater (E. Durkheim) und die älteren Vertreter des soziologischen Funktionalismus (B. Malinowski, T. Parsons, Robert K. Merton) hinaus Zusammenhänge zwischen dem Gesellschaftsprozeß und der Entwicklung von Religionen aufzudecken und Reflexionsrückstände sowohl in der Theologie als auch in der soziologischen Theorie bewußt zu machen. Außerdem fügen sich seine Erkenntnisse in den Rahmen eines Trends der Religions- und Universalgeschichte der Menschheit ein, den die verschiedensten Disziplinen der Wissenschaften konstatieren, ohne deswegen schon einem Evolutionismus und der Durchschaubarkeit oder Manipulierbarkeit seiner Gesetze und Stadien das Wort reden zu wollen. Im Blick auf die Gesamtgesellschaft kann man sagen: die Menschheit verschafft sich über ihr eigenes Wesen

[72] Dabei ist von besonderem Interesse, wie Luhmann den Weg von den Übergangsriten (rites de passage) der archaischen Religionen zu den abstrakteren Heilsbedingungen in Hinduismus/Buddhismus und Christentum, den Unterschied zwischen Betonung des Heilszustandes in den fernöstlichen Religionen und der Betonung der Heilsfaktoren im Christentum versteht, aus einer Gleichsetzung von sakramentalen Riten und geringerer sozialer Funktionalität heraus operiert und den Erfolg des bürgerlichen Kapitalismus gegen M. Weber durch Loslösung und rationale Autonomisierung der Wirtschaft gegenüber religiösen Motiven erklärt. *K.-W. Dahm / N. Luhmann / D. Stoodt,* Religion – System und Sozialisation, Darmstadt/Neuwied 1972, 78–82.

[73] *N. Luhmann,* Religiöse Dogmatik und gesellschaftliche Evolution: Dahm/Luhmann/Stoodt, 15–132, bes. 56–91.

zunehmend Klarheit und emanzipiert von dem naturwüchsigen Zwang herrschender Normensysteme.[74] Das Bild der Korrelate Gott und Mensch wird gezeichnet im Ausgang von einem sakralen Monismus der archaischen Kulturen. Es ändert sich im Übergang zu den theistischen oder auch atheistischen Erlösungsreligionen, deren gemeinsames Merkmal ein Dualismus ist, sei er mehr physischer oder mehr ethischer Art. Schließlich wird Gott in den profanen Monismus der Neuzeit einbezogen und mit der utopischen Zukunft der Menschheit und des Universums gleichgesetzt. Den „Gottesbildern" entspricht je ein bestimmter Typus der Interaktion zwischen Gott und Mensch. Ritual und Magie seien eine Vorstufe der Interaktion, auf der der Mensch heteronom als Nachahmer urzeitlicher oder naturhafter Vorbilder handelt. Personale Göttergestalten, zuhöchst der eine Gott, seien die Konzepte und Vehikel, durch die der Mensch über Bitte und Opfer, Verehrung und rechten Glauben zu einem jenseitsorientierten und weltzugewandten Handeln aus dem Motiv der Liebe und so zu einem verantwortlichen Handeln nach einer universalistischen Moral gelangt. Die Metamorphose der sakralen Naturmächte bleibe aber nicht bei dem personalen, ethisierten Gott der Liebe stehen, sondern gehe weiter zu einem apersonalen Prinzip, in dem jegliche transzendente Gottheit ihre personale Existenzform wieder verliert, so daß der autonome Mensch nur seinen eigenen Möglichkeiten gegenübersteht und die Wirklichkeit der Welt seinem eigenen Gestaltungswillen zu freier Disposition anheimgibt, eine Interaktion aber nur noch zwischen dem empirischen und dem auf sich selbst reflektierenden Ich besteht. Die Religion verblaßt in der Ethik. Die Frage nach dem Überleben und der Naturbeherrschung verstummt vor dem Programm der diesseitigen Realisierung der einst transzendenten Sinnwelt, die nun zur politischen Utopie geworden ist. Die zunehmende Autonomie und Reflexivität des Menschen hat Folgen für die Formen der Verhaltenskontrolle: spontan gelebte Lebensform, institutionalisierte und tradierte Lehre, Offenbarung und Glaube, Autorität der Vernunft und der Einsicht lösen einander ab. Auch die Träger des jeweiligen Religionssystems entsprechen den skizzierten Entwicklungsstadien, die partikularistischen Stämmeverbände am Anfang wie der universalistische Individualismus am Ende.[75]

[74] Vgl. *R. Döbert*, Systemtheorie und die Entwicklung religiöser Deutungssysteme, Frankfurt 1973, 140. Die Aussage Döberts, der nur vom religiösen Bewußtsein der Menschheit spricht, ist hier auf Bewußtsein schlechthin erweitert, da auch die areligiöse Reflexionsphase der Menschheit Teil der Universalgeschichte ist.

[75] *R.Döbert*, aaO, 141–145.

Soll die Systemtheorie von Nutzen sein, so muß sie kritisch eingeschränkt werden, und zwar zuerst von der Sozialgeschichte der Menschheit und ihren Gesetzmäßigkeiten selbst her. Steigende Reflexion pluralisiert das Bewußtsein, die Interessen und Werte der Glieder der Gesellschaft und zersetzt die Autorität der überkommenen verhaltenskontrollierenden Instanzen. Im Rahmen der Systemtheorie fehlen aber Kriterien für neue Faktoren der Koordination, für Normenfindung, kontrafaktische Stabilisierung und damit für die Beurteilung, ob ein Prozeß der Ausdifferenzierung auf eine höhere Stufe der Komplexität oder zur Auflösung des Systems führt.[76] Entgegen der Folgerung, die aus der Systemtheorie zu ziehen wäre, werden auch heute Gesellschaften nicht auf der Menschheitsebene, sondern auf partikularistischer Basis errichtet und legitimiert. Um Volkstum, Sprachgemeinschaft und Nationalität bildet sich Solidarität, unter der Autorität dieser urtümlichen Mächte entsteht Loyalität. Mit Recht bezweifelt R. Döbert, daß der Abbau von Statusvorgaben und die Bedingungen des modernen personalen Individualismus einfach als Fortschritt der Kommunikation und der Kontakte qualifiziert und als Ergebnis der weiteren gesellschaftlichen Evolution erwartet werden können.[77] „Die Interaktion der Völker" würde sich „weit besser aus einem noch funktionierenden Stammespartikularismus als aus den in der UNO-Charta niedergelegten Prinzipien erklären lassen"[78]. Es ist zu beachten, daß die Menschenrechte Individualrechte sind, und daß sie nur um den Preis höchster Abstraktion einen menschheitlichen Universalismus und dazu die Vorstellung suggerieren, daß sie bürokratisch identifizierbar sind: der einzelne ist gerecht zu behandeln „ohne Rücksicht auf Rasse, Hautfarbe oder Glauben", heißt eine klassisch amerikanische Formel.[79] Sie setzen also vordemokratische Instanzen voraus. Wo diese abgebaut und durch Bürokratie und Rationalisierung ersetzt werden, baut der Mensch gegenläufig zur formaldemokratischen Großgesellschaft Subkulturen auf, erfährt er die Familie, das Dorf, die Nachbarschaft, die Kultgemeinschaft, den Stamm oder die Landsmannschaft als Räume des Zuhauseseins.

[76] AaO, 141. R. Döbert richtet diese Kritik auch gegen *R. N. Bellah*, The historical Background of Unbelief: *Caporale/Grumelli (Hrsg.)*, The Culture of Unbelief, Berkeley 1971.

[77] AaO, 143, 145 f.

[78] AaO, 143.

[79] *P. L. Berger / B. Berger / H. Kellner*, Das Unbehagen in der Modernität, Frankfurt/New York 1975, 100, 170 f.

In dem Maße, wie diese vordemokratischen Bereiche an institutioneller Schwäche und die Individuen an der Unfähigkeit, eigene Sinnwelten aufzubauen, leiden, tritt heute überall, nicht zuletzt in der dritten Welt, der Sozialismus als Versprechen einer neuen Heimat auf. Und um der Anonymität und Abstraktheit der Strukturen zu entgehen, opfert man einen Teil der individuellen Autonomie.[80]

Auch die Religionsgeschichte fordert gegenüber der Systemtheorie das Recht der Tatsachen. Luhmann betont, daß aus so formalen Einsichten über den funktionalen Aspekt nichts über die Fragen ausgesagt werden kann, „was Religion ist"[81] und wie die „heimliche Allianz" zwischen gesellschaftlicher und religionsdogmatischer Evolution in Zukunft verlaufen, oder ob sie überhaupt weiterbestehen wird.[82] Einmal betrachtet er das hohe Niveau der Kontingenz und der Komplexität, das die spätmittelalterliche Theologie erreicht hatte, als Vorbereitung und Voraussetzung für den Übergang zu der bürgerlichen Gesellschaft der Neuzeit mit ihrer politischen und ökonomischen Differenzierung.[83] Sodann spielt er mit der Umkehrbarkeit dieses Verhältnisses und fragt, ob die christliche Offenbarungsreligion noch so reinterpretiert werden kann, daß sie ihre Funktion gegenüber der Gesellschaft erfüllt, und ob nicht Interpretation durch Reflexion ersetzt werden müßte.[84] Nicht genug damit. Es liegt völlig außerhalb des Bezugsrahmens und der Logik der Systemtheorie, daß der undifferenzierte Stämmeverband Israel an Jahwe glaubte und den Schritt zu einer monotheistischen Universalreligion vollzog[85], während dem Großreich Ägypten der Übergang vom Polytheismus zum Mono-

[80] AaO, 121, 161 f., 170 f., 184. Die individuelle Autonomie, das Geschenk der Kapitalwirtschaft, der wissenschaftlich-technischen Zivilisation und ihrer freiheitlichen Organisation kann nur genutzt werden, wenn seine Geber nicht den menschlichen Humus der Primärbereiche wegfegen. Das zeigt sich auch darin, daß die bürgerlichen Demokratien ihren individualistischen Universalismus, das Ethos der befreiten Individuen und der universalen Brüderlichkeit auf nationaler Basis etablieren konnten und bei Übertragung auf kontinentale oder weltweite Ebene durch völkische und nationalistische Bestrebungen unterlaufen werden. Vgl. aaO, 169 f.

[81] *N. Luhmann*, Religiöse Dogmatik, 20.

[82] AaO, 97.

[83] *Luhmann*, Institutionalisierte Religion, 20.

[84] *Luhmann*, Religiöse Dogmatik, 96.

[85] Spekulationen über die Angemessenheit des ortlosen, geschichtlich wirkenden Gottes Jahwe für ein Nomadenvolk liegen auf anderer religionssoziologischer Referenzebene und stimmen wiederum nicht zu den Spekulationen über die Bevorzugung von Astralgottheiten, also kosmologischen Göttern, durch Hirtenkulturen. Vgl. *A. Vergote*, Religionspsychologie, Olten 1970, 61 f.

theismus verschlossen blieb und König Echnaton (14. Jahrhundert v. Chr.) ebenso wie die Herrscher des Übergangs vom Alten zum Mittleren Reich nur Teilaspekte der Religion weiterbilden und die Gesellschaft nicht weiterdifferenzieren, sondern je in den alten magisch-biologischen Strukturen konsolidieren konnte.[86] Religiöse Deutungssysteme sind nicht machbar und ihre Entwicklung ist nicht nach gesellschaftlichen Wunschlisten steuerbar. Ihr Woher und ihr Wohin entziehen sich dem Blick des empirischen Analytikers.[87] Und dennoch bestimmen sie so sehr über die Definition der Wirklichkeit, den Sinn von Welt und die individuelle Identität der einzelnen Menschen, daß umstürzende Rückschritte und Fortschritte nur durch physische Gewalt erzwungen werden können. Was aber die Bedingung für die Existenz und die Erhaltung der Sinnwelt im ganzen ist, kann nicht gültig nach Temperament, Perspektive und Interesse von Machthabern festgesetzt werden.

Die Unschärfen der Systemtheorie sind schon in ihren Prinzipien enthalten. Das Außen und das Innen, die Umwelt und die Gesellschaft, die Beziehung des Erlebens auf die Umwelt und des Handelns auf die Gesellschaft des Subjekts, das ursächliche Wirken und das Gewirktsein von religiösen und von gesellschaftlichen Phänomenen, Komplexität und Reduktion, Komplexität und Kontingenz, alles ist austauschbar; denn auch die ,,Gesellschaft" wird erlebt, auch die ,,Umwelt" zum Feld des Handelns gemacht; dem Menschen, der an der Enge der Primärbereiche leidet, werden diese zur Umwelt und die Bereiche der Großgesellschaft zur ,,Gesellschaft"; kann die private Welt die Sinnkapazität des Individuums nicht

[86] Vgl. *Luhmann*, Religiöse Dogmatik, 115, Anm. 92. *S. Morenz*, Ägyptische Religion, Stuttgart 1960, 144 ff. *E. Hornung*, Der Eine und die Vielen. Ägyptische Gottesvorstellungen, Darmstadt 1971, 246. Wie auch die Götterdreiheit (Trinität) und die Königsmutter (Quaternität) in Ägypten weder zum Monotheismus noch zu einem Bewußtsein der geschichtlichen, freien Individualität durchstoßen konnten, sondern in einen sakralen Monismus der Gestirne, der Jahreszeiten, der Fruchtbarkeit von Land, Vieh und Leuten, der Herrschaft und Ordnung eingeschlossen blieben, erhellt aus den Ausführungen H. Jacobsohns, ohne daß dies zu zeigen seine Absicht wäre (*H. Jacobsohn*, Der altägyptische, der christliche und der moderne Mythos: Tradition und Gegenwart (= Eranos-Jahrbuch 1968 Bd. 37), hrsg. v. A. Portmann, Zürich 1970, 411–448. *Ders.*, Gestaltwandel der Götter und des Menschen im Alten Ägypten: Sinn und Wandlungen des Menschenbildes (= Eranos-Jahrbuch 1969 Bd. 38), hrsg. v. A. Portmann, Zürich 1972, 9–43).

[87] Das bedeutet eine Einschränkung für den erklärenden Wert auch des Religionsbegriffs bei *Berger/Luckmann* (Die gesellschaftliche Konstruktion der Wirklichkeit, Frankfurt 1969), wo religiöse Deutungssysteme als Ableitungen (Derivate) und Ablagerungen (Sedimente) der gesellschaftlichen Konstitution, Institutionalisierung und Legitimierung von Sinnwelten verstanden werden. *R. Döbert*, Systemtheorie, 149 f.

ausfüllen, so bedeutet die Komplexität der Großgesellschaft Sinnreduktion, vermag das Individuum die Komplexität der Großgesellschaft nicht mehr zu verarbeiten, so leistet seine Privatwelt die Bannung von Angst und Unsicherheit; ein und dieselben Gegenstände wie Gott und Erlösung werden bald unter dem Thema Kontingenz, bald unter dem Gesichtspunkt der Komplexität behandelt.[88] R. Döbert fragt nach dem Nutzen einer funktionalen Reformulierung kausalwissenschaftlicher Hypothesen und nach der Möglichkeit der funktionalen Systemsteuerung, wenn Krisen weder prognostiziert noch auf einen neuen Entwicklungszustand hin, der selbst als nichtkrisenhaft diagnostiziert wäre, überwunden werden können.[89]

Damit wird auf die Unzulänglichkeit funktionaler Definition von Gesellschaft, aber auch von Religion hingewiesen, die Luhmann kurz und nichtig angibt: „Religion ist" „in funktionalistischer Sicht die Art und Weise, wie eine spezifische Funktion unter evolutionär veränderlichen Bedingungen erfüllt wird."[90] Die Leere dieser Definition wird nicht ausgefüllt, wenn R. N. Bellah über die Reduktion von Kontingenz und Komplexität hinaus zur Funktion von Religion heute schreibt: „. . . die fundamentale Symbolisierung des modernen Menschen und seiner Situation ist jene eines multidimensionalen Selbst, das, in Grenzen, fähig ist zu einer kontinuierlichen Selbst-Transformation, und, wiederum in Grenzen, fähig ist zu einer Neubildung der Welt, die symbolischen Formen, durch die er mit ihr umgeht, und selbst die Formen, die unveränderliche Bedingungen seiner eigenen Existenz setzen, miteingeschlossen."[91] Da so das Deutungssystem dogmatisch inhaltsleer wird, auch seine ethischen Gehalte formalisiert werden, die „Probleme der Glaubensbasis und die Definition der letzten Probleme von Sinn" aber ebenso bestehen bleiben wie die Brisanz der menschlichen Existenz und ihrer Trostbedürftigkeit, verliert die Religion ihre Funktion, ohne daß andere Instanzen sie vollständig übernehmen könnten.[92] Müßte unter diesen Umständen nicht die Steuerung der Gesellschaft und ihres Deutungssystems selbst für die elitä-

[88] *Luhmann*, Institutionalisierte Religion, 19 f. (Gott-Erlösung-Komplexität). *Ders.*, Religiöse Dogmatik, 57 (Gott-Kontingenz), 71 (Erlösung-Kontingenz).

[89] *R. Döbert*, Systemtheorie, 149, 155 f.

[90] *Luhmann*, Institutionalisierte Religion, 18.

[91] *R. N. Bellah*, Religious Evolution: *R. Robertson (Hrsg.)*, Sociology of Religion, Middlesex 1969, 288. Vgl. *R. Döbert*, Systemtheorie, 132 f.

[92] *T. Parsons*, Christianity: *E. A. Tiryakian (Hrsg.)*, Sociological Theory, Values, and Sociocultural Change, Glencoe 1963, 62–69. *R. Döbert*, Systemtheorie, 130 f., 136 f., 147.

ren Lotsen und Piloten Sache eines sublimen Zynismus sein, da nicht einmal die Bedingungen für die Erfüllung ihres eigenen Menschseins gegeben wären? Es würde zutreffen, was Augustin Cochin über die Verwirklichung des „allgemeinen Willens" (volonté générale), der nach J. J. Rousseau in dem besteht, „was das Volk sich wünschen würde, wenn es sich wünschte, was es wünschen sollte"[93], mit ätzender Schärfe bemerkt hat: „Der Egoismus hatte alle Mittel benutzt, um zu Macht und Genuß zu gelangen: Geschicklichkeit, Gewalt, Geld; diese Mittel machten Ungelegenheiten und setzten Talent voraus oder Mut oder Vermögen; schließlich erfand er eines, das nichts dergleichen voraussetzt: Tugend, Güte, Gerechtigkeit; wenigstens jene Tugenden . . . die darin bestehen, den Mitmenschen Gutes tun zu lassen – durch das Gesetz."[94]

Um sich nicht dem „Vorwurf willkürlicher Entscheidungen" aussetzen zu müssen, ist es ganz natürlich, an der anthropologischen Basis nach Kriterien zu suchen, an denen jeweils zu messen wäre, was in der gesellschaftlichen Entwicklung als Fortschritt oder Rückschritt zu beurteilen ist.[95] Nun sind aber die Möglichkeiten der Entwicklung von Intersubjektivität und Individualität konkret immer nur in einem vorkonstituierten und gedeuteten Lebenszusammenhang zu verwirklichen, so daß es theoretisch und praktisch umstritten bleibt, ob und wie denn die geschichtliche Verwirklichung des Menschen von den Konstanten seiner Natur aus geschehen kann. H. Marcuse propagiert die Veränderung der menschlichen Natur durch die neue Sinnlichkeit, durch künstlerisches Schöpfertum und Libidogenuß.[96] Daß dadurch aber die anthropologische Basis der Freiheit selbst zerstört wird, dafür könnten das Ausmaß von Frustration bei den Praktikern dieser Ideologie und der Ausbruch von Destruktivität in den Studentenrevolten und anarchistischen Banden ein sprechendes Zeichen sein.[97] In konservativer Absicht antwortet A. Gehlen darauf mit einer

[93] *H. Schoeck*, Geschichte der Soziologie (= Herderbücherei 475), Freiburg/Basel/Wien 1974, 102 f.

[94] *A. Cochin*, Abstraction révolutionnaire et réalisme Catholique (Nachlaß von 1789), Paris 1935, 83.

[95] *R. Döbert*, Systemtheorie, 152.

[96] *H. Marcuse*, Triebstruktur und Gesellschaft, Frankfurt 1965, 158 ff., 171 ff., 195 ff. *Ders.*, Der eindimensionale Mensch, Neuwied/Berlin 1970, 76 ff., 236 ff., 258 f. *Ders.*, Versuch über die Befreiung, Frankfurt ²1969, 43 ff.

[97] Die Mystifizierung der Pariser Mairevolution 1968 und der vielerorts einsetzenden Studentenunruhen, die über Zerstörungen, Wandschmierereien, Süchtigkeit und Ausschweifung kaum eine konstruktive Idee oder Tat erkennen ließen, bewegt sich an der

Verschiebung des Tones von der Plastizität und institutionellen Formung der menschlichen Natur[98] auf deren unverletzliche Eigenstruktur als der Trägerin der „physiologischen Tugenden"[99]. Ohne Kriterien der Verwirklichung zu nennen, wirbt W. Lepenies für die Allianz zwischen einem experimentellen Marxismus und einer naturwissenschaftlich abgesicherten Anthropologie. Sein Optimismus nährt sich von der politischen und wirtschaftlichen Euphorie der Jahre vor der Ölkrise im Herbst 1973. Das Lächerliche von paläontologischen Stammbäumen angesichts der aktuellen Probleme der Gesellschaft und das Komische an den Hinweisen auf makroepochale Schwankungen emotionaler Zustände von Populationen oder auf Ersatzobjekte der Abreaktion, was allenfalls die Phantasie und den Spieltrieb gewisser Evolutionisten und Ethologen befriedigt, rechtfertigt nicht, daß man gegen den Stachel der genetischen Beschränkung löckt und illusionäre Erwartungen weckt.[100] Schelskys emanzipatorisch-dynamischer, personbezogener Institutionsbegriff, der am Beispiel des Rechts aufgezeigt wird und die Momente der „Gegenseitigkeit auf Dauer", der „Gleichheit bei Verschiedenheit" und der „Integrität und Autonomie der Person gegenüber Organisation" umfaßt, überspringt die ganze Auseinandersetzung um das Menschenbild. Ob er sich aus sich selbst schon als „Hilfsmittel für sehr tiefgreifende Manipulationen des Menschen" anbietet, wird durch die ökologischen Erfahrungen der jüngsten Zeit und durch die psychophysische Labilität und Hygienebedürftigkeit des modernen Menschen in Zweifel gezogen.[101] Dies gilt noch mehr von der Feststellung, mit der Habermas sich auf Plessners „offene Anthropologie" bezieht, und die für die positiv zu bestehende Praxis nutzlos

Grenze zwischen Ironie und Paranoia. Vgl. *G. Schiwy*, Neue Aspekte des Strukturalismus, München 1971, 66 ff.

[98] *A. Gehlen*, Urmensch und Spätkultur, Frankfurt/Bonn ²1964, 21, 41.

[99] *A. Gehlen*, Moral und Hypermoral, Fankfurt/Bonn 1970, 55 ff.

[100] Vgl. *W. Lepenies / H. Nolte*, Kritik der Anthropologie. Marx und Freud, Gehlen und Habermas über Aggression, München 1971, 26. *W. Lepenies*, Soziologische Anthropologie. Materialien, München 1971, 123, 67 f., 125 f.: Wenn man fragt, ob das Experiment der französischen Revolution zu wiederholen wäre, so muß man auch über den Preis und das Ziel sprechen, um die es heute gehen würde, nämlich nicht um das Opfer für die Freiheit, sondern um das Opfer der Freiheit für nicht einmal wahrscheinliche sozialeudämonistische Vorteile.

[101] *H. Schelsky*, Systemfunktionaler, anthropologischer und personfunktionaler Ansatz der Rechtssoziologie: Jahrbuch für Rechtssoziologie und Rechtstheorie, Bd. 1, Gütersloh 1970, 37–89, 67, 86. *Lepenies/Nolte*, aaO, 94 f.

Vgl. *A. Portmann*, Biologisches zur ästhetischen Erziehung: *ders.*, Biologie und Geist, Frankfurt 1968, 309–333, 330 ff.

ist: ,,Erst am Ende der Universalgeschichte wäre zu sagen, was es mit dem Menschen auf sich hat."[102]

Die ganze Unsicherheit der Beziehungen zwischen Anthropologie und Gesellschaftstheorie spiegelt sich wider in dem sozio-anthropologischen Religionsbegriff und seiner Verwendung bei Th. Luckmann.[103] Das Wesentliche der Religion ist für ihn ,,die Fähigkeit des menschlichen Organismus, seine biologische Natur in der Konstruktion objektiver, moralisch zwingender, allumfassender Sinnwelten zu überschreiten"[104]. Diese Verbindung von Durkheims funktionalem Religionsbegriff mit der Anthropologie Plessners und Portmanns pulsiert zwischen sozialen Verwirklichungen des Menschen und der anthropologischen Grundtatsache der Fähigkeit zur Selbsttranszendenz. Sie ermöglicht daher keine Urteile über mehr oder weniger gelungene Selbstüberschreitungen des Menschen und stellt Aberglaube, Magie, Wissenschaft, Ideologie, Ethik und Anbetung Gottes in eine Reihe gleichwertiger Glieder. Daher setzt sich Berger von Luckmann etwas ab und ergänzt oder präzisiert, was er zusammen mit ihm in der wissenssoziologischen Studie über ,,Die gesellschaftliche Konstruktion der Wirklichkeit" geschrieben hat.[105] Nicht jede realisierte Selbsttranszendenz des Menschen ist Religion, sondern nur jene, die ihn und seine Lebenswelt überschreitet und einschließt, als heiliger Kosmos im Sinne von M. Eliade, als religiöser Gegenstand im Sinne des Heiligen nach R. Otto auf den Menschen zurückwirkt und alle Wirklichkeit mit der Dialektik zwischen dem Sakralen und dem Profanen und zwischen Kosmos und Chaos affiziert.[106]

Dieser substantielle, von der Religionsphänomenologie entwickelte Religionsbegriff setzt einen Unterschied zwischen menschlicher, gesellschaftlicher und religiöser Verwirklichung und wirft die Frage nach dem Verhältnis zwischen Soziologie und Theologie auf. Ehe sie beantwortet

[102] *J. Habermas*, Philosophische Anthropologie. Vorlesungsmanuskript 1966/67 b, 2. *H. Plessner*, Selbstentfremdung, ein anthropologisches Theorem: Philosophische Perspektiven I (hrsg. v. V. Klostermann, Frankfurt 1969, 176–183). Vgl. *W. Lepenies*, Soziologische Anthropologie, 126, 137, 148.

[103] *Th. Luckmann*, Das Problem der Religion in der modernen Gesellschaft, Freiburg 1963, 36. Vgl. *M. Harris*, Culture, Man, and Nature, New York 1971, 536 f. (A Maximum Definition of Religion).

[104] *P. L. Berger*, Zur Dialektik von Religion und Gesellschaft, Frankfurt 1973, 167 (The Sacred Canopy, Garden City, New York 1967, 177).

[105] Garden City, New York 1966 (Frankfurt 1969).

[106] *P. L. Berger*, Zur Dialektik von Religion und Gesellschaft, 26–28 (The Sacred Canopy, 26 f.), 167 f. (177 f.). Vgl. *M. Eliade*, Das Heilige und das Profane, Hamburg 1957, 38.

werden kann, ist zu beachten, daß jede Verwirklichung des Menschen durch gesellschaftliche Interaktion und Intersubjektivität konkrete Entscheidungen über Werte und Normen einschließt.

An und für sich genügt der Rückgriff auf das Zusammenspiel von Erziehungsstilen und Triebschicksalen, zum Beispiel von Permissivität, Sublimation und Toleranz oder Repressivität, Verdrängung und Intoleranz keineswegs, um die Realität zu erklären, in die hinein Menschen erzogen, allgemeine menschliche Impulse in spezifische, kulturelle und moralische „Energien" umgewandelt und die besonderen Kultur- und Verhaltensmuster (patterns) hervorgebracht werden. Sondern, wie E. Fromm sagt, das Realitätsprinzip einer Gesellschaft ist deren „Charakter", der die Erziehung und Triebumsetzung steuert, um das Funktionieren eines Systems zu gewährleisten. Der „Gesellschaftscharakter" impliziert die Vorentschiedenheit über Werte wie kriegerische Angriffsbereitschaft oder im Gegenteil „mitleidvolle und liebende Strebungen", gemeinsamer Kampf oder gemeinsame Arbeit.[107] In der Sicht der Kulturphilosophie H. Rikkerts würde das heißen, daß historische und kulturwissenschaftliche Erkenntnis durch transzendental geltende Werte bedingt ist[108], in deren Licht das Individuelle „erst in seiner einzigartigen Bedeutung in den Blick kommt"[109]. Versucht T. Parsons diesen werttheoretischen Ansatz mit dem handlungstheoretischen Ansatz von M. Weber zu verbinden, wobei eine einsichtige Vermittlung der Werte und der gesellschaftlichen Interaktion im Blick auf die Struktur und Funktion gesellschaftlicher Systeme aussteht, so kommt er innerhalb dieses allgemeinen Bezugsrahmens für das Verhältnis zwischen Gesellschaft und Religion zu dem speziellen Ergebnis: die Bedeutung des Christentums für die moderne Welt liegt vor allem darin, daß es zur Legitimation der gesellschaftlichen Werte beigetragen hat.[110] Auf dem Boden der Unterscheidung von Sein und Wert ver-

[107] *E. Fromm*, Analytische Sozialpsychologie und Gesellschaftstheorie, Frankfurt ²1971, 212: Die bürgerliche Gesellschaft des 19. Jahrhunderts verdrängt Libido und Konsum, die Industriegesellschaft des 20. Jahrhunderts hat andere Tabus. Sie verdrängt das Sparen, das Horten und die Askese. Zu den Cultural Patterns vgl. *M. Mead*, Die sieben pazifischen Kulturen: Mann und Weib (= rde 69), Hamburg ⁷1971, 245–260.

[108] *H. Rickert*, Die Grenzen der naturwissenschaftlichen Begriffsbildung, Tübingen ²1913, 300–333, 316 f.

[109] *W. Pannenberg*, Wissenschaftstheorie und Theologie, Frankfurt 1973, 84.

[110] *T. Parsons*, Sociological Theory and Modern Society, New York/London 1967, 385–491, 393 (Bindung des Verhältnisses zum Nächsten, der Liebe, der Gottesverehrung an das Verhältnis zwischen Gott Vater und Gott Sohn). Vgl. *T. Parsons*, Christianity. Interna-

sucht nun H. Schelsky eine Abgrenzung zwischen der Soziologie und der Theologie. Erstere soll die ,,Fülle des Machbaren und Nichtmachbaren" aufhellen; aus ihr geht keine soziale ,,action directe" hervor. Letztere hat Wertentscheidungen zu treffen; doch kann sie normative Handlungen nicht ohne Bezug zu der unmittelbaren Erfahrung und phänomenalen Analyse verantworten.[111] Diese Abgrenzung beschwichtigt den Kompetenzstreit der Disziplinen, indem sie ihnen nur abstrakte Gegenstände zuweist, der Soziologie die Gesetze, durch die Sein verfügbar wird, und der Theologie die Entscheidung, wie tatsächlich verfügt werden soll. Wie die Vermittlung zwischen rationalen Gesetzen und irrationalen Werten hin zur sozio-kulturellen Praxis geschieht, in der das Sein und das Gutsein des Menschen als konkrete Einheit realisiert wird, bleibt im Dunkeln. Mit dem Dunkel unzufrieden, zieht Luhmann die vollkommene Finsternis vor. Er sieht das Unterscheidende darin, daß der Soziologie das Medium Wahrheit, der Theologie das Medium Glaube zueigen ist.[112] Was ist aber Wahrheit? Soll auf dem Feld der sozio-religiösen Verwirklichung des Menschen die Interpretation konkreter Tatsachen und Möglichkeiten durch die Reflexion auf Funktionen und Relationen ersetzt werden[113], so ist Wahrheit eine leere Gewißheit.[114] Und was ist Glaube? Gehört zu ihm kein Wahrheitscode, so ist er reines Engagement, das in einer ,,Zwitterstellung von phänomenologischer Analyse und ubiquitärer Normativität" verharrt[115] und wie die reine Transzendentalität ein schlechtes alibi für den Einsatz menschlicher Grundakte angesichts beliebiger Normen und Kategorien ist. Dieser Glaube ist die Reliquie des christlichen Offenbarungsglaubens, der seine Vernünftigkeit und seinen Inhalt verloren hat, nun aber sich in Akten unadressierter Hingabe stilisiert.

Angesichts dieser ,,kognitiven Selbstbeschränkung der Neo-Orthodoxie" und der ,,kognitiven Zaghaftigkeit dessen, was heute als Neolibera-

tional Encyclopedia of the Social Sciences, Bd. II, New York 1968, 425–447. *N. Luhmann*, Religiöse Dogmatik, 110 f.

[111] *H. Schelsky*, Religionssoziologie und Theologie: Auf der Suche nach Wirklichkeit, Düsseldorf/Köln 1965, 276–293, 288.

[112] *N. Luhmann*, Religiöse Dogmatik, 131 f.

[113] AaO, 66, 68 f.

[114] *P. Ricoeur*, Hermeneutik und Psychoanalyse, München 1974, 209: Eine Reflexion ohne Intuition und Interpretation ist eine ,,Gewißheit ohne Wahrheit". AaO, 212: Wahre Reflexion aber ist ,,die Aneignung unseres Strebens nach Existenz und unseres Wunsches nach Sein durch die Werke hindurch, die von diesem Streben und diesem Wunsch zeugen".

[115] *H. Schelsky*, Religionssoziologie und Theologie: Auf der Suche nach Wirklichkeit, Düsseldorf/Köln 1965, 276–293, 289 f.

lismus bezeichnet wird" fordert P. L. Berger den „Geist des intellektuellen Mutes" und den Mut zur „kognitiven Minderheit" in der Kirche und im Kreis der „säkularen Intellektuellen, die heute die wichtigste Referenzgruppe der meisten Theologen bilden"[116]. Er begrüßt die Kehre von Hegel, der alle Wirklichkeit als Selbstverwirklichung des Absoluten versteht, zu Feuerbach und Marx, die Götter und Welten als Projektionen des Menschen erklären. Vom Standpunkt des Soziologen, des empirischen Analytikers, sei das unwiderrufliche Notwendigkeit. Aber er empfiehlt dem Theologen, das Kunststück „Der Mann beißt den Hund" vorzuführen und Marx und Feuerbach auf den Kopf zu stellen.[117] Es scheint, daß Berger selbst als Soziologe schon zu diesem Kunststück ansetzt, um das ganze Phänomen zu erschöpfen. Die Totalität individuellen Sinnverlangens und Sinngebens übersteigt auch die Projektionen, so wie es „kein total sozialisiertes Individuum gibt" und „individuelles Meinen" auch außerhalb und an den Grenzen der gesellschaftlich konstituierten Sinnwelten verharrt.[118] Soziologie und Theologie hätten demnach denselben Gegenstand (Materialobjekt), aber unter den verschiedenen Gesichtspunkten „sub specie temporis" und „sub specie aeternitatis" (Formalobjekt) zu erforschen.[119] Beide Perspektiven würden zusammenlaufen in der Sinnfrage; und keine Disziplin kann sich von ihr dispensieren. Das Phänomen des Menschen, der unaufhörlich Welten und Götter projiziert, könnte dann bedeuten, daß durch ihn jemand aus der Transzendenz und auf Transzendenz hin ein Werk vollendet. Unverkürzte Humanitas wäre zur Metaphysik, Ekstase und Mystik geöffnet.[120] Dem möchte man hinzufügen: durch einen Menschen – in Jesus von Nazaret ist das für den Glaubenden Wirklichkeit geworden – könnte Gott die eschatologische

[116] *P. L. Berger*, Zur Dialektik von Religion und Gesellschaft, 176 (The Sacred Canopy, 187).

[117] *P. L. Berger*, Zur Dialektik, 171 (181: Aus diesem „man-bites-dog feat" folgt auch, daß das Christentum nicht als Glaube aus der Religionsgeschichte abstrahiert werden darf, wie Berger es früher mit Bultmann, Bonhoeffer und Barth versucht hatte. Vgl. S. 174 f. [185 f.]).

[118] *P. L. Berger*, Zur Dialektik, 20 (20).

[119] AaO, 170 (180).

[120] *P. L. Berger,* Auf den Spuren der Engel, Frankfurt 1970, 49 ff.: Das „man-bites-dog feat" bedeutet „Relativierung den Relativierern"; 75 ff., 108: Transzendenzoffene Phänomene, die die Einsetzung der Anthropologie als Theologie illustrieren, sind die mütterliche Tröstung des Kindes, das Spiel als Setzung einer Welt gegen die Welt des Seins zum Tode, das Begehen des Todes als das lebbare Nein zum Tod, die Verdammung des radikal Bösen, der Humor als Spiegelung der Gefangenschaft des Geistes in der Welt.

Bedeutung des universalen Geschehens offenbaren und den Ineinsfall Gottes und des Menschen individuell vorwegnehmen und ins Universale ausweiten.

Ganz außerhalb eines Versuches, wie P. L. Berger ihn vorlegt, kann heute die Sinnfrage weder gestellt noch beantwortet werden. Das hat W. Pannenberg mit außerordentlichem Scharfsinn anhand der beiden konkurrierenden Versuche von J. Habermas und N. Luhmann überzeugend nachgewiesen.[121]

J. Habermas vollendet zunächst die Herauslösung der Handlungstheorie aus der Wertproblematik, die M. Weber mit der Theorie vom sozialen Handeln als zweckrationalem Handeln und G. H. Mead mit der Theorie von der sozialen Interaktion begonnen, aber noch im Rahmen der Wertphilosophie beziehungsweise der Kulturanthropologie entwickelt hatten.

Mit Recht läßt Habermas den Behaviorismus hinter sich, da nicht die Entsprechung von Reiz und Reaktion angemessenen Zugang zum Verhalten eines handelnden Subjekts vermittelt, sondern der von ihm vermeinte Sinn, die Selbstausrichtung des Subjekts an der Deutung seiner Situation.[122] Berechtigt ist auch die Unzufriedenheit damit, daß Parsons, Mead und Weber keine „Bewertungsregeln“ anzugeben wissen, nach denen die Willensbildung sozialen Handelns erfolgen soll. Die Kontrollwerte, von denen der Bestand eines sozialen Systems abhängt (Parsons), die Genesis der Kulturwerte aus den wechselseitigen Verhaltenserwartungen und Sinnantizipationen von Individuen in einem Prozeß sprachlicher Kommunikation (Mead) und der transzendentale Wertzusammenhang einer Kultur (Weber) müssen in die Analyse sozialen Handelns einbezogen werden, bedürfen eines Kriteriums der Ausscheidung von ideologischen Bestandteilen und der Integration utopischer und emanzipatorischer Elemente.[123] Kann aber Habermas eine solche Instanz der Regelung sozialen Handelns ausfindig machen und als sinnvoll erweisen? Er versucht es mit der „Naturbasis“ des menschlichen Geistes, mit biologischen „Antriebsenergien“ und den zu ihnen gehörigen „Bedürfnissen“ als den „erkenntnisleitenden Interessen“, die den kulturellen Werten, ja selbst der

[121] *W. Pannenberg*, Soziologie als verstehende Handlungswissenschaft: Wissenschaftstheorie und Theologie, 82–105, 88 ff.

[122] *J. Habermas*, Zur Logik der Sozialwissenschaften: Phil. Rundschau Beiheft 5 (1967) 58 f., 107. *Pannenberg*, aaO, 88.

[123] *J. Habermas*, aaO, 89, 69 f., 19. *W. Pannenberg*, aaO, 90, Anm. 169; 88 f., Anm. 162; 91.

Erkenntnis und ihrer Wahrheit vorgeordnet werden.[124] Sofern sie an die fundamentalen Bedingungen der Reproduktion und Selbstkonstitution der Menschengattung gebunden sind, nämlich an Arbeit und Interaktion, unterscheiden sie sich von zufälligen empirischen Bedürfnissen und „bemessen sich allein an jenen objektiv gestellten Problemen der Lebenserhaltung, welche durch die kulturelle Form der Existenz als solche beantwortet worden sind“[125]. Sofern diese Interessen auf instrumentales, kommunikatives und emanzipatorisches Handeln zielen und die „spezifischen Gesichtspunkte“ bestimmen, „unter denen wir die Realität als solche erst auffassen können“[126], sind sie die transzendentale Bedingung von Erkenntnis schlechthin und ermöglichen eine Unterscheidung ideologischer, utopischer und zweckrationaler Wertbildungen in einem sozialen System, und zwar angesichts der „nicht-integrierten Antriebsenergien“, „die in den Rollensystemen keine Befriedigungschance finden“. Ideologisch ist jene Interpretation von Bedürfnissen, die die unterdrückenden Instanzen und die Ersatzbefriedigungen rechtfertigt. Als utopisch gelten jene Wertungen von Bedürfnissen, die diese als „Vorgriffe auf eine noch nicht gelungene Gruppenidentität“ erklären. Durch die je objektiv mögliche Ausscheidung der ideologischen Gehalte wird das Gleichgewicht des Systems bewahrt und die Emanzipation der Art und ihrer Glieder vorangetrieben.[127]

Nun ist aber dieses Konzept weniger ein Muster exakten Denkens als vielmehr die Rationalisierung eines Credo, das von der Natur und ihren irrationalen Kräften das Heil erwartet. Welche Antriebskräfte in eine künftige Gruppenidentität integriert werden können oder sollen, welche Bedürfnisse wegen ihrer Destruktivität auszuschließen sind, wie die einzelnen Interessen durch die sozio-kulturelle Lebenswelt bedingt sind und durch welche „Werte“ oder „Güter“ sie befriedigt werden, ob diese erstrebten „Werte“ und „Güter“ unter den Gesichtspunkten des Utopischen, Ideologischen und Zweckrationalen hinreichend erfaßt sind, ob die Triebbasis vielleicht nur Bedingung und Herausforderung für die das Gleichgewicht eines Sozialsystems regelnden Prozesse ist und die Kul-

[124] *J. Habermas*, Erkenntnis und Interesse (1965): Technik und Wissenschaft als ›Ideologie‹, Frankfurt 1968, 160.

[125] *J. Habermas*, Erkenntnis und Interesse, Frankfurt 1968, 242.

[126] *J. Habermas*, aaO, 236 ff., 260 f. *Ders.*, Erkenntnis und Interesse (1965): Technik und Wissenschaft als ›Ideologie‹, 160. *Ders.*, Erkenntnis und Interesse, Frankfurt 1968, 356.

[127] *J. Habermas*, Zur Logik der Sozialwissenschaften: Phil. Rundschau Beiheft 5 (1967) 91–93.

turwerte eine Autonomie besitzen, angesichts welcher eine Gesellschaft und ihre Naturbasis zu messen sind und versagen können, wie Parsons am Beispiel Altisraels und Griechenlands gezeigt hat[128], diese Fragen werden verdrängt.

Nietzsche wird kritisiert und doch bestätigt: Reproduktion, Erhaltung der Art, biologische Faktoren des Subjekts, sollen sie Bedingung objektiver Erkenntnis sein, machen die Unterscheidung zwischen Illusion und Erkenntnis überflüssig.[129] Kant wird desavouiert, wenn das ,,reine Interesse der Vernunft" an sich selbst nicht in Unabhängigkeit von der Naturbasis, sondern nach Maßgabe von Trieben wahrgenommen werden soll.[130]

In einem zweiten Anlauf ergänzt Habermas die Handlungstheorie auf der Basis der erkenntnisleitenden Interessen durch eine Theorie der umgangssprachlichen Kommunikation im Rahmen von immer schon intersubjektiv gedeuteten und anerkannten Kulturwerten. Normalerweise sind in einer Gruppe innerhalb einer kulturellen Überlieferung die Bedürfnisse dialogisch in einem Konsens über geltende Normen aufgehoben. Kommunikatives Handeln ist an kulturellen Werten orientiert. Zerbricht der Rahmen legitimer Befriedigungschancen, so treten die Interessen monologisch heraus. Strategisches Handeln ist interessenorientiert.[131] Als Ausweg aus dieser Aporie soll der Interaktionszusammenhang suspendiert, die ideale Sprechsituation des herrschaftsfreien Dialogs geschaffen und der Diskurs geführt werden, bis ein Konsens erreicht ist. Es ist der Diskurs von sich gegenseitig anerkennenden Subjekten, die durch den Austausch der wechselseitigen Erwartungen die Bedeutung und Geltung der benützten Symbole allmählich angleichen.[132] Der handlungsentlastende, kontrafaktische Diskurs soll eine symmetrische Verteilung der Chancen für die Teilnehmer gewährleisten, indem er diese 1. an Aussagen

[128] *T. Parsons*, Societies, Evolutionary and Comparative Perspectives, Englewood Cliffs, N. J., 1966, 8 ff., 30, 94, 108, 110 f., 113 f. *Ders.*, The Social System (Glencoe 1951), New York/London 1964, 545 ff. Die untereinander in Beziehung stehenden Subsysteme sozialen Handelns sind die Persönlichkeit, die Kultur und der ,,behavioral organism". *W. Pannenberg*, Wissenschaftstheorie, 89–92.

[129] *J. Habermas*, Erkenntnis und Interesse, Frankfurt 1969, 362.

[130] AaO, 244 ff.

[131] *J. Habermas*, Theorie der Gesellschaft oder Sozialtechnologie. Eine Auseinandersetzung mit Niklas Luhmann: *J. Habermas / N. Luhmann*, Theorie der Gesellschaft oder Sozialtechnologie – Was leistet die Systemforschung, Frankfurt 1971, 142–290, 172 ff., 179 f., 241 f., 252 f.

[132] AaO, 114 ff., 116 ff., 189–193.

als Aussagen, 2. an das Verhältnis der Sprecher zu ihren Äußerungen und 3. an die Einhaltung von Gesprächsregeln bindet. Auf diese Weise werde eine Universalpragmatik sprachtheoretisch formuliert und in Richtung auf Wahrheit, Gerechtigkeit und Freiheit in Bewegung gesetzt.[133]

Doch auch dieser Rückgriff auf G. H. Mead[134] und seine Theorie der Freisetzung von Wahrheit durch Kommunikation schlägt angesichts der gestellten Aufgabe fehl. Der Diskurs in der idealen Sprechsituation kann von dem Handlungszusammenhang nicht entlasten, solange dieser nicht selbst unter den Anspruch von Wahrheit und Sinn gestellt wird.[135] Kommunikation schafft nicht Wahrheit, sondern ist selbst Ausdruck verzerrter und halber Wahrheit, und das in besonderem Ausmaß, solange naturwüchsige Antriebe der Gattungsgeschichte und behavioristische Modelle menschlichen Verhaltens den Rahmen möglicher Erfahrung von Gegenständen bilden. Ferner setzen der Gebrauch von Sprachsymbolen und die Einhaltung allgemeiner Regeln voraus, daß der Mensch in der Wahrnehmung von Phänomenen und im Erleben von Eindrücken immer schon um die Möglichkeit weiteren Erlebens und Handelns weiß, das Fehlen des ganzen Sinnes erkennt und das Allgemeine im Besonderen immer schon unbestimmt miterfaßt.[136] Richtig an der Theorie ist lediglich die Erkenntnis, daß die je nähere Bestimmung und konkrete Realisierung von Sinn durch Interaktion und Kommunikation mehr als ein monologischer Versuch die Chance hat, der objektiven Wahrheit nahezukommen und gemeinsame Geltung zu erlangen.[137] Personale Individuen sind so konstituiert, daß sie, um sich als Glieder einer Gruppe selbst treu bleiben zu können, ihre spezifischen Akte immer aus der Antizipation von Sinn setzen. Der Anspruch, über sie nach Maßgabe eines Sinnes verfügen zu können, der von Trieben und Interessen hergeleitet ist, muß in jedem Falle als ideologisch zurückgewiesen werden, auch und besonders dann, wenn diese Herleitung die elementaren Lebensäußerungen der Interaktion und der Kommunikation in Beschlag nimmt. Wegen seiner inneren Mängel kann der Diskurs nicht schon dadurch gesellschaftskritisch sein, daß er von äu-

[133] AaO, 139.

[134] AaO, 189 (vgl. *G. H. Mead*, Geist, Identität und Gesellschaft, Frankfurt 1968 [Mind, Self, and Society, Chicago 1934], 376 f., 107–115, 299–307, 289 f.).

[135] AaO, 136, 140 f., 200 ff., 210, 213.

[136] N. Luhmann spricht von der ,,immanenten Transzendenz des Erlebens" (*N. Luhmann*, Sinn als Grundbegriff der Soziologie: *N. Luhmann / J. Habermas*, Theorie der Gesellschaft oder Sozialtechnologie, 25–100, 31).

[137] *J. Habermas*, Theorie der Gesellschaft oder Sozialtechnologie, 188, 195.

ßerer Herrschaft befreit ist; denn er bedient sich der Idealisierung und Schematisierung der ausgetauschten Symbole zum Zweck der Übereinkunft.[138] Ferner gehört zu ihm die Reflexivität auf die Wahrnehmung, das Denken und die möglichen Reaktionsweisen des anderen und die Ungleichheit der Reflexivität und Information auf seiten der einzelnen Teilnehmer am Diskurs. Deshalb bezweifelt Luhmann, ob die ideale Sprechsituation im Sinn von Habermas überhaupt etwas mit Wahrheit zu tun hat.[139] Aus dem Informations- und Reflexivitätsvorsprung kann man dem anderen gerade jene Bedeutungen mitteilen, auf die er so reagieren wird, wie man wünscht, daß er reagiert; und darin besteht die radikalste Art der Manipulation, die dem Manipulierten das Gefühl der Einsicht und der Freiheit suggeriert.[140] Wird einer schematisierten oder mehrheitlichen Übereinstimmung Wahrheit und Sinn unterstellt, so bedeutet der Diskurs nicht mehr als formaldemokratische Beschlüsse, aus denen das Private und Intime im Interesse der Freiheit möglichst ausgeklammert werden muß. Wird aber von den elitären Ideologen unterstellt, was jeder einzelne wünschte, wenn er informiert wäre, so bereitet man den Boden für den demokratischen Paternalismus und die totalitäre Demokratie, in der die einzelnen isoliert werden und nur jene Ideologen zu wählen oder zu bestätigen die Möglichkeit haben, die sich mit dem Anspruch, den wahren Willen des Volkes zu repräsentieren, den Weg zur Herrschaft gebahnt haben.[141]

Da Sinn eine Kategorie ist, die stets die ,,Welt im ganzen" umfaßt und auch der Sinn von Handlungen schon ,,Schnee, Eigentum, Gerechtigkeit, Teller, Kapitalismus usw." einschließt[142], behauptet Luhmann, daß Sinn durch Erleben konstituiert wird. Er ist damit der Theorie E. Husserls verpflichtet, die alle Erkenntnis durch das Bewußtsein des erlebenden Ich

[138] *N. Luhmann*, Wahrheit als Kommunikationsmedium: *N. Luhmann / J. Habermas*, Theorie der Gesellschaft, 349, 360.

[139] AaO, 342 f., Anm. 82.

[140] AaO, 355, Anm. 103. Vgl. *Donald M. MacKay*, Technik der Information und die Manipulierbarkeit des Menschen: Ztschrft. für ev. Ethik 12 (1968) 147–156. Die Manipulierbarkeit solcher Art ist nicht, wie Habermas möchte, nur auf instrumentales Handeln beschränkt, sondern betrifft das gesamte Erleben und Handeln des Menschen.

[141] Vgl. *H. Schoeck*, Geschichte der Soziologie, Freiburg 1974, 102–105 (Rousseau wird aufgrund der Idee von der volonté générale zu den Vätern der totalitären Demokratie gezählt [Du Contrat Social, 1762]).

[142] *N. Luhmann*, Sinn als Grundbegriff der Soziologie: *N. Luhmann / J. Habermas*, Theorie der Gesellschaft, 25–100, 76.

konstituiert sein läßt.[143] Aber Luhmann bleibt im Ansatz stecken. Anstatt den im aktuellen Erleben unbestimmt mitgegebenen „Hof von Möglichkeiten“ und damit Sinn im ganzen zu reflektieren, generalisiert er Sinn so weit, daß er einerseits als die Komplexität von Erfahrungs- und Handlungsmöglichkeiten des Subjekts und andererseits als das tatsächliche selektive Erleben und Verhalten und damit als Reduktion von Komplexität definiert werden kann.[144] Ein solches Vorgehen muß aber als Usurpation von Sinn durch das monologische Subjekt abgelehnt werden.

Dies ist der Vorwurf von Habermas[145] an Luhmann, den Luhmann jedoch mit gleichem Recht zurückgibt[146], indem er erklärt, daß die Beschränkung von Sinn auf Handeln monologisch ist, da Aktion und Interaktion sinnvoll konstituierte Subjekte voraussetzen. Tatsächlich verfehlen beide das Sinnproblem. Erkenntnistheorie und Grundlegung der Kulturwissenschaften können nicht als Gesellschaftstheorie durchgeführt werden. Die anthropologische Grundtatsache liegt tiefer und reicht weiter als das, was Habermas und Luhmann thematisieren. Die Ausklammerung des intentionalen Subjekts bedeutet nicht zugleich die Aufarbeitung der Beziehung zwischen dem transzendentalen Subjekt, dem empirischen Ich und der Wirklichkeit im ganzen unter dem Gesichtspunkt der Sinnfrage.

Darum schlägt W. Pannenberg vor, zunächst einmal die Transzendentalität des Subjekts vorauszusetzen und die Intersubjektivität des Sinnvertrauens nicht kurzschlüssig durch Diltheys Annahme einer Einheit des Lebenszusammenhangs zu erklären, sondern zunächst mit Hilfe der Kategorien des Ganzen und des Teils objektiv zu umschreiben, was Sinn bedeutet, und das so Gefundene auf das Subjekt zu beziehen.[147] Es ist Diltheys „kontextueller“ Begriff von Sinn, der den Horizont von Geschichte im ganzen bezeichnet, in dem die Teile ihre Bedeutung haben und der im unabgeschlossenen Prozeß der Geschichte menschlicher Erfahrungen und Handlungen sich ständig verschiebt, und zwar nach Maßgabe konkreter je nur partieller Sinnverwirklichungen.[148] In den partiellen

[143] *N. Luhmann*, Das Problem der Komplexität: aaO, 292–315, 306.

[144] *N. Luhmann*, Moderne Systemtheorien als Form gesamtgesellschaftlicher Analyse: aaO, 7–24, 12. Vgl. aaO, 53 f., 60, 77, 302. *W. Pannenberg*, Wissenschaftstheorie, 100, Anm. 200.

[145] AaO, 180, 188.

[146] AaO, 26 f., 28, 51 f., bes. 318 ff.

[147] *W. Pannenberg*, Wissenschaftstheorie, 98, 101 f.

[148] AaO, 101. Kontextueller Sinn bedeutet, daß eine Aussage durch den Kontext des Buches oder der Urkunde, dieser durch die Situation in der Zeitgeschichte, diese erst durch die Universalgeschichte den vollen und abgeschlossenen Sinn erhält (aaO, 211–219). Sofern

Sinnverwirklichungen ist stets Vergangenheit, Gegenwart und Zukunft zusammengeschlossen. Aber nur die Gesamtheit des Zukünftigen, der sich verschiebende Horizont des Ganzen ist konstitutiv für die Sinnhaftigkeit geschichtlicher Verwirklichungen des Menschen.[149] Das Ganze und Letzte zu verdecken, ist die Wurzel aller Ideologien und Sinnverdunkelungen.

Daraus folgt, daß Weltbilder nicht, wie Habermas verkündet, ideologisch sind, sondern stets die notwendigen und korrigierbaren Grundlagen für die Legitimation und Institutionalisierung geschichtlicher Verwirklichung des Menschen im privaten und öffentlichen Bereich schaffen.[150] Wenn der Grundsatz gilt, daß es keine Freiheit ohne Institution gibt und keine Institution ohne Einschränkung der Freiheit, dann müssen Weltbilder die Sinntotalität und die konkrete Sinndefizienz[151] in der Gesellschaft chiffrieren und das Fließgleichgewicht der begrenzten und Grenzen überschreitenden individuellen und sozialen Emanzipation auf die ,,höchste kybernetische Ebene" stellen, die ,,mehr kulturell als sozial, und innerhalb der kulturellen Kategorie mehr religiös als säkular" ist.[152] Nicht nur individuelle und soziale Erfahrungen und Handlungen, sondern auch konkrete Kulturwerte erstarren zu zufälligen Axiomen und unbegründeten Normen, wenn sie nicht grundsätzlich der Reflexion auf Sinn schlechthin unterworfen und jeweils so festgesetzt werden, wie es dem hier und jetzt angesichts des Sinnhorizonts Möglichen entspricht.[153]

Im Zusammenhang mit den letzten Fragen menschlicher Existenz interessiert hier nicht so sehr Pannenbergs These, daß die Sozialwissenschaften wie jede Geisteswissenschaft nur im Rahmen der Universalgeschichte grundgelegt werden können[154], sondern der notwendige Zusammenhang

kontextueller Sinn immer auch Sinn von objektiver Wirklichkeit ist, überlappt er mit dem Begriff des referentiellen Sinnes (aaO, 206–211). Zu dem Begriff des intentionalen, vom Subjekt gemeinten Sinnes vgl. aaO, 206–211, 435.

[149] Möglicher und realisierter Sinn verhalten sich nach Luhmann wie die Form als Vorgriff auf die Zukunft und die Inhalte als Momente der Gegenwart, in denen Momente der Vergangenheit und der Zukunft mitgegenwärtig sind (*N. Luhmann*, Sinn als Grundbegriff: *N. Luhmann / J. Habermas*, Theorie der Gesellschaft, 54 ff., 68 f.).

[150] *J. Habermas,* Theorie der Gesellschaft oder Sozialtechnologie: *N. Luhmann / J. Habermas,* Theorie der Gesellschaft, 259.

[151] *W. Pannenberg,* Wissenschaftstheorie, 102 f.

[152] *T. Parsons,* Societies. Evolutionary and Comparative Perspectives, Englewood Cliffs, N. J., 1966, 113 f.

[153] *W. Pannenberg,* Wissenschaftstheorie, 103.

[154] AaO, 104.

des transzendenten Sinnes und der kontingenten Verwirklichungen in der Geschichte und die Mensch und Welt überschreitende Suche der Person nach ihrem letzten Gegenstand, jenem Du, das nicht wie die menschliche Person selbst ein suchendes, sondern ein absolutes Ich ist. Damit kann abschließend festgestellt werden, daß die Aporien der Gesellschaft und die Sinnfrage des Menschen nicht durch eine Neuauflage der Theologie Wilhelm Ockhams (gest. 1347) überbrückt werden können. Bei aller Anerkennung der verborgenen Weisheit, Macht und Gnade Gottes (potentia absoluta) ist der Glaubende an den Gott verwiesen, der sich im Menschen, in der Geschichte und in der Welt offenbart (potentia ordinata).[155] Und die Orthodoxie, die sich nicht damit begnügt, die Positivität der Offenbarung und der Glaubensquellen zu betonen und die Welt einer unbegrenzten Kontingenz zu überlassen, trägt die Verantwortung für die Vermittlung zwischen dem Menschsein und dem Christsein. Sie versucht, die wenn auch noch so formalen Leitlinien für die Gestaltung der Welt und für die Grundakte der Existenz aus der eschatologischen Selbstmitteilung Gottes in Jesus Christus abzuleiten.

[155] *P.-R. Cren*, Der Offenbarungsbegriff im Denken von Wilhelm von Ockham und Gabriel Biel: Handbuch der Dogmengeschichte, hrsg. v. M. Schmaus / A. Grillmeier / L. Scheffczyk, Bd. I, Fasz. 1a: Die Offenbarung von der Schrift bis zum Ausgang der Scholastik, Freiburg/Basel/Wien 1971, 144–152, 152.

IX. Versuch einer Antwort

Für die Wissenschaft, die Gottes Offenbarung in Jesus Christus und ihre Überlieferung durch den Glauben der Kirche zum Gegenstand hat, ist es selbstverständlich, daß sie in methodischer Vielseitigkeit historische und spekulative, theoretische und praktische Elemente umfaßt. Da Gott in allen Dingen präsent und erkennbar ist und durch die eschatologische Selbstmitteilung den Sinn der Schöpfung und der Geschichte erschließt, kann der Eindruck entstehen, daß die Theologie ein Konglomerat der Wissenschaften ist, und daß es so etwas wie einen „theologischen Beweis" nicht gibt. Aber es gibt ihn, und zwar gerade deswegen, weil er nicht der mathematische, naturwissenschaftliche, historische oder juristische Beweis ist. Auf vorwiegend drei Problemfeldern sind der Theologie wissenschaftliche Aufgaben gestellt, die methodisch und sachgemäß anzugehen und zu lösen sind. Es handelt sich 1. um die Herausarbeitung des Glaubensbegriffs, des Mysteriums und der vernünftigen Präambeln christlichen Glaubens, 2. um den Nachweis, daß eine Doktrin oder ein Verhalten durch die Offenbarung abgedeckt ist und darum zum Glauben gehört und 3. um den Aufweis, daß Vernunft und Existenz durch den Glauben ihre eigenste Fähigkeit und Bestimmung ergreifen.

Wo die autonome Vernunft in Aporien endet und die Sinnfrage gestellt ist, wird das dritte der genannten Problemfelder angesprochen. Die Antwort einer Theologie, die dieses Feld betritt und bearbeitet, muß aus der Fülle der Glaubensaussagen und des Glaubensvollzugs kommen.

Jesus Christus ist das Zeichen und die Wirklichkeit Gottes, des Menschen und der Gemeinschaft zwischen beiden. Er dechiffriert das Rätsel des Menschen durch Gott und das Geheimnis Gottes durch den Menschen. Sein Leben übersetzt Gott in die menschliche Leidensgeschichte bis ans Kreuz und erhebt den Menschen in die göttliche Gegenwart der Auferstehung und Verklärung. Er gewinnt Zutritt in das Innerste Gottes und in das Herz der Brüder und Schwestern. In der Vollmacht des Sohnes und in der Kraft des Geistes konnte er die äußerste Hingabe an den Vater und die rückhaltlose Preisgabe an die Mitmenschen vollziehen und dorthin gelangen, wohin der in Schuld und Angst gefangene, in Selbstsucht und Leidenschaft verstrickte, dem Irrtum und dem Todesschicksal ausgelieferte Mensch hätte gelangen sollen. Darum ist Jesus Christus der Mittler zu Gott und zu des Menschen eigenem Sein. Mit ihm findet die Reihe der Symbolfiguren und Erlösergestalten, in denen die Menschen aller Kulturen, Gesellschaften und Religionen sich und ihre Bestimmung zu deuten suchten, den Höhepunkt und Abschluß. Die Einzigartigkeit seines Wesens besteht darin, daß in seiner Person und in seinem Leben Zeit und Ewigkeit verschmelzen; das Einmalige geschichtlichen Daseins fällt mit der Totalität von Sinn zusammen; die Differenz zwischen Idealität und Realität wird aufgehoben, die Einheit von Schöpfertum und Kreatürlichkeit hergestellt. Der Gekreuzigte und Auferstandene, der des Menschen Anstrengung und Leid und Gottes Gnade und Herrlichkeit Fleisch und Blut werden läßt, ist das gültige Bild jeder Epoche, der Mensch, den das Johannesevangelium als den Offenbarer schlechthin bezeugt: ,,Niemand hat Gott je gesehen; der eingeborene Sohn, der an der Brust des Vaters ruht, er hat ihn gezeigt" (Joh 1, 18). ,,Seht, der Mensch" (Joh 19, 5).[1]

Nach Freud, Heidegger und Lévi-Strauss kann man die philosophische Tradition von Platon bis Leibniz, von Aristoteles bis Spinoza, bis Kant und Hegel neu verstehen und mit P. Ricoeur auf das Projekt eines gültigen Bildes vom Menschen hin orientieren. Der Mensch, dessen Existenzakte auf der Achse des Wunsches verlaufen, ist je auf der Ebene des Triebes ins Sein gesetzt, ehe er sich bewußt und frei als Subjekt setzen kann. Sein ,,ich-bin" hat die Priorität und kann von seinem ,,ich denke", ,,ich-will" nicht eingeholt werden.[2] Er weiß um das Ideal der Erkenntnis an sich, das sich jedoch an der Realität der empirischen Erkenntnis bricht. Er weiß um den Imperativ des Handelns um des Guten willen, der jedoch dem Drang zum Handeln um des Genusses willen unterliegt. Er weiß auch, daß er sein Dasein als Geschenk empfängt und nicht zu beliebiger Verfügung erhalten hat, vermag es aber nicht in solchem Einsatz hinzugeben, daß es als größere und reichere Gabe zu ihm zurückkehrt. Jesus aber begreift die Wahrheit der Dinge aus seinem Gottgeheimnis, an dem sie teilhaben; sein Tun und Lassen kommt ungebrochen aus der Vollkommenheit seiner Gesinnung; er gibt in freiester Tat sein Leben hin und nimmt es wieder an sich in der Einsetzung zum Herrn des Universums und der Geschichte. In seiner konkreten Existenz und seinem individuellen Geschick verwirklicht er, was man mit Kant die transzendente Synthese nennen könnte, und zwar nicht nur den transzendenten Ausgleich zwischen Gutsein und Glück, sondern auch jenen zwischen der Selbstanschauung des Geistes im Spiegel der Sinnlichkeit und im Spiegel des reinen Denkens und schließlich

[1] Vgl. *A. Gläßer*, Jesus Christus – Das Heil für Menschheit und Universum: Der Katholische Gedanke 29 (1973) 48–70, 68 f.

[2] *P. Ricoeur*, Hermeneutik und Strukturalismus, München 1973, 145.

jenen zwischen der Selbsthingabe und der Selbstfindung in einem Existenzvollzug, in dem der Preis der vollkommenen Liebe entrichtet und ihr Versprechen eingelöst werden. Kants Kritik der reinen Vernunft, ausgedehnt auf die praktische Vernunft und auf die Existenz des Menschen, wandelt sich in eine Philosophie der Hoffnung und ist nur realisierbar als Theologie der Auferstehung von den Toten.[3] Weit davon entfernt, irrational oder absurd zu sein, gibt der an Jesus Christus Glaubende auf die Aporien des Wissens, Wollens und Existierens, zu denen Kants klassische Fragen „was kann ich wissen, was soll ich tun, was darf ich hoffen?" hinführen, jene Antwort, zu der Gott ihn befähigt.

Wie Jesus Christus die Berechtigung ist, die Chiffre Gott und mehr als diese zu gebrauchen, so bedeutet er auch die Reduktion der bedrängenden Komplexität des Daseins in der gesellschaftlich vermittelten und institutionalisierten Welt. Er führt sie zurück auf die Notwendigkeit und die Möglichkeit der Liebe. Dadurch werden Schuld und Angst in Gottes Macht und Erbarmen geborgen. Unter ihrem Gesetz wird Sinn nicht nur im Leben, im Erfolg und in der Entwicklung, sondern noch im Sterben, im Leiden und Abnehmen des Menschen konstituiert. Das Unheimliche, ja Dämonische, das dem Individuum aus der sozialen Welt und aus den Abgründen seiner eigenen Natur entgegentritt, wird relativiert und als Teil oder Abfall in eine werdende, Gott und den Menschen umfassende Ganzheit eingeordnet.

Indem die Antwort des Glaubens jeden Menschen betrifft und von ihm den Einsatz und das Wagnis des Lebens verlangt, wehrt sie einem unbegründeten Elitebewußtsein. Sie verurteilt einen unverbindlichen Intellektualismus ebenso wie die Anmaßung von Herrschaft über die Natur und die Gesellschaft.

Auf die Einheit der absoluten Transzendenz und der radikalen Immanenz in Jesus Christus ist besonders zu achten, wo einerseits Scheinlösungen aufgedeckt und ideologisch verschlossene Ganzheiten aufgebrochen, andererseits die von der transzendierenden Grundkraft des Menschen erstrebte Ganzheit und Geborgenheit nicht preisgegeben werden sollen.

Der Vater unseres Herrn Jesus Christus ist der aus der Transzendenz in die Geschichte, in die sozio-kulturellen Ordnungen und politischen Machtverhältnisse einbrechende Gott, der in der Geschichte Israels sich geoffenbart hat und durch das Wort der Propheten stets neu gegen

[3] AaO, 217 ff., 220, 222, 223: Die Kritik der Erkenntnis und der Freiheit stößt auf die Hoffnung des Menschen. Die philosophische Bedeutung der Religion überschreitet die Ethik und führt an die Schwelle des christlichen Kerygmas.

menschliche Motivations- und Handlungszusammenhänge, gegen gesellschaftliche Zustände und ihre Legitimationsbedürfnisse gehandelt hat. Er ist nicht einer von den Göttern Ägyptens, die zusammen mit dem König und seinen Untertanen die Aufgabe haben, die soziale Ordnung und die biologische Vitalität des Landes zu erhalten und zu reproduzieren. Er sitzt nicht zusammen mit dem Menschen im Boot des Seins, wo die „Zunge des Menschen das Steuerruder" des Schiffes und der „Allherr der Steuermann" ist, und treibt nicht auf dem Ozean des Nichts, aus dem er nur auftauchen konnte, indem er menschliche Gestalt annahm.[4] Er tritt nicht im Chaos auf, um ihm wie die Heerführer und Reichsgründer den fremden Völkern eine Ordnung aufzuerlegen. Darum kann er auch nicht wie die Götter Assurs und Babels seinen Namen den Herrschern und Reichen geben und sein Bild nicht als Spiegelung persönlicher Macht und privaten Besitzes mit individuellen Zügen und persönlichen Merkmalen ausstatten.[5] Noch weniger trifft es für ihn zu, daß er als Personifizierung menschlicher Eigenschaften, kosmischer Gesetze, sozialer Ordnungen oder geschichtlicher Tragik wie die Götter des griechisch-römischen Pantheons Gestalt gewinnt.[6] Die Entwicklung des Jahweglaubens und des christlichen Dogmas kann auch dann nicht als Produkt der Fähigkeit des Menschen zur Imagination verstanden werden, wenn man in Rechnung stellt, daß diese nicht nur Bilder, sondern auch Gegenbilder der menschlichen Welt (Utopien) hervorbringen kann. Die Wirklichkeit, für die in der jüdisch-christlichen Überlieferung die Chiffre Gott gesetzt wird, schafft eine vollständig neue Situation und fällt nicht mit dem zusammen, was A. Malraux über die „Andere Welt" geschrieben hat, in der der Mensch als Mensch immer lebt: „Für alle gleich, in verschiedenen Graden, ist das

[4] *E. Hornung*, Der Eine und die Vielen. Ägyptische Gottesvorstellungen, Darmstadt ^{2}1973, 191 (18. Kapitel der Lehre des Amenemope, das man das „Hohelied des transzendenten Gottes" genannt hat [S. Morenz]; nach dem Urteil von E. Hornung zu Unrecht, da Sein und Aktionen des einen Gottes nicht anders bestimmt werden als bei den übrigen Göttern).

[5] *Jorgen Laessoe*, Babylonische und assyrische Religion: Handbuch der Religionsgeschichte, hrsg. v. J. P. Asmussen / J. Laessoe in Verbindung mit C. Colpe, Bd. 1, Göttingen 1971, 497–525, 504, 505–510, 525. *J. Nougayrol*, Einführende Bemerkungen zur babylonischen Religion: Theologie und Religionswissenschaft, hrsg. v. U. Mann, Darmstadt 1973, 28–46, 45.

[6] *K. Kerényi*, Antworten der Griechen: Wer ist das eigentlich – Gott?, hrsg. v. H. J. Schulz, München 1969, 123–133, 131 ff.: Die Götter, in höchster Form Zeus, lassen die von Moira bestimmten Bereiche der Natur und der Welt aufscheinen, in denen Freiheit des Menschen, ihre Grenze und ihr Widersinn möglich sind.

Reale bloße Erscheinung, und etwas anderes existiert, das nicht Erscheinung ist – und nicht immer den Namen Gott trägt."[7]

Nachdem aber Gott sich in Jesus Christus geoffenbart hat, gilt ebenso konsequent, daß der Transzendente sich in die Geschichte der Menschheit inkarniert. Die griechisch-römische Philosophie konnte immer nur den einen oder den anderen Pol der Wirklichkeit Gottes denken. Aristoteles erkauft die Transzendenz Gottes um den Preis, daß kein Band der Freundschaft zwischen ihm und dem Menschen geknüpft werden kann. Platons Idee der Idee bedarf des Demiurgen und der von ihm geschaffenen Weltseele, um mit der Materie und dem Menschen in Kontakt zu kommen. Die stoische Popularphilosophie schließt Gott in die geeinte Vielfalt des Weltenleibes ein. Und die synkretistischen Lehrsysteme der Gnosis und des Arianismus fielen in den engen Rahmen dessen zurück, was für griechisches Denken möglich war. Im Menschen Jesus sei die demiurgische Doppelgestalt, die Logos-Sophia, inkarniert, männlich-göttlich für den Menschen, der ihr Bild an sich ausprägen muß, um seine ideelle Bestimmung zu erreichen (Paideia), aber weiblich-geschöpflich gegenüber Gott, so daß der Logos in Wahrheit nicht zwischen Gott und den Menschen vermittelt, sondern zwischen dem empirischen Menschen und dessen ideellem Wesen.[8] Angesichts dieses spiritualistischen Humanismus,

[7] *A. Malraux*, The Metamorphosis of the Gods, New York 1960, zit. bei *Th. Dobzhansky*, The Biology of Ultimate Concern, New York/Cleveland 1969, 111.

[8] Zur mittelplatonisch beeinflußten Subordination des Logos unter Gott und der Vernunftwesen unter den Logos schon bei Origenes vgl. *F. Ricken*, Das Homousios von Nikaia als Krisis des altchristlichen Platonismus: Zur Frühgeschichte der Christologie, hrsg. v. B. Welte (= Quaestiones Disputatae 51), Freiburg 1970, 82. Nach dem Urteil Quispels verfehlt die Gnosis das Wesentliche des Christentums und hält den Menschen in tragischer Geschiedenheit von Gott (*G. Quispel*, L'Homme Gnostique. La Doctrine de Basilide: Der Mensch II [= Eranos Jahrbuch 1948 Bd. 16], hrsg. v. A. Portmann, Zürich 1949, 89–139, 138 f. *Ders.*, La Conception de l'Homme dans la Gnose Valentinienne: Der Mensch I [= Eranos Jahrbuch 1947 Bd. 15], Zürich 1948, 249–286, 286). Im gnostischen Sophia-Mythus sind die Weisheit (Tochter Gottes) und der Offenbarer (Sohn Gottes), durch die heilige Hochzeit vereint, der Erlöser des Pneumatikers (vgl. *J. Zandee*, Die Person der Sophia in der vierten Schrift des Codex Jung: Le Origini dello Gnosticismo. Colloquio di Messina 13–18 Aprile 1966, hrsg. v. U. Bianchi, Leiden 1970, 203–214, 210 f.).

Bei Philo von Alexandrien, dem Zeitgenossen Jesu, werden der Logos (platonisches Element) und die Weisheit (jüdisches Element) als Schöpfungsmittler zwar Gott untergeordnet, vielleicht auch nur als Personifikationen göttlicher Eigenschaften aufgefaßt, aber Gott, der Logos und die Geistseele des Menschen liegen außerhalb der Polarität des Männlichen und Weiblichen (*U. Früchtel*, Die kosmologischen Vorstellungen bei Philo von Alexandrien, Leiden 1968, 177 f. *R. A. Baer,* Philo's Use of the Categories Male and Female, Leiden 1970, 19). Zur Paideia der Griechen vgl. *W. Jaeger,* Paideia I, Berlin/Leipzig ^{2}1936, 1–20.

dem nicht nur das Ziel des Menschen in Gott verschlossen blieb, sondern auch die Einbeziehung des ganzen Menschen mit Leib, Seele und Geist in die Heilshoffnung, weisen der aktuelle Sinn des trinitarischen Dogmas vom Gleichsein des Sohnes und des Geistes mit dem Vater, ausgesprochen in dem Glaubenssymbol von Nicäa (325)[9] und Konstantinopel (381)[10], und die Intention des Dogmas von der wahren Menschheit (und Gottheit) Christi, definiert durch die Formel des Chalkedonense (451), primär auf das Gebiet der Soteriologie.[11] Wer durch den Glauben und die Sakramente in reale Kommunion mit dem Menschen Jesus tritt, der kommuniziert mit Gott und lebt mit dem Sohn den Austausch des Seins in der Gemeinschaft des Vaters und des Heiligen Geistes; er ist der göttlichen Natur teilhaftig geworden (2 Petr 1, 4).

Die mit dem trinitarischen und dem christologischen Dogma gemeinte Realität – diese These kann nun intellektuell verantwortet werden – ist nicht nur der articulus stantis et cadentis für das Christentum, sondern auch für jede menschliche Hoffnung auf ein Ziel oder einen Zustand, die den Namen Heil verdienen.

Durch die Konfrontation mit der marxistischen Utopie einer innergeschichtlich vollendeten Menschheit und mit Plessners dualistischem Gegensatz zwischen Glaubensvollzug und Geistvollzug wird diese These mehr bestätigt als widerlegt. Kein Gesetz der Natur, nichts in der Konstitution des Menschen weist darauf hin, daß der Prozeß der Sozialisierung zu einem Kommunismus gelenkt werden kann, der „die wahrhafte Auflösung des Widerstreits zwischen dem Menschen und der Natur und mit

[9] *F. Ricken*, aaO, 99.

[10] *A. M. Ritter*, Das Konzil von Konstantinopel und sein Symbol, Göttingen 1965, 119 f. (Eine Gottheit, Wesenheit und Ehre werden vom Vater, Sohn und Geist ausgesagt. Die Formel „eine Usia, drei Hypostasen" spricht, im platonischen Sinn verstanden, den Personen die Gottheit zu, ohne sie zu drei Göttern zu machen).

[11] Der Logos bei Athanasius, dem Vater des nicänischen Homousios, ist nicht Welt-Prinzip, sondern Heils-Prinzip des Gottes, der selbst der Mittler, das heißt unmittelbar zu seiner Schöpfung ist (*A. von Harnack*, Grundriß der Dogmengeschichte 4, 3, Tübingen [6]1922, 217. Vgl. *F. Ricken*, aaO, 98). Vgl. *A. Grillmeier*, Die altkirchliche Christologie und die moderne Hermeneutik. Zur Diskussion um die chalkedonische Christologie heute: Theologische Berichte 1, hrsg. v. J. Pfammater / F. Furger, Zürich/Einsiedeln/Köln 1972, 69–169, 121 (Die theologische Intention bei Athanasius und Apollinaris sei soteriologisch). Kritisch gegen eine chalkedonische Theologie, die den soteriologischen Sinn des Christusdogmas vernachlässigt: *K. Rahner*, Chalkedon – Ende oder Anfang?: Das Konzil von Chalkedon. Geschichte und Gegenwart, hrsg. v. A. Grillmeier / H. Bacht (1954), Nachdruck Würzburg 1959, 3–49, 41 ff.

dem Menschen, die wahre Auflösung des Streits zwischen Existenz und Wesen, zwischen Vergegenständlichung und Selbstbestätigung, zwischen Freiheit und Notwendigkeit, zwischen Individuum und Gattung" wäre.[12] Und es sind vorletzte, nicht letzte Gedanken, mit denen Plessner seine Phänomenologie des Organischen beschließt, da sie für den Glauben und den Geist gegenüber der empirischen Welt gelten, gegenüber dem schlechthin Transzendenten aber neu aufgenommen und zu Ende geführt werden müssen: „Ein Weltall läßt sich nur glauben. Und solange er glaubt, geht der Mensch ›immer nach Hause‹. Nur für den Glauben gibt es die ›gute‹ kreishafte Unendlichkeit, die Rückkehr der Dinge aus ihrem absoluten Anderssein. Der Geist aber weist Mensch und Dinge von sich fort und über sich hinaus. Sein Zeichen ist die Gerade endloser Unendlichkeit. Sein Element ist die Zukunft. Er zerstört den Weltkreis und tut uns wie der Christus des Marcion die selige Fremde auf."[13] Im Gegenteil, die Linie, allerdings die begrenzte Linie, ist das Bild des physikalischen Weltalls, das in seinem Lauf dem Gesetz der Entropie gehorcht, das Bild auch der biologischen Evolution und der triebhaften Entwicklung des Menschen. Dem Geist aber ist es nach Thomas von Aquin eigen, „in vollständiger Wendung zum eigenen Wesen" zurückzukehren[14], weil er „in sich selbst Bestand hat"[15]. „Die Entwicklung des Geistes ist Auseinandergehen, Sichauseinanderlegen, und darin zugleich ein Zusichkommen", sagt Hegel in den Vorlesungen über die Geschichte der Philosophie.[16] Aus jedem Ausschritt in das Andere kehrt er zu sich zurück, und soll er nicht mit sich und seinem Ungenügen allein bleiben, soll sein Selbstvollzug nicht die endlose Wiederholung endlicher Kreise sein, so muß er selbst aus der Fremde nach Hause zurückkehren und in die unendliche Kreisbewegung eintreten durch die Überantwortung an einen „Ganz Anderen". Der Geist selbst vollendet sich im Glauben. Zu dem gleichen Ergebnis wie die Betrachtung der Dynamik des Geistes führt auch die Phänomenologie seiner Struktur, der Plessner besser gerecht wird. Daß der Mensch stets außerhalb seiner selbst steht, macht seine Größe und sein Elend aus. Heile Existenz kann er nur unter der Bedingung leben, daß er ein Gegenüber findet, mit dem er den vollkommenen Austausch des Gebens und Neh-

[12] *K. Marx*, Die Frühschriften, Stuttgart 1953, 235.

[13] *H. Plessner*, Die Stufen des Organischen und der Mensch, Berlin ^{2}1965, 346.

[14] In Librum de Causis, lect. 15.

[15] S. Th. I 14, 2 ad 1.

[16] *G. W. F. Hegel*, Sämtliche Werke Bd. XV a: Vorlesungen über die Geschichte der Philosophie, hrsg. v. J. Hoffmeister, Leipzig 1940, 109.

mens vollzieht und so die Wir-Sphäre des Geistes, in der er mit allen Wesen existiert, als den Raum der Geborgenheit eröffnet und umschreibt.

Auch gegenüber innerchristlichen Versuchen, den Mythos Gott durch den Mythos Mensch zu ersetzen, wie sie in dem Slogan „Gott wurde Mensch, damit der Mensch Mensch werde" zum Ausdruck kommen, ist anspruchsvolles und unbestechliches Denken angebracht. Die Grunddogmen von der Trinität und dem Gott-Menschen Christus enthalten die wesentliche Botschaft, daß der Mensch keine andere Bestimmung hat, kein anderes Heil erreichen kann, als daß er seine Existenzmitte in Gott selbst verlegt. Ps.-Augustins klassische Formulierung „Gott wurde Mensch, damit der Mensch Gott werde" (Sermo 128,1) läßt im Blick auf die Wesensgleichheit des Sohnes mit dem Vater, die gott-menschliche Natur Christi und das „übernatürliche Ziel" des Menschen keine Abwandlungen zu und kann nicht sinnvoll als Vehikel eines Humanismus oder zur Verharmlosung des feuerbachschen Programms der Selbsteinsetzung des Menschen benützt werden. Will der Mensch die göttlichen Attribute aus der fiktiven Transzendenz, in die hinein er sie projiziert hat, zurückholen und an sich reißen, dann ist es blasphemisch, dafür die Sprache des christlichen Glaubens zu mißbrauchen und die Selbstwerdung des Menschen als Inkarnation Gottes zu bezeichnen. Wo man aber christliche Auffassungen gegen den Vorwurf und das Mißverständnis, daß sie den Menschen verraten und seiner Aufgabe entfremdem, glaubt verteidigen zu müssen, sollte man darauf achten, daß man nicht eine Sprache spricht, die mit anderen Bedeutungen besetzt ist und den Glauben unter das Gesetz der autonomen Vernunft beugt. Was in Jesus Christus schon geschehen und eschatologische Gegenwart geworden ist, kommt auf den Christen als Karfreitag und Ostern zu; es ist die Preisgabe der Vernunft, der Freiheit und des Seins und die Aneignung einer neuen Existenz. Er wird mit Christus begraben und auferweckt und nimmt in dieser Gleichgestaltung mit dem Herrn sein neugeformtes Sein als Geschenk entgegen, um die Selbstverwirklichung aus Gnade zu beginnen.

Im Licht des Glaubens erkennt der Mensch, daß er nach dem Gleichbild (similitudo) Christi geformt ist und als Abbild (imago) Gottes geschaffen wurde. Besinnt er sich auf sein Wesen und seine Bestimmung, so bleibt ihm keine andere Alternative, als entweder vom homo absconditus zu sprechen und den vielen Definitionen des Menschen die Behauptung seiner Undefinierbarkeit hinzuzufügen oder aber zu bekennen, daß es uns nach den beiden Weltkriegen innerhalb eines halben Jahrhunderts nicht mehr erlaubt ist, „die ›Falschprophetie‹ des Friedens, des Glücks, der

Prosperität durch den Fortschritt der Maschine, nicht einmal jene des Übermenschen zu verkünden", sondern „ganz einfach mit demselben bescheidenen Stolz wie die legendären Propheten Israels angesichts des Lärms der Zivilisationen, der Maschinen, der Armeen, der Siege und der Niederlagen die Gestalt des *primordialen Menschen* aufzurichten, des Verwahrers der ›Verheißung‹, in den Gott diese Macht gelegt hat, den Zutritt zum Gleichbild Gottes anzunehmen oder zu verweigern"[17].

In der Kraft des Glaubens übernimmt der Mensch sein Selbst-Sein-Können als Geschenk; es geschieht die Selbstverwirklichung aus Gnade. Im Glauben überantwortet der Mensch als ganzer sich Gott, er bezahlt das Brückengeld der Auferstehung und Verklärung und unterwirft sich auf höchstmöglicher Ebene dem Gesetz vernünftigfreier Existenz des Geistes, der im Erkennen zum Absoluten ausschreitet und mit der Wahrheit zu sich zurückkehrt, der im Wollen sich auf das schlechthin Gute ausstreckt und mit Glück erfüllt wird.

Man muß das Modell menschlicher Emanzipation durch Arbeit und Sprache nicht geringschätzen. Es ist nicht nur ein Versuch, sondern die Thematisierung eines dauernden und notwendigen Mediums der Freiheitsgeschichte. Wenn aber die denkerischen Bemühungen genau dort abgebrochen werden, wo die Fragen nach dem Subjekt der Freiheit, nach dem Sinn des Dialogs und nach dem Ziel der Gattung ihren Platz und ihr Recht fordern – und das tut J. Habermas –, so wird man das beklemmende Gefühl nicht los, daß hier die Theorie einer Gesellschaft entwickelt wird, die die Freiheit, weil sie ihr tief mißtraut, an eine Aufgabe bindet, deren Ziel nicht die Würde der Person ist.[18] Es ist nicht ein menschliches, sondern ein titanisches Unterfangen, „die Welt des Menschen mit dem Spiel der Kräfte dieser Welt" erklären und „zu keinen übermenschlichen und in diesem Sinne heteronomen Kräften Zuflucht" nehmen zu wollen.[19] Bewußt oder unbewußt wird ein Stück Verachtung und Erniedrigung des Menschen praktiziert, wo dem jungen und leistungsfähigen Menschen das Gefühl suggeriert werden soll, daß er die Hand am Puls der Zeit hat und von den großen Rhythmen der Geschichte getragen wird,

[17] *G. Durand*, Défiguration Philosophique et Figure Traditionnelle de l'Homme en Occident. Préface à une Antihistoire de l'Antiphilosophie: Sinn und Wandlungen des Menschenbildes (= Eranos Jahrbuch 1969 Bd. 38), hrsg. v. A. Portmann, Zürich 1972, 45–93, 89 f.

[18] So in „Erkenntnis und Interesse" (Frankfurt ^{2}1969), 300, 351 f. und in „Theorie der Gesellschaft oder Sozialtechnologie?" (Frankfurt ^{2}1972), 285.

[19] *A. Schaff*, Marxismus und das menschliche Individuum, Wien 1965, 253.

während die Alten, Kranken und Sterbenden aus dem Wirbel der Interaktion und Kommunikation ausgestoßen werden, nachdem man ihre Freiheit, ihre vitale und geistige Kraft total für ein Werk beansprucht hat, das hinter dem Vermögen ihres Herzens zurückbleibt. Das Motiv für eine Beschränkung der Aktivität auf die „Selbstkonstituierung der Menschengattung unter kontingenten Naturbedingungen" und für eine Konzentration auf die „Vernunft, die dem Interesse innewohnt"[20], dürfte in dem Mißtrauen gegen den Menschen und in dem Bedürfnis, ihn zu entlasten, begründet sein, das die Ergebung in Naturzwänge der Herrschaft von Menschen vorzieht. Solches Mißtrauen und Entlastungsbedürfnis des autonomen Menschen ist verständlich; die Zuflucht zur Natur anstatt zur Transzendenz aber signalisiert die Tragik des Ärgernisgebens und -nehmens und das Geheimnis des Bösen.

Der Glaube, die Erfahrung und die Erkenntnis Gottes durch Christus im Heiligen Geist, läßt die Grenzen bloßer Spekulation und enttäuschter Interessen hinter sich und stößt in die Theorie und Praxis des möglichen heilen Seins und Menschseins vor. Steht am Anfang und am Ende aller Wirklichkeit der Dreieinige Gott, dann gibt es für den Menschen ein Leben auf Sterben hin und ein Sterben auf Leben hin, eine geschützte Liebe in der Sünden- und Leidensgeschichte, eine Geborgenheit des Gutseins unter den Bedingungen endlicher, dem Mißbrauch, der Unterdrückung und dem Untergang ausgesetzter Freiheit. Könnte nicht der Lebensaustausch in der gegenseitigen Hingabe und Widergewinnung, in der Entfremdung und Beheimatung, in dem Anderssein und dem Selbstsein, in der Vielheit und der Einheit des Vaters und des Sohnes im Geist als Modell personaler Existenz, als Prototyp jeglichen Seinsvollzugs, als Grund und Ziel menschlicher Hoffnung verstanden werden?

Als die mittelalterliche Ordnung von Kirche und Reich ihre Überzeugungskraft verlor und die nominalistische Philosophie nicht mehr die Einheit der Wahrheit denken konnte, waren es die Mystiker, die in der Glaubenserfahrung die Totalität von Sein und Sinn neu entdeckten und in Bildern aussprachen, die an Kühnheit und Folgerichtigkeit die Gedankengebäude der Hochscholastik übertrafen. Sie übernahmen nun die Führung in einer lebendigen und gelebten Theologie, die den breiten Schichten des gläubigen Volkes mitvollziehbar war.[21] Mit erstaunlicher Klarheit

[20] *J. Habermas*, Erkenntnis und Interesse, 349. Vgl. *ders.*, Gesellschaftstheorie oder Sozialtechnologie, 285 ff.

[21] Es war nicht allein die Schuld der Mystiker, wenn ihre Lehre pantheistische Neigungen bestärkte, dem Bedürfnis nach passiver Beschaulichkeit Nahrung gab und als Anleitung

formuliert Meister Eckhart (gest. 1327): „Der Vater erkennt nichts als dieses selbe Wort und sich selbst und die ganze göttliche Natur und alle Dinge in diesem selben Wort, und alles, was er darin erkennt, das ist dem Worte gleich und ist dasselbe Wort naturhaft in der Wahrheit."[22] Und Johannes Ruysbroeck (gest. 1381), der die deutsche Mystik und „moderne Frömmigkeit" zu ihrem Gipfel führte, weiß auch um die andere Phase des trinitarischen Lebens: „. . . und daß der Sohn wiederum den Vater ansieht als Gebärenden und Fruchtbaren und sich selbst und alle Dinge in dem Vater: hieraus stammt eine Minne, das ist der Heilige Geist, und das ist ein Band von dem Vater zu dem Sohne und von dem Sohne zu dem Vater. Dieses Gebären und Wiedereinfließen der Einheit, das ist das Werk der Trinität: Einheit der Natur und Dreiheit der Personen."[23] Die aus dem Wasser und dem Geist Wiedergeborenen, die mit Christus zur einen und einzigen Kindschaft Berufenen treten ein in diese Schwingung des seligen Lebens, nach deren Bild und zu deren Teilnahme alle Dinge geschaffen sind und in deren Licht sie verklärt werden: In lumine tuo videbimus lumen (Ps 35 (36), 10). Es ist ein und dieselbe Vision oder Erfahrung, die der christlichen Mystik zugrunde liegt bei Johannes vom Kreuz und Theresia von Avila, bei Teilhard de Chardin und bei André Frossard. Letzterer zeichnet mit Exaktheit die Struktur der Gottbegegnung, die ihm, dem Atheisten von Kindheit an, dem Journalisten und Verfasser des Bestsellers „Gott existiert. Ich bin ihm begegnet" vor mehr als vierzig Jahren in der Kapelle der Rue d'Ulm zu Paris zuteil geworden ist. „Der Himmel . . . stürzt auf mich zu, schießt plötzlich wie ein stummes Wetterleuchten aus der Kapelle empor, wo er . . . auf geheimnisvolle Weise eingeschlossen war."[24] Die „Evidenz" Gottes ist von einem Glanz und einer Dichte, „daß unsere Welt da vor ihr zu den verwehenden Schatten der nicht ausgeträumten Träume zurücksinkt". Die Milde und die Güte dessen, „den die Christen unseren Vater nennen", ist fähig, „den härtesten Stein – das menschliche Herz" zu zerbrechen.[25] Fortan ist alles von der Gegenwart

mißverstanden und mißbraucht wurde, periphere Momente des Lebens Jesu oder des Glaubenskosmos als Erreger frommer Gefühle und irrationaler Frömmigkeit zu benützen. Die rationale Theologie selbst vermochte der Bedeutungsfülle der Bilder nicht zu folgen und war in Aporien gefangen, die es ihr nicht erlaubten, das Bewußtsein der Zeit, die Nöte des öffentlichen Lebens und des individuellen Geschicks der Zeitgenossen zu decken.

[22] *F. Pfeiffer*, Deutsche Mystiker des 14. J. H. II, Leipzig 1857, 290; Quaestio 25.

[23] Zierde der geistlichen Hochzeit II 38; Werke I 181.

[24] *A. Frossard*, Gott existiert. Ich bin ihm begegnet, Freiburg 1970, 136.

[25] AaO, 137.

des Einen erfüllt, der Beschenkte erfährt das Glück der Verzeihung und der Liebe. In dieser Liebe begeht er auch den Karfreitag und den Karsamstag, als zweimal „das größte Leid, das Menschen treffen kann", in seinem Hause eingekehrt ist, und er den Platz an der Begräbnisstätte seiner Kinder auch für sich selbst bezeichnet. Er hat im Grauen die „Erinnerung an Gottes Barmherzigkeit" gesucht und geglaubt, daß „auch die Verlorenen eins sein werden, wenn einmal jene milde Güte wiedergefunden sein wird". Die Freiheit zur Bejahung, zur Freude und zur Dankbarkeit vor dem Sein ist Gnade. „Liebe, um dich zu verkünden, wird die Ewigkeit zu kurz sein."[26]

Die weltumspannende Wirklichkeit des Glaubens als Akt und als Inhalt gibt Anlaß, die hermeneutische Frage noch einmal in ihrer ganzen Spannweite aufzugreifen. Der Weg des Verstehens führt uns von dem Kerygma des Neuen Testaments zu Jesus, von dem es kündet; von Jesus zum Alten Testament, mit dem er in dem Horizont von Verheißung und Erfüllung steht; von Jesus zum Kreuz und zur Auferstehung, die wir als Phasen seines Gehens zum Vater begreifen; von Kreuz und Auferstehung zu den Uranfängen und zu der Zukunft der Welt, die in Schöpfung, Tod und Neuschöpfung den durch Jesus eröffneten und vorgezeichneten Heilsweg durchläuft. Zu dem Werk von H. de Lubac über den historischen, allegorischen, moralischen und anagogischen Sinn der Schrift[27] kommentiert P. Ricoeur, daß es Ziel der mittelalterlichen Exegese war, die „in der lectio divina" aus dem Glauben gewonnene Einsicht und die rational-erkenntnismäßige Durchdringung „der gesamten göttlichen und menschlichen, geschichtlichen und physischen Wirklichkeit" koinzidieren zu lassen. „Die heilige Schrift interpretieren heißt, ihren Sinn als heiligen Sinn zu erweitern und zugleich das, was an profaner Kultur übrigbleibt, diesem Verständnis einzugliedern; um diesen Preis hört die heilige Schrift auf, ein streng begrenzter Gegenstand der Kultur zu sein: Erklären der Texte und Erforschen der Mysterien werden eins. Die Absicht der Hermeneutik ... läuft darauf hinaus, den globalen Sinn des Mysteriums mit einer differenziert gegliederten Wissenschaft des Sinns zusammenfallen zu lassen, den *multiplex intellectus* an den *intellectus de mysterio* anzugleichen."[28] Das hermeneutische Unternehmen kann also nicht von der Frage nach dem Verhältnis zwischen den Humanwissenschaften und der christlichen

[26] 142 f.

[27] *H. de Lubac*, Exégèse Médiévale. Les Quatre Sens de l'Écriture, 4 Bde., Paris 1959–1964.

[28] *P. Ricoeur*, Hermeneutik und Strukturalismus, München 1973, 179 f.

Anthropologie absehen und ist nur durchführbar, wenn es in diesem Verhältnis außer der Differenz auch einen Zusammenhang gibt. Neuere Versuche, eine christliche Anthropologie im Ausgang allein vom Gekreuzigten Jesus zu entwerfen und jenseits des epochalen Selbstverständnisses, des Standes von Wissenschaft und Zivilisation, von Kultur und Gesellschaft anzusiedeln, holen nicht die Situation des Menschen ein und lassen die Frage nach der gesamten Wirklichkeit christlicher Existenz ohne Antwort. Ihre Implikationen, ohne die sie nicht denkbar wären, brauchen nur thematisiert zu werden, um in die Bereiche der Verwirklichung des Menschen hineinzuführen und in die Problematik der in regionaler Autonomie entworfenen Anthropologien vorzustoßen.[29]

Das Christentum kennt nur das Kerygma von Kreuz *und* Auferstehung. Die Verkürzung auf das Kreuz, nicht anders wie die Verkürzung auf die Auferstehung, schwächt das Licht und die Kraft des Glaubens. Aus der Wurzel der theologischen Reduktion erwächst eine Absurdität, die auf den Ebenen des Daseinsrätsels triumphiert. Auch ohne die Kontroverse zwischen J. Moltmann und den Vertretern der politischen Theologie vollständig darzustellen, darf hier auf die Punkte hingewiesen werden, an denen sich die Geister scheiden. Daß eine jenseitige Konzeption des Reiches Gottes (abstrakte Utopie) vom Christen die innere Teilnahmslosigkeit an der Welt und die Verweigerung des Engagements in ihre Entwicklung verlangt, eine diesseitige Auffassung (konkrete Utopie) aber die kritische Kraft des Christentums minimalisiert, diese Dialektik von Partizipation und Nonkonformismus ist ein Faktum christlicher Wirkungsgeschichte. Der Rückgriff auf ein stoisch-naturrechtliches Weltbild katholischerseits hilft sowenig weiter wie evangelischerseits die Zuhilfenahme der historisch bedingten Zwei-Reiche-Lehre.[30] Doch über den bleibend gültigen Ausgangspunkt einer christlichen Anthropologie sollte es nicht den Streit und die Verwirrung geben, die tatsächlich die Szene beherrschen. Gottes Gottsein im Paradox des Kreuzes als Solidarität mit denen, die ihm fremd geworden sind, anzuschauen[31]; die Identität des Menschen aus seiner Entfremdung entnehmen zu wollen[32]; den

[29] Vgl. dazu den Katalog diesbezüglicher Aufgaben bei *A. Ganoczy*, Neue Aufgaben der christlichen Antropologie: Concilium 9 (1973) 417–424.

[30] Vgl. *J. Moltmann*, Mensch. Christliche Anthropologie in den Konflikten der Gegenwart (= Themen der Theologie, hrsg. v. H. J. Schulz Bd. 11), Stuttgart/Berlin 1971, 65 ff., 68 f.

[31] *J. Moltmann*, Der gekreuzigte Gott. Das Kreuz Christi als Grund und Kritik der Theologie, München 1972, 32 f.

[32] AaO, 10, 20 f., 22, 30.

Gegensatz statt der Entsprechung (Analogie, Vermittlung zwischen Identität und Differenz) zum exklusiven Erkenntnisprinzip zu erheben[33]; die Leidensgeschichte als das einzige relevante menschliche Phänomen zu betrachten und von der Passion Christi her zu deuten; den Todesschrei Jesu als den Schrei Gottes nach Gott zu verstehen[34]; die Leidensgeschichte der Welt radikal in Gottes Geschichte hineinzunehmen, das Kreuz Jesu Christi zum „Materialprinzip der Trinitätslehre", die Trinitätslehre zum „Formalprinzip der Kreuzestheologie" zu erklären und die Trinitätslehre als „nichts anderes" denn „die Kurzfassung der Passionsgeschichte Christi in ihrer Bedeutung für die eschatologische Freiheit des Glaubens und des Lebens der bedrängten Kreatur" zu definieren[35], mit all dem werden mehr Probleme geschaffen als gelöst.

Wie stünde es um das Motiv der Tröstung, wenn der Mensch sein Genügen daran fände, daß es Gott nicht besser ergeht? Befriedigung über Gottes Leid befähigt nicht eher zur Liebe, zum Dank und zur Demut als Befriedigung über die Not der Kreatur.

Eine Theodizee würde sich erübrigen. Das Mysterium der Nachbildung des trinitarischen Lebens auf dem Boden des Endlichen und mit den Mitteln kontingenter Freiheit würde durch Gottes Leidenswillen und die Götterdämmerung entschleiert. Aber welche Hoffnung wirft der Mensch auf einen Gott, der im Prozeß des Untergangs seiner Schöpfung sich selbst erlöst?

Und was ist die Wahrheit des Kreuzes? Wird Gott nicht „Leid" zugefügt durch die Halsstarrigkeit, mit der sein Volk die Gnade der Sohnschaft verweigert und den „einzigen" Sohn Gottes tötet? Die Todeshingabe des Sohnes aber – und dies trotz des mit ihr verbundenen, menschlich erfahrenen Leids – ist die Tat, durch die der Vater verherrlicht wird und sein Gottsein zurückerhält, um es aufs neue dem Sohn zu übertragen.

In Kreuz und Auferstehung repräsentiert Christus das Leben des gottgleichen Sohnes und das Leben der mit ihm vereinten Menschheit, die in Gott ihre Freiheit realisiert und die Versöhnung zwischen dem Anders-

[33] AaO, 32.

[34] AaO, 142 ff., 192, 228 ff. Vgl. *J. Moltmann / H. Dembowski*, Gottes Sein ist im Leiden: Evangelische Kommentare (1973) 421–426.

[35] Der gekreuzigte Gott, 232. Vgl. *K. Lehmann*, Wandlungen der neuen ›politischen Theologie‹: Internationale katholische Zeitschrift ›Communio‹ 2 (1973) 385–399, 399. Zum Dissens in diesem Punkt vgl. *J. B. Metz*, Kleine Apologie des Erzählens: Concilium 9 (1973) 334–341, 338 f. *Ders.*, Erlösung und Emanzipation: Stimmen der Zeit 191 (1973) 171–184, 181 f. *J Moltmann*, Gesichtspunkte der Kreuzestheologie heute: Evangelische Theologie 33 (1973) 346–365, 361.

sein und dem Selbstsein des Geistes, des Willens und der Existenz findet.

Die Einheit der immanenten und der ökonomischen Trinität ist nicht der Prozeß, in dem Gott im Menschen und der Mensch im Gekreuzigten durch die Entfremdung hindurch die Positivität ihres Seins gewinnen. Die Rede von Materialprinzip und Formalprinzip beiseite! Entsprechung von Urbild und Abbild in ihrer Konstitution und Union kommt der Sache näher.[36] Das Symbol der immanenten Trinität ist der Kreis, der sich öffnet, den Raum für sein Abbild schafft, dieses trägt und vollendet, auch dann, wenn es sein Urbild verdeckt und zum „Auslöscher Gottes" mißrät. In der Schöpfung, wo Freiheit mißbraucht und Autonomie usurpiert wird, entäußert sich Gott. Das Symbol ihrer Geschichte, ihres Falles, ihrer Erlösung und ihrer Vollendung, das Symbol also der ökonomischen Trinität, ist die offene Sphäre, die durch das Geschehen von Kreuz und Auferstehung mit dem offenen Kreis der immanenten Trinität die Ganzheit

[36] Daß *Moltmann* eine Theologie der Zukunft mit Blochs Hoffnungsphilosophie (Theologie der Hoffnung, München 1964) entwickelt, dann zu einer Theologie des Kreuzes auf dem Boden von Adornos und Horkheimers negativer Dialektik übergeht, bemerkt W. Kasper kritisch (*W. Kasper*, Revolution im Gottesverständnis. Zur Situation des ökumenischen Dialogs nach Jürgen Moltmanns „Der gekreuzigte Gott": Theologische Quartalschrift 153 [1973] 8–14). Im Hinblick auf manche Tendenzen in Moltmanns Theologie möchte Kasper das berühmt-berüchtigte Wort von K. Barth umkehren: „die analogia entis sei der einzige ernsthafte Grund, nicht protestantisch zu werden bzw. heute schon die erreichte Einheit der Konfessionskirchen zu proklamieren ..." (aaO, 13 f.). Moltmanns Antwort auf die Bedenken Kaspers gegen eine Dialektik Gottes und des Menschen, der Entfremdung und der Befreiung, der Liebe und des Hasses, die in Identität umschlägt, Gottes Freiheit aufhebt und den Funktionalismus des deutschen Idealismus (Hegel und Schelling) erneuert, kann nicht überzeugen. Vgl. *W. Kasper*, Revolution im Gottesverständnis, 11–13. *J. Moltmann*, „Dialektik, die umschlägt in Identität" – was ist das? Zu Befürchtungen *W. Kaspers*: Th Q 153 (1973) 346–350. Jedes Seiende gewinnt in der Dialektik von Thesis, Antithesis und Synthesis seine Identität. Eine Dialektik des Seins zwischen Gott und dem Menschen würde die Konstitution des wahren Gottseins durch die Synthesis beider bedeuten (Der gekreuzigte Gott, 298). Will Moltmann etwas anderes sagen, warum bedient er sich dann nicht der Analogie? Die Gravitation der Dialektik wird von ihm auch im Verhältnis zwischen Theismus und Atheismus, zwischen Kirche und Gesellschaft, zwischen Reich Gottes und Reich des Menschen unterschätzt. Das zeigt seine Kritik des Monotheismus (*J. Moltmann*, Mensch, 36 f. Der gekreuzigte Gott, 135, 137, 144, 189, 192, 201, 233), die Harmonisierung von Freud, Marx und Nietzsche mit seiner Kreuzestheologie (Der gekreuzigte Gott, 268–292; Mensch, 37) und das Einverständnis mit der sozial-liberalen Utopie W. Maihofers, der den Menschen als das Höchste für den Menschen erklärt und „die ständig geforderte Evolution und Revolution der menschlichen Verhältnisse im Lebensalltag" gegen das Naturrechtsdenken – die Bestimmung des Menschen durch den Menschen ist „das Maß des Rechtes" – genug sein läßt, um „zur Gestalt einer wahrhaft menschlichen Gesellschaft unter Menschen" zu gelangen (Mensch, 110 f. *W. Maihofer*, Naturrecht als Existenzrecht, Frankfurt 1963).

Gottes und seiner Schöpfung bildet. Selbstredend setzt das Geschehen von Kreuz und Auferstehung, soll es den Kreis um Gott und die Schöpfung schließen, die Inkarnation des präexistenten Sohnes voraus.

Wahrscheinlich liegt der Punkt der größten Schwierigkeit gar nicht in der Frage, ob Gott, weil er den Menschen liebt, unendlich leiden kann[37], und ob der Tod Jesu als „Tod in Gott" verstanden werden kann, wie Moltmann betont, ohne damit über die Differenz oder Identität des Leidens in Gott und des Leidens im Menschen etwas aussagen zu können.[38] Selbst die trinitarisch mögliche Rede „von einem Patricompassionismus" bildet nicht den eigentlichen Stein des Anstoßes.[39] Alles hängt davon ab, wodurch und woran Gott „leidet". Sicher nicht im Vollzug der immanenten Trinität, wo der sich im Sohn verströmende Vater und der sich dem Vater schenkende Sohn den Selbstbesitz durch das Selbstopfer hindurch im Geist antizipieren. Aber in der schon mit der Schöpfung beginnenden ökonomischen Trinität entäußert sich Gott in ein Werk, das den Vater verleugnet, hinter dem Bild des Sohnes zurückbleibt und die vollkommene Vermittlung des Geistes vereitelt. Leidet nicht auch der menschgewordene Sohn primär an der Bosheit der Welt? Und das zusammen mit dem Vater, dessen ganze Liebe durch den Geist in den Sohn ausgegossen ist. Leidet er an und in seinem eigenen Menschsein nicht erst sekundär, weil er es in einer sündelosen Welt im Feuer ekstatischer Begeisterung dem Vater hätte darbringen können? Ist in dieses Leid über die unschuldig Leidenden hinaus auch das Mitleid mit allen unter der Last der Endlichkeit Versagenden eingeschlossen? In jedem Fall wäre zwischen dem „Leiden" des gottimmanenten Logos mit dem Vater und dem Geist und dem Leiden der vom Logos durch den Tod getragenen Menschheit zu unterscheiden. Dann wäre Gottes Wesen und Gottes Tat der Schöpfung, der Inkarnation, der Kreuzeshingabe und der Auferweckung Jesu für den sündigen und leidenden Menschen ein Motiv der Sühne und der Läuterung, der Selbstüberlieferung und der Liebe auf dem Weg zu Gott und zu den Mitmenschen.

Bei Moltmann ist Gott gelegentlich noch zu paternalistisch gedacht, wenn es heißt: „Der *Vater* ist der Verlassende und der Hingebende, der Sohn ist der Verlassene durch den Vater und sich selbst Dahingebende." Daraus kann wohl nicht gefolgert werden: „Aus dieser Geschichte geht

[37] *E. Jüngel*, Tod, Stuttgart/Berlin 1971, 138–144.

[38] *J. Moltmann*, Der gekreuzigte Gott, 192.

[39] *J. Moltmann*, Gesichtspunkte der Kreuzestheologie heute, 395. Vgl. *ders.*, Die Verwandlung des Leidens: Evangelische Kommentare 5 (1972) 713–717.

der *Geist* der Hingabe und Liebe hervor, der verlassene Menschen aufrichtet."[40] Gott, der die Welt so sehr geliebt hat, daß er seinen eingeborenen Sohn dahingab (Joh 3, 16), wird hier zu unreflektiert mit dem Vater gleichgesetzt; das Angewiesensein des Vaters auf die Tat des Menschensohnes, dem er sein Gottsein gegeben hat, wird durch die patriarchalische Majestät des sühnefordernden Gottes verdeckt. Der Vater besitzt das Gottsein, ohne es wirklich mit dem Sohn auszutauschen. Sein Wesen wäre nicht wie beim Sohn schlechthin die Selbstüberlieferung und Liebe. Darum ist es auch zweifelhaft, ob die Auffassung H. Mühlens so in eine Reihe mit der Konzeption Moltmanns gestellt werden kann, wie H. Schürmann es in der Meditation über den proexistenten Christus als Mitte des Glaubens von morgen tut.[41] Mühlen spricht zwar auch davon, daß der Vater den Sohn, der Sohn sich selbst überliefert; aber er fügt hinzu, daß „das Pneuma der im Vater und im Sohn streng identische *Vorgang der Überlieferung*" ist.[42] Auf dieser Höhe der Reflexion über das Kerygma und die Grunddogmen der Trinitätslehre und der Christologie können die Exegese des Verlassenheitsschreies Jesu am Kreuz (Mk 15, 34)[43] und die prophetische Mystik der Identifikation Jahwes mit seinen Gesandten, die in der Deckungsgleichheit zwischen Gott und Jesus gipfelt[44], zwar noch kritische Kontrollfunktionen ausüben, aber nicht mehr unmittelbar weiterführen, da sie selbst vor und unter diesem Niveau der Glaubensentwicklung liegen.

Wie für die Trinitätslehre und die Christologie, so gilt auch für die christliche Anthropologie, daß sie in staurologischer Engführung nicht gelingen kann. „Daß zwischen Spiegeln und Masken, in denen Menschen sich begegnen, die harte Wirklichkeit des Gekreuzigten repräsentiert wird", das ist nicht allein „das Besondere" „an der christlichen Lehre

[40] *J. Moltmann*, Der „gekreuzigte Gott": Concilium 8 (1972) 407–413, 411.

[41] *H. Schürmann*, Jesu ureigener Tod, Freiburg/Basel/Wien 1975, 147 f.

[42] *H. Mühlen*, Die Veränderlichkeit Gottes als Horizont einer zukünftigen Christologie. Auf dem Wege zu einer Kreuzestheologie in Auseinandersetzung mit der altchristlichen Christologie, Münster 1969, 33 f. Vgl. dazu *K. Rahner*, Der Tod Jesu als Tod Gottes: Sacramentum Mundi II (1969) 951–952, wo der Tod Jesu als „*Selbstaussage* Gottes" verstanden wird.

[43] *H. Schützeichel*, Der Todesschrei Jesu: Trierer Theologische Zeitschrift 83 (1974) 1–16.

[44] *P. Kuhn*, Gottes Selbsterniedrigung in der Theologie der Rabbinen, München 1968. *U. Mauser*, Gottesbild und Menschwerdung, Tübingen 1971. *F. Schnider*, Jesus der Prophet, Freiburg (Schweiz)/Göttingen 1973.

vom Menschen"[45], und „in Beziehung zu diesem ›Menschensohn‹ erkennt der Mensch" doch nur einen Teil seiner Wahrheit, durch die er „zum wahren Menschen" wird.[46] So transzendiert Moltmann selbst seine Ausgangsposition: „Die Nachfolge des Gekreuzigten schafft aber zugleich auch die Kraft zur *Inkarnation* der Liebe in jenen Möglichkeiten, die einer hat und findet."[47] Die Liebe liebt nicht das Leid um des Leides willen. Sie ist nicht sadistisch oder masochistisch oder nihilistisch. In der Hingabe antizipiert sie die Frucht des Opfers, die das größere Leben ist. Darum nur ist sie trotz Auschwitz, Hiroshima und Contergankindern möglich.[48] „In der Auferstehungsasche spielte Musik", schließt Nelly Sachs ein Gedicht, das die Flammen deutet, die die Leiber ihrer Leidensgefährten verzehrten.[49] Diese Liebe, deren Grund und Ermöglichung das zur Auferstehung führende Leiden ist, stellt den Menschen in das Beziehungsfeld von Gott und Mensch, Reich Gottes und Gesellschaft. Sie sprengt die Dialektik zwischen der „gefährlichen Erinnerung" an das Kreuz auf der einen und „etablierter Kirche" wie „Idole und Tabus" aufrichtender Gesellschaft auf der anderen Seite.[50] Die Hoffnung auf eine Welt, „in der die hiesigen Widersprüche zu einer neuen und bleibenden Entsprechung zu Gott aufgehoben werden"[51], bedarf der Vorausdarstellung und der Vergegenwärtigung, das heißt jener „konkreten Utopie" auf Erden, die als Gemeinschaft der Glaubenden lebt und in die Bereiche der Verwirklichung des Menschen ausstrahlt. Wird nicht bei Moltmann, indem er sich dieser Möglichkeit verschließt, durch Trinitätslehre, Christologie und Anthropologie hindurch jene reformatorische Auffassung von der Rechtfertigung transparent, der die Vermittlung zwischen Gottes Gnade und menschlicher Anstrengung kein primäres Anliegen ist, und die darum die sozio-kulturelle Anthropologie gemeinsam mit der Institution Kirche neben die christliche Anthropologie und das Reich Gottes auf die Seite der Welt und ihrer nicht heilsrelevanten Aktivitäten stellt?[52] Aus sei-

[45] *J. Moltmann*, Mensch, 37. Vgl. die kritischen Stellungnahmen von *H. Küng* (Die Religionen als Frage an die Theologie des Kreuzes: Evangelische Theologie 33 [1973] 401–423) und von *H. Schmied* (Gotteslehre als trinitarische Kreuzestheologie: Theologie der Gegenwart 16 [1973] 246–251).

[46] *J. Moltmann*, Mensch, 37.

[47] AaO, 69.

[48] AaO, 155. Der gekreuzigte Gott, 266.

[49] Fahrt ins Staublose. Die Gedichte der Nelly Sachs, Frankfurt 1961, 384.

[50] *J. Moltmann*, Mensch, 37.

[51] AaO, 86 f.

[52] AaO, 37. In der Reflexion auf Wege zur politischen Befreiung des Menschen dehnt

ner Weltlosigkeit heraus neigt dann dieser Glaube dazu, mit den Ideologien und Unternehmungen der säkularen Vernunft und Gesellschaft kurzlebige Verbindungen einzugehen, die geschieden werden, sooft der heimatlose Partner seine Hoffnungen enttäuscht sieht.[53] Es dürfte ,,nicht das geringste Verdienst des Buches von Jürgen Moltmann sein", so würdigt W. Kasper abschließend die Theologie vom ,,gekreuzigten Gott", ,,daß es uns mit seiner Radikalisierung der reformatorischen Kreuzestheologie nach der Überwindung vieler unnötiger Mißverständnisse zwingt, eine alte konfessionelle Differenz unter neuen Voraussetzungen nochmals zu bedenken und damit die theologischen Grundlagen der ökumenischen Bewegung theologisch zu klären"[54].

Nicht jede Trinitätslehre, Christologie und Gnadentheologie ist geeignet, die Differenz und Gemeinsamkeit zwischen den Humanwissenschaften und der christlichen Anthropologie so zu definieren, daß eine positive Zuordnung und Partnerschaft in gemeinsamer Verantwortung grundgelegt wird. Dasselbe gilt auch für das Verhältnis zwischen der Kirche und der Gesellschaft. Und steht eine solche Theologie auf ökumenischer Basis bis heute aus, so ist sie deswegen ein nicht weniger dringendes Desiderat.

Moltmann zwar das Kriterium für die ,,Bruderschaft Christi" von der leidenden auf die ,,aktive Teilnahme" an der Geschichte Gottes aus und von dem gekreuzigten auf den ,,auferweckten Christus", aber die ,,Realpräsenzen" Gottes, das Brot, die Befreiung, die Identität, die Daseinsfreude, der Friede mit der Natur und der Mut zum Sein, werden nicht in der Kirche und durch die Kirche bleibend repräsentiert, sondern flackern als flüchtige Erfahrungen in den ,,Teufelskreisen" des Hungers, der Unterdrückung, der Entfremdung, der Naturkatastrophen, der Sinnlosigkeit und Gottverlassenheit auf (Der gekreuzigte Gott, 314 f.).

[53] Vgl. aaO, 166 ff. (einzig ,,die Krippe und das Kreuz" Jesu sind die Vorwegnahme des Reiches, die Verkörperung der Heimat, der Freiheit, der Versöhnung, der möglichen Menschlichkeit und Liebe). Der Autor gibt mehr ein poetisches Zeugnis seiner Mystik als eine rationale Rechenschaft der Theologie vom Glauben an Jesus Christus. Initiative der Rechtfertigung aus der Gnade, Aneignung der Rechtfertigung aus freiem Willen, Status und Aufgabe des Gerechtfertigten in der Heilssendung Christi, das scheinen mir drei Stadien zu sein, wo der Reihe nach Konsens, modale Verschiedenheit und Gegensatz in den konfessionellen Credos bestehen.

[54] *W. Kasper*, Revolution im Gottesverständnis, 14.

X. Zwischen Liberalismus und Marxismus

Die Situation der Menschheit ist gegenwärtig so sehr von der Rivalität zwischen Liberalismus und Marxismus bestimmt, daß man von einer ersten, der kapitalistischen Welt, von einer zweiten, der sozialistischen Welt und von einer dritten, der Welt der Entwicklungsländer spricht, die von den beiden durch die Supermächte repräsentierten Lagern als Feld der Einflußnahme oder Ausweitung ihrer Systeme umworben und umkämpft sind. Das ist die vorwiegend emotionale, oberflächlich rationalisierte Großwetterlage auf dem Planeten, in der selbstlose und unbedingte Entwicklungshilfe gefordert ist, in erster Linie aber interessengebundener Einsatz geleistet wird, der im Vergleich zu den Rüstungsausgaben ein nur kümmerliches Ausmaß erreicht. Ein wirklich eigener Weg der dritten Welt zu Frieden, Freiheit und Wohlfahrt, ein Weg jenseits von Liberalismus und Marxismus ist nirgends in Sicht. Dabei verläuft die keineswegs starre Front der weltanschaulichen, politischen und sozialen Auseinandersetzungen auch quer durch die liberalen Demokratien des Westens und die totalitären Volksdemokratien des Ostens.

Wer für die Kirche, die in dieser Situation ihren Heilsauftrag auszurichten hat, Verantwortung trägt, muß Konflikte bestehen. Er wird im politischen Kräftespiel vor allem nach Kriterien der Kalkulierbarkeit notwendiger Schritte suchen. Dies setzt voraus, daß der engagierte Glaubende sich an der Idee und der Wirklichkeit der Kirche und an ihrem Verhältnis zu den herrschenden Ideologien orientiert. Die folgenden Überlegungen gelten nicht unmittelbar der konkreten Gestaltung der Beziehungen zwischen der Kirche und den liberalen beziehungsweise sozialistischen Staaten und Parteien. Sie handeln zunächst nur von dem geistigen Standort der Glaubenden und von der Funktion ihrer Gemeinschaft angesichts der liberalen und der marxistischen Konzeption vom Menschen und von der Gesellschaft.

Nicht nur eine ausgezeichnete Darstellung der beiden Leitbilder, sondern auch eine Aufdeckung ihrer gegenseitigen Abhängigkeit gibt der Politologe I. Fetscher in der gedrängten Studie über den abstrakten liberalen, den abstrakten demokratischen und den konkreten marxistischen Freiheitsbegriff, deren Vorkämpfer Kant, Hegel und Marx sind. Indem er die Idee des Marxismus bewundert und über das Prinzip des Liberalismus sagt, daß es während einer „langen Übergangszeit ihre – relative – Bedeutung“ behält, solange nämlich „jene von Marx beschriebene menschliche

Gesellschaft nicht realisiert ist und zumindest eine Mehrzahl von Individuen auch in den ›sozialistischen Staaten‹ von egoistischen Motiven bei ihrer Arbeit getrieben wird . . .", spielt er den Ball, bewußt oder unbewußt, einer dritten Kraft zu, die nach Geist und Struktur von der Art eines lebendigen Christentums und einer ihrem Auftrag treuen Kirche sein müßte.[1]

Dem liberalen Konzept hat Kant die klassische Definition und Darstellung gegeben. Niemand kann zum Glück oder zum Glücklichsein in einer bestimmten Weise gezwungen werden. Jeder muß das Glück auf seine Weise suchen und dem andern erlauben, das Gleiche zu tun. Das allgemeine Gesetz der Freiheit für jeden und alle zusammen heißt darum, jedem einen Spielraum der individuellen Selbstverwirklichung zu geben und gleichzeitig eine Schranke zu setzen, die ihn daran hindert, den andern seinen Launen und Gefühlen zu unterwerfen.[2]

Hegel verwarf diesen liberalen Begriff der Freiheit als „Negativität" und Formalismus. Freiheit wird dort nur negativ verstanden, wenn sie darin bestehen soll, daß jedes Individuum seine Freiheit um des andern willen beschneidet, damit „diese gemeinsame Beschränkung, das Genieren aller gegeneinander, jedem einen kleinen Platz ließe, worin er sich ergehen könne . . ."[3] Und der Staat ist für Hegel „nicht ein Zusammensein der Menschen, worin die Freiheit aller einzelnen beschränkt werden müsse"[4], sondern „die Wirklichkeit, in der das Individuum seine Freiheit hat"[5], da „Recht, Staat und Sittlichkeit, und nur sie" „die positive Wirklichkeit und Befriedigung der Freiheit" sind.[6] Substanz der Freiheit aber bedeutet ihm der Geist selbst und sein Leben in den Objektivierungen der Gesetze und Institutionen zum allgemeinen Wohl.[7] Durch Identifikation des subjektiven Geistes mit dem objektiven Geist in seinen Äußerungen erreicht das Individuum seine Bestimmung.

[1] *I. Fetscher*, Karl Marx und der Marxismus, München 1967, 33–44, 43.

[2] *I. Kant*, Über den Gemeinspruch: Das mag in der Theorie richtig sein, taugt aber nicht für die Praxis; Werke VI 67 ff., hrsg. v. K. Vorländer, Leipzig 1922.

[3] *G. W. F. Hegel*, Philosophie der Weltgeschichte I; Werke VIII 90, hrsg. v. G. Lasson, Leipzig 1920.

[4] AaO, 90.

[5] AaO, 89 f.

[6] AaO, 90.

[7] *Hegel*, Jenenser Realphilosophie II; Werke XX 262 f., hrsg. v. J. Hoffmeister, Leipzig 1931. Grundlinien der Philosophie des Rechts; Werke VI § 260 (S. 202), hrsg. v. G. Lasson, Leipzig 1930. Vgl. *I. Fetscher*, Hegels Lehre vom Menschen, Stuttgart 1970, 200–206. *Ders.*, Von Marx zur Sowjetideologie, Frankfurt/Berlin/Bonn 1965, 12–19.

Die kantsche Maxime von der Freiheit für alle durch Beschränkung aller wird auf dem Boden der gleichen anthropologischen Grundannahme entwickelt wie die Staatsphilosophie des Th. Hobbes: Der Mensch ist von Natur aus böse, homo homini lupus. Nun hatte aber schon J. J. Rousseau gegenüber der Vorstellung, daß der Krieg aller gegen alle der Naturzustand des Menschen sei, wie sie Hobbes im „Leviathan" vorgetragen hatte[8], behauptet, daß die konkreten Begierden und Laster nicht der spontane Ausdruck der Natur seien, sondern das historisch bedingte Produkt der Kultur beziehungsweise Gesellschaft.[9]

An Hegels Theorie inspiriert sich der junge Marx. Er wertet sie als Fortschritt gegenüber Kant, kritisiert aber ihren abstrakten und illusorischen Charakter. Der konkrete Mensch erlangt nicht die Substanz der Freiheit in der ideellen Sphäre der dialektischen Einheit des Individuums und des Staates. Er muß sie auf einem niedrigeren Niveau, in der gesellschaftlichen Wirklichkeit, in der Welt der Industrie, der Produktion und des Warentausches, des privaten Egoismus, der Arbeit und des Wettbewerbs erringen.[10] Doch während Rousseau die notwendigen und unumkehrbaren Prozesse der Geschichte aufhalten möchte, sich nach natürlicheren Urständen der Zivilisation zurücksehnt und die Flucht aus der vorkapitalistischen, merkantilistischen, arbeitsteiligen Gesellschaft der autarken Landfamilien antrat, entwickelte Marx, von der Inhumanität der frühkapitalistischen Gesellschaft abgestoßen, ein zukunftsgerichtetes sozialphilosophisches und sozialpolitisches Programm.

[8] *Th. Hobbes*, Leviathan sive de materia, forma et potestate civitatis ecclesiasticae et civilis (1651).

[9] *J. J. Rousseau*, Etat de Guerre (Fragment). Darin schreibt er: „L'erreur de Hobbes . . . est de confondre l'homme naturel avec les hommes qu' ils ont sous les yeux . . ." (Rousseau's Political Writings I, ed. Vaughan, Oxford 1962, 306). *I. Fetscher*, Rousseaus politische Philosophie, Neuwied 1960, 1 ff., 50 ff., 92 ff. Zur Bezogenheit der politischen Theorie von Hobbes bis Locke auf das Modell der antagonistischen Marktwirtschaft vgl. *C. B. Macpherson*, Political Theory of Possessive Individualism, Oxford 1962. Nach R. Spaemann und W. Lepenies ist „die Natur" bei Rousseau ein methodischer, dialektischer und emanzipatorischer Begriff. Er kontrastiert die Gesellschaft nicht vor allem durch einen idealen historischen Urzustand des Menschen, sondern durch Alternativen zur bestehenden Gesellschaft, durch eine Kultur, die „natürlicher", der „Besserung der Sitten" förderlicher wäre (*R. Spaemann*, Natürliche Existenz und politische Existenz bei Rousseau: Collegium Philosophicum. Studien Joachim Ritter zum 60. Geburtstag, Basel/Stuttgart 1965, 373–388. *W. Lepenies*, Soziologische Anthropologie. Materialien, München 1971, 109–114).

[10] *I. Fetscher*, Karl Marx und der Marxismus, 38. *Marx-Engels*, Werke I, Berlin 1955, 384 f.

Marx erblickt den Krankheitsherd der arbeitsteiligen Wettbewerbs- und Tauschgesellschaft in der Lohnarbeit. Sie vereitelt für die Mehrheit der Glieder der Gesellschaft die Freiheit und Gleichheit, die von der Französischen Revolutionsverfassung als Menschenrechte garantiert und von den liberalen Demokratien übernommen wurden. Da das Proletariat keine Tauschgüter besitzt, kann es nicht an der Verkehrsform der bürgerlichen Gesellschaft teilnehmen. Es ist gezwungen, seine Arbeitskraft zu „verdingen". Das aber bedeutet die Veräußerung der Fähigkeit des Menschen, die Natur zu bearbeiten und Kulturgüter zu schaffen, und damit die Veräußerung des Menschseins selbst. Der Mensch lebt in der kapitalistischen Gesellschaft und im modernen Staat ein Doppelleben, ein himmlisches als Bürger (citoyen) und ein irdisches als Privatperson. In der Idealität des ersten erkennt er sich als soziales Wesen, in der empirischen Greifbarkeit des letzteren betrachtet er „andere Menschen als Mittel", würdigt sich selbst zum „Mittel" herab und wird zum „Spielball fremder Mächte"[11]. Marx geht auch davon aus, daß die freie Entwicklung des Individuums in jeder Gesellschaft an die aktive Zusammenarbeit mit den andern gebunden ist. Es ist die Aufgabe des Menschen, seine eigenen Kräfte als soziale Mächte so zu organisieren, daß die Differenz zwischen dem Leben des Menschen als Gattungswesen und dem Leben des Individuums aufgehoben wird und der ideale Staat in der Form der Gesellschaft selbst Gestalt gewinnt. Erst dann wird die menschliche „Emanzipation" vollendet, das „Rätsel der Geschichte" aufgelöst sein.[12]

Die gesamte Produktion und Verkehrsform der wahren menschlichen Gesellschaft hat nach Marx ihr Vorbild in den Gesetzen des ästhetischen Schaffens und Genießens, vorausgesetzt, daß ein literarisches Werk dem dichterischen Verständnis, eine Symphonie dem musikalischen Ohr, ein Gemälde dem gepflegten Geschmack, also menschlichen Bedürfnissen dient und nicht als Mittel zum Gelderwerb ihrem Sinn entfremdet wird. „Gesetzt, wir hätten als Menschen produziert: jeder von uns hätte in seiner Produktion sich selbst und den anderen doppelt bejaht. Ich hätte

1. in meiner Produktion meine Individualität, ihre Eigentümlichkeit vergegenständlicht und daher sowohl während der Tätigkeit eine indivi-

[11] *I. Fetscher*, aaO, 39. *Marx-Engels*, Werke I, 354 f., 379, 384 f. Vgl. *K. Marx*, Das Kapital (ungekürzte Ausgabe nach der zweiten Auflage von 1872), Berlin (DDR) 1952, 177 f. Zu dem Umschlag des idealen Staates in die Positivität des Machtstaates vgl. *G. W. F. Hegel*, Grundlinien der Philosophie des Rechts; Werke VI § 261 (S. 202–204), § 324 (S. 262–264).

[12] Ebd. *Marx*, Die Frühschriften (ed. Landshut), Stuttgart 1953, 235.

duelle Lebensäußerung genossen als im Anschauen des Gegenstandes die individuelle Freude, meine Persönlichkeit als gegenständliche, sinnlich anschaubare und über allen Zweifel erhabene Macht zu wissen.

2. In deinem Genuß oder deinem Gebrauch meines Produktes hätte ich unmittelbar den Genuß, sowohl des Bewußtseins, in meiner Arbeit ein menschliches Bedürfnis befriedigt, als das menschliche Wesen vergegenständlicht und daher dem Bedürfnis eines andren menschlichen Wesens seinen entsprechenden Gegenstand verschafft zu haben;

3. für dich der Mittler zwischen dir und der Gattung gewesen zu sein, also von dir selbst als die Ergänzung deines eigenen Wesens und als ein notwendiger Teil deiner selbst gewußt und empfunden zu werden, also sowohl in deinem Denken wie in deiner Liebe mich bestätigt zu wissen;

4. in meiner individuellen Lebensäußerung unmittelbar deine Lebensäußerung geschaffen zu haben, also in meiner individuellen Tätigkeit unmittelbar mein wahres Wesen, mein Gattungswesen bestätigt und verwirklicht zu haben. Unsere Produktionen wären ebenso viele Spiegel, woraus unser Wesen sich entgegenleuchtete . . ."[13]

Am Ende dieser Ausführungen erklärt Fetscher, solange in den liberalen Demokratien und in den „Volksdemokratien" die „individuelle Leistung nicht (oder doch nie ausschließlich) aus freudiger Spontaneität und Liebe zum Mitmenschen, sondern aus ›materieller Interessiertheit‹ erfolgt, muß auch das Bild einer jenseitigen Gemeinschaft – des Staates – als Komplement der noch immer ungesellig bleibenden Gesellschaft auftauchen"[14]. Der Staat verkörpert ein Stück notwendiger „demokratischer Metaphysik" im Sinne von Kant und Hegel und kann, obwohl er ein „illusorisches Gemeinwesen" darstellt, erst dann „überflüssig werden" und „absterben", wenn das von Marx skizzierte „Gemeinwesen" entstanden ist.[15] Unter diesen Umständen sei gegen die liberalen Ideologien zu opponieren, könne aber nicht von deren Garantien dispensiert werden, die die Freiheit des Individuums vor jener des andern und vor der „überlegenen Macht der Exekutive" des Staates schützen. Diese Garantien würden konkretisiert und ergänzt durch Maßnahmen, die das „Recht der Nutznießung" mit Inhalt füllen (Erziehung, Gesundheitspflege, Krankenpflege, Erholung, allgemeine Existenzsicherung usw.).

An anderer Stelle räumt Fetscher ein, daß der spätere Marx des „Kapitals" nur einen solchen Zustand der Gesellschaft für historisch realisierbar

[13] *Marx-Engels*, Gesamtausgabe 1. Abtlg. III 546 f., vgl. 544. *I. Fetscher*, aaO, 41 f.

[14] *I. Fetscher*, aaO, 43.

[15] Ebd.

hielt, der von einem Rest unaufhebbaren Widerstreits zwischen der Natur und dem Menschen und von einer, wenn auch auf ein Minimum reduzierten, unüberholbaren Notwendigkeit nicht spielerischer, sondern mühsamer Arbeit und Disziplin gekennzeichnet sein wird. Insofern sei Marx wie Freud noch ein Vertreter des bürgerlichen Menschenbildes. Das nachbürgerliche und nachrevolutionäre Ideal vom Menschen und von einem Gesellschaftszustand ohne Unterdrückung der Triebstrukturen, ohne harte Arbeit, ohne Leistungs- und Konsumzwang, wie es H. Marcuse mit dem Hinweis auf die Kultur der Sunyi-Indianer für möglich und mittels der technologischen Entwicklung für menschheitlich ausdehnbar erklärt, beurteilt er als einen Traum vom Schlaraffenland. Nicht nur, daß die Kultur der Sunyi in spezifischer Weise klima- und umweltbedingt ist, sie ist auch völlig verschieden von der heraufkommenden weltweiten Industriekultur. Und diese letztere hat der Mensch als seine zweite Natur zu bilden und einzurichten. Würde er sich den Anforderungen der Wissenschaft und der Technologie entziehen, so würde der zivilisatorische Apparat den Menschen zum Mysterium, das sie nicht auf die Dauer funktionsfähig halten könnten, ähnlich wie eine nur noch passive Deckung des Bedürfnisses nach Musik, etwa durch Radiohören, den Sinn für Musik verkümmern ließe. Es bestünde für die Fähigkeiten und das Umweltverhältnis des Menschen im ganzen das große Risiko, auf einen vorindustriellen Stand zurückzufallen.[16]

Was Fetscher nicht zum Problem macht, ist die Realität, daß die liberalen Garantien und die sie ergänzenden Maßnahmen der Wohlfahrt selbst Gegenstände der Ideologien und Interessen sind. Das Projekt der Emanzipation des Menschen wird in einer optimistischen Form gegen alle Erfahrung durchgehalten, Jesus Christus aber nicht als ein anthropologischer Faktor eingesetzt. In dem Dialog mit W. Post zieht Fetscher das Christentum unter dem Gesichtspunkt in Betracht, ob und wo es in den sozialen und politischen Spannungsherden der Welt Gemeinsamkeiten mit Marxisten und Revolutionären aufweist. Er läßt es dahingestellt sein, wie weit die Kommunistische Partei Italiens ernsthaft zur positiven Sozialwissenschaft tendiert und ihre sozialrevolutionäre Begründung humanistisch oder auch christlich motiviert werden kann. Er gibt dem – inzwischen aus der Partei ausgeschlossenen – französischen Kommunisten R. Garaudy wenig Chancen, mit seinen Anleihen bei der im Vergleich zu

[16] *I. Fetscher* antwortet *W. Post,* Verdirbt Religion den Menschen? Marxistischer und christlicher Humanismus, Düsseldorf 1969, 49–54.

marxistischen Motiven reicheren Liebe eines Johannes vom Kreuz und einer Theresia von Avila, ein Echo in der Bevölkerung und in der – inzwischen ebenfalls obsolet gewordenen – revolutionären studentischen Bewegung zu finden. In Lateinamerika, wo Klerus und Sozialrevolutionäre eine Allianz des sozialen Gewissens und Erkenntnisvermögens schließen, und speziell in Brasilien, wo die areligiöse Oberschicht dem comteschen Positivismus, die Massen aber dem Christentum, einer Volksreligion und dem Marxismus zuneigen, stelle sich die Kirche auf die Seite des Volkes, das ihre Basis bildet. Hingegen war die Antwort der Russen auf die während des philosophischen Weltkongresses in Mexico (1963) von lateinamerikanischen Intellektuellen gestellte Frage, ob man „zugleich Christ und Marxist sein kann", ein „Nein, das geht nicht"; aber man müsse „aus taktischen Gründen so lange zusammenarbeiten, wie es möglich und notwendig ist"[17]. Wie F. Engels die Milderung und den Ausgleich der sozialen Gegensätze, die Lehre von der Erbsünde, von verdienten Strafen und Prüfungen und die Demut als soziale Prinzipien schärfstens verwirft und Fetscher eine Partnerschaft zwischen Kirche und Marxismus nur um den Preis als eine anfänglich gegebene Möglichkeit beurteilt, daß die Kirche das Selbstgefühl der arbeitenden Massen unterstützt und den gemeinsamen Kampf um die Veränderung der Sozialstruktur geführt hätte, so bringt auch W. Post die Diskussion nicht ernsthaft auf das, was das Christentum aus seiner Substanz, von seinem Ansatz und von seiner Mitte her für die Verwirklichung des Menschen beiträgt oder beitragen kann. Das sacrificium intellectus, das Gott nicht verlangt, bringt man gerne dem Menschen dar.

Man kann freilich auf die Ärgernisse verweisen, die eine Kirche gegeben hat, die im Bund von Thron und Altar zuerst der bürgerlichen Freiheitsbewegung ablehnend gegenüberstand und später die bürgerliche Devise „Gott und die Freiheit" gegen den Marxismus und das revolutionäre Proletariat verteidigt hat. Wer aber die Präsenz der Kirche in der Gesellschaft, die öffentliche Religionsausübung und die sozial-politische Aktivierung christlicher Prinzipien minimalisiert – und das ist Ziel oder Folge liberaler und marxistischer Praxis – sollte nicht vorwurfsvoll, sondern einfach sachlich feststellen, daß das Verhältnis der Kirche zu ihm beziehungsweise den beiden antagonistischen Kräften moderner Entwicklung des Menschen „gestört" ist.

Nicht einmal die mögliche Koalition von Christen und Marxisten be-

[17] AaO, 69, vgl. 66–70.

ziehungsweise Liberalen gegen geschichtslosen Positivismus, gegen inhumanen Dogmatismus, gegen Bürokratie und Manipulation des Menschen rührt an das Spezifische und Letzte, was das Christentum unterscheidet, und wodurch es zum ,,schlechten Gewissen"[18] der andern werden kann. Die Konflikte der Gesellschaft werden so lange nicht lösbar sein, wie der Mensch die Konflikte in seiner Seele nicht lösen kann. Der mit sich selbst überworfene Mensch wird durch Gott erlöst, oder er bleibt unerlöst. Anfang und Vollendung des humanen Menschen und der humanen Gesellschaft ist Gnade. So ist das Christentum, oder es gibt kein Christentum. Die vertikale Dimension menschlicher Existenz trifft auf die horizontale Dimension geschichtlicher Verwirklichung. Das Kreuz, dessen Längsbalken den Querbalken schneidet, das Zeichen des Christentums, bezeichnet das Geschick und die Bestimmung des Menschen. Die Projektierung des Menschlichen schlechthin – und der Mensch fragt absolut, weil er den Schritt über die Grenze des Relativen immer schon vollzogen hat – ist zum Scheitern verurteilt, wenn nur die verfügbaren Mittel diskutiert und eingesetzt werden, mit welchen die gleichfalls diskutierten und verfügbaren Bedürfnisse geweckt und befriedigt werden können, die erlösende und versöhnende Begegnung mit dem in Jesus Christus sich mitteilenden Gott aber nicht zustande kommt. Neigten nicht sensibilisierte Mahner wie A. Einstein, A. de Saint-Exupéry und M. Horkheimer zur Schwermut und Resignation, weil sie erkannt haben, daß das Glück nicht in dem liegt, was heute als Höchstwert gilt, und nicht mit jenen Mitteln erreicht wird, die heute so ungeduldig und beharrlich eingesetzt werden?

Stimmt die Prognose, ist die in ihr enthaltene Forderung anthropologisch begründet und liegt sie im Rahmen der kirchlichen Heilssendung, wenn A. Vergote der Meinung ist, daß die Zukunft der Kirche davon abhängt, ob sie imstande ist, diese zwei Elemente der modernen Kultur, die Erotisierung des Lebens und das Recht auf Genuß, sich anzueignen und als Bestandteile des Schöpfungswerkes aufzuwerten, das ,,in unauflöslicher Einheit eine sich dem Genuß und der fortschreitenden Humanisierung darbietende Existenz ist"[19]? Zweifellos ist die Kirche dazu gestiftet, die Menschen dem wirkenden Wort Gottes zu öffnen und ihnen die befreiende Erfahrung der Vergebung und des Friedens, der Freude und der

[18] *Werner Post*, aaO, 76 f.

[19] *A. Vergote*, Die Präsenz der Kirche in der Gesellschaft von morgen: Die Zukunft der Kirche. Berichtband des Concilium-Kongresses, Zürich/Einsiedeln/Köln/Mainz 1971, 106–117, 113.

Dankbarkeit über das neue Sein aus Gnade zu vermitteln. Es ist die erste Aufgabe der Gemeinschaft der Glaubenden, sich als Erfahrungsraum von Erlösung und Heil zu erweisen und Quellort menschlicher Befreiung zu sein. Damit erhält Luhmanns These, daß Religion der Ebene der Gesamtgesellschaft zugeordnet ist und sich nicht damit begnügen kann, nur Teilsysteme, etwa ihre eigene Institutionalisierung, zu reflektieren, eine Bestätigung von seiten der Theologie des Glaubens und der Kirche.[20] Von daher ist es auch klar, daß die Aufgabe der Kirche sich nicht darin erschöpft, den Ist-Stand einer Gesellschaft zu konservieren, die Individuen durch Ausspielen der Transzendenz in das System zu integrieren und dadurch die Überbietung oder Ergänzung des Staates zu verkörpern. Sie würde die Hand zum Mißbrauch des Glaubens reichen, wollte sie eine Gesellschaft, die auf Ungerechtigkeit gebaut ist, durch die Hoffnung auf einen jenseitigen Ausgleich nach dem Tode um jeden Preis funktionsfähig erhalten. Ganz selbstverständlich ist es auch ein guter Zweck und ein christlicher Liebesdienst, daß Ordensleute und Priester durch freiwilligen Verzicht auf Besitz und Macht, auf Autonomie und Libidogenuß mit jenen, die von Natur aus oder im gesellschaftlichen Wettbewerb zu kurz gekommen sind, Solidarität bezeugen und dadurch Hoffnungskraft und altruistische Leidensbereitschaft wecken. Dieser Dienst würde aber den Großen der Erde und den Mächtigen der Gesellschaft die Notwendigkeit persönlicher Umkehr und die Dringlichkeit der Reform verschleiern und in der Ambivalenz zwischen Bruderdienst und Menschenunterdrückung stecken bleiben, würde er nicht mit prophetischer Kraft der Überführung den Zusammenhang mit seinem ersten Zweck offenbaren und den Menschen helfen, ihr eigenes Leben, ihre eigenen Ansprüche und Aufgaben der kommenden Gottesherrschaft zu unterwerfen und den Bereichen ihrer Existenz die Partizipation am Christusgeschehen zu gewähren.

Der gefährlichen sozialpolitischen Ambivalenz des Glaubens kann jedoch nicht sinnvoll mit dem Versuch begegnet werden, wie B. Brecht „auf dem Boden einer materialistischen Diesseitigkeit die Lehren der Stoiker (und Epikuräer) zu erneuern und eine Ethik der gelassenen Hinnahme der Endlichkeit“ zu skizzieren und zu propagieren.[21] Brecht muß

[20] *N. Luhmann*, Die Organisierbarkeit von Religionen und Kirchen: *J. Wössner (Hrsg.)*, Religion im Umbruch, Stuttgart 1972, 245–285, 251. Die Trennung von Religion und Kirche, die bei Luhmann vorgenommen wird, ist nicht notwendig mit dieser These verbunden, wenn die Kirche zugleich die dichteste Konkretion und die Vermittlung der Religion an die Gesellschaft ist.

[21] *I. Fetscher*, Vom Leben in der Endlichkeit: Concilium 11 (1975) 332–340, 337.

sich den Akt des Glaubens an das Nichts abringen, um die Todesfurcht loszuwerden:

„Schon seit geraumer Zeit
Hatte ich keine Todesfurcht mehr. Da ja nichts
Mir je fehlen kann, vorausgesetzt,
Ich selber fehle. Jetzt
Gelang es mir, mich zu freuen
Alles Amselsangs nach mir auch.“[22]

Dann erst kommt er zu dem „seligenden Bewußtsein“, „für das Glück künftiger Generationen gelebt zu haben“, macht „das freiwillige, hochherzige Geschenk“ und findet Trost in der „Identifikation mit der künftigen Menschheit“[23]:

„Schöner ist doch keine Rose
Als das Antlitz des Beschenkten,
Wenn gefüllt sich, o große
Freude, seine Hände senkten.“[24]

Und um dieser Mystik fähig zu werden, brauchen, so meint er, die meisten Menschen Freiheit von sozialen Verhaltenszwängen und die Veränderung der Gesellschaftsordnung.[25] Diese Mystik stehe höher, dem ist beizupflichten, als der „berechnende Tausch“ des Unsterblichkeitsglaubens. Der Gedanke, daß Leid und Tod das Läuterungsfeuer und die Auferstehung das Leben in verwandelter Existenz sein könnten, scheint Brecht und Fetscher unbekannt zu sein. Die Wahrheit, daß der Schenkende gibt, was er selbst empfangen hat, wird aus dem Bewußtsein verdrängt, und mit ihr alle jene Menschen, die ohne Schuld nicht schenken dürfen, alle jene unglückseligen geistig oder körperlich Zerstörten, die ganz auf Barmherzigkeit und Empfangen angewiesen sind, alle jene, deren letzte Begegnung mit den Menschen Grauen, Folter und Tötung ist, alle jene, deren Opfer von den Mitmenschen oder der Nachwelt zurückgewiesen werden. Zu viele sind von dem Fest der hochherzigen Spender ausgeschlossen und dem Vergessen anheimgegeben. Zu viel Blut und Tränen sind nicht als Saat der neuen Schöpfung geflossen. Hier ist von Glücksinseln im Meer der Unheilsgeschichte die Rede. Heilsgeschichte aber ist „Weltgeschichte, in

[22] *B. Brecht*, Ges. Werke (Große Ausgabe) Bd. IV 1031.
[23] *I. Fetscher*, aaO, 338 f.
[24] *B. Brecht*, aaO, IV 968.
[25] *I. Fetscher*, aaO, 338 f.

der den unterlegenen und verdrängten Hoffnungen und Leiden ein Sinn eingeräumt wird . . ., der durch den Ablauf künftiger Geschichte nicht widerrufen oder aufgehoben wird"[26].

Ansatz und Mitte des christlichen Beitrags für die Humanisierung des Menschen liegen jenseits von Liberalismus und Marxismus, seine soziokulturellen Auswirkungen im gegenwärtigen Feld zwischen den Ideologien. Gleichviel ob man dafür die Bezeichnung direkte oder indirekte Funktionalität bevorzugt, die in den Gemeinden existierende Kirche ist dem Projekt der Verwirklichung des Menschen im Hier und Heute verpflichtet. Was sie einzusetzen hat, ist die unersetzliche und nicht manipulierbare Kraft der Gnade. Was sie als wirkendes Zeichen zu geben hat, ist die Union der Menschen mit Gott und untereinander.

[26] *J. B. Metz*, Zukunft aus dem Gedächtnis des Leidens: Concilium 8 (1972) 399–407, 405.

XI. Marsch ins Getto?

Die katholische Wochenzeitung „Publik" mußte, da die Bischöfe nicht weiter bereit waren, Kirchensteuermittel in das Faß ohne Boden zu gießen, im Jahre 1971 eingestellt werden. Nach einem kurzen Zwischenspiel haben die deutschen Diözesen sich von der Bühne der großen Presse wieder zurückgezogen. Der progressive Katholizismus sah sich seines größten Sprachrohrs beraubt. Für K. Rahner war es der Anlaß, eine aus Angst, Enttäuschung und Mißerfolg geborene Pseudotheologie des Marsches und des Willens zum Getto anzuprangern. Er wendete sich gegen einen angeblichen konfessionellen, politischen und kulturellen Partikularismus der Amts- und Milieukirche, der kleinen Herde und des heiligen Restes, der nach dem Muster einer Sekte konzipiert sei, und redete im Namen der universalen Sendung des Evangeliums einer Öffnung der Kirche für das Ganze der Gesellschaft und der Kultur das Wort, die den Mut zum Experiment und zum theologischen und politischen Pluralismus einschließe.[1] Viele haben sich ihm angeschlossen. Andere haben ihm widersprochen. Allen gemeinsam ist die Entschlossenheit, der Gefahr der Gettoisierung zu wehren.

Es scheint, als habe K. Rahner eine Polarisierung, die er selbst als ein Symptom der Gettoisierung betrachtet, aufgedeckt oder gefördert. Die Auseinandersetzung zwischen den beiden Lagern wird nicht mit der wünschenswerten Klarheit über die Standpunkte und über die Zuordnung von Mitteln und Zielen geführt. Ein paar Beispiele:

Mit schwarzem Humor gibt E. Engelke Impressionen aus seiner Tätigkeit als Kaplan in einer Gemeinde, die sich zur geschlossenen Gesellschaft entwickelt.[2] Liegt aber seine Forderung, die Gemeinden durch „viele ›kleine Gemeinden‹" zu öffnen und zu beleben, in der Konsequenz seiner eigenen Erfahrung, daß auch Jugendgruppen „eifersüchtig" werden, „wenn sich der Kaplan um ›Neue‹ bemüht und auch für diese Zeit übrig hat"[3]? Müßte nicht gerade die von ihm wenig geschätzte Kultgemeinde als gemeinschaftsstiftendes und von Christus her auf die Brüder hin öffnen-

[1] *K. Rahner*, Marsch ins Getto?: Stimmen der Zeit 98 (1972) 1–2.

[2] *E. Engelke*, Die Pfarrgemeinde – eine geschlossene Gesellschaft?: Marsch ins Getto? Der Weg der Katholiken in der Bundesrepublik, hrsg. v. K. Lehmann / K. Rahner, München 1973, 24–31.

[3] AaO, 28.

des Medium eingesetzt werden?[4] Will nicht gerade der Bischof, der zum Ärger des Kaplans das Hauptgewicht des Pfarrgemeinderates „nicht nur auf den Bereich der Liturgie, des Gottesdienstes und der Verkündigung" gelegt wissen möchte, die Phantasie und Energie der Laien für die Aufgabe der gesellschaftlichen Diakonie, des politischen Engagements und der Evangelisation der Welt freisetzen?[5]

F. Hamburger behauptet eine direkte Proportionalität zwischen Gettomentalität und Kirchlichkeit: je höher der Grad der Kirchlichkeit, um so wahrscheinlicher ist Gettomentalität.[6] Er setzt stillschweigend voraus, daß in der Konfrontation mit dem Wertsystem der modernen Gesellschaft die Falsifikationskrise auf seiten der Kirche liegt.[7] Folglich muß er jede selektive Umweltabwehr als Gettomentalität abstempeln und jedes Festhalten an einem spezifischen Charakter der Kirche als Spiritualisierung, Jenseitigkeit und Rückzug aus der Welt verstehen.[8] Ständige Veränderung aus reformbereitem Pragmatismus wird mit der Aura des Fortschritts umgeben, Stabilisierung aus defensiver Orthodoxie, aus Traditionsgebundenheit und Ordobedürfnis gilt als Unwert.[9] Es fehlt jeglicher Hinweis auf die Ambivalenz und das gegenseitige Bedingungsverhältnis dieser beiden Elemente. Welches Menschenbild ist in dieser Soziologie vorausgesetzt? Das des jungen Menschen? Der Mensch, der auf solche Weise in die Gesellschaft integriert ist, daß er Religion und Kirche nicht vermißt?[10] Die Zuversicht, daß die Kirche trotz gegenwärtig sinkender Wirksamkeit ihre zeitüberdauernde Kraft erweisen werde – ein notwendiges Ingredienz christlichen Glaubens – kommt Hamburger ein wenig unbegreiflich vor.[11] Kirchentreue wird schon dann verdächtig, wenn sie für frühe religiöse Unterweisung der Kinder eintritt und Glaubenstreue, Tradition und

[4] AaO, 27.

[5] AaO, 25.

[6] *F. Hamburger*, Kirchlichkeit und Gettomentalität: aaO, 56–69, 68.

[7] AaO, 57, 63, 65, 68 f.

[8] AaO, 58.

[9] AaO, 66 f., 68 f., 62.

[10] Welches sind die Kriterien z. B. einer soziologischen Theorie, die für Menschen, die von einer bestimmten Lebensstufe an kirchlich praktizieren, das Prädikat „social disengaged" verwendet, wie es in der amerikanischen Gerontologie manchmal geschieht? Vgl. *H. Schoeck*, Das Selbstverständnis des heutigen Menschen im Aspekt der soziologischen Denkformen: Menschliche Existenz und moderne Welt, hrsg., v. R. Schwarz, Bd. I, Berlin 1967, 581–595, 587 f.

[11] *F. Hamburger*, Kirchlichkeit und Gettomentalität: aaO, 64.

Sittlichkeit als Ziele angibt.[12] Dabei wird an C. Amerys Ächtung der Sekundärtugenden des Kleinbürgertums und H.-D. Bastians sozialpsychologisch unbeschwerte Phrase, daß Hilfsbereitschaft, Ehrlichkeit, Anstand, Rechtschaffenheit u. ä. „zur Bewältigung der Lebensfragen im Atomzeitalter wenig oder gar nichts beitragen", kommentarlos wie ein Orakelspruch angemerkt.[13] Soll sich die Lebensfrage im Atomzeitalter wirklich auf die Kunst reduzieren, wie durch grenzenlose „alternative Handlungsstrategie" eine Gesellschaft von selbstsüchtigen, unaufrichtigen, rohen und unredlichen Individuen überleben kann? Es würde ein nicht unwesentliches Stück der Bodenbereitung für Anarchismus im Übergang und Diktatur am Ende bedeuten. Der Umstand, daß praktizierende Katholiken in der Kirche eine leidliche Harmonie des Denkens, Fühlens und Handelns suchen und finden, wird als Intoleranz gegen Mehrdeutigkeit und als unerfreuliches Ergebnis kirchlicher Sozialisation diskriminiert[14], während der Konsistenzdruck der technologisch-bürokratischen Gesellschaft, die mögliche Intoleranz der Kirchenfernen und ihre ungeduldige Forderung nach einer für ihre Zwecke und Interessen instrumentalisierten Kirche unreflektiert bleiben. „Je größer die soziale Mobilität, je stärker die Vereinzelung, je abstrakter das Verhältnis zur Gesellschaft über die Kommunikationssysteme läuft, desto stärker werden die Ansprüche an Konsistenz oder, anders ausgedrückt: desto geringer die Belastbarkeit durch Widersprüche."[15] Auch das sind soziologische Erkenntnisse. Zu ihnen gehört ferner die Entdeckung, daß kirchennahe Gruppen spirituelle Gründe und das Anliegen der erzieherischen, caritativen und fürsorgerischen Funktion der Kirche haben, während die kirchenfernen Gruppen nur an der gesellschaftlichen Aktivität interessiert sind, ihr überwiegend negatives Verhältnis zur Kirche aber nicht ändern, wenn die Kirche sich unter Hintansetzung ihres Auftrags bereitfände, die Bedeutung gesellschaftlicher Probleme zu maximalisieren, unrealistische Heilsansprüche zu billigen und pseudoreligiöse Erwartungen zu wekken.[16] Welchen theoretischen und praktischen Stellenwert hat eine Sozio-

[12] AaO, 67.

[13] AaO, 62, Anm. 15.

[14] AaO, 59, 64.

[15] *G. Schmidtchen*, Katholiken im Konflikt: Befragte Katholiken. Zur Zukunft von Glaube und Kirche, hrsg. v. K. Forster, Freiburg/Basel/Wien 1973, 164–184, 168.

[16] AaO, 178 f. Nach Auswertung einer 4,4 Millionen-Umfrage wird man auch bei Einräumung von Mängeln in der Fragestellung und von Spielräumen in der Deutung der Phänomene diese Ergebnisse respektieren müssen.

logie, die den praktizierenden Katholiken Umkehr predigt und für Gerechtigkeit und Frieden, Sinnerfüllung und Lebensglück mit Hilfe von emanzipatorischen Orientierungen eintritt, die wie Konsum und Sexualisierung, Lebensgenuß und „Abbau von überflüssigen Autoritäten" ebensosehr konflikterzeugende wie konfliktlösende Wirkung haben?[17] Wer in dem Konflikt zwischen dem kirchlichen und dem gesellschaftlichen Wertsystem die Frage nach einem übergeordneten Koordinatenkreuz vernachlässigt, kann nicht Richter, sondern nur Partei sein.

Der Marsch ins Getto findet nicht statt. Für diese These glaubt H. Maier starke Argumente anführen zu können. Der politische und der soziale Katholizismus Deutschlands haben seit dem 19. Jahrhundert über die Zeit der Weimarer Republik bis heute einen Weg zurückgelegt, der vom katholischen Zentrum zur interkonfessionellen CDU/CSU führt, von der Idee der christlichen Gewerkschaft zur Realität der Einheitsgewerkschaft, von der Geschlossenheit der katholischen Soziallehre zur Schleifung des alten Turms und zur Verwendung seiner Vorräte bei Theologen anderer Konfessionen, bei Politikern, Juristen, Nationalökonomen, bei Verbänden, Verwaltungen und Parteien, ob es sich um Fragen des Eigentums, der Mitbestimmung, der Sozialhilfe oder der Bildung handelt.[18] Auch die Wandlung des deutschen Verbandskatholizismus – greifbar in der Umstrukturierung des Zentralkomitees und in der Neugestaltung der Katholikentage – sei als Öffnung zu charakterisieren. Das Zentralkomitee bilde nach seiner Umstrukturierung nicht mehr nur die lose Klammer um die vielfältige Verbandswelt, sondern knüpfe auch Verbindungen zur Hierarchie. Die neugestalteten Katholikentage haben literarische und theologische Elemente und die Behandlung innerkirchlicher Probleme an sich gezogen und seien darum mehr als die traditionelle Darstellung der Laienaktivität. Neue Aufgaben würden auf den deutschen Katholizismus zukommen, das freie und direkte Sich-Einlassen auf Staat und Gesellschaft, zusätzlich zum sozialen und erzieherischen Dienst die verstärkte Mitarbeit in der Wirtschafts-, Gesellschafts-, Bildungs-, Außen-, Entwicklungs- und Verteidigungspolitik.[19] Die Vorkämpfer des Gettos seien schließlich vor allem bei den politischen Theologen zu suchen, die unter Verwendung eines sozialwissenschaftlichen Vokabulars, mit Hilfe der Begriffe Kritik, Exodus, Emanzipation ein Reich des weltlo-

[17] *F. Hamburger*, Kirchlichkeit und Gettomentalität: aaO, 61, 66 f.

[18] *H. Maier*, Der Marsch ins Getto findet nicht statt: aaO, 117–125, 118 f.

[19] AaO, 120.

sen Glaubens aufrichten und die Welt hoffnungsfroh im Feuer der Eschatologie untergehen lassen. Ihr Schreckruf ›Marsch ins Getto‹ könnte eine sublime Variante der Taktik des ›Haltet-den-Dieb‹ sein.[20]

Ein Marsch ins Getto ist weder zu erhoffen noch zu befürchten, meint der Historiker O. Köhler. Denn während die historischen Hochkulturen, jede für sich, im sozio-kulturellen Sinn der Kosmos, die Welt schlechthin waren, habe die sogenannte „One-World" keine „Welt". Sie sei ein dem christlichen Abendland entstammendes, dieses samt den Hochkulturen liquidierendes Gebilde, das auf der Suche nach der abhandengekommenen Wirklichkeit ist. Es entbehre des sozialen Einverständnisses, besitze kein sinnvolles Nacheinander der Ereignisse in der Zeit und zweifle an dem „innersten Heiligtum des Bürgers", an der Identität des Ich.[21] Anpassung und Getto seien in dieser Situation nichts als irreführende Worte. Es gebe nicht die Welt, in der die Kirche Weltkirche sein könnte. In dieser Krise einer Welt, die vom Fleisch und Blut der Kirche stamme und aus ihrer Verantwortung unentlaßbar sei, müsse mehr denn je auf prophetische Existenz und auf schöpferischen Glauben gesetzt werden. Es werde entscheidend darauf ankommen, daß die ›Inversion der kirchlichen Kräfte‹ und die ›elitäre Arroganz des pusillus grex‹ vermieden werden.[22]

Es wäre hier zu fragen, was die Religionssoziologie grundsätzlich beiträgt, um den Zusammenhang und die Differenz zwischen Kirche und Gesellschaft aufzuhellen. Nach der Funktionalität der Religion für den Aufbau und die Erhaltung der Gesellschaft (E. Durkheim) und neben der Öffnung gesellschaftlicher Zustände für unbegrenzte Alternativen durch die Idee des absolut transzendenten Gottes (N. Luhmann) stehen die Wechselwirkungen zwischen Kirche und Gesellschaft (M. Weber) heute im Zentrum der Forschung. Besonders dort, wo der empirische Charakter der Soziologie betont wird, wächst das Bewußtsein, daß für die Erkenntnismittel dieser Wissenschaft nur eine bestimmte Dimension der Kirche und der Gesellschaft zugänglich ist, und daß ein Forschungsfeld abgesteckt werden muß, auf dem der Soziologe und der Theologe gemeinsam zuständig sind. Beide haben in Zusammenarbeit die Übersetzung der instrumentalen Sprache der Soziologie in theologische Begriffe zu versuchen.[23] Dabei wächst logischerweise die Tendenz, die starre Gegenüber-

[20] AaO, 124.

[21] *O. Köhler*, Das Getto und die Christen des 3. Jahrtausends: aaO, 87–94, 90.

[22] AaO, 93 f.

[23] *F.-X. Kaufmann*, Theologie in soziologischer Sicht, Freiburg/Basel/Wien 1973, 29.

stellung von Religion und Gesellschaft[24], zuletzt jede Art von Dichotomie aufzuheben.[25] Wird das Bewußtsein der methodischen Beschränkung von dem Willen zum Wissen um jeden Preis überspielt, so kommt es zur Geringschätzung oder Leugnung der transempirischen Dimension des Wirklichen. Die Kirche wird dann nur so weit in Betracht gezogen, als sie Teil der Gesellschaft ist und sich mit einem Segment des Gesamtsystems deckt. Sie erscheint nicht mehr als ein Gebilde von Fleisch und Blut, das der Gesellschaft gegenübertritt und sich mit ihr einläßt. Die Spannung zwischen Kirche und Welt wird abgebaut, die Normfrage in den Hintergrund gedrängt oder ganz ausgeschlossen. Als Getto wird zunehmend jedes Phänomen von Kirche und Kirchlichkeit empfunden, das nicht in der Gesamtgesellschaft aufgeht.

Dieser Trend ist um so wirksamer als er auf eine verbreitete Kirchenmüdigkeit trifft. Andererseits setzen aber Fragestellungen und Auswertungen der empirischen Sozialforschung stets die Bildung von Theorien voraus, die ihrerseits Ausdruck von Ideologien, Wertentscheidungen und Glaubenssystemen sind. Es gibt nicht die Soziologie, sondern soziologische Theorien, deren Gesellschaftsmodelle bestimmte Menschenbilder voraussetzen. Der Modellmensch einer entnationalisierten und entkonfessionalisierten Soziologie wäre der Stolz einer sich als Grund- und Universalwissenschaft verstehenden Soziologie, aber in Wahrheit implizieren die christliche, die marxistische, die katholische und die protestantische Soziologie verschiedene Anthropologien. Bevorzugt die amerikanische Soziologie den Prototyp des jugendlichen Menschen, so kann die marxistische Soziologie auf das Leitbild von der beliebig modellierbaren Durchschnittsnatur des Menschen nicht ganz verzichten, wobei sie im optimistischen Glauben an den Fortschritt, in der instrumentalistischen Einstellung zur Wirklichkeit, im hedonistischen Motiv und im Vertrauen auf die Zukunftsmöglichkeiten ihrer verschiedenen Vorstellungen von der besten gesellschaftlichen Organisation übereinstimmen. Nicht einmal der Mensch als Rollenspieler bildet einen Gegenstand vollständig „objekti-

[24] *G. Kehrer*, Religionssoziologie (= Sammlung Göschen 1228), Berlin 1968, 37.

[25] *H. Schoeck*, Das Selbstverständnis des heutigen Menschen im Aspekt der soziologischen Denkformen: Menschliche Existenz und moderne Welt, hrsg. v. R. Schwarz, Bd. I, Berlin 1967, 585: Die Soziologie sieht ihre Objekte durch Dichotomien wie Gemeinschaft-Gesellschaft; Arbeiterklasse – Kapitalistenklasse; egalitäre – autoritäre Persönlichkeit usw. aufgespalten und verzerrt. Vgl. *ders.*, Die Soziologie und die Gesellschaften, Freiburg 1964, 332 ff. (Geschichte der Soziologie [= Herderbücherei 475], Freiburg 1974, 324 ff.) Vgl. oben Anm. 23 (F.-X. Kaufmann und T. Rendtorff).

ver" und rein ,,wissenschaftlicher" Betrachtung. ,,*Vor* dem Menschen als Rollenspieler liegt aber der Mensch als Definierer der jeweiligen Situation."[26] Darum spielt er Rollen ,,der Situation zuliebe" als Konformist der Gesellschaft, und das mit Haß oder mit Liebe; und er spielt andere Rollen als Nonkonformist, und das wiederum mit Haß oder Liebe. Er ist Opportunist und Kompromißler, weil er Egoist und Altruist ist. Für die empirische Soziologie heißt das, sie soll nicht leugnen, ein Menschenbild zu haben, und dabei versäumen, dieses an der sozialen Wirklichkeit zu prüfen, sondern sie soll im Gegenteil sich zu dem Menschenbild bekennen, ,,das sie meist ohnehin impliziert", und soll es der Bewährung oder gegebenenfalls der Falsifizierung aussetzen.[27] Auch historische Untersuchungen und theologische Konzeptionen – das wird dank eines geschärften geschichtlichen und hermeneutischen Bewußtseins heute von diesen Disziplinen mehr als von der Soziologie erkannt und eingeräumt – bekommen ihre Gegenstände immer perspektivisch, das heißt verzerrt in den Blick und müssen sich auf den Weg der Annäherung an die ,,Wahrheit" begeben.

Von enormer geschichtlicher Wirksamkeit war und ist Luthers Verständnis vom Reich Gottes. Obwohl Melanchthon eine protestantische Verkirchlichung des Reich-Gottes-Gedankens begründet hat[28], dürfte dennoch für die Lehre von der Kirche und ihrem Verhältnis zu Welt, Staat und Gesellschaft eher die Auffassung Luthers bestimmend geworden sein. Seine Absicht, die Einheit der Gottesherrschaft ,,gegen papalistische Usurpation und gegen schwärmerische Spiritualisierung und Vergewaltigung zu sichern"[29], mußte in jedem Fall gegen die Kirche selbst ausschlagen. Er definiert das Reich Gottes einerseits als das verborgene Reich des Glaubens, identisch mit der Sündenvergebung, mit der in der Rechtfertigung sich durch das Wort im Geist auswirkenden Erlösungstat Christi, andererseits als geistliches Regiment Gottes in der Welt, unter dem sich die Herrschaft Christi im Berufsleben der Christen heimlich durchsetzt. Diese eine Gottesherrschaft wirkt sich in den zwei Regimenten aus, im Reich zur Rechten, wo Christus durch Wort und Sakrament herrscht, und

[26] *H. Schoeck*, Das Selbstverständnis des Menschen im Aspekt der soziologischen Denkformen, 593.

[27] *H. Schoeck*, aaO, 594, vgl. 586 f., 589 f.

[28] *E. Wolf*, Reich Gottes, II. Theologiegeschichtlich: RGG V (Tübingen ^{3}1961) 918–924, 920. Die Kirche der reinen Lehre werde bei Melanchthon zur Anstalt des Reiches Gottes, die das Heilsgeschehen fortführt.

[29] Ebd.

im Reich zur Linken, wo der Kaiser ,,vi, non verbo", durch das Schwert regiert. Die zwei Reiche bilden eine Gegensatzeinheit von Gnade und Gerechtigkeit, Glaube und Vernunft, Geist und leiblich-weltlicher Verwirklichung. Indem das Reich zur Rechten nur in geistlich-geistigen Vollzügen existiert, im Leben nach den ,,sonderlichen Sprüchen von Mt 5"[30], in Gleichheit und freier Spontaneität der Glieder und in der Botschaft des Evangeliums von der sündenvergebenden Gnade, das Reich zur Linken aber durch Kaisertum, Macht und Recht geschichtlich konkret und institutionell eingerichtet wird und sich in die Wirklichkeit des Staates, der Wirtschaft, der Ehe, der Familie usw. inkarniert, wird die sichtbare Kirche auf die Seite des Reiches zur Linken abgedrängt.

In diesem Verstehenshorizont kann die Kirche in den Geruch eines überflüssigen ,,After-Staates" oder einer ,,After-Gesellschaft" kommen. Schon G. W. Leibniz vermochte eine Entsprechung zu Augustins civitas Dei und zum mittelalterlichen Reich, das ,,wieder in solchen flor gebracht werden" sollte, ,,als zu seyn in seinen Kräften ist"[31], nur noch ,,monistisch" zu konzipieren. Als ,,Advocatus Ecclesiae Universalis" habe der Kaiser die Aufgabe, den Frieden zu hüten und für die Glaubenseinheit des christlichen Erdkreises zu sorgen. Die Reihe der Konzilien des Mittelalters sollte in den ,,Universalkonferenzen" eine Fortsetzung finden, durch solche Einrichtung eine überzeugende Ordnung hergestellt werden. Zeigt sich darin ein Übergewicht der Politiker über die Theologen, so wird durch die Idee der zu schaffenden ,,Sozietät" die historisch gestiftete und gewachsene Kirche durch ein philosophisch konstruiertes Gebilde abgelöst. Da die Kirche mit keiner der bestehenden Konfessionen zusammenfallen könne, sei eine ,,Sozietät" aufzurichten, die ,,zentral auf Glauben, Hoffnung und Liebe durch die Erkenntnis und Gewißheit von Gottes Allmacht gründet". Ihre Glieder, der Wahrnehmung der göttlichen Natur fähig, werden als Beter und Priester angesprochen.[32] Die Aufgabe der ,,societas philadelphica" sei die Vervollkommnung des Weltganzen (perfectio universi). Sie versöhnt die Konfessionen (societas confessionum

[30] *F. Lau*, Zwei-Reiche-Lehre: RGG VI ([3]1962) 1945–1949, 1946 f.

[31] *G. W. Leibniz*, Securitas publica (1670); Sämtliche Schriften und Briefe (Akademieausgabe 1923 ff.), IV 1 (1931), 133–124, 133. Vgl. *Martin Schmidt*, Die ökumenische Bewegung auf dem europäischen Festlande im 17. und 18. Jahrhundert: Geschichte der ökumenischen Bewegung 1517–1948. Erster Teil, hrsg. v. R. Rouse / St. Ch. Neill, Göttingen [2]1963, 100–166, 130.

[32] *G. W. Leibniz*, Bedenken von Aufrichtung einer Sozietät (1671). Vgl. *M. Schmidt*, aaO, 131.

conciliatrix) und bringt die Herrschaft Gottes auf Erden in allen Bereichen zur Geltung.[33] Nicht nur, daß so das Politische ein Übergewicht über die von Leibniz miterstrebte Spontaneität des geistigen und sozialen Lebens erhielt; nicht nur, daß diese Sozietät „sich im Grunde selbst genug" ist und „Kirche, Staat, Kulturanstalt in einem" darstellt; nicht nur, daß die Idee eines „staatskirchlich geleiteten Kulturchristentums von weltweitem Horizont" geboren wird und „die Epoche der großen und kühnen Eroberungszüge" beginnt, „die die Philosophie über das Gelände der Theologie unternimmt"[34]: hier wird eine universalistische Utopie entworfen, die nicht mehr und nicht weniger bedeutet als die konkrete Herbeiführung des Heils durch den Menschen, des Reiches der Parusie Christi mit den Mitteln des philosophischen Gedankens und der politischen Tat.

Später läßt Hegel die Kirche im „absoluten Staat" aufgehen, in dem durch den dialektischen Prozeß der Weltgeschichte hindurch das Wesen des Gottesreiches sich vollendet, der Geist der Versöhnung sich auslegt und die substantielle Freiheit und reine Sittlichkeit ihre Wahrheit offenbaren.[35] Die ganze Unlogik einer Dialektik, die nicht wirklich von der These über die Antithese zur Synthese führt, also nicht zwischen zwei Gliedern einer Dualität vermittelt, sondern kurzschlüssig ein Glied an die Stelle beider setzt und die Individualität und Eigenständigkeit des anderen Gliedes opfert, zeigt sich in der Weise, wie Hegel den geschichtlichen Weg zum modernen Staat denkt[36], den man „wie ein Irdisch-Göttliches verehren und einsehen" müsse.[37] Die im Wesen geistige, aber auch weltlich verfremdete Kirche des Mittelalters und der im Wesen weltliche, in der Form des Reiches aber auch geistlich verfremdete Staat, das „in sich Unterschiedene konnte nur durch Kampf dahin gelangen, daß es in späteren Tagen in einem höheren Vernünftigen versöhnt wurde"[38]. Dieses höhere Ganze ist aber nicht, wie Hegel meint, die Synthese des Geistlichen und

[33] *Leibniz*, De unitate ecclesiae Romanae (1669–1671); Akademieausgabe IV 1 (1930) 547 f. *M. Schmidt*, aaO, 131 f.

[34] *M. Schmidt*, aaO, 132.

[35] *E. Wolf*, Reich Gottes, II. Theologiegeschichtlich: RGG V 922.

[36] Diese Pseudodialektik wird hier nur bezüglich Hegels Staatslehre behauptet. Es wird offen gelassen, ob er eine definitive Differenz zwischen Gott und Mensch erkennt, so daß die Gesamtgeschichte zwar das Anderssein Gottes wäre, nach ihrem Hindurchgang durch den „Tod" aber Gott *und* der Mensch in die Endsynthese „auferstehen" würden.

[37] *G. W. F. Hegel*, Grundlinien der Philosophie des Rechts; Werke VI 357 (ed. G. Lasson, Leipzig 1930).

[38] *Hegel*, Philosophie der Weltgeschichte II; Werke IX 820, 831 (ed. Lasson, Leipzig 1923).

des Weltlichen, die innergeschichtlich von der Natur der Sache her unmöglich realisiert werden kann, und die der Christ als Gabe des wiederkommenden Herrn erwartet, sondern ist so der Untergang des Geistlichen wie es der Triumph des Weltlichen ist.[39]

Dieselbe Korruption der Begriffe setzt sich auch durch, wo Hegel die Freiheit des Individuums als eine abstrakte und die Notwendigkeit des Staates als eine konkrete bejaht. In den protestantischen Staaten könne die „Übereinstimmung der Religion und des Staates" vorhanden sein; „denn der Protestantismus fordert, daß der Mensch nur glaube, was er wisse, daß sein Gewissen als ein Heiliges unantastbar sein solle."[40] Im Protestantismus könne anders als in allen anderen Religionen die subjektive Freiheit aufbrechen, deren substantielle Wirklichkeit im Staat zum Ausdruck kommt.[41] Wie „in der göttlichen Gnade . . . das Moment der subjektiven Freiheit ausdrücklich gefordert" ist, so erreiche das Subjekt seine objektive Vollendung in dem „Organismus der Staatsverfassung", deren „wahrhafte Lebendigkeit" aber „Gliederung", also Ungleichheit der Rechte und Pflichten „fordert"[42]. Wenn schließlich der so verfaßte Staat als Selbstzweck, als „das sich wissende und wollende Göttliche" bezeichnet und die Erklärung hinzugefügt wird, daß er „als Endzweck das höchste Recht gegen den Einzelnen hat . . .", daß seine Bestimmung nicht durch Verwechslung mit der bürgerlichen Gesellschaft „in die Sicherheit und den Schutz des Eigentums und der persönlichen Freiheit" gesetzt werden darf, daß das Individuum nur als „Glied des Staates" „Objektivität, Wahrheit und Sittlichkeit" besitzt und daß „der wahrhafte Inhalt und Zweck, und die Bestimmung der Individuen" darin bestehen, „ein allgemeines Leben" zu führen[43], so bedeutet die abstrakte Rechtsgleichheit des Individuums im Staat zugleich die Verweigerung des Rechts auf freie Entfaltung in den konkreten Verhältnissen des Lebens, während der konkrete Staat[44] in seiner rohen Positivität als Erscheinung des göttlichen Rechts gefeiert wird. Es gereicht der katholischen Kirche nicht zur Unehre, daß sie Hegel zu dieser Apotheose der Macht nicht einmal den Schein von Berechtigung gegeben hat und der Philosoph des absoluten Staates einräu-

[39] Werke IX 836 f., 338 ff., 937 f.: „ . . . daß der Staat die weltliche Verwirklichung der Freiheit ist."

[40] *Hegel,* Philosophie der Religion I; Werke XII 307 (ed. Lasson, Leipzig 1930).

[41] Ebd.

[42] Ebd., 307 f.

[43] Grundlinien der Philosophie des Rechts; Werke VI 195 f.

[44] Philosophie der Weltgeschichte I; Werke VIII 89 (ed. Lasson, Leipzig 1920).

men muß: „Mit der katholischen Religion ist . . . keine vernünftige Verfassung möglich“[45].

Diese Entwicklungslinie wird variiert, nicht verlassen, wenn die Religionssoziologie bei T. Rendtorff zur Erforschung der sozialen Präsenz des Christentums in der Industriegesellschaft nicht mehr Kirche und Staat zum Gegenstand hat, sondern die Wirkungen des christlichen Geistes in den Segmenten und im Gesamtsystem der Gesellschaft.[46] Es wird die Vermutung, daß auf dem Boden der mittelalterlichen Zwei-Reiche-Theorie und der Trennung von Klerikerstand und Laienstand zwei Identifikationen vor sich gegangen seien, die Identifikation der Kirche und des Heils mit dem Klerus und die Identifikation der profanen und sündigen Welt mit den Laien, als heuristisches Prinzip benützt. Dieses mache verständlich, warum das Verhältnis zwischen der Heilswirklichkeit Kirche und der dem Bösen verfallenen Profanität nur als ein dichotomes, ja diastatisches gedacht werden konnte.[47]

Trotz der imponierenden „Zeugenwolke“, die Kaufmann anführt[48], ist gegenüber dieser These Skepsis angebracht, da sie zwar sicher gewisse Züge, aber nicht den komplexen Tatbestand der historischen und theologischen Entwicklung trifft.

Die mittelalterlichen Dichotomien – dua imperia, duo gladii, dua lumina, duo civitates – meinen nicht mehr die im Streit liegenden Völker wie bei Augustinus, nicht Gottesreich und Satansreich, auch nicht sakrale Kirche und profane Welt, sondern die „Verteilung der Befugnisse von Sacerdotium und Imperium, ecclesia und res publica innerhalb der geistlich-weltlichen Lebenseinheit, wie sie im Mittelalter von germanischen

[45] *F. Schnabel*, Deutsche Geschichte im neunzehnten Jahrhundert. Die Erfahrungswissenschaften (= Herderbücherei 207), Freiburg/Basel/Wien 1965, 27.

[46] *T. Rendtorff*, Zur Säkularisierungsproblematik. Über die Weiterentwicklung der Kirchensoziologie zur Religionssoziologie: Internationales Jahrbuch für Religionssoziologie Bd. II (Theoretische Aspekte der Religionssoziologie), Köln/Opladen 1966, 51–70. *Ders.*, Säkularisierung als theologisches Problem: Neue Zeitschrift für systematische Theologie 4 (1964). Vgl. *F.-X. Kaufmann*, Theologie in soziologischer Sicht, Freiburg/Basel/Wien 1973, 29.

[47] *Kaufmann*, aaO, 31.

[48] Ebd., Anm. 49 und 50: *O. Brunner*, Neue Wege der Sozialgeschichte, Göttingen 1956; *ders.*, Adeliges Landleben und europäischer Geist, Salzburg 1949; *J. Matthes*, Die Emigration der Kirche aus der Gesellschaft, Hamburg 1964; *A. M. Knoll*, Zins und Gnade. Studien zur Soziologie der christlichen Existenz, Neuwied/Berlin 1967; und als Autoren des Sammelbandes „Diskussion zur ‚politischen Theologie‘“ (hrsg. v. H. Peukert, Mainz/München 1969) J. B. Metz und K. Lehmann.

Vorstellungen her selbstverständlich war"[49]. Die zwei Reiche sind für die karolingische und die spätere päpstliche Reichsidee sogar die zwei Seiten des einen Corpus Christianum, in dem Klerus und Laien zusammen eine gegliederte, sakramental beseelte Einheit darstellen und mit der civitas Dei identifiziert werden.[50] Kritische Aufklärung, die konkrete Fälle aufdeckt, wo die Zugehörigkeit zur Kirche durch Unterwürfigkeit definiert wird und die Häresie nur als Rationalisierung für eine Exkommunikation dient, die in Wirklichkeit aufgrund von sozialer Insubordination verhängt wurde, ist verdienstlich und kann über die Verantwortlichen als reinigendes Gewitter niedergehen.[51] Doch die Absicht, die Kirche auf den Status einer Organisation, einer ,,bewußten Lebenseinheit aus bewußten Teilen" herabzudrücken[52], die ihre Ziele und Zwecke durch die Mittel des Plebiszits, der von subjektiven Handlungsmotiven der Glieder gelösten Entscheidungsprozesse und der Bürokratie festsetzt und erreicht, richtet sich notwendig gegen das Wesen und den Auftrag der Kirche und stellt das liberale Gegenstück zur marxistischen Usurpation des Religiösen und des Kirchlichen durch die Gesellschaft dar. Bei aller Verwiesenheit auf die Zeichen der Zeit ist der Christ, insbesondere der durch die Ordination bevollmächtigte Zeuge des Glaubens der Zweckbestimmung und Normierung der Kirche und ihrer Lebensäußerungen durch Christus verpflichtet, wie sie durch den Glauben des Gottesvolkes überliefert wurden und in den Dogmen und der Verfassung der Kirche gültige Kriterien haben.

An der Problematik und dem Scheitern der Idee des christlichen Imperiums hatte Luther auf seine Weise teil. Er ist Vollender einer tragischen Entwicklung und Schöpfer einer neuen Grundlage für eine nur noch lose oder ideelle Einheit der ,,Geistkirche" und des ,,Imperiums" durch die Vermittlung über reale Partikularkirchen je in Einheit mit den landesherrlichen beziehungsweise städtischen Teilen des Reiches.

Nachdem Karl der Große und Otto der Große faktisch und prinzipiell die Repräsentanz der himmlischen Königsherrschaft Christi und damit eine politische Oberhoheit über die moralisch höchste Autorität des Papstes behauptet hatten[53], konnten nach dem Investiturstreit die Päpste, am äußersten Punkt dieser Wende Innozenz III., die Suprematie der Kirche

[49] *F. Lau*, Zwei-Reiche-Lehre: RGG VI 1946.

[50] *E. Wolf*, Reich Gottes: RGG V 920.

[51] *F.-X. Kaufmann*, Theologie in soziologischer Sicht, 30 f.

[52] Soziologie, hrsg. v. R. König (= Das Fischer Lexikon 10), Frankfurt 1967, 234.

[53] *U. Duchrow*, Christenheit und Weltverantwortung. Traditionsgeschichte und systematische Struktur der Zweireichelehre, Stuttgart 1970, 334 ff., 341 f.

über das Imperium mit Erfolg beanspruchen. Den Bogen überspannend und den Boden der Realitäten verlassend, hat schließlich Bonifaz VIII. die Translationstheorie, die das Papsttum zum Verwahrer des römischen Kaisertums erklärt, auf die Könige ausgedehnt: jeder König empfängt Krone und Reich als Lehen aus der Hand des Römischen Pontifex.[54] In dieser Situation vermochten im 14. Jahrhundert die Vorkämpfer der kaiserlichen Unabhängigkeit, Marsilius von Padua und Wilhelm von Ockham, die Gewalt der Herrscher nur noch als „potestas saecularis ... ohne Rücksicht auf die besondere Stellung des kaiserlichen Amtes im corpus christianum" zu begründen.[55] Diese Entkleidung von der sakralen Würde mußte auch gegen die politische Oberhoheit des Kaisertums über die (westeuropäischen) Königtümer ausschlagen, die schon seit dem 11. Jahrhundert in ihren Territorien die Gleichstellung mit dem Kaiser „in den zeitlichen Dingen" gefordert hatten und seit dem 12. Jahrhundert auch die entsprechenden Theorien hervorbrachten.[56]

Auf dem Boden der auseinanderstrebenden Interessen und der zerfallenden Lebenseinheit der Kirche und des Reiches ringt nun Luther um die Systematik eines modus vivendi: 1. Der selbständig begründeten politischen Herrschaft wird die auf die geistlichen Aufgaben eingeschränkte Gewalt der Kirche gegenübergestellt und einer dreifachen Tradition

[54] DS 873: „Nam Veritate testante, spiritualis potestas terrenam potestatem instituere habet, et iudicare, si bona non fuerit ..." (Bulla „Unam sanctam", 18. Nov. 1302).

[55] *W. Pannenberg*, Luthers Lehre von den Zwei Reichen und ihre Stellung in der Geschichte der christlichen Reichsidee: Gottesreich und Menschenreich, Regensburg 1971, 73–96, 85. *U. Duchrow*, aaO, 413 ff.

[56] *Pannenberg*, aaO, 84 f. *Duchrow*, aaO, 378 f., 397. Dem von Kanzler Reinald von Dassel festgehaltenen Herrschaftsbereich des Kaisers über die Königreiche, von den Hohenstauffern selbst untergraben, da sie sich nicht auf das historisch gewordene, durch das Papsttum vermittelte Amt der inneren Einheit und des äußeren Schutzes der Christenheit, sondern auf die justinianische Kaiseridee stützten, steht seit dem 12. Jahrhundert der kanonistische Grundsatz entgegen: rex, imperator in regno suo, superiorem in temporalibus non recognoscit. Der Engländer Alanus ab Insulis schreibt: „Et quod dictum est de imperatore, dictum habeatur de quolibet rege vel principe, qui nulli subest. unusquisque enim tantum iuris habet in regno suo, quantum imperator in imperio" (Glosse zu Comp. I 2, 20, 7). Vgl. *S. Mochi Onory*, Fonti canonistiche dell' idea moderna dello stato (imperium spirituale – iurisdictio divina – sovranità), Milano 1951, 192. Johannes von Salisbury entwickelt die philosophisch, nicht theologisch-historisch begründete Gegenthese zur Translationstheorie in auffälliger Gleichzeitigkeit zu Papst Alexander III.: Der Fürst ist „caput corporis rei publicae" und hat als „Philosophenkönig" die kosmischen Gesetze der aequitas seinem Gemeinwesen zu vermitteln. Da das Gesetz des Kosmos in Gott ruht, ist der Fürst „quaedam divinae maiestatis imago" (*J. v. Salisbury*, Policraticus [1159] IV 1, 12 [ed. C. C. J. Webb, 2 vol., Oxford 1909 [Nachdruck 1965] I 235, 278 f.). Vgl. *Duchrow*, 385, 387.

Rechnung getragen, nämlich der philosophisch-theologischen Unterscheidung zwischen dem äußeren und dem inneren Menschen sowie zwischen den beiden Gruppen der Adamskinder unter der Sünde und unter der Gnade, der faktischen Entwicklung der Macht und ihren Legitimationstheorien und schließlich der franziskanischen, gegen die verweltlichte Kirche gerichteten Spiritualität. 2. Weltliche und geistliche Gewalt werden gemeinsam in einer ganz von der Rechtfertigungslehre her vollzogenen antihumanistischen Kehre als Regimente Gottes verstanden, unter denen der Mensch der Empfangende und zugleich der zur Teilnahme am Liebeswerk Gottes im weltlichen und geistlichen Dienst Verpflichtete ist, so daß eine umfassende Gestalt der Herrschaft Gottes durch die Kirche und den Staat sich abzeichnet. 3. Diese Gestalt zerbricht an der Spannung, die in sie durch die Verbindung der Lehre von den Zwei Regimenten mit Augustins Lehre von den Zwei Reichen des Guten und des Bösen hineingetragen wird, da nun letztlich alle weltliche Herrschaft und äußere Institution der gefallenen, vom Teufel geknechteten Schöpfung zugerechnet und nur äußerlich mit der Ordnung der Erlösung und Gnade verbunden wird, und zwar mit der Zweckbestimmung, die Auswirkungen der Sünde einzudämmen und an der Innerlichkeit der Rechtfertigung, der Gnade und des Gewissens ihre Grenze zu finden.[57]

So bleiben Kirche und Staat bis zum Tage Christi Teile einer umfassenden Heilsveranstaltung Gottes und stehen sich unaufhebbar gegenüber. Sie können im Einzelfall so weit harmonisiert werden, daß die landesfürstlichen und magistratsbezogenen Kirchen durch das Predigtamt die weltlichen Autoritäten zu belehren und zu kritisieren, diese wiederum die Sorge für das äußere Kirchenwesen zu tragen haben und beide in gegenseitiger Loyalität als corpuscula christiana die Einheit von Kirche und Reich im vergangenen Corpus Christianum kopieren.[58] Die Schwelle zur Idee und Realität der politischen Freiheit hat Luther nicht überschritten. Dies blieb den kongregationalistischen Reformationskirchen und ihrer Vorbildhaftigkeit für demokratische Bestrebungen[59], entscheidend der ,,reformatorischen Linken", in ihrer Linie den ,,Dissenters" der englischen Revolution des 17. Jahrhunderts vorbehalten, obwohl Luther den Funken sprühen ließ, der auf das Gebiet des Politischen überspringen konnte, die Frei-

[57] *W. Pannenberg*, Luthers Lehre von den Zwei Reichen, 89 ff.

[58] AaO, 87. *F. Lau*, Zwei-Reiche-Lehre: RGG VI 1946. *M. Luther*, Werke (WA [Predigt von 1530] 30 II 337, 22 ff.).

[59] *W. Pannenberg*, Die Kirche und das eschatologische Gottesreich: Kirche ohne Konfessionen?, München 1971, 119–135, 135.

heit des Glaubens und das allgemeine Königtum und Priestertum der Gläubigen.[60]

Es wurden von evangelischer Seite erhebliche Bedenken gegen Luthers Lehre von den Zwei Reichen erhoben. Die institutionalisierte Politik und die Rollen des Lebenszusammenhangs, das Regieren und das Leben als Vater, Mutter, Kind, Knecht und Fürst erhielten eine Verselbständigung und Eigengesetzlichkeit, die zu ihrer Säkularisierung und Profanierung beitragen und die maßlose Entwicklung zum Pluralismus der Territorialherrschaften, zum Absolutismus und zum Handeln aus der Staatsraison begünstigen mußten.[61] Dem wäre entgegenzuhalten, daß Luther die Willkür von Fürsten und Obrigkeiten sowie die Bücher der Juristen der Vernunft und Billigkeit unterwirft und an der „liebe und natur recht" mißt.[62] Staat und weltliche Obrigkeit werden unter Ablösung von dem geschichtlichen Boden, auf dem das christliche Gemeinwesen seine Gestalt gewonnen hat, nicht nur zu formal bestimmt – „das welltlich schwerd und recht handhaben zur straff der bößen und zu schutz der fromen"[63], sondern durch seine Zugehörigkeit zum Gesetz so sehr von dem Evangelium getrennt, daß Luther das türkische Staatswesen als vorbildlich betrachten und sagen kann, „daß die Heiden ›in solchen Sachen weit über die Christen geschickt‹ seien"[64]. Wie E. Troeltsch kritisch bemerkt, enthält diese Konzeption eine doppelte Moral, sofern der Christ als Untertan passiv Unrecht leidet, als Obrigkeit aber aktiv das Schwert führt und Macht ausübt.[65] Es verbleibt schließlich die Frage, wie der Christ als Amtsträger einer solchen Institution überhaupt nach dem Evangelium handeln kann.[66] Die Schwierigkeiten insgesamt werden nicht behoben, wenn man versucht unter den Zwei Reichen bei Luther zwei Menschengruppen zu verstehen, was nach einzelnen Aussagen auch richtig ist[67], nämlich die Christen und die Nichtchristen. Nur letztere werden durch das weltliche Regiment gezwungen, daß „sie eußerlich müssen frid hallten

[60] *W. Pannenberg,* Luthers Lehre von den Zwei Reichen, 96.

[61] AaO, 92. *K. Barth,* Eine Schweizer Stimme, Zürich 1945, 113, 122.

[62] *K. Barth,* aaO, 279; vgl. 272. *Luther,* Werke (WA [Von weltlicher Obrigkeit 1523] 11, 278 f.; WA 19, 631 f.). Vgl. *U. Duchrow*, 498 f. *E. Wolf*, Zur Frage des Naturrechts bei Thomas v. Aquin und Luther: Peregrinatio, München 1954, 183–213.

[63] Vgl. *Pannenberg*, 75; Barth, 248.

[64] WA 51, 242; *Pannenberg*, 76.

[65] *E. Troeltsch*, Gesammelte Schriften I, 485 ff.; *Pannenberg*, 77.

[66] Vgl. *Duchrow*, 542 f., 548 (Gilt die Bergpredigt nur für den Privatmann?).

[67] WA 11, 249.

und still sein on yhren danck"[68]. Es führt auch kaum weiter, wenn man findet, daß Luther doch an der institutionellen Prägung menschlichen Handelns gelegen war, und dies durch seine Berufsethik bestätigt wird.[69]

Aus katholischer Sicht liegt die Wurzel der da und dort zum Vorschein kommenden Unstimmigkeiten der Zwei-Reiche-Lehre in dem Dualismus zwischen Geist und Sichtbarkeit, Innerlichkeit und Äußerlichkeit, der auch aus Luthers Lehre von der Rechtfertigung und von der Kirche nicht auszuschließen ist. Dieser Dualismus ist es letztlich, der bis heute der evangelischen Theologie, soweit sie ihn nicht einfach in einen Monismus aufhebt, in der Lehre über das Verhältnis von Kirche und Gesellschaft, Kirche und Staat ein Gepräge verleiht, in dem Züge eines prophetischen Pathos sich mit Merkmalen struktureller Schwäche verbinden.

Diese strukturelle Schwäche wird nicht behoben, sondern eher noch verstärkt, wenn Pannenberg deswegen, weil Gottes Herrschaft zu keiner Zeit der Geschichte Israels, des davidischen Königtums und der nachexilischen Restauration der Theokratie vollkommen verwirklicht wurde, die späteren Propheten so versteht, als wäre nach ihnen die irdische Repräsentation Jahwes auf den Babylonier Nebukadnezar, den Perserkönig Kyros und die Diadochen Alexanders des Großen übergegangen[70]; desgleichen, wenn er darüber verwundert ist, warum die Reichgotteshoffnung, die selbst in der späten jüdischen Apokalyptik trotz ihrer Jenseitswendung der ursprünglichen Zukunftserwartung noch eine wirksame politische Komponente hatte, in der zentralen Botschaft Jesu eine so unpolitische Gestalt annehmen konnte[71]; ferner, wenn er die politische Bestimmung des Menschen unter dem Gesichtspunkt im himmlischen Jerusalem verwirklicht sieht, „daß es dann keiner besonderen Kirche, keines Tempels mehr bedarf"[72]; und vollends, wenn er die politische Wirklichkeit des Reiches Gottes, das in diese Welt gekommen war, in den privaten Berufungen einzelner Menschen durch Jesus und in der individuellen Erlösung frühchristlicher Gläubiger erblickt, in einem „religiösen Individualis-

[68] *Barth*, 251.

[69] *Pannenberg*, 79. So auch *Duchrow*, 523 ff. im Anschluß an *G. Scharffenorth*, Röm 13 in der Geschichte des politischen Denkens, (Diss.) Heidelberg 1964 (rotapr.). Auch für das Berufsleben gilt, daß das Reich zur Rechten sich „heimlich", nicht durch die Institutionen als solche durchsetzt.

[70] *W. Pannenberg*, Die Kirche und das eschatologische Gottesreich: Kirche ohne Konfessionen?, 119–135, 130.

[71] AaO, 131.

[72] *W. Pannenberg*, Luthers Lehre von den Zwei Reichen, 91.

mus", der nach langer Dauer erst in die Strukturen der von Christen gebildeten Gesellschaften Eingang gefunden habe.[73]

Pannenberg folgt einer auswählenden exegetischen Richtung. Der König von Assur ist zwar Jahwes Gerichtshelfer (Jes 7, 18 ff.), doch das Gericht trifft auch die widergöttliche Hybris der Assyrer (Jes 10, 5 ff.; 14, 24–27). Wie Jahwe für Protojesaja „der Heilige Israels" ist und von Jerusalem aus seine Herrschaft aufrichtet (Jes 5, 19; 8, 10; 14, 26 f.; 28, 21; 18, 29), so wird der Herr auch nach Deuterojesaja in Zion Erlösung verleihen und Israel zu seiner Zier machen (Jes 46, 13), auch wenn der Prophet den Perser Kyros als „Gesalbten Jahwes" (Jes 45, 1) und als „Stoßvogel", der Jahwes Willen an Babel vollzieht (Jes 46, 11), bezeichnet. Kennt doch gerade er, der an der Erwartung Israels vorübergehend verzagt, keine königsmessianische Verheißung.[74] Die wohl offizielle religiös-politische Auffassung des Chronisten, die theokratische, kennt nur den Thron der Davididen als Sitz der Heilsherrschaft Gottes.[75] Jetzt ist Heilszeit (Esra 9, 8; vgl. 11; 2 Chr 36, 22). Die eschatologischen und apokalyptischen Strömungen, die wohl irgendwie „im Untergrund" vorhanden waren, gingen an der gegenwärtigen Geschichte, also auch an jener der Juda umgebenden Reiche, vorbei und hatten mit den Theokraten die gemeinsame Frage nach dem wahren Israel: ist es die hier nach dem Exil wieder errichtete, vom fremden Reich garantierte Gemeinde, oder ist es die eschatologische Restitution Israels in der Herrlichkeit, die Rückkehr aus der Diaspora von überallher, ein kosmisches Ereignis, die Entmachtung aller widergöttlichen Mächte (Joel 3–4; Jes 2; Mi 4; Sach 9–11; 12–14; Jes 24–27)?[76] Die Offenheit der späten Reichgottesvorstellungen und die Separation und Emigration der eschatologisch-apokalyptischen Kreise aus der nachexilischen Tempelgemeinde sind historisch kaum gelöste Rätsel. Für die theologische Hermeneutik aber ist entscheidend, wie die neutestamentliche Kirche Jesu Christi, die Versammlung Gottes sich verstanden hat.

Sie verkörpert aber den neuen Menschen in Christus (Paulus), ist als Gemeinschaft derer, die dem Hohenpriester Christus in das Heiligtum Gottes folgen, Abbild des himmlischen Kultes (Hebräerbrief) und kennt in der Zeit der apostolischen Väter nicht die Versuchung, irgendeinem

[73] *W. Pannenberg*, Die Kirche und das eschatologische Gottesreich, 131 f.

[74] *W. Zimmerli*, Grundriß der alttestamentlichen Theologie, Stuttgart 1972, 169, 192, 194.

[75] AaO, 206.

[76] *H. J. Gunneweg*, Geschichte Israels bis Bar Kochba, Stuttgart 1972, 139 f.

Staatswesen die Fähigkeit und Würde zuzusprechen, das neue Jerusalem darzustellen (Clemens von Rom, Ignatius von Antiochien). Es wird mehr die Rückprojektion moderner Formen des Christseins als urchristlicher Wirklichkeit entsprechen, wenn man darin einen religiösen Individualismus erblickt. Richtig ist, daß die antike Welt und der römische Staat, als Schöpfungswirklichkeit anerkannt und in Dienst genommen, von der Kirche, nicht von den Gnostikern und Schwärmern her „verchristlicht" wurden und an dem neuen Sein in Christus Anteil erhielten. Das neue Gottesvolk, das in der eucharistischen Versammlung seine dichteste Konkretion hat und durch die Koinonia als Leib Christi konstituiert wird, kann weder als bloß phrophetisch-politische Körperschaft verstanden und in das Alte Testament zurückgestuft noch in heilsgewisse Individuen entgliedert und in eine pseudeschatologische Zukunft vorausverlegt werden.[77] In der Vollendung selbst wird es weder die Kirche noch den Staat als Institutionen geben, da Gott alles in allem (1 Kor 15, 28), das Universum aber reiner Ausdruck Gottes und des ihn schauenden Menschen sein wird (1 Kor 13, 12). Die Stadt, die der Sonne, des Mondes und des Tempels nicht bedarf, weil der Herr ihr Licht und ihr Tempel ist, ist nicht die Vollendung politischer Bestimmung oder gar des Staates, sondern menschlicher Bestimmung schlechthin (Offb 21, 22 f.). Pflicht und Aufgabe der Glaubenden ist es – darin heißt es mit Pannenberg einig gehen und das Feuer der Ökumene schüren –, die Kirche, die von den Anfängen her aus äußerlicher und scheinbarer Abgeschiedenheit kam, nach Jahrhunderten des Festhaltens an ihrem Wesen und ihrem Auftrag zur bestimmenden Macht der gesellschaftlichen und politischen Öffentlichkeit wurde und heute in der Gestalt von Konfessionskirchen einer ihre Ganzheit in Liberalität oder Sozialismus suchenden Gesellschaft wie eine Reihe privater Zusammenschlüsse gegenübersteht, als wahrhaft katholische Kirche wieder zur Basis und Seele dieser Gesellschaft zu machen. Sie hat einen wesentlichen Beitrag zur Entwicklung der modernen pluralistischen Gesellschaft geleistet, die auch in Zukunft ohne den „Gemeingeist" der Kirche nicht auskommen kann. Es ist nur zu wahr, daß die Konfessionskirchen durch dogmatische Uniformität in der Partikularität (Häresie), durch intolerante Ansprüche und gegenseitige Verfolgung hinter ihrem gesellschaftlich-politischen Auftrag zurückgeblieben sind. Es ist aber auch wahr, daß eine „vielgestaltigere, aber zugleich vereinte Kirche" nicht als ideelle Synthesis entworfen und nicht durch eine bloß äußere Repräsenta-

[77] Vgl. *J. Ratzinger*, Das neue Volk Gottes, Düsseldorf ²1970, 241 f.

tion des historischen Zusammenhangs oder durch eine magische Erschleichung ihrer strukturellen Elemente und Gnadenmittel realisiert werden kann, sondern allein durch Bekehrung zu ihrer Kontinuität und Legitimität, zu ihrer Wahrheit und Verfaßtheit im Lebenszusammenhang mit ihrer historischen Wurzel und deren geschichtlicher Entfaltung.[78]

R. Schäfer rückt die Kirche unmißverständlich auf die Seite des Reiches zur Linken. Er schreibt: „Bei der Unterscheidung ›Kirche und Welt‹ kann ›Kirche‹ sinnvollerweise nur die unsichtbare Kirche bedeuten, da schon die freieste Gemeinschaft und erst recht alle rechtliche Festigung dieser Gemeinschaft Elemente der Welt in sich aufnimmt."[79] Die Amtsträger sollen sich als Amtsträger nur im Interesse des unsichtbaren Gottesreiches, nur um der Geistkirche willen in die Sphäre des Politischen begeben. Gesellschaftliche Ansprüche der Kirche gelten allein der Durchsetzung des Evangeliums.[80] Die Kirche selbst als Modell der Gesellschaft bleibt außer Betracht. Zu abstrakt stehen der „Staat als Gabe und Schöpfung Gottes" und die „unsichtbare Kirche" einander gegenüber, genau so wie der Mensch als dankbares Produkt des säkularen Staates und der Christ als Kreatur des Evangeliums.[81] Wenn in Geschichte und Politik „Heil und Unheil ununterscheidbar ineinander liegen"[82], welchen Dienst wird dann eine Kirche leisten, die selbst jeweils nach den Umständen und Bedürfnissen der Zeit zu modellieren ist?

Bei H.-D. Wendland hat die Kirche „sich vor allem von sich selbst zu unterscheiden", das heißt „von der Gesellschaft und ihrer Moral wie von *allen* Schemata historischer Kirchlichkeit oder Halbkirchlichkeit"[83]. Allzuschnell verfällt sie darum dem Verdikt, „eine moralische Anstalt bzw. eine Institution zu religiöser Legitimierung gesellschaftlicher Größen und Mächte" zu sein.[84] Die „Inkarnation des lebenschaffenden Logos" und das Evangelium von der in Christus präsenten neuen Schöpfung können Kirche und Welt als eschatologische Verheißung vernehmen, nicht als geschichtliche Konkretion empfangen.[85] Die sichtbare Kirche gleicht einem Haus, das, von der Grundsteinlegung an in ständigem Umbau begriffen, weder bewohnt werden noch anderen Bauten zum Vorbild dienen kann.

[78] Vgl. *W. Pannenberg*, Die Kirche und das eschatologische Gottesreich, 134.

[79] *R. Schäfer*, Der evangelische Glaube, Tübingen 1973, 131.

[80] AaO, 133.

[81] AaO, 132.

[82] AaO, 133.

[83] *H.-D. Wendland,* Die Kirche in der revolutionären Gesellschaft, Gütersloh ^{2}1968, 73.

[84] AaO, 74.

[85] AaO, 71.

An E. Schömbs sind die schlichten Fragen zu richten, was er unter dem Volk Gottes, das der Leib Christi ist, versteht, ob er bedacht hat, welche Perspektiven mit dem Vereinsrecht grundsätzlich eröffnet werden und welche Rolle die konkreten politischen Kräfte, die die Kirche auf den Vereinsstatus zu drücken beabsichtigen – in nationalsozialistischer Vergangenheit wie in laizistischer oder atheistischer Gegenwart – der Sache Christi konkret zubilligen möchten. Doch etwas widersprüchlich informiert er die wohl zahlreichen Leser des Taschenlexikons, wenn er schreibt: „Weder das kirchliche Selbstbestimmungsrecht noch die Rolle der Kirchen im öffentlichen Leben müßte sich ändern, wenn die kirchliche Organisation auf die Formen des bürgerlichen *Vereinsrechts* verwiesen wäre. Entscheidend sind die kirchlichen Freiheiten und Zuständigkeiten im einzelnen."[86]

Zu einem zunächst plausiblen Urteil kommt W. Huber am Ende seiner umfangreichen Arbeit über die Stellung und Aufgabe der Kirche in der Öffentlichkeit. Er wählt das Problem des Friedens als den Horizont, in dem wir gedrängt werden, die Kirche als „gesellschaftlichen Verband" zu begreifen und daraus Konsequenzen für die kirchliche Praxis zu ziehen. Doch in der Frage, wie die „Unabhängigkeit" der Kirche „vom Staat und von den Machteliten" sich zu dem von Huber geforderten Verzicht auf einen „privilegierten Sonderstatus" verhält[87], müßten theologische Kriterien des Kirchenbildes – Volkskirche oder Elitekirche, Kindertaufe oder Erwachsenentaufe, frühe kirchliche Sozialisation oder späte Bekehrung zu ihr – eingeführt und die praktischen Gesichtspunkte um das Thema pastoraler Breitenwirkung und sozio-kultureller Aktivität der Volkskirche vermehrt werden. Der Rat, die Kirche sollte sich ökumenisch als nicht dem Staat zugeordnete, „die nationalen Gesellschaften transzendierende Gruppe" konstituieren und mit den anderen gesellschaftlichen Gruppen in partnerschaftlichen Dialog treten, desavouiert den Rechts- und Kulturstaat. Er setzt auch voraus, daß die Kirche ihr Wesen in verbandsrechtlicher Organisation zum Ausdruck bringen und ihren Öffentlichkeitsauftrag in negativer oder indifferenter Beziehung zum Staat erfüllen kann.[88]

Mit Nachdruck hat P. Tillich die Ungleichheit der Kräfte im Gespann des Protestantismus, das „Kritisch-Protestierende" und das „Sein der

[86] *E. Schömbs*, Staat und Kirche: Taschenlexikon Religion und Theologie IV, Göttingen 1971, 94–97, 96.

[87] *W. Huber*, Kirche und Öffentlichkeit, Stuttgart 1973, 651.

[88] AaO, 650 f.

Kirche" in der Gnade, angemahnt und ihre Korrektur gefordert[89], mit dem Ziel, daß die Kirche in bezug auf die Welt nicht nur eine „Universalität der Leere", sondern eine „Universalität der Fülle" verwirkliche.[90] „Der Protestantismus braucht das ständige Korrektiv des Katholizismus und den immerwährenden Zustrom seiner sakramentalen Elemente, um am Leben zu bleiben."[91] „Die intensive Universalität der Kirche ist ihre Fähigkeit und ihr Wunsch, als Kirche an allem Geschaffenen in allen Dimensionen des Lebens teilzunehmen . . . Nichts, was geschaffen und darum essentiell gut ist, ist vom Leben der Kirche und ihrer Glieder ausgeschlossen. Das ist der Sinn des Prinzips der *complexio oppositorum*, auf das die römisch-katholische Kirche mit Recht stolz ist."[92] Tillich denkt an eine Kirche, die nicht nur Ergebnis der Rechtfertigung ist, sondern auch eine Funktion in der Zuwendung und in der Repräsentation des Heils hat, so wie sie nicht „nur Folge, sondern Urgrund und Quelle persönlicher Frömmigkeit ist"[93], terminative und kausative Realität, die als „Neue Schöpfung", „Leib Christi", „geistlicher Tempel" und durch Christus vermitteltes „Neues Sein" den einzelnen Christen und die partikularen Kirchen in sich hineinnimmt.[94] Nach Mödlhammer geht Tillichs Vision von der Zuordnung der Kirche und der Welt über eine bloße Korrelation hinaus. Sie ziele auf die „sakramentale Einheit, die Gestalt der Gnade"[95].

Kann der Katholizismus heute solchen Ansprüchen genügen, nachdem er auf dem Zweiten Vatikanum die späte Umarmung des Geistes und der Prinzipien der Neuzeit angeboten hat, weithin in der Reaktion auf eine zu undialektische Identifizierung von Struktur und Geist, Institution und Heil, Christus und kirchlicher Körperschaft[96] lebt und im Gegenzug zu einem triumphalistischen Kirchenbewußtsein denkt und empfindet? Ge-

[89] *H.-D. Wendland*, Die Kirche in der revolutionären Gesellschaft, 246.

[90] *P. Tillich*, Systematische Theologie (Stuttgart 1955 ff.) III, Das Leben und der Geist. Die Geschichte und das Reich Gottes, Stuttgart 1966, 200. Vgl. *J. W. Mödlhammer*, Kirche und Welt bei Paul Tillich, Wien 1971, 186.

[91] *P. Tillich*, Der Protestantismus als Kritik und Gestaltung; Ges. Werke (Stuttgart 1959 ff.) Bd. VII, Stuttgart 1962, 126. Vgl. *Wendland*, 246.

[92] *Tillich*, Systematische Theologie III, 199 ff.

[93] *Wendland*, 247.

[94] *Tillich*, Systematische Theologie III, 193. *Mödlhammer*, 180.

[95] *Mödlhammer*, 202.

[96] Daß die Kirche der Leib Christi ist, gilt im ursprünglichen und vollen Sinn des Wortes von der eucharistischen Gemeinde, nicht von der Kirche als Körperschaft und von dem Gottesvolk im Sinne eines vom „Volksgeist" beseelten „Organismus". Vgl. *J. Ratzinger*, Das neue Volk Gottes, Düsseldorf ^{2}1970, 99, 231 ff., bes. 234–240.

meinsam ist den Konfessionen und ihren Theologien heute die Sensibilität für den Ernst und die Größe der politischen Verantwortung. Gefordert ist aber ebenso elementar wie die emotionale Erhebung die theologische Fundierung und Direktive.

Die Kirche und die Welt können nicht eine statische Wesenseinheit konstituieren. Bei wechselseitiger Zuordnung ihrer Struktur und bei dynamischer Einheit ihrer Ziele im Blick auf die Bestimmung des Menschen müssen sie im Prozeß der Geschichte Annäherungen an eine Synthese versuchen. In diesem Prozeß spielt die Dualität der Kirche und des Staates eine hervorragende Rolle, von der stets auszugehen ist, und auf die man immer neu zurückgreifen muß, und das im Interesse des allgemeinen Wohls und des ewigen Heils.

Es ist nicht mehr als eine allgemeine Umschreibung des Verhältnisses zwischen Kirche und Staat, was das Zweite Vatikanum in der Pastoralkonstitution ausgesagt hat: ,,Die politische Gemeinschaft und die Kirche sind auf je ihrem Gebiet voneinander unabhängig und autonom.‘‘[97] Was heißt hier unabhängig, was heißt autonom? Das Konzil spricht nur in der Pastoralkonstitution und im Dekret über das Laienapostolat, dort aber in verschiedenen Zusammenhängen von Autonomien, von der Autonomie der zeitlichen Ordnung, der Kreatur, besonders des Menschen, der Familie, der gesellschaftlichen Gruppen, der irdischen und zeitlichen Dinge, der menschlichen Kultur und besonders der Wissenschaft.[98] An zwei Stellen kommt zum Ausdruck, daß nicht einmal dieser allgemeine Gebrauch des Begriffes Autonomie davon absehen kann, daß er immer ein relativer Begriff ist und eine Ausgrenzung aus einem Umfassenderen und Höheren darstellt, was selbst dann noch gilt, wenn man von der autonomen Persönlichkeit oder der Autonomie des Gewissens spricht, und das Konzil sich für das Wachsen des Sinnes für Autonomie und Verantwortung in der ganzen Welt und für die geistige und sittliche Reifung der Menschheit in diesem Vorgang aufgeschlossen zeigt.[99] Die zwei Stellen verwenden die näheren Bestimmungen ,,gerechte‘‘[100] und ,,rechtmäßige‘‘[101] Autonomie. Diese Relativität wird deutlicher herausgearbeitet in dem kanonistischen Begriff der Autonomie. Er bezeichnet das Selbstbestimmungsrecht

[97] Gaudium et Spes, Nr. 76.

[98] Apostolicam Actuositatem, Nr. 1, 7, 11. Gaudium et Spes, Nr. 20, 36, 41, 55, 56, 59, 71, 75.

[99] Gaudium et Spes, Nr. 55.

[100] Gaudium et Spes, Nr. 41: ,,iusta creaturae autonomia et praesertim hominis‘‘.

[101] Apostolicam Actuositatem, Nr. 11. Gaudium et Spes, Nr. 56, 59.

der kirchlichen Körperschaften, die mit hoheitlichen Befugnissen ausgestattet sind[102] und im Rahmen des vorgegebenen und übergeordneten gemeinkirchlichen und teilkirchlichen Rechts die Befugnis haben, ihre inneren Angelegenheiten selbst zu ordnen.[103] Auch für den staatsrechtlichen Begriff der Autonomie ist die Relativität, ein Mangel an Eigenständigkeit und Unabhängigkeit, wesentlich, und zwar sowohl im Blick auf die Befugnisse von Privaten (juristischen Personen), die für ihre Rechtsbeziehungen geltenden Regeln im Rahmen des zwingenden staatlichen Rechts selbst festzulegen, wie auch im Blick auf die öffentlich-rechtliche Organisation freiheitlicher Rechtsstaaten, in der Gemeinden, Parlamente, Berufsverbände, Rundfunkanstalten, Hochschulen, verschiedene Zweckverbände, Wasser- und Bodenverbände und einige Einrichtungen der Flurbereinigung Autonomie unter der Aufsicht des Staates haben. Letzterer allein ist souverän, das heißt eigenständigen und unabhängigen Rechts. Eine Zwischenstellung nehmen Gliedstaaten und Länder von Bundesstaaten ein.[104]

Überdies herrschen in einheitsstaatlichen und kollektiv-gesellschaftlichen Ideologien wieder andere Vorstellungen von Autonomie. Darum schlägt K. Mörsdorf vor, zwischen Autonomie in der Kirche und im gesellschaftlich-politischen Raum zu unterscheiden, selbst mit Analogien vorsichtig zu sein und sich auf einen rechtstechnischen Begriff der Autonomie zu beschränken, der nach Maßgabe des theologischen Wesensverständnisses der Kirche zu gebrauchen ist: „Autonomie im rechtlichen Sinne bedeutet keine allseitige Ungebundenheit, sondern einen auf die Gemeinschaft bezogenen Freiheitsraum, näherhin ein Beziehungsverhältnis, in dem der einzelne zur Gemeinschaft oder eine bestimmte Gemeinschaftsgruppe zu einer höheren Gruppe und zum Ganzen der Gemeinschaft stehen und das Recht haben, die eigenen Angelegenheiten selbst zu ordnen. Autonomie ist somit ein relativer Begriff, der das jeweilige Maß eigener Geltungsmacht und mit ihr das Maß der Unabhängigkeit in einem gesellschaftlichen Ganzen bestimmt."[105]

[102] Z. B. Domkapitel, Klösterliche Verbände, Gesellschaften ohne amtliche Gelübde, Säkularinstitute und Universitäten.

[103] Z. B. Satzungsgewalt, Selbstverwaltung, Gerichtsbarkeit wenigstens in der Form der Disziplinargerichtsbarkeit, wobei die Satzungen der Genehmigung des Hl. Stuhles oder des Bischofs bedürfen. Vgl. *K. Mörsdorf*, Autonomie, kirchenrechtliche: LThK I (^{2}1957) 1130 f.

[104] Vgl. *W. Schick*, Autonomie, I. im Staat: Ev. Staatslexikon, Stuttgart 1966, 105–107.

[105] *K. Mörsdorf*, Die Autonomie der Ortskirche: Archiv für Katholisches Kirchenrecht 138 (1969) 388–405, 391.

Es ist nun klar, daß das Verhältnis zwischen Kirche und Staat mit keinem Begriff von Autonomie hinreichend umschrieben werden kann. Es kann sich nur noch um die Frage handeln, welche Rolle er dabei unter anderem in seinen verschiedenen Bedeutungen spielt.

Innerhalb der Formulierung der Pastoralkonstitution Gaudium et Spes (Nr. 76) muß daher ein besonderes Augenmerk auf das erste Glied des Hendiadyoin gerichtet werden: politische Gemeinschaft und Kirche sind je auf ihrem Gebiet voneinander „unabhängig", und das wird mehr bedeuten müssen als bloße Autonomie.

Die Konstitution der Kirche durch Christus mittels Kerygma und Sakrament bedeutet die Setzung „heiligen", „geistlichen" Rechts, das über das Dogma zum Rechtssatz geformt wird und den Charakter von Recht im eigentlichen und tiefsten Sinn besitzt. In den Akten ihrer Wesensvollzüge, in der Verkündigung und im Kult, die naturgemäß Realitäten des gesellschaftlich-öffentlichen Lebens sind, kann und darf die Kirche, will sie nicht von sich und ihrem Auftrag abfallen, keinen anderen Souverän als Christus den Herrn über sich kennen. Nun ist aber die Kirche darüber hinaus ein Politikum. Die in die Gesellschaft hineinwachsende Gemeinschaft der Glaubenden lebt und verkündet ein Bild vom Menschen, eine Gestalt der Gesellschaft, die unter dem Anspruch der Wahrheit und dem Imperativ des Eintretens für Freiheit und Gerechtigkeit, Versöhnung und Frieden, Menschenwürde und Schutz der Schwachen, Verdammung des Machtmißbrauchs und Erfüllung des Gebots der Nächstenliebe stehen. Auf diesem Gebiet der Verwirklichung sozialer Modelle, zu denen sie aus ihrem Wesen und Auftrag gedrängt wird, könnte sie ihre Beziehungen zum Staat im Sinne der rechtlichen Autonomie regeln und mit den entsprechenden Befugnissen wie Besteuerungsrecht, Dienst- und Beamtenrecht, Trägerschaft an Schulen aller Art, Einrichtungen der Bildung, Wohlfahrt und Caritas im Rahmen des Staatsrechts ausgestattet werden und darüber hinaus an staatlichen Unternehmungen wie Militär- und Anstaltsseelsorge mitarbeiten.

Die höchste Souveränität des Staates auf dem Gebiet des weltlichen Rechts und seiner Sicherung durch physische Macht ist ein historisches Faktum, das wohl auch seine Begründung und Rechtmäßigkeit in der Natur des Menschen hat. Doch selbst innerhalb der weltlichen Ordnung sind Macht und Recht weder Selbstzweck noch höchste Güter. Sie stehen nicht jenseits von gut und bös, sondern sind auf übergeordnete Grundwerte und Grundrechte, besonders die Gewissens- und Religionsfreiheit, bezogen und auf den Dienst an vorgegebenen Institutionen wie Ehe, Familie,

Körperschaften – unter diesen die einzigartige gottgesetzte Körperschaft der Kirche – ausgerichtet. Es wäre sicher nicht absurd, in diesem Sinne von einer sozio-kulturellen und religiös-sittlichen Autonomie des Staates zu sprechen und die Ausübung seiner rechtlichen und machtmäßigen Souveränität durch das zu beschränken, was man als die religiös-sittliche Selbstbestimmung des einzelnen und von Gruppen und in besonderer Weise als die in der Stiftung durch Christus begründete Autorität der Kirche bezeichnet.

Die unaufhebbare Zweiheit von kirchlicher Hoheit im Sinne des „heiligen Rechts" und staatlicher Souveränität im Sinne des Rechts und der Macht dürfte besser als andere Theorien der Lehre des Römerbriefes (Röm 13)[106] und der katholischen Tradition von Gelasius I.[107] bis Leo XIII.[108] entsprechen. Sie hält sich auch durch, ob man wie im römischen Recht den Kult, die Priester und die Magistrate als Gegenstände des öffentlichen Rechts behandelt (Ulpian und Corpus Iuris Civilis Justinians), ob man wie im germanisch-mittelalterlichen Denken die Gesellschaft von persönlichen Bindungen mit ihren Rechten und Pflichten her aufbaut und jedem Menschen seinen Platz im Ganzen von Kirche und Reich anweist, oder ob man den modernen Gegenüberstand von bürgerlicher Gesellschaft (Privat-, Zivilrecht) und stets vom Souverän (Volk, Fürst) delegierter Gewalt (öffentliches Recht) zugrundelegt.[109] Und sie hat Konsequenzen für die Stellung der Kirche in der Partnerschaft mit dem Staat, für die Qualität der Verträge zwischen dem Hl. Stuhl und den Staaten (Konkordate) und der Verträge teilkirchlicher Hoheitsträger mit dem weltlichen Arm (sonstige staatskirchenrechtliche Verträge). Der völkerrechtliche Aspekt, für den die übernationale Wesensart und Aufgabenstellung der Kirche gleichwohl bedeutende Impulse beisteuert und Perspektiven eröffnet, soll hier ausgeklammert werden.

Die konkrete Begegnung von kirchlicher Hoheit und staatlicher Souveränität wird stets vorbereitet und vermittelt in dem gesellschaftlichen Lebenszusammenhang, in dem der Christ Bürger zweier Welten ist, im

[106] Zur Auslegung von Röm 13 vgl. *U. Duchrow*, Christenheit und Weltverantwortung, Stuttgart 1970, bes. 372, 405 f., 418, 424; ferner: *G. Scharffenorth*, Röm 13 in der Geschichte des politischen Denkens, (Diss.) Heidelberg 1964 (rotpr.).

[107] Brief an Kaiser Anastasius, in die pseudoisidorianischen Dekretalen und in das Decretum Gratiani übernommen (Mirbt-Aland, Quellen zur Geschichte des Papsttums I [[6]1967], 222, Nr. 462).

[108] Enzyklika „Immortale Dei" von 1885.

[109] *U. Duchrow*, Christenheit und Weltverantwortung, 379 f., 383.

Dienst am zeitlichen Wohl und am ewigen Heil doppelte Verantwortung trägt und an der Verwirklichung der Einheit kreatürlicher Bestimmung arbeitet. Beiseite gelegt werden darf hier wiederum ein Paket von Problemen, nämlich der geistliche Stand der Amtsträger und der Laien, ihre innerkirchliche Rechtsstellung und Funktion und das gesellschaftlich-politische Handeln der Amtsträger als Christen in der Welt und als Bürger des Staates. Doch soll die Frage kurz aufgegriffen werden, wie es um das Handeln des Amtsträgers qua Amtsträger und des Laien qua Träger des allgemeinen Priestertums in der weltlichen Ordnung steht. Einsichtig, doch nur negativ ist der stets festgehaltene Grundsatz, daß der Amtsträger in zeitlichen Dingen unter dem Gesichtspunkt der Sünde zuständig ist. Man muß Gott mehr gehorchen als den Menschen. Seine positive, konstruktive Aufgabe umfaßt die Auslegung des Evangeliums, des Glaubens und der Sitte[110], und die sich daraus ergebenden Grundvorstellungen vom Menschen und von der Gesellschaft. Dem Laien aber, dem es aufgrund seines Standes und Berufes eigen ist, „inmitten der Welt . . . zu leben"[111] und die „ihm in besonderer Weise eigene weltliche Begabung"[112] durch den Glaubenssinn fruchtbar zu machen, ist das weite Feld der eigengesetzlichen sozio-kulturellen Welt anvertraut, damit er dort die Anwendungen des Evangeliums mache, die Welt mit dem Geist Christi beseele und der Schöpfung in ihrer strukturellen Gestaltung Anteil an der Gnade der Erlösung gebe. Die Laien haben den Spielraum innerkirchlicher und staatlicher Autonomiebereiche im rechtlichen und moralischen Sinn zu nutzen, in dem der Dialog, die Toleranz und die Solidarität zwischen der Kirche und der Welt beziehungsweise dem Staat ihren aktuellsten Ort haben.

Nach diesem Modell der Beziehungen zwischen Kirche und Staat auf dem Weg über die Gesellschaft und in direkter Begegnung der Hoheits-

[110] DS 1501: „ . . . in der Kirche wird die volle Reinheit des Evangeliums bewahrt, das . . . als die Quelle aller Heilswahrheit und Sittendisziplin ›aller Kreatur‹ (Mk 16, 15) zu verkünden ist . . ." (Conc. Trid., Decr. de libr. sacr. et de trad. recip.). DS 3007: „ . . . in Sachen des Glaubens und der Sitte, die zum Aufbau der christlichen Doktrin gehören", legt die Kirche den Sinn der Schrift fest (Conc. Vat. I, Const. dogm. „Dei Filius" de fide catholica). Vgl. DS 3011 (Begriff des Dogmas). Vgl. Aufgaben der Kirche in Staat und Gesellschaft. Kommissionspapier der Sachkommission V der Gem. Syn. der Bist. i. d. Bundesrepublik Dtschld.: Synode. Amtliche Mitteilungen 1/1973, 1–73–45 bis 1–73–64, 1–73–51 (Der politische Auftrag des Amtes qua Amt).

[111] Conc. Vat. II, Decr. de Ap. Laic. (Apostolicam Actuasitatem), Nr. 2.

[112] Conc. Vat. II, Const. Dogm. de Eccl. (Lumen Gentium), Nr. 31. Vgl. Kommissionspapier „Aufgaben der Kirche in Staat und Gesellschaft", 1–73–51 f. Vgl. Apostolicam Actuositatem, Nr. 26 (Hinweis auf die Autonomie der Vereinigungen und Unternehmen von Laien).

träger sind Kirche und Staat zwei offene Systeme und doch je in sich aus einem einheitlichen Prinzip, nämlich aus der ,,heiligen Gewalt" und der Souveränität, funktionsfähige Gebilde, wie es der Eigenart alles Lebendigen, des Organischen und des Geistigen, entspricht. Aus der je eigenen Selbständigkeit heraus zielen sie auf eine umfassendere Sphäre der Verwirklichung des Menschen und der Welt in der Einheit der Schöpfung und der Erlösung, in der allerdings die Kirche allein die Instanz ist, die durch ihre religiös-sittliche Autorität das Funktionsprinzip darstellt, wobei ihre ,,heilige Gewalt" als unmittelbar geltendes Recht auf den innerkirchlichen Bereich beschränkt ist und für den außerkirchlichen Bereich durch die Partnerschaft mit den Staaten und ihren übernationalen Organisationen wirksam wird.

Unter einigen nicht unwesentlichen theologischen Gesichtspunkten erscheint es ganz natürlich, daß die religiös-sittliche Einheit des menschheitlichen Unternehmens der Kirche in gewisser Hinsicht allein aufgetragen ist. Sie entstammt nicht der Evolution der Welt, sondern der Offenbarung Gottes. Ihre initiative und direktive Funktion in der Ökonomie des Heils ist unvertauschbar. Als die Gemeinschaft derer, die sich zum ,,lebendigen und wahren Gott" bekehrt haben, an den gekreuzigten und auferstandenen Erlöser glauben und ihn, den Sohn Gottes, ,,vom Himmel her" erwarten (1 Thess 1, 9 f.), ist sie das Zeichen der kommenden Gottesherrschaft, das die Menschheit in die Entscheidung für oder wider die Aufnahme des gekommenen und kommenden Gottes ruft. Diese Zeichenhaftigkeit, durch welche die verhärtete, dem Gericht verfallene Welt aufgedeckt wird und sich bloßgestellt sieht, schließt nicht aus, daß auch quer durch die Kirche wie durch die Welt noch eine zweite Scheidungslinie der Guten und der Bösen, der Auserwählten und der Verlorenen verläuft, die die einzelnen Menschen betrifft und in ständiger Bewegung ist. Nicht zuletzt bedarf es unter der Voraussetzung, daß Gottes Geist überall am Werk ist und das Erlösungsgeschehen auf einem fortlaufenden Schöpfungsgeschehen (M. Seckler) aufruht, der zugleich trennenden und verbindenden Membrane, durch die aus der Dualität von Kirche und Welt heraus und auf die eschatologische Einheit zwischen Gott und dem Geschaffenen hin der Austausch geschehen kann, in dem die Welt das neue Leben und die Kirche die säkulare Blutsauffrischung empfängt.

Vom Standpunkt der soziologischen Funktionalität aus wird man die Komplexität dieses Modells nicht ohne weiteres negativ beurteilen können. Die hohe Differenzierung von Kirche und Staat je in sich selbst und in ihrem wechselseitigen Verhältnis erhöht den Biotonus der Gesamtgesellschaft. Das Fließgleichgewicht zwischen Stabilität und Flexibilität, Selbstbehauptung und Anpassungsfähigkeit dürfte unter dem abstrakten Aspekt der als Alternativen verstandenen Statik und Dynamik sozialer Gebilde nicht adäquat erfaßt werden können. Humane Kultur erfordert Synthesen auch in den objektiven Gliederungen und Strukturen, die das Korrelat zu der Höhe subjektiver Reflexion und individuellen Bewußtseins darstellen, das Erleben speisen und eine dauernde Spannung der menschlichen Antriebe und Kreativität erzeugen und stabilisieren. In der entgliederten Einheitsgesellschaft der in abstrakter Gleichheit und physischer Unterschiedlichkeit erfaßten Individuen aber erhebt sich außer vielleicht der Zweisamkeit der Ehe, der Institution der Kleinfamilie und der überschaubaren Gruppe die Umwelt des modernen Menschen immer mehr als ein sinnleerer Horizont von unüberschaubaren und antlitzlosen Einzelheiten, die (bei der psychophysischen Konstitution, die nun einmal die menschliche ist und das ständige Gefühl „unbestimmter Verpflichtung" erregt) eine wachsende Quelle der Angst und Beunruhigung sind.[113]

Die politische Anthropologie zeigt in Konvergenz zu der faktisch bestehenden und bleibend festgehaltenen Eigenständigkeit von Kirche und Staat, daß jede Gesellschaft zur Dialektik von einfacher Mitgliedschaft und sanktionsbefugter Repräsentation tendiert und jeder Staat mehr oder weniger Züge der Kirche an sich trägt. „Es gehört zur Natur der Macht, in offenkundiger oder maskierter Gestalt eine wahrhaft politische Religion zu unterhalten."[114] Die anthropologische Wurzel dieses Phänomens ist die transzendentale Dynamik des Menschen. Aus ihr geht hervor, was als allgemeine ethnologische und historische Tatsache bekannt ist. Am Anfang der Errichtung jeder Gesellschaft und der Gründung eines jeden Staates durchdringen sich das Heilige und das Profane, bilden Staat und Religion eine enge Verflechtung. Damit begründet Luc de Heusch die brillante Paradoxie: „Die politische Wissenschaft leitet sich von der vergleichenden Religionsgeschichte her."[115] Es liegt in der Linie der gesellschaftlichen Differenzierung, im Zuge der personalen Entfaltung des

[113] Vgl. *A. Gehlen*, Über die Verstehbarkeit der Magie: Studien zur Anthropologie und Soziologie (= Soziologische Texte 17), Neuwied/Berlin 1963, 79–92, bes. 89–91.

[114] *G. Balandier*, Anthropologie Politique, Paris 1969, 118.

[115] *L. de Heusch*, Pour une Dialectique de la Sacralité du Pouvoir: Le Pouvoir et le Sacré. Annales du Centre d'Étude des Religions, Brüssel 1962. Vgl. *H. Spencer*, The Principles of Sociology, 3 Bde., New York 1880–1896 (deutsch: Die Prinzipien der Soziologie, 4 Bde., Stuttgart 1877–1897).

Menschen und im Interesse der Sicherung der Gewissens- und Religionsfreiheit, daß Staat und Religionsgemeinschaft sich zu selbständigen Größen entwickeln und in Partnerschaft zusammenarbeiten. In der Kirche kommt es zur Institutionalisierung der überwiegend repräsentativen Autorität des Heiligen gegenüber den Mitgliedern, im Staat zur Institutionalisierung der überwiegend dominativen Macht gegenüber den Bürgern. Es bedeutet einen Rückfall in der Emanzipation und in der universalen Entwicklung des Menschen, wenn die laisierte und die sozialistische Gesellschaft, um die Kräfte des Menschen zu binden und das Gemeinwesen zu erhalten, sich die Dialektik zwischen profaner Privatheit und sakraler Gesellschaftlichkeit oder Staatlichkeit zunutze machen und über den Individuen eine Sphäre aufspannen, aus der die falschen Götter hervortreten und ihre frevlerischen Ansprüche erheben. Aus der Dualität von Kirche und Staat heraus ist jene Möglichkeit gegeben, „eine organisierte Ganzheit zu konstituieren". Und diese ist es, „was die Menschen in den Hütern des Heiligen und den Trägern der Macht verehren"[116]. Eine aus der Religionsgeschichte Ägyptens gewonnene Erkenntnis formuliert S. Morenz schlagwortartig: „Ein transzendenter Gott braucht eine Kirche."[117] Diese Wahrheit vollendet sich in der historischen Stiftung der Kirche Gottes und in der Freiheitsgeschichte des Christentums. Und sie kann ergänzt werden: Der freie und entfaltete Mensch braucht die Kirche und den Staat.

Die pastoraltheologisch orientierten Umfragen, die zur Vorbereitung der Gemeinsamen Synode der Bistümer in der Bundesrepublik Deutschland unter Katholiken durchgeführt wurden, bestätigen, daß das Bemühen um Eigenständigkeit und Unabhängigkeit der Kirche nicht grundsätzlich als Introversion und Nabelschau abgetan werden kann, sondern

[116] *G. Balandier*, Anthropologie Politique, 129. Trotz der Konflikte, die aus „zweierlei Gesetzgebung, zweierlei Meister, zweierlei Heimat" in Kirche und Staat aufbrechen (J. J. Rousseau, Du Contrat Social [1762], 4,8), gilt uns, nachdem der Funke des Geistes aufgeblitzt und Jesus erschienen ist, zwar das Ideal des „gemeinsamen Gewissens" (P. J. Proudhon, La Fédération et l'Unité en Italie [1862], 97; ders., De la Justice dans la Révolution et dans l'Église, IV 400–409 [Neuaufl.]), aber die Rückkehr hinter das Evangelium und in die Unschuld des Paradieses lockt uns ebensowenig wie das Einverleiben alles Wirklichen in die politische Einheit (Th. Hobbes) oder in die menschliche Gesellschaft (M. Merleau-Ponty, Sens et Non-Sens [1948], 362) oder gar die Vergötzung der Kollektivideen, die, aus den Individuen hervorgegangen, diese umgreifen und ihnen die geistige Dimension und organische Einheit verleihen (E. Durkheim, Les Formes Élémentaires de la Vie Religieuse [1912], [4]1960, 376–378). Vgl. H. de Lubac, Die Kirche, Einsiedeln 1968, 145 ff.

[117] *S. Morenz*, Ägypten: Theologie und Religionswissenschaft, hrsg. v. U. Mann, Darmstadt 1973, 47–64, 63.

der Erfüllung einer Voraussetzung zugute kommt, ohne welche die gesellschaftliche Diakonie, die Zuwendung des Glaubens zur Welt und zur Menschheit nur in ungenügender Weise geleistet werden kann. Spannungen und Widersprüche zwischen der Kirche und der modernen Gesellschaft müssen ertragen und soweit als möglich überwunden werden, das heißt bis zu dem Maße, wie sie ein „Grunddatum christlicher Existenz" sind.[118] Die tatsächlichen Verhältnisse sind gegenwärtig eine Absage an jene, die, aus welchen Theorien oder Motiven auch immer, den sogenannten Prozeß der Säkularisierung als bloße Entklerikalisierung verharmlosen und eine Entkirchlichung der Christlichkeit als legitim erklären wollten. In der seelischen und geistigen Einsamkeit, bei dem kognitiven und affektiven Streß, dem der Glaubende heute ausgesetzt ist, bedarf er als Existenzvoraussetzung von Religiosität der Anlehnung an die Gruppenstrukturen der Gemeinde, der kirchlichen Vermittlung von Sozialbeziehungen und der dauernden intensiven Teilnahme am religiösen Leben. Damit sind zugleich die Voraussetzungen genannt, unter denen der Christ die Diskrepanz zwischen kirchlichem und gesellschaftlichem Wertsystem erträgt und an der Vermittlung zwischen beiden mitarbeitet.[119] „Dieses Ergebnis zwingt dazu", so schreibt K. Lehmann, „die Chancen eines ›Christentums außerhalb der Kirche‹ in aller Nüchternheit als nicht sehr aussichtsreich zu bezeichnen"[120]. Prozesse der Habitualisierung und Institutionalisierung dienen der Entlastung des einzelnen und der Kontinuität der christlichen Überlieferung. Sie müssen nicht unbedingt zu eigengesetzlichen Strukturen gerinnen, die den Christen in den konkreten Anforderungen heute hinderlich sind und zu einem Dasein in Weltabgeschiedenheit verleiten. Sie vermögen sehr wohl „Lernprozesse" anzustoßen, „dynamisierbare Verhaltensweisen" freizusetzen, „verantwortliche Lebensgestaltung" zu fördern, „individuelles Freiheitsstreben" und „personale Subjektivität" anzuregen.[121] Den Bewunderern einer allzu forma-

[118] *K. Lehmann*, Konflikte und Chancen in Glaubensverständnis und Verkündigung. Ein erster systematischer Auswertungsversuch der empirischen Umfrageergebnisse: Befragte Katholiken. Zur Zukunft von Glaube und Kirche, hrsg. v. K. Forster, Freiburg/Basel/Wien 1973, 43–63, 58.

[119] Vgl. *G. Schmidtchen*, Zwischen Kirche und Gesellschaft. Forschungsbericht über die Umfragen zur Gem. Syn. der Bist. in der Bundesrepublik Deutschland, Freiburg/Basel/Wien 1972, 56 ff., 82, 91 f. Vgl. *J. Gründel*, Kirche und moderne Wertsysteme: Befragte Katholiken, 64–72.

[120] *K. Lehmann*, aaO, 61.

[121] *K. Lehmann*, aaO, 60–62.

len Transzendental- und Existentialtheologie sollte es zu denken geben, daß der Zusammenhang zwischen Lebenswelt, religiöser Erfahrung und Gottesverständnis bei den Nichtpraktizierenden stärker zufällige, vage und naturhafte Züge, bei den Dominikanten eher Anzeichen einer personalen Prägung aufweisen. Allgemein begegnet die Gottesidee an Weihnachten, bei familiären Festen, in Unglücks- und Todesfällen. Aber was die dankbare Erinnerung an Gott, regelmäßiges Gebet, eine sich durchhaltende Freundschaft mit Gott, Beginn und Beschließung des Tages mit ihm, Besinnung auf ihn in wichtigen Entscheidungen, in der Berufs- und Arbeitswelt betrifft, wobei die Säkularisierung auch zwischen Gott und den kirchlichen Christen mächtige Barrieren legt und ihren Tribut fordert, haben die Praktizierenden einen Vorsprung. Gottbegegnung in der Messe formt mehr geistig und personal, Gotteserfahrung „in der Natur draußen" löst flüchtige Emotionen und unbestimmte Assoziationen aus.[122]

Wenig überzeugend wirken jene vorgeschlagenen Zukunftsmodelle, die das Schwergewicht wesentlich auf einen Strukturwandel der Kirche legen und von einschneidenden institutionellen Veränderungen entscheidende Verbesserungen für die Lage in der Kirche und der Welt, in der Christenheit und der Menschheit erwarten. K. Rahners Basisgemeinde[123] hat eine Reihe von Bedenken gegen sich. Kann die Gruppengemeinde ganz ohne Ironie Volk und Kirche Gottes genannt werden? Welchen Sinn haben in ihr das forcierte Mitbestimmungsrecht der Laien und die Aktivierung des Wort- und Sakramentendienstes für die Mitglieder, die ohnehin in einer kirchlich-pastoral gesättigten Atmosphäre leben? Werden durch diese Elitekirchen die Fernstehenden nicht zu Außenstehenden? Wird hier die Spannung zwischen den Maximalforderungen der Gruppe und den andern, die man zwar als „rechte Menschen" anerkennt, aber selbst noch von den kirchlichen Minimalforderungen dispensiert, nicht zum eigenartigen Paradox zugespitzt?[124] Und denkt man an offene Gruppen oder an Gruppen, die dem Typus der underground-church vergleichbar sind, repräsentieren sie dann nicht viel mehr den von der „offiziellen Kirche" gestützten und getragenen Teil der Glaubenden beziehungsweise den Exzentriker der Gesellschaft als etwa die Kirche und ihren Zusammenhang mit der Gesellschaft? Setzt man ausschließlich oder im Normal-

[122] *K. Lehmann*, aaO, 47 f.

[123] *K. Rahner*, Strukturwandel der Kirche als Aufgabe und Chance (= Herderbücherei 446), Freiburg 1972, 99–141.

[124] *K. Rahner*, aaO, 100–107 („offene Kirche").

fall die Gruppengemeinde voraus, was nützt dann bei der hohen Mobilität und Fluktuation die relative Ordination von „viri probati" für ihre augenblickliche Gruppe?[125] Setzen nicht einige Vorschläge und Ziele Rahners im Gegenteil gerade die Pfarrei mit Pfarramt und Kirchensprengel als den Boden und Rahmen voraus, wo gestufte Mitgliedschaft und partielle Partizipation von den Dominikanten über die durch die volkskirchlichen Medien der Taufe, des Religionsunterrichts, der Trauung, Erstkommunion und Beerdigung Erfaßten bis hin zu den Fern- und Außenstehenden theoretisch optimal möglich ist und faktisch praktiziert wird?[126] Y. Congars Warnung vor „Übertreibungen des horizontalen ›fraternalen‹ Modells", gemäß dem die Gemeinden ihre Amtsträger einschließlich des Vorsitzenden der Eucharistiefeier selbst hervorbringen sollen, ist nicht zu bagatellisieren.[127] Congar kann sich offenbar die informellen Gruppen, Spontangruppen, Basis- und Kerngemeinden mit eigenen Presbytern, verheirateten und ledigen Männern im weltlichen Beruf oder im Ruhestand, nur innerhalb der Gesamtpfarreien oder Seelsorgsgebiete mit ganzzeitlich dienenden Priestern vorstellen.[128] Nichts gegen die Gruppen, ihren Wert und ihre Funktion! Aber ebensowenig gegen die Pfarrei! Doch alles gegen ein starres, oft als Kartell der Unzulänglichkeit mißbrauchtes Pfarrprinzip! Und ebensoviel gegen eine Kampagne, in der Pfarrei, Amtskirche, administrativer Sprengel und Institution mit Leerlauf und Entfremdung gleichgesetzt und als mißliche Alternativen zu den Basisgruppen diskreditiert werden.[129] Es gibt so etwas wie eine Eulenspiegelei, mit der man die notwendigste Repräsentation der Gesamtkirche am Ort zerschlägt in der Hoffnung, Repräsentation von Kirche zur Befriedigung selbst der unvereinbaren Wünsche und Bedürfnisse einzelner konstruieren zu können.

Letzten Endes darf für das Modell der Partnerschaft und des Lebensaustausches zwischen Kirche und Staat beziehungsweise Gesellschaft die Erfahrung der historischen Vernunft in Anspruch genommen werden. Das Arbeitspapier der Sachkommission V der Synode weist darauf hin, daß die

[125] AaO, 117.

[126] Vgl. Pastorale. Handreichung für den pastoralen Dienst. Die Gemeinde, Mainz 1970, 75.

[127] *Y. Congar,* Wesentliche Strukturen für die Kirche von morgen: Die Zukunft der Kirche. Berichtband des Concilium-Kongresses, Zürich/Einsiedeln/Köln/Mainz 1971, 139–149, 142.

[128] AaO, 142 f.

[129] Vgl. aaO, 142. *K. Rahner*, Strukturwandel der Kirche, 116, 123.

Trennungsideologie sich als eine ,,Zauberformel der Theorie" erwiesen hat, während in der Realität der Geschichte eine ,,Erosion der Extreme" vor sich gegangen ist.[130] In den Ländern des Staatskirchentums wie Spanien und Skandinavien beginnt man die institutionelle Verflechtung von Kirche und Staat abzubauen, in den klassischen Ländern der Trennung wie in den Vereinigten Staaten von Amerika und in Frankreich baut man das System der radikalen Trennung ab und bildet es um in Richtung auf einen ,,kooperativen Separatismus" (Murray) und auf eine ,,vertrauensvolle Zusammenarbeit innerhalb der Trennung" (Chélini). Das bedeutet, daß die Entwicklung unter den Bedingungen freiheitlicher Gesellschaften sich nicht von den Verhältnissen in Deutschland, Österreich und der Schweiz entfernt, sondern im Gegenteil auf entsprechende Regelungen zuläuft. So hat zum Beispiel Frankreich schon bald nach den Trennungsgesetzen (1904/5) die Anstalts- und Militärseelsorge als Postulat der Religionsfreiheit wieder eingeführt, in jüngster Zeit ,,aus den gleichen Erwägungen den Religionsunterricht an den staatlichen Grundschulen zugelassen" und durch das sogenannte ,,Gesetz Debré" einen Modus zur Finanzierung der zum größten Teil in Trägerschaft der katholischen Kirche unterhaltenen Privatschulen gefunden. Die starke staatskirchenrechtliche Stellung der Kirchen in der Bundesrepublik muß mehr als ein Erfordernis der religiösen Bedürfnisse und der sozialen Verantwortung der Christen verstanden werden denn als ein entbehrlicher ,,Komfort"[131]. Wenn man da und dort auf die institutionelle gesellschaftliche und politische Stärke der Kirche, insbesondere auf ihre Stellung als Körperschaft öffentlichen Rechts verzichten zu können meint, sofern nur die bürgerlichen Freiheitsrechte gesichert sind, so müßte man eingehender prüfen, ob nicht gerade die Sicherung der Freiheit gegen Ideologie, Bürokratie und Machteliten den größeren sozialen und politischen, spirituellen und finanziellen Einsatz der Christen, die Entlastungs- und Modellfunktion kirchlicher Unternehmungen erfordert, und ob nicht das Abwerfen von ,,Ballast" die Kir-

[130] Aufgaben der Kirche in Staat und Gesellschaft. Kommissionspapier der Sachkommission V: Amtliche Mitteilungen der Gem. Syn. der Bist. in der Bundesrepublik Deutschland 1/1973, 1–73–45 bis 1–73–64, 1–73–54.

[131] Vgl. aaO, 1–73–54. Es sind dies im einzelnen: Qualifizierung der Kirchen als Körperschaften öffentlichen Rechts; verfassungsrechtliche Garantie des Religionsunterrichts an öffentlichen Schulen; Besteuerungsrecht, Recht auf eigene Angestellte und Beamte; Seelsorge in Bundeswehr, Krankenhäusern, Strafanstalten und anderen öffentlichen Anstalten; Garantie der theologischen Fakultäten an staatlichen Universitäten; Recht der Kirche auf phil. und theol. Hochschulen, Priesterseminare und Konvikte; Repräsentanz der Kirchen in Rundfunk und Fernsehen.

che, ihre Angestellten und insbesondere den Klerus zunehmend unfähig macht, den von der gesellschaftlichen und staatlichen Öffentlichkeit her geforderten Diensten strukturell, fachlich und moralisch zu entsprechen.

Beiläufig bemerkt F.-X. Kaufmann, daß die Mängel innerhalb des deutschen Katholizismus „weniger auf dem Gebiet der kultischen Teilnahme als im Bereich des Bewußtseins und des Engagements zu suchen sind", und daß der gegenwärtige Katholizismus in der Bundesrepublik „weniger durch seine geistige Vitalität als durch den Umfang seiner verfügbaren Mittel" imponiert.[132] Man kann daraus folgern, daß eine Reform füglich vor allem aus der Mitte des Glaubens und aus der Liebe zur Welt, aus der Verbindung einer Mystik des Himmels und einer Mystik der Erde geboren werden muß. Sakralisierung und Mißbrauch sozio-kultureller Strukturen, ideologische Begründung und Ausprägung des Amtes und der Institutionen verdienen keine Schonung. Es ist schockierend, wenn Christen der Meinung sind, daß die Kirche für die Verwirklichung jugendlicher und emanzipatorischer Werte hinderlich sei, und wenn sie nicht das Gefühl haben, daß die Stiftung Christi der Raum der besonderen Gegenwart Gottes und der Freiheit seiner Söhne und Töchter ist. Die Strukturen der Kirche und das Wesen des Christentums sind aber nicht einfachhin eine Angelegenheit des Gesellschaftsprozesses und der menschlichen Bedürfnisgeschichte. Außerdem ist es gewiß wahr, daß Not beten lehrt. Wer aber hat das Recht, dem Menschen Armut und Not zu verordnen, damit er in sich geht, zumal wenn er selbst den Hals nicht voll genug bekommen kann? Man läuft Gefahr, das Bild eines solchen Menschen abzugeben, wo man als Glied der Wohlstandsgesellschaft und Bürger des Sozialstaates jene Armut, die ein Rat des Evangeliums ist und zu der niemand gezwungen werden kann, in der Form einer armen Kirche mit reichen Mitgliedern vor sich haben und als Beruhigung des Gewissens vor sich hinstellen möchte.

In dem Buch von F.-X. Kaufmann über „Theologie in soziologischer Sicht" klingt immer wieder eine Geringschätzung der „katholischen Subkultur" und eine Genugtuung über ihren angeblichen Zusammenbruch an.[133] Eine andere Grundstimmung durchzieht die Gemeinschaftsarbeit des religionssoziologischen Teams um P. L. Berger „Das Unbehagen in

[132] *F.-X. Kaufmann*, Empirische Sozialforschung zwischen Soziologie und Theologie: Befragte Katholiken. Zur Zukunft von Glaube und Kirche, hrsg. v. K. Forster, Freiburg/Basel/Wien 1973, 185–197, 190.

[133] Freiburg 1973, bes. 78 ff.

der Modernität"[134]. Es ist die Sorge um das Gleichgewicht zwischen den Sphären des Öffentlichen und des Privaten, zwischen der Kultur und den Subkulturen, der Gesamtgesellschaft und der institutionellen Stärkung der Nischen für die Entfaltung personalen und interpersonalen Lebens. Die gegenseitige Erhaltung des Großsystems und seiner „Enklaven" gewährleistet den Bestand und die Menschlichkeit der freien Welt und ist die Alternative zum Sozialismus, dessen ideologische Ableitung P. L. Berger verwirft.[135]

Nach dem Dreischritt über die Kirchenidee, die Verwirklichung der Kirche am Ort und die gesellschaftlichen Realisationsbedingungen, in dessen Vollzug ein Rundblick über die Theologie, die Geschichte und die Humanwissenschaften unvermeidlich war, darf unsere Sympathie für die Einsichten und Absichten Bergers zum Ausdruck gebracht und die These aufgestellt werden, daß die Kirche sich in sich selbst eigenständig institutionalisieren muß, die Gesamtgesellschaft als Wirkungsfeld hat und die oft unüberbrückbar scheinende Kluft zwischen Christlichkeit und Weltlichkeit durch Pfeiler und Brücken kirchlich geprägter Teile der Gesellschaft soweit als möglich überwinden muß. Wir halten dafür, daß diese These glaubend und denkend verantwortet werden kann und die Versuche ihrer Umsetzung Gottesdienst und Dienst am Menschen sein können.

[134] *P. L. Berger / B. Berger / H. Kellner*, Das Unbehagen in der Modernität, Frankfurt/New York 1975, 61, 64, 97 ff., 160 f., 191.

[135] AaO, 199.

AUSBLICK

Es sind nicht nur die falschen Prophezeiungen der Jahrhunderte und Jahrtausende, die äußerste Vorsicht und Zurückhaltung nahelegen, wo man nach dem künftigen Bild der Kirche und der Welt ausschaut. Auch viele Planungen und Prognosen der letzten Jahre, nicht selten im Namen wissenschaftlicher Zuverlässigkeit und im Geist der Machbarkeit der Dinge aufgestellt, wurden von der Zeit des Irrtums überführt. Quantifizierung und Manipulation des Wirklichen schöpfen die Tiefe des Menschen und das Geheimnis Gottes nicht aus. Sie sind nicht kreativ.

Über die Entwicklung der dritten Welt läßt sich kaum mehr voraussagen, als daß ihre stärksten Faktoren, die Modernität, die angestammten Religionen und das Christentum, mit dem allgemeinen Trend zu einer Weltzivilisation konvergieren.

Heftig umstritten sind die Umstände, unter denen der Heilige Stuhl entschlossen ist, in den sozialistischen Ländern des Ostens die kirchliche Hierarchie zu erhalten oder wieder herzustellen. Der Ruf nach Widerstand, Protest und Martyrium und die Entscheidung für geordnete Kirchlichkeit und Pastoral, sind sie so unvereinbar, wie es viele Katholiken in den betreffenden Ländern, durch deren Reihen ein tiefer Riß, hoffentlich nicht eine definitive Spaltung geht, mit Schmerz, Enttäuschung und Empörung empfinden? Die Zukunft wird es zeigen.

Der am häufigsten gewählte und uns vorerst noch am nächsten liegende Gegenstand futurologischer Spekulationen sind die westlichen Industriegesellschaften und Großdemokratien. Welche Rolle in ihnen Religion und Kirche im dritten Jahrtausend nach Christus spielen werden, versuchen vor allem drei soziologische Theorien nicht nur zu sondieren, sondern ebensosehr zu suggerieren und zu verordnen.

Den ersten Rang nimmt die Säkularisierungsthese ein. Sie faßt unterschiedliche und nicht ganz harmonisierbare Fakten des Gesellschaftsprozesses unter dem Aspekt der Differenzierung und Autonomisierung der Gruppen und Individuen, der Institutionen und Organisationen des Systems zusammen. Ihre Faktorenanalyse ist nicht abgeschlossen[1], ihr Er-

[1] *P. L. Berger / B. Berger / H. Kellner*, Das Unbehagen in der Modernität, Frankfurt/New York 1975, 89. Vgl. *B. Berger*, Societies in Change, New York 1971.

kenntniswert ideologisch gefärbt.[2] In jüngster Zeit haben empirische Untersuchungen gezeigt, daß die offiziell vorgeschriebene Säkularität den modernen Menschen, das Subjekt und das Objekt der religionssoziologischen Forschung, zur Selbsttäuschung über die Macht seiner religiösen Natur anleitet und die religiöse Aktivität zunehmend ins Irrationale, Magische und Abergläubische abdrängt.[3] Außerdem haben die schockierende Entdeckung der ökonomischen und ökologischen Grenzen des Planeten, der Stimmungswechsel von einem fortschrittsgläubigen Optimismus zu einem nüchternen Realismus, die religiöse Ader der amerikanischen Jugendkultur und der nicht „planmäßig" oder „theoriegemäß" verlaufende Weg Lateinamerikas das Dogma von der Unumkehrbarkeit der Säkularisierung, Entkirchlichung und Entchristlichung der Gesellschaft erschüttert.[4] Ein Anlaß oder Grund zu restaurativen Träumen von einer christlichen Reconquista ist jedoch nicht gegeben.[5] Die Kirche wird es schwer haben, ihre wesensgemäße und legitime gesellschaftliche Relevanz zur Geltung zu bringen.

An zweiter Stelle sind die Analysen „Kirche im Kapitalismus" zu nennen.[6] Sie sind Ausdruck marxistisch inspirierter Kirchenkritik. Als Katholizismus, der unter das Urteil „Verfall bis zur Jahrtausendwende" gestellt wird, figuriert in ihnen dessen überkonservativer Flügel, während der „Kritische Katholizismus" zu den Kräften gezählt wird, die die etablierte Religion untergraben.[7] Dem Protestantismus wird die Fähigkeit, zu überleben, bescheinigt, solange der Kapitalismus überlebt, dessen Unmenschlichkeit er durch Selbstbeschränkung und Konzentration auf

[2] *K-W. Dahm,* Religiöse Kommunikation und kirchliche Institution: *K.-W. Dahm / N. Luhmann / D. Stoodt,* Religion – System und Sozialisation, Darmstadt/Neuwied 1972, 133–188, 144 ff. *H. Lübbe,* Säkularisierung. Geschichte eines ideenpolitischen Begriffs, Freiburg/München 1965. *W. Oelmüller,* Die Grenzen des Säkularisierungsbegriffs am Ende der bisherigen Neuzeitgeschichte: Gesellschaft ohne Christentum?, hrsg. v. U. Hommes, Düsseldorf 1974, 48–84.

[3] *K.-W. Dahm*, aaO, 146, 147–149.

[4] *P. L. Berger*, Soziologische Betrachtungen über die Zukunft der Religion: *O. Schatz (Hrsg.)*, Hat Religion Zukunft?, Graz/Wien/Köln 1971, 49–68.

[5] *O. Schatz*, Diskussionsschwerpunkte und Zusammenfassung: *O. Schatz (Hrsg.)*, Hat Religion Zukunft?, 297–346, 345.

[6] *U. Greiwe (Hrsg.)*, Herausforderung an die Zukunft. Die kritische Generation vor der Jahrtausendwende (1970).

[7] *R. Faber / H.-D. Bamberg / E. Rupp*, Kirche im Kapitalismus I. Der Katholizismus und die Fiktion einer heilen Welt: *U. Greiwe (Hrsg.)*, aaO, 231–259.

„Lebenshilfe" teilweise kompensiert.[8] Die Väter dieser Thesen dünken sich über die Karikatur ihres weltanschaulichen und gesellschaftspolitischen Gegenübers erhaben. Die Möglichkeit, daß unter den Bedingungen zweckrationaler Ökonomie und hochentwickelter Technologie die Menschen auch in sozialistischen Gesellschaften der emotionalen und religiösen Lebenshilfe bedürfen, wird nicht reflektiert. Unbeachtet bleiben der Radius und die Qualität religiöser Sozialisation, die sich über ein differenziertes Netz öffentlicher und privater Kommunikation selbstverständlich auch auf die Wertvermittlung und Sinnintegration erstreckt. Die geltenden Lebensregeln, die Feier der Feste und die Bewältigung der Daseinskrisen, die Ansichten über Politik und Gesellschaft, Gerechtigkeit und Liebe, Krieg und Frieden, Zeit und Ewigkeit sind Faktoren und Ergebnisse religiöser Lernprozesse.[9] Was Christen und Humanisten mit brennender Sorge erfüllen muß, ist die Möglichkeit – in zahlreichen sozialistischen Staaten die harte Wirklichkeit –, daß man, um die Ideologie zu bestätigen, mit gnadenlosem Zynismus eine Kontrolle über den geistlichen Nachwuchs und eine berufsbezogene Lenkung der Begabungen ausübt, wobei man die Mittel der moralischen Nötigung und des physischen Zwangs nicht scheut und jenes Bild von Religion erzeugt, das von den Theorien Marxens und Freuds gefordert wird: eine verkehrte Weltanschauung, getragen von sozial entfremdeten und konstitutionell pathologischen Individuen.

In dritter Linie kommt die Anpassungsthese in Betracht. Für sie gilt H. Schelskys vieldiskutierter Aufsatz vom Jahre 1957 „Ist Dauerreflexion institutionalisierbar?" als repräsentativ.[10] Schelsky führt sie nur hinsichtlich der modernen Glaubensform, nicht auch hinsichtlich der christlichen Inhalte und der kirchlichen Organisationstypen durch. Das theoretische und praktische Defizit dieser These ist mit ihrem Ausgangspunkt verbunden, als welchen sie eine Kirche jenseits der Gesellschaft und eine Gesellschaft jenseits der Kirche wählt, und von dem aus ein zu äußerliches und pragmatisches Verhältnis hergestellt wird.[11]

Mit der Säkularisierungsthese und den Analysen „Kirche im Kapitalismus" teilt sie die mangelhafte Wahrnehmung der Tatsache, daß Kirche

[8] *E. Weber / R. Trommershäuser*, Kirche im Kapitalismus II. Deutscher Protestantismus in einer technologischen Welt?: *U. Greiwe (Hrsg.)*, aaO, 260–273.

[9] *K.-W. Dahm*, aaO, 153 ff.

[10] Abgedruckt in: *H. Schelsky*, Auf der Suche nach Wirklichkeit. Gesammelte Aufsätze, Düsseldorf/Köln 1965, 250–275.

[11] Vgl. *K.-W. Dahm*, aaO, 158 ff.

und Gesellschaft auf das engste miteinander verwoben sind und in dem Prozeß der tiefgreifenden Umbildung und Entwicklung ihrer Wertsysteme und Existenzgrundlagen eine Schicksalsgemeinschaft bilden.

Fragen wir schließlich direkt nach dem Bild der Kirche und nach der Bewußtseinslage der Christen von morgen, so dürfte gewiß sein, daß eine begrenzte Polarisierung die Kirche selbst lebendig hält und die Palette der Dienste, die sie leistet und die Gesellschaft erwartet, verbreitert, während ein Zuschnitt der ganzen Kirche nach den extremen Vorstellungen der Ultras oder der Progressisten weder wahrscheinlich noch wünschenswert ist.

Die Unberechenbarkeit der zu bestehenden Geschichte kommt einer Mentalität, die gerne taktiert und paktiert, nach den Wegen des geringsten Widerstandes tastet und ihre Schäfchen immer im Trockenen hält, nicht entgegen. Man muß das, da jede Art von Opportunismus auf Kosten der Glaubwürdigkeit des Zeugnisses geht und an der Substanz christlicher Hoffenskraft zehrt, nicht einmal bedauern. „Calculation never made a hero.“[12]

Eine ernste Gefahr würde entstehen, wenn Müdigkeit und Resignation um sich greifen würden. Die passive Ergebung in das angeblich unabwendbare Verhängnis und die stumme Unterwerfung unter das Spiel scheinbar anonymer Mächte verfehlen gleichzeitig den Ruf zur Humanität und die christliche Sendung. Wie die Dinge sich in Zukunft gestalten werden, hängt nicht unwesentlich davon ab, welche Vorstellungen die Gemeinschaft der Glaubenden selbst entwickeln und zu verwirklichen entschlossen sein wird.

Als unzuträglich muß wohl auch eine narzißtische Rationalisierung der teilweise selbstverschuldeten Unattraktivität und Erfolglosigkeit der Kirche und des Christentums beurteilt werden. Die „verinnerlichte Kirche“, die zahlenmäßig kleine „Freiwilligkeitsgemeinschaft“, die „nicht auf ihr politisches Mandat pocht und mit der Linken so wenig flirtet wie mit der Rechten“[13], darf nicht so ganz sicher sein, daß sie der Vorstellung Christi von seiner „Braut ohne Runzel und Flecken“ entspricht und daß gerade sie es sein wird, die von dem unsagbar einsamen und schrecklich armen Menschen einer ganz und gar geplanten Welt als das große Neue entdeckt wird. Die Geschichte liefert Beispiele, wie die Macht und der Reichtum

[12] *J. H. Cardinal Newman*, An Essay on the Development of Christian Doctrine (= Image Books D 105), Garden City, New York, 1960, 314.

[13] *J. Ratzinger*, Glaube und Zukunft, München ²1971, 122 ff.

der Kirche gekappt wurden. Aber sie blieb allemal eine nicht nur spirituell erneuerte, sondern auch eine strukturell starke Kirche. Wo aber ist eine Kirche, die abgesunken ist, während ihr Land den Aufstieg der nie wieder völlig entchristianisierbaren Moderne vollzogen hat, zur Stadt auf dem Berge und zum Quellort missionarischer Effektivität geworden? Es könnte mehr der Ausdruck eines Irrtums als besonderer Demut und Zeugnisbereitschaft sein, wenn man meint, den von Gott in Christus und den Aposteln gesetzten ,,kleinen und reinen Anfang" wiederholen zu können. Wir leben in der Überlieferung und tragen Verantwortung für die Tradition und die Zukunft kirchlicher Präsenz in der Welt.

PERSONENVERZEICHNIS